KB086770

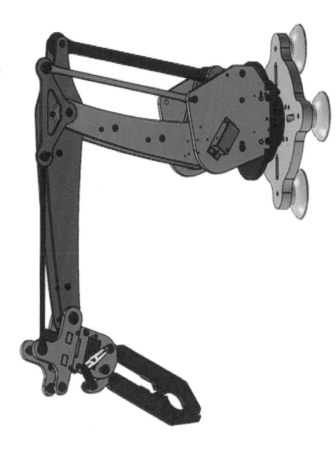

기초에서 실무까지 활용하는
SolidWorks 2016

강연이 著

21세기사

머 리 말

4차 산업 시대에 부각되는 산업들을 보면 AI(Artificial Intelligence), 자율주행자동차, 사물 인터넷(IoT), 드론, 전기 자동차, 수소 연료전지 자동차, 반도체 등이 있다. 이들 산업들은 설계분야를 떼어내고는 생각할 수 없을 정도로 설계와 밀접한 연계성을 가지고 있습니다.

4차 산업 시대에 급격한 산업사회의 발달과 함께 창의적인 제품 설계와 정밀한 기계 부품 설계의 중요성이 더욱 강조되고 있습니다. 설계에 대한 실무적인 교육을 하다 보니 기초에서부터 실무까지 체계적으로 잡아주는 교재가 없어서 아쉬운 점이 많았습니다. 그래서 설계를 처음 접하는 독자를, 실무에서 설계를 하고 있지만 폭넓은 설계지식이 없는 사람들에게도 도움이 되는 교재를 제공하고자 이 교재를 집필하게 되었습니다.

저는 대학교에서 설계 교육을 처음 시작 했습니다. 4차 산업을 강조하는 시점인데도 대학교에서는 아직까지 실무적인 현장교육이 아닌 이론적 교육만 치중하고 있어서 직접 산업현장에 설계업무를 할 수 있는 인력이 없는 실정임을 알게 되었습니다.

그래서 교육기간에서 취업을 준비하는 학생들을 대상으로 설계 교육을 하면서 산업현장에서 바로 사용할 수 있는 실무적인 교육을 하기 위해 많은 노력을 해왔고 지금도 계속적으로 교육을 하고 있습니다.

집필한 교재는 5년이 넘도록 설계 실무 교육을 하면서 수집된 설계 자료를 가지고 초보자들도 쉽고 친근하게 체계적으로 접근할 수 있도록 자세하게 기술하였습니다. 오랫동안 설계교육을 하면서 제품 생산에 있어 설계부분이 얼마나 중요한지, 설계자의 능력에 따라서 제품의 품질, 제품의 불량률이 좌우된다는 것을 교육생들에게 강조를 하고 있습니다.

그만큼 산업현장에서 설계의 중요도가 상당히 높은 편입니다.

이 교재를 접하는 독자들이 설계를 입문하는데 지름길이 되는 교재가 되었으면 하는 바램으로 CATIA V5 입문, CATIA Surface 입문과 활용에 이어 3번째로 SolidWorks 2016 교재를 출간하였습니다.

마지막으로 이 책이 나올 수 있도록 물심양면으로 도움을 준 21세기사 출판사 여러분께 진심으로 감사드립니다.

저자 강연이

목 차

1. SolidWorks 시작하기

1) [시작]-[SolidWorks 2016]-[SolidWorks 2016x64 Edition]을 클릭한다.

2) 바탕화면에서 아이콘을 더블클릭한다.

2. SolidWorks의 특징

1) Windows 기반의 3D CAD

① Windows에서 사용하는 Interface를 그대로 적용하여 작업을 할 수 있다.
② 사용자가 그동안 많이 알고 있던 Window의 아이콘이나 단축키를 그대로 사용할 수 있다.
③ 명령어의 Icon을 통해 설계자들이 직관적인 설계와 마우스 이동을 크게 줄여 효과적으로 3D 작업을 적용할 수 있다.
④ SolidWorks를 사용하면 설계 데이터를 얼마든지 편집할 수 있고, 파트, 어셈블리, 도면의 관계가 항상 최신 상태로 유지된다.

2) 2D를 3D로 변환하는 도구가 제공된다.
DWGeditor는 인터페이스가 2D사용자에게 익숙하게 되어 있는 편집 도구로 원래의 형식 그대로 DWG파일을 편집하고 유지할 수 있다.
변환 도구를 사용하여 이전 프로그램에서 만든 데이터를 재활용할 수 있다. 2D 도면을 SolidWorks 도면으로 바꿀 수 있으며 외부조를 포함한 재활용이 가능한 2D 형상을 지원하고 DWG 데이터로 3D 모델을 간편하게 만들 수 있다.

3) Feature Based Design(형상 조합 및 작업 과정 관리 설계)
① 설계자가 구현하고자 하는 3차원 형상을 피처 기능을 통해 구현하는 방식이다.
② Feature Tree의 분석으로 설계자의 작업 내용을 확인하고 수정할 수 있는 개념이다.
③ 피처에는 Solid 피처와 Surface 피처가 있으며 형상을 만들기 위한 참조 피처 등이 있다.

4) Variable Based Design
① 초기 설계 데이터에 치수를 입력하지 않고 형상을 만들어 설계자가 자유로이 설계 가능하다.
② 초기 설계도 정확한 치수가 없이 마음에 3D형상을 만든 후, 치수를 기입할 수 있다.
③ 옵션 선택으로 초기 설계에서부터 치수 기입 후 작업이 가능하다.

※ TIP
기본적으로 Variable Based Design이 채택되어 있으나 사용자 옵션 변경에 따른 Parametric Based Design을 할 수가 있다.

5) Relation Based Design
스케치와 스케치, 형상과 스케치, 부품과 부품 간에 관계를 설정함으로써 상관되는 형상을 수정할 때 관련되는 형상과 부품이 자동으로 수정되는 설계 방식이다.
(예 : 2D도 3D 형상을 생성한 다음 스케치 편집을 실행, 2D 치수를 변경하면 3D 형상도 연계되어 변경된다.)

6) Fully Associatively
① SolidWorks는 파트(부품), 어셈블리(조립품), 도면 그리고 문서 간에 완벽한 연계성이 지원되어 형상변경 시 관련된 모든 파일이 자동으로 변경된다. 이로 인한 설계오류방지 및 설계 자동화를 통해 설계 시간 단축 효과와 연계성을 향상 연계되거나 사용자에 의해 연계성을 한시적 또는 영원히 없앨 수 있다.
② 연관성을 향상 연계되거나 사용자에 의해 연계성을 한시적 또는 영원히 없앨 수 있다.

1장 SolidWorks 시작하기

학습 내용

1. SolidWorks 시작하기
2. SolidWorks 특징
3. SolidWorks 설치 사양
4. SolidWorks 화면 구성
5. SolidWorks 메뉴 구성

7) 금형 설계 도구

플라스틱 사출 금형 파트의 제조 적합성을 간편하게 테스트하는데 사용할 수 있는 마법사 기반 설계 확인 도구인 MoldflowXpress를 비롯한 내장 금형 설계 도구를 사용하여 코어 및 캐비티 작성을 자동화할 수 있다.

8) 소비자 제품 설계 도구

곡면 조작을 설계 할 수 있고 설계의 곡률 연속성을 유지하고 설계 도구를 빠르게 할 수 있다.
곡면 조작을 설계 할 수 있고 설계의 곡률 연속성을 유지하지 않은 벽 파트의 향상을 만들 수 있는 향상된 도구를 사용하여 소비자 제품 설계를 빠르게 할 수 있다.

9) 파트 해석 도구

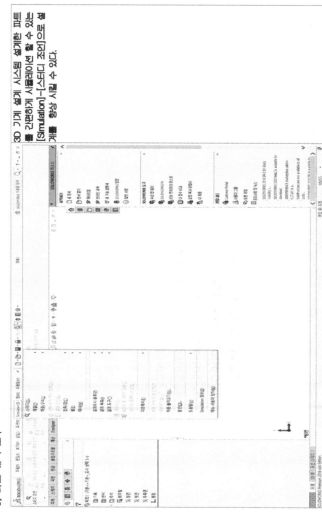

10) OLE(Object Linking Embedding)

① Windows 환경에서 운영되는 모든 프로그램과 접목시켜 이용이 가능하다.
② 일반적인 타 업계에서는 OLE 1.0을 지원하다.
③ 같은 동일 창에서 작업이 가능하다.

11) 기계 설계 도구

응용구조물 구조 설계 및 문서화 도구 툴세트를 활용해서 최고 수준의 완전 연관된 판금 기능을 이용하고 기계 설계 피처 라이브러리로 쉽게 액세스할 수 있다.

피처(F)

판금(H)

12) Bottom-Up과 Top-Down 설계 방식의 동시 지원

① Bottom-Up : 각각의 부품을 먼저 설계 모델링하고 부품을 하나씩 조립하는 형식으로 모델을 구현하는 방식이다.
② Top-Down : 부품간의 관계를 조립상태에서 (레이아웃, 스켈레톤) 부여하고 즉 캐비티 어셈블리 하층으로 부품을 추출하는 방식

13) 미리 만들어진 부품에 온라인 액세스

3D CAD 시스템 사용자가 우수한 온라인 카탈로그를 통해 미리 만들어진 부품에 엑세스할 수 있도록 콘텐츠를 제공하는 웹 리소스 솔루션인 3D ContentCentral을 이용하여 시간을 절약할 수 있다.

14) SolidWorks는 치수 연계 시스템이다.

① 사용자는 치수 및 요소간의 형상관계(구속조건)를 지정할 수 있다.
② 치수를 변경하면 사용자의 설계 의도로 그대로 유지되고 파트 크기와 형태가 변경된다.

15) 하나의 문서 안에서 파트나 어셈블리 모델의 다양한 설계 변경을 만들 수 있고 반복 사용할 수 있다.

16) SolidWorks는 3D CAD이다.

SolidWorks는 2D가 아닌 3D로 파트 설계를 하고 이 3D 모델을 이용하여 어셈블리와 도면을 작성한다.

17) 2D도면

선이나 연홀 하나도 그리지 않고 완전한 제조용 설계 도면을 만들 수 있다. 완전히 연관된 도면을 만들어 도면 부과 BOM이 파트나 어셈블리션 설계를 수정할 때 마다 자동으로 업데이트된다.
3D 모델에서 파트를 여러 부, 치수 형식의 주석이 포함된 도면을 쉽게 만든다. 단한번의 클릭으로 여러 설정에 대한 파트의 전체 도면을 쉽게 작성한다. 도면 부의 모든 부품에 대한 설정에 여러 설정에 대한 파트의 전체 조절
프로젝트는 BOM을 만든다. 도면 부의 모든 부품 변호를 자동으로 추가하고 방향 및 정렬을 쉽게 조절
할 수 있다.

18) 파트 모델링

돌출, 회전 않은 피처, 고급 쉘링, 경계, 로프트 및 스윕, 피처 패턴, 체결 피처, 구멍 등을 활용하여 설계를 쉽게 할 수 있다.
① 여러 개의 바디를 피처 수준으로 제어하여 파트 모델링을 빠르게 할 수 있다.
② 피처 및 스케치의 동적 편집 기능을 이용하면 끌어 놓기로 설계를 실시간으로 쉽게 변경할 수 있다.

19) 어셈블리 모델링

새 파트를 만들 때 다른 파트를 직접 참조하고 그 관계를 유지한 많은 수의 파트가 결합된 대형 어셈블리를 설계할 때 그 독립적 성능을 맞춰인다.
① 기존 설계의 대청을 기반으로 새 파트와 어셈블리를 만들 수 있는 대칭 복사부품을 활용하여 설계를 빠르게 할 수 있다.
② 독립한 메이트 진단 기능으로 충돌되는 메이트는 관계를 쉽게 찾고 잘못된 요소를 빠르게 수정해 주는 스냅-
맞춤 SmartMates를 사용하여 어셈블리 설계를 빠르게 한다.

20) 곡면

단원시 조절을 쉽게 해주는 안내 곡선, 구멍 채우기, 렌들 끌기, 렌들 끌기 기능을 이용하여 경계, 로프트, 스윕을 사용한 복
합 곡면을 만들 수 있다. 곡면을 작선적으로 자르고, 연장하고, 발뱃으로 서로 붙일 수 있다. 곡면의 배율을 조절하고 패턴을 만든다. 곡면을 이동 회전, 복사, 대청 복사하여 쉽게 조작할 수 있다.

3. SolidWorks의 파트 작업 모드의 화면구성

1) 새 문서 대화상자에서 [파트]를 선택하고 [확인]을 하면 다음과 같은 창이 열린다.

2> FeatureManager 디자인 트리(🗂)

FeatureManager 디자인 트리는 활성화된 모델이나 도면의 전체적인 개요를 볼 수 있다. 어느 모델이나 도면의 어셈블리의 구조를 쉽게 보고 도면의 여러 시트와 뷰를 편리하게 확인할 수 있게 해준다.

FeatureManager 디자인 트리와 그래픽 표시 창은 동적으로 연결되어 있으며 피처, 스케치, 도면 뷰, 참조 형상 등을 두 화면 중 아디에서나 선택할 수 있다.

3> PropertyManager(📋)

PropertyManager에 정의된 요소 또는 명령어를 선택하면 열리게 된다. 여기에의 피처나 요소의 속성이 표시되어 그래픽 창이 대부분을 가리는 대화 상자 없이도 도구의 명령어 속성을 지정할 수 있는 별도의 창에서 속성을 지정할 수 있는 편리함이 있다.

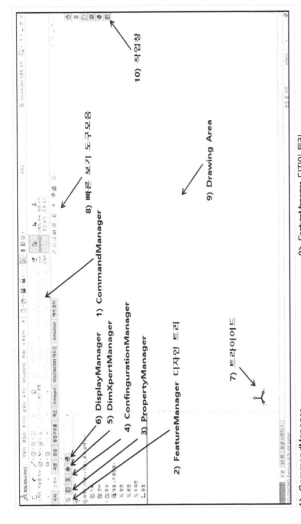

1) CommandManager

2) FeatureManager 디자인 트리

3) PropertyManager

4) ConfingurationManager

5) DimXpertManager

6) DisplayManager

7) 트리아이콘

8) 빠른 보기 도구 모음

9) Drawing Area

10) 작업창

1> CommandManager

2> FeatureManager 디자인 트리

3> PropertyManager

4> ConfigurationManager

5> DimXpertManager

6> DisplayManager

7> 트리아이콘

8> 빠른 보기 도구 모음

9> Drawing Area

10> 작업창

1> CommandManager

사용자가 액세스하려는 도구 모음을 기반으로 동적으로 업데이트되는 작업 상황별 도구 모음이다. 문서 유형에 따라 기본적으로 포함된 도구 모음이 들어 있다.

➢ Drawing 영역에 넓게 쓰기 위해서 CommandManager를 선택을 해제해서 숨길 수 있다.

아래 메뉴 선택에 따라서 위에 Commandmanager 항목이 자동으로 전환된다.

⑥ DisplayManager ( )
파트에 색상과 이미지 등을 설정하여
표현할 수 있다.

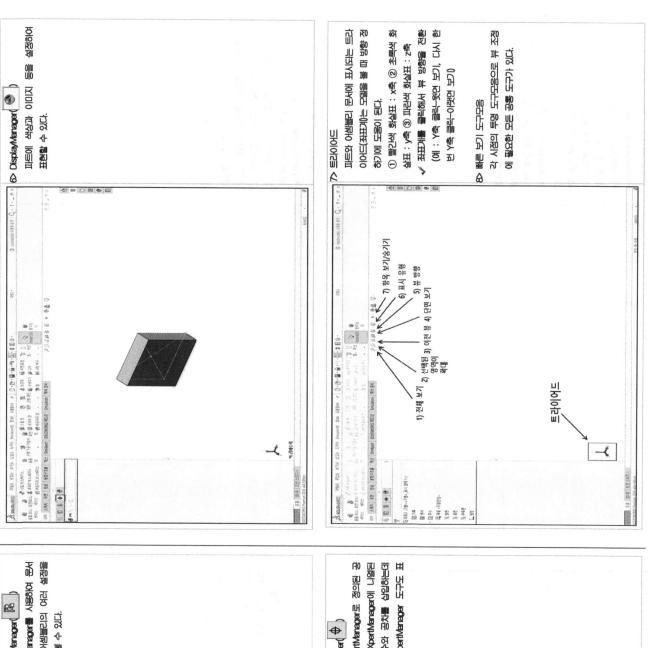

⑦ 트라이어드
파트와 어셈블리 문서에 표시되는 트라
이어드(triad)는 모델을 볼 때 방향 설정
하기에 도움이 된다.
① 빨간색 화살표 : x축 ② 초록색 화
살표 : y축 ③ 파란색 화살표 : z축
좌표계를 클릭해서 뷰 방향을 전환
(예 : Y축 클릭—윗면 보기, 다시 한
번 Y축 클릭—아랫면 보기)

⑧ 빠른 보기 도구모음
각 사람의 특성 도구모음으로 뷰 조정
에 필요한 모든 공통 도구가 있다.

1) 전체 보기 2) 선택된 3) 이전 뷰 4) 단면 보기 5) 뷰 방향 6) 표시 유형 7) 항목 보기/숨기기
선택된 영역이 확대

트라이어드

④ ConfigurationManager ( )
ConfigurationManager를 사용하여 문서
내 파트 및 어셈블리의 여러 설정을 작
성, 선택해 볼 수 있다.

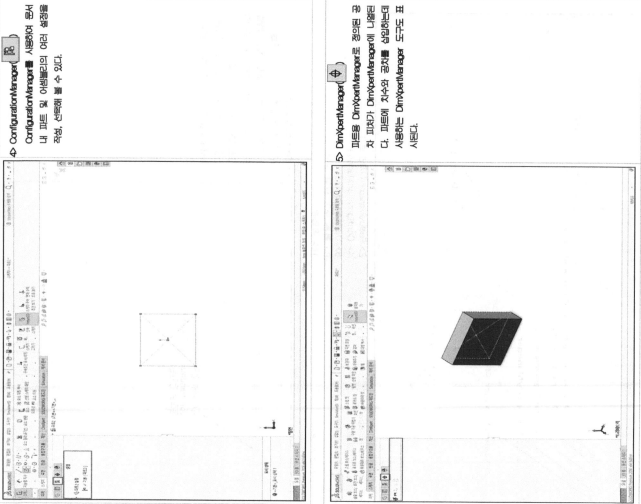

⑤ DimXpertManager ( )
파트용 DimXpertManager로 정의된 공
차 피처가 DimXpertManager에 나열된
다. 파트에 치수와 공차를 삽입하는데
사용하는 DimXpertManager 도구도 표
시된다.

9> Drawing Area : 도면을 스케치하고 3D형상을 생성하는 영역

10> 작업 창 : 작업 창에는 설계관련 라이브러리 등이 들어있다.

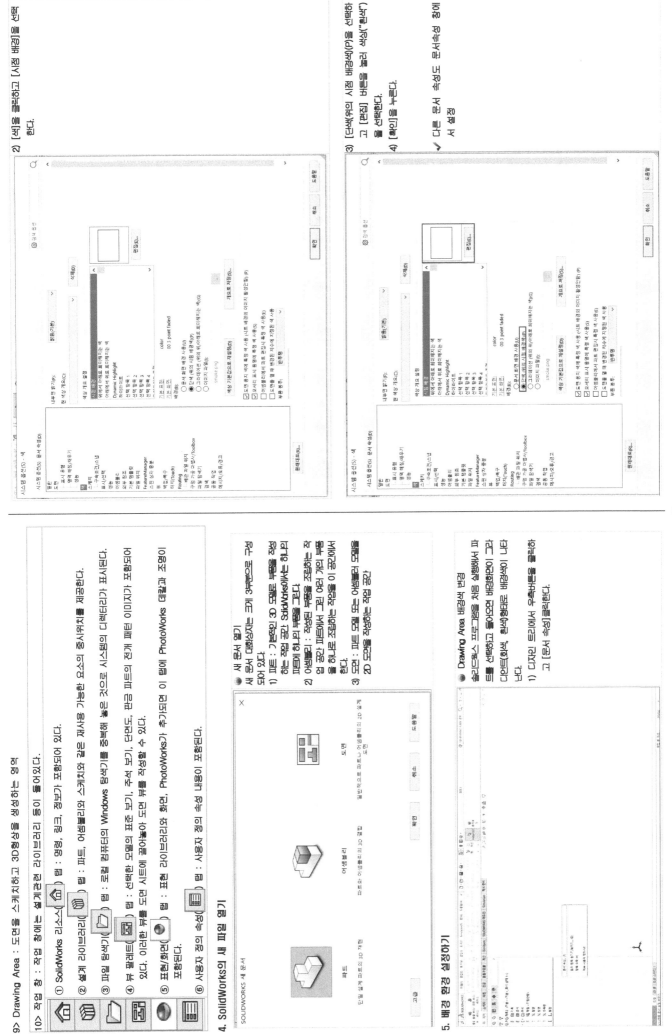

① SolidWorks 리소스( ) 탭 : 명령, 링크, 정보가 포함되어 있다.

② 설계 라이브러리( ) 탭 : 파트, 어셈블리와 스케치와 같은 재사용 가능한 요소의 중심위치를 제공한다.

③ 파일 탐색기( ) 탭 : 로컬 컴퓨터의 Windows 탐색기를 중복해 놓은 것으로 시스템의 디렉터리가 표시된다.

④ 부 팔레트( ) 탭 : 선택한 모델의 표준 보기, 주석 보기, 단면도, 판금 파트의 전개 패턴 이미지가 포함되어 있다. 이러한 부품을 도면 시트에 끌어놓아 도면 부품을 작성할 수 있다.

⑤ 표현/화면( ) 탭 : 표현 라이브러리와 화면, PhotoWorks가 추가되면 이 탭에 PhotoWorks 대말과 조명이 포함된다.

⑥ 사용자 정의 속성( ) 탭 : 사용자 정의 속성 내용이 포함된다.

4. SolidWorks의 새 파일 열기

SOLIDWORKS 새 문서

● 새 문서 열기

새 문서 대화상자는 크게 3부분으로 구성되어 있다.

1) 파트 : 기본적인 3D 모델로 부품을 작성하는 작업 공간 SolidWorks에서는 하나의 파트에 하나의 부품을 그다.

2) 어셈블리 : 작성된 부품을 조립하는 작업 공간 파트에서 그린 여러 개의 부품을 하나로 조립하는 작업을 이 공간에서 한다.

3) 도면 : 파트 모델 또는 어셈블리 모델의 2D 모델을 작성하는 작업 공간

5. 배경 환경 설정하기

● Drawing Area 배경색 변경

솔리드웍스 프로그램을 처음 실행해서 파 트를 선택하고 들어가면 배경화면이 그라 디언트(화색, 한색)형태로 배경색이 나타 난다.

1) 디자인 트리에서 우측마우스를 클릭하 고 [문서 속성]을 클릭한다.

2) [셀을 클릭하고 [시점 배경]을 선택한다.

3) [단색(위의 시점 배경색(P)을 선택하고 고 [편집] 버튼을 눌러 색상 "흰색"을 선택한다.

4) [확인]을 누른다.

✓ 다른 문서 속성도 문서속성 창에 서 설정

바로가기 키	내 용
Alt + 휠 버튼 클릭하고 드래그	화면을 시계 방향 및 반시계방향으로 회전을 한다.
Shift + 휠 버튼 클릭하고 드래그	화면을 확대 및 축소를 한다.
Ctrl + 휠 버튼 클릭하고 드래그	화면을 이동을 한다.
Ctrl + 좌측 버튼	여러 개의 요소를 연속적으로 선택한다.
Ctrl + 방향키	화면 이동
Alt + ←방향키	화면 중심을 기준으로 시계방향으로 15°씩 회전을 한다.
Alt + →방향키	화면 중심을 기준으로 반시계방향으로 15°씩 회전을 한다.
Shift + ←방향키	화면 중심을 기준으로 왼쪽으로 90°씩 회전을 한다.
Shift + →방향키	화면 중심을 기준으로 오른쪽으로 90°씩 회전을 한다.
마우스 휠 버튼 스크롤	마우스 커서가 있는 위치를 중심으로 화면을 확대/축소를 한다.
휠 버튼을 누른 상태에서 드래그	마우스 커서가 있는 위치를 중심으로 화면을 회전을 한다.

6. SolidWorks의 메뉴 사용하기

1) 도구막대나 메뉴 바에서 명령을 선택하는 방법

필 아이콘을 클릭하면 메뉴가 고정된다.

파일(F) 편집(E) 보기(V) 삽입(I) 도구(T) Simulation(S) 창(W) 도움말(H)

파일(F) 편집(E) 보기(V) 삽입(I) 도구(T) Simulation(S) 창(W) 도움말(H)

2) 마우스 오른쪽 버튼을 클릭하여 팝업 메뉴에서 사용하는 방법

- 객체를 선택하지 않고 마우스 우측 버튼을 눌렀을 때

- 객체를 선택하고 마우스 우측 버튼을 눌렀을 때

1. SolidWorks의 평면 지정하기

SolidWorks 평면 선택

- SolidWorks는 반드시 작업할 평면을 선택해야 한다. 위해서는 반드시 작업할 평면을 선택해야 한다. SolidWorks에는 기본적으로 정면, 윗면, 우측면 등 3개의 평면을 제공한다. 사용자는 3개의 평면 중 하나를 선택해서 스케치를 해야 한다.
- 기본 평면 위에 다른 기준면을 추가해서 작업할 수 있다. [삽입]-[참조 형상]-[기준면] 선택해서 기본 평면 위에 여러 개의 기준면, 기준선을 추가하여 작업할 수 있다.

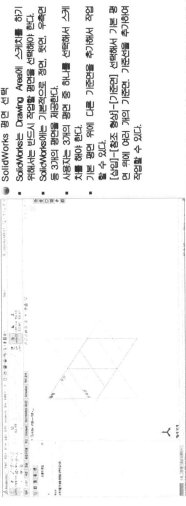

다음과 같은 평면 선택 창이 나타나게 하려면...

1) CommandManager에서 [스케치] 메뉴에서 스케치 아이콘을 클릭하고 부 방향에서 등각보기를 선택한다.

1) 스케치 아이콘을 클릭
2) 부 방향 등각보기
3) 스케치 작업 평면 선택

2) 다음과 같이 3개의 평면 중 하나를 선택하면 다음과 같이 기준이 센터 좌표가 나타난다.

3) 이제 스케치 작업을 하면 된다.

2장 SolidWorks 스케치 준비 작업

학습 내용

1. SolidWorks 평면 지정하기
2. 파라메트릭 모델링 순서
3. 스케치의 개요
4. SolidWorks 선택모드와 삭제 도구
5. 스케치 요소

2. 파라메트릭 모델링 순서

부품 모델링이 완성되는 과정을 알아보자. 다른 3D CAD 프로그램 또한 이와 같은 과정으로 작업이 되므로, 익혀두게 되면 어떠한 CAD 프로그램을 접하더라도 어렵지 않을 것이다.

1) 평면 지정 : 부품의 주요 형상(Section)을 두고자 하는 평면(정면, 윗면, 우측면)을 지정하는 것이다.
2) 스케치 : 지정된 평면에 부품의 단면을 작성한다.
3) 형상 구속 설정 : 단면의 형상을 만들기 위하여 수평, 수직, 대칭, 일치 등의 형상 구속조건을 추가한다. 이러한 형상 구속 조건은 추가하거나 삭제할 수 있다.
4) 치수 구속 설정 : 형상 구속이 마무리 되면, 정확한 치수로 구속 설정을 해 주어야 한다.
5) 스케치 피처 작성 : 구속된 스케치를 돌출, 회전, 스윕, 로프트 등의 영역을 이용하여 부품을 작성한다.
6) 배치 피처 : 작성된 부품에 구멍, 쉘, 모따기, 면 기울기 등의 영역을 이용하여 부품을 편집하여 현실시킨다. 이렇게 부품에 위치와 방향을 조절하는 것을 배치 피처라고 한다.
7) 도면 작성 : 완성된 부품의 도면을 작성한다.

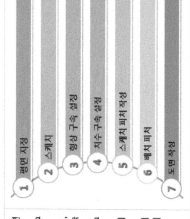

① 평면 지정
② 스케치
③ 형상 구속 설정
④ 치수 구속 설정
⑤ 스케치 피처 작성
⑥ 배치 피처
⑦ 도면 작성

3차원 모델의 피처 구성

※ 스케치 피처 : 스케치 형상을 가지고 만들어진 피처로서 돌출, 회전, 스윕, 로프트 등이 있다.
※ 배치 피처 : 스케치 형상이 없어도 만들 수 있는 피처로서 구멍, 쉘, 모따기, 면 기울기 등이 있다.
※ 워크 피처 : 스케치 형상이나 방향을 조정하기 위해 사용되는 작업 평면, 작업 축, 작업 점을 말한다.

3. 스케치의 개요

3D 설계의 솔리드 부품은 대부분 2D 단면 형상을 돌출, 회전, 스윕 등의 기능을 활용하여 만들어진다. 이렇게 기준이 되는 단면을 작성하는데 필요한 형상은 스케치를 사용하여 작성한다.
스케치와 솔리드 부품은 서로 연결이 되므로 스케치를 수정하면 솔리드 부품도 자동으로 업데이트 된다.
스케치란 3D 부품 형상의 단면이라고 생각하면 된다.

● 단면 종류
1) 원점에 있는 기본 면(정면, 윗면, 우측면)
2) 부품의 면(정면/후면, 윗면/아랫면, 우측면/좌측면)
3) 만들어진 작업 평면(기준면)

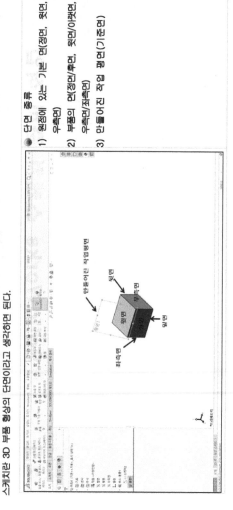

[실습1] 스케치 작업 들어가기

● 스케치할 [새 문서] 열기

1) 첫 화면에서 [새 문서] 아이콘을 클릭하여 연다.
2) 새 문서 창에서 [파트]를 선택하고 [확인]을 누른다.

● 스케치 평면 지정하기 1, 2

3) 도구모음에서 스케치 아이콘을 클릭하면 그래픽 화면에 기본 작업 평면이 보여 지고, 스케치를 생성할 작업 평면을 선택하면 스케치 모드로 전환된다.

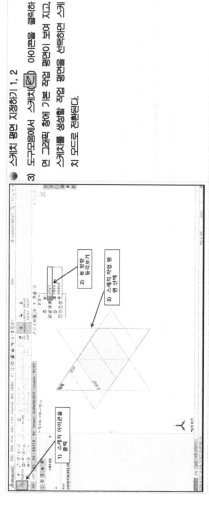

① 스케치 아이콘 클릭
② 부 방향 등각보기
③ 스케치 작업 평면 선택

3-1) 도구모음에서 스케치 아이콘을 클릭하고 FeatureManager 디자인 트리에서 작업할 평면을 선택한다.

① 스케치 아이콘 클릭
② 디자인 트리 예서 작업평면 선택
③ 선택한 작업 평면 표시

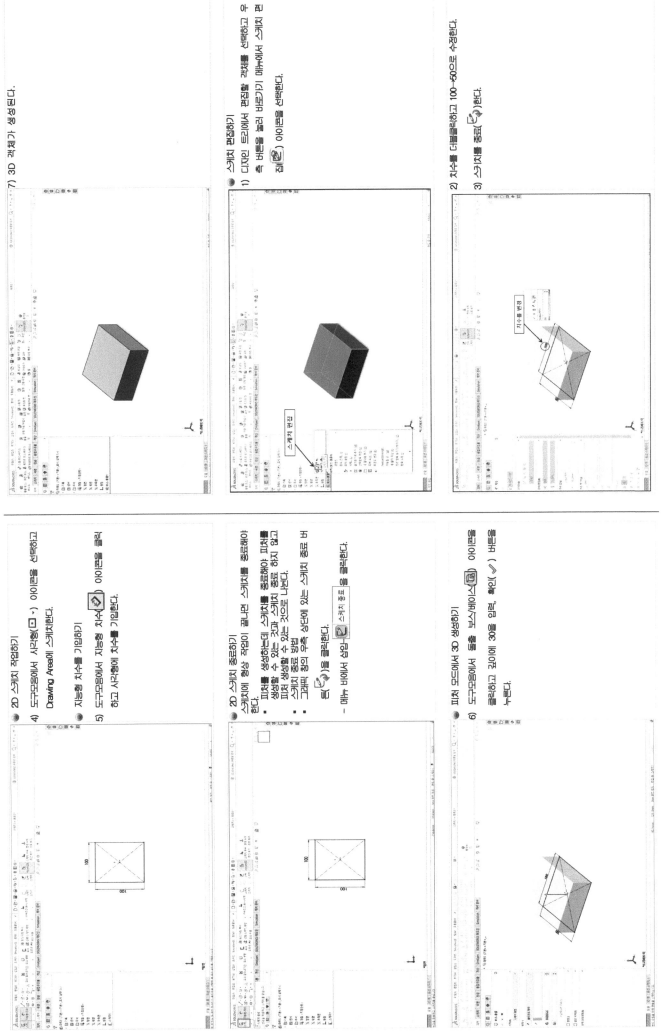

7) 3D 객체가 생성된다.

스케치 편집하기
1) 디자인 트리에서 편집할 객체를 선택하고 우
측 버튼을 눌러 바로가기 메뉴에서 스케치 편
집( ) 아이콘을 선택한다.

스케치 편집

2) 치수를 더블클릭하고 100→50으로 수정한다.
3) 스케치를 종료( )한다.

치수를 변경

2D 스케치 작업하기
4) 도구모음에서 사각형(□ ▾) 아이콘을 선택하고
Drawing Area에 스케치한다.

지능형 치수 기입하기
5) 도구모음에서 지능형 치수( ) 아이콘을 클릭
하고 사각형에 치수를 기입한다.

2D 스케치 종료하기
스케치에 항상 작업이 끝나면 스케치를 종료해야
한다.
■ 피처를 생성하는데 스케치를 종료해야 피처를
생성할 수 있는 것과 스케치 종료 하지 않고
피처를 생성할 수 있는 방법
■ 스케치 종료 방법
그래픽 우측 상단에 있는 스케치 종료 버
튼( )을 클릭한다.
- 메뉴 바에서 삽입> 스케치 종료 를 클릭한다.

피처 모드에서 3D 생성하기
6) 도구모음의 돌출 보스/베이스( ) 아이콘을
클릭하고 깊이에 30을 입력, 확인(✓) 버튼을
누른다.

4. SolidWorks의 선택 모드와 삭제 도구

선택모드는 다른 명령을 사용하지 않을 때 표시되는 기본 모드이다. 대부분의 경우 다른 작업을 종료하면 자동으로 선택 모드로 돌아간다. 선택 모드가 활성화되면 그래픽 영역이나 FeatureManager의 디자인 트리에서 클릭하여 요소를 선택할 수 있다.

1) 개별적으로 요소 선택

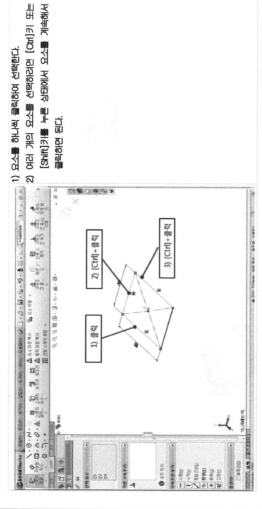

1) 요소를 하나씩 클릭하여 선택한다.
2) 여러 개의 요소를 선택하려면 [Ctrl]키 또는 [Shift]키를 누른 상태에서 요소를 계속해서 클릭하면 된다.
3) [Ctrl]키를 누른 상태에서 선택되어 있는 요소 어디에서나 클릭하면 선택이 해제된다.

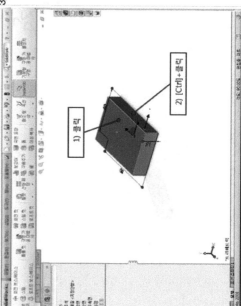

2) 상자 선택(Windows 옵션)

선택 상자를 만들어 선택할 수 있다. [Ctrl]키를 누른 채 여러 개의 선택 상자를 만들면 여러 요소를 선택할 수 있다.

● 피처 편집하기

1) 디자인 트리에서 편집할 객체를 선택하고 우측 버튼을 눌러 바로가기 메뉴에서 피처 편집(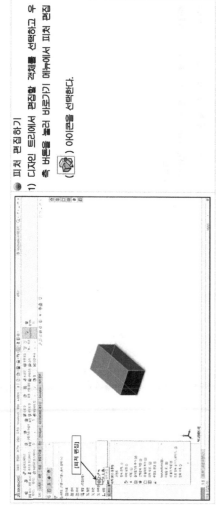) 아이콘을 선택한다.

2) 속성 창에서 길이를 30 → 15로 수정한다.
3) 확인(✔) 버튼을 누른다.

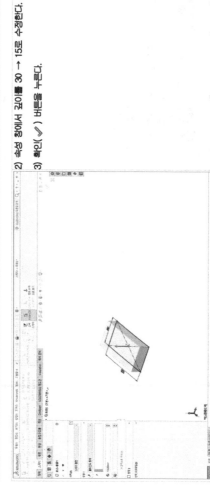

● 스케치 및 피처 편집 결과

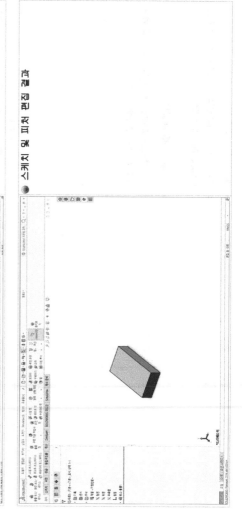

2) 선택 필터 도구모음에서 선택 바꾸기 또는 도구-[선택 바꾸기]를 클릭한다. 선택한 항목에서 우측 버튼을 클릭 후 [선택 바꾸기]를 선택한다.
- 2개의 선분을 제외하고 모두 선택된다.

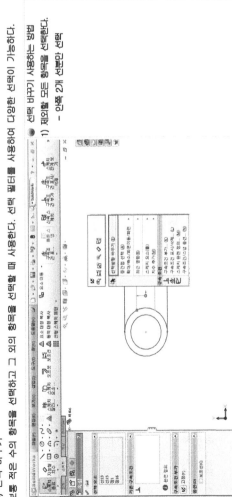

5) 삭제 도구

요소들을 삭제하기 위해서는 삭제할 요소를 선택 후에 del키를 누르거나 마우스 우측버튼을 클릭하면 나타나는 바로가기 메뉴에서 삭제를 선택하면 된다.

1> 삭제할 객체를 선택하고 [Delete]키를 누르면 객체가 바로 삭제된다.

2> 삭제할 객체를 선택하고 우측 버튼을 눌러서 바로가기 메뉴에서 [삭제]를 선택한다.

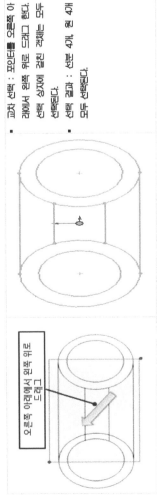

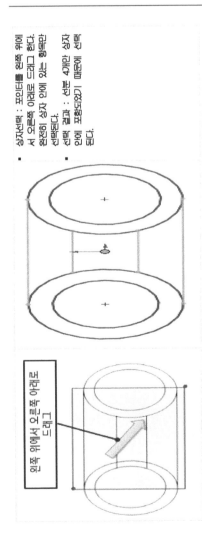

- 상자선택 : 포인터를 왼쪽 위에서 오른쪽 아래로 드래그 한다. 완전히 상자 안에 있는 항목만 선택된다.
  선택 결과 : 선분 4개만 상자 안에 포함되었기 때문에 선택 된다.

3) 교차 선택(Crossing 옵션)

선택 상자를 만들 때 우측 밑에서 좌측 위로 드래그 하여 선택 상자를 만들면 내부에 포함된 요소 및 폴리선과 교차된 요소가 선택이 된다.

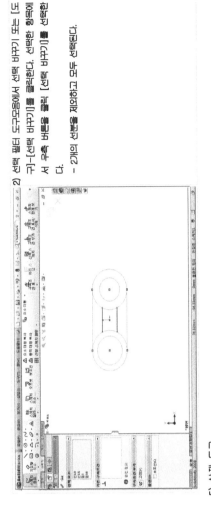

왼쪽 위에서 오른쪽 아래로 드래그

- 교차 선택 : 포인터를 오른쪽 아래에서 왼쪽 위로 드래그 한다. 선택 상자에 걸린 객체는 모두 선택된다.
  선택 결과 : 선분 4개, 원 4개 모두 선택된다.

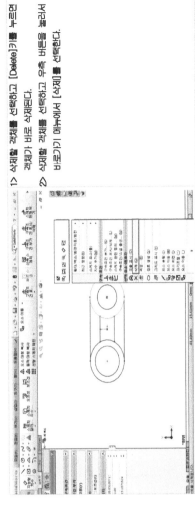

오른쪽 아래에서 왼쪽 위로 드래그

4) 선택 바꾸기

보통 적은 수의 항목을 선택하고 그 외의 항목을 선택할 때 사용한다. 선택 필터를 사용하여 다양한 선택이 가능하다.

1) 제외할 모든 항목을 선택한다.
- 안쪽 2개 선분만 선택

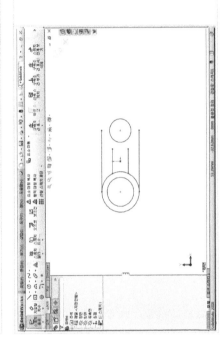

5. 스케치 요소

1) 피처 : 하나의 형상을 구현하는 필요하는 최소 단위로 스케치가 필요한 피처와 지수 값과 같은 가지는 피처는 피처 두 가지가 있다. 따라서 부품을 생성하는 데는 여러 개의 피처로 구성이 된다고 할 수 있다.

2) 피처의 종류
  1> 스케치 이용 피처 : 스케치를 이용해서 3차원 영령을 통한 형상 생성한다.
  2> Non 스케치 피처 : 형상에 모서리, 면, 꼭지점 등을 3차원 영령을 통해 형상을 변경한다.

종류	스케치 이용 피처	Non 스케치 피처
구성	스케치 + 피처 영령	피처 영령
영령어	보스, 컷, 리브, 회전, 스윕 등	필렛, 모따기, 미러 등

3D 스케치

3차원 돌출 피처 생성

1 선 그리기

선 또는 중심선을 작성한다. 선( ) 아이콘 옆에 삼각형을 클릭하면 확장 도구이 선과 중심선을 작성하는 도구이다.

1) 선 : 두 점을 지정하여 연속되는 선분을 작성한다. 작성을 끝내려면 ESC키를 누르거나 오른쪽 버튼을 클릭한다.
2) 중심선 : 중심선은 좌우 대칭 스케치 요소를 작성하거나 회전 피처를 작성할 때 보조선으로 사용한다.

선(옵션)

선		
중심선		

옵션(O):
- 보조선(C)
- 무한 길이(I)

변수(R):
- 91.74154973
- 270.00°

추가변수
- X 0.00
- Y 46.2679243
- X 0.00
- Y -45.4736253
- ΔX 0.00
- ΔY 91.74154973

기존 구속조건		스케치 작성 시 자동으로 부여된 구속조건이나 사용자가 부여한 구속조건이 표시된다.
구속조건 부여		선택한 요소에 부여할 수 있는 구속조건이 표시된다.
옵션	보조선	요소를 보조선으로 변환한다.
	무한 길이	요소를 무한 길이로 변환한다.
변수	길이	길이
	각도	각도
추가변수	시작 X 좌표	시작 X 좌표
	시작 Y 좌표	시작 Y 좌표
	시작 X 좌표	시작 X 좌표
	시작 Y 좌표	시작 Y 좌표
	ΔX	X 좌표의 변위량
	ΔY	Y 좌표의 변위량

3장

SolidWorks 2D 스케치

학습 내용

1. 2D 다양한 스케치 도구 다루기
(선, 사각형, 원, 원호, 타원, 다각형 등)

SolidWorks 실습 과제

[Lecture 3-1] 선분 그리기, 지능형 치수를 기입하기

1) 스케치를 실행하고 정면을 선택하여 다음과 같이 스케치를 한다.

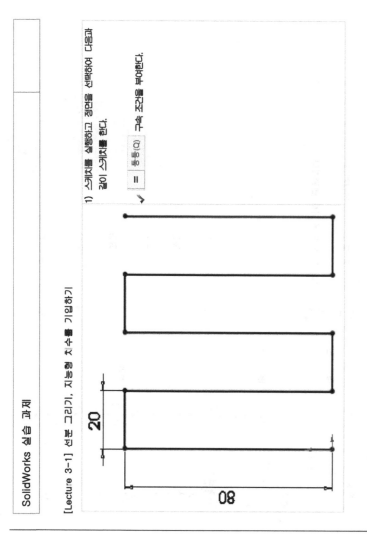

↙ 구속 조건을 부여한다.

| = | 동등(Q) |

[Lecture 3-2]

1) 스케치를 실행하고 정면을 선택하여 다음과 같이 스케치를 한다.

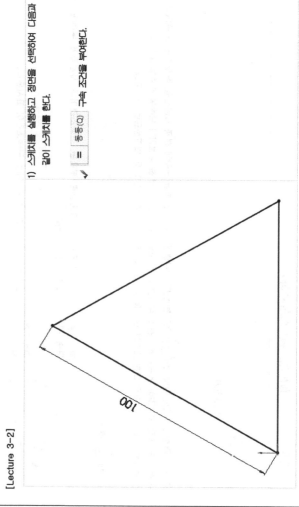

↙ 구속 조건을 부여한다.

| = | 동등(Q) |

● 선 그리기 익히기

1) 스케치를 선택하고 뷰 방향에서 등거리를 선택한다.
2) 스케치할 평면에서 윗면을 선택 하고 선을 그린다.

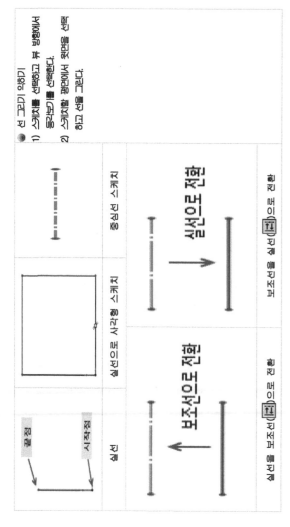

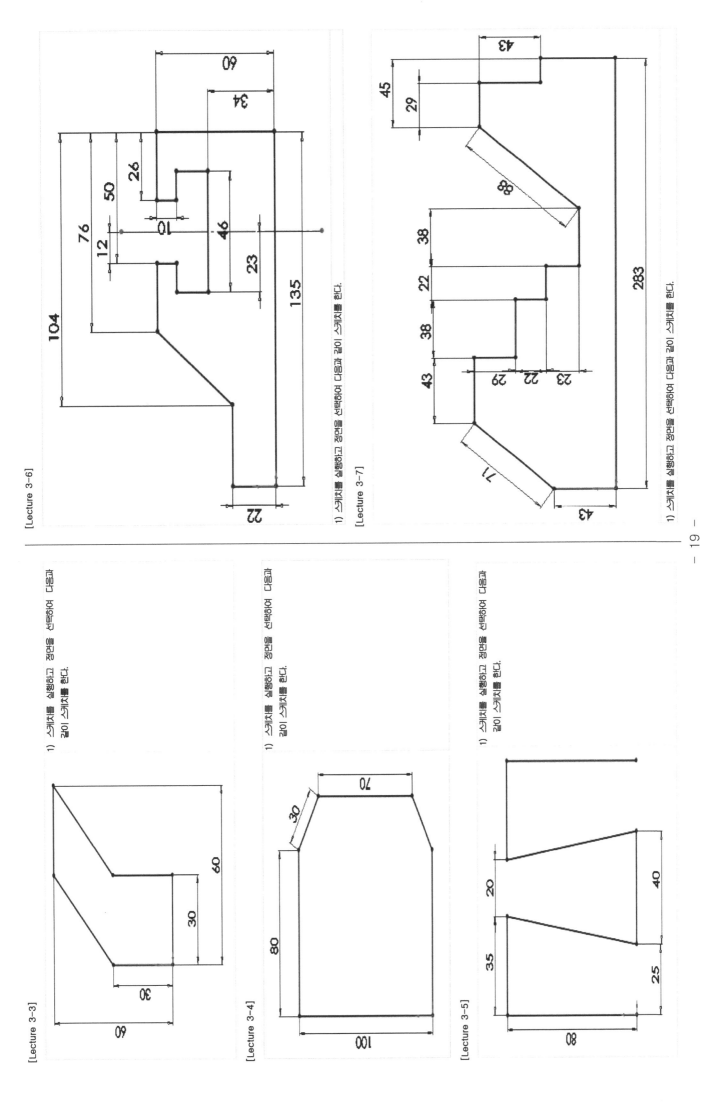

[Lecture 3-6]

1) 스케치를 실행하고 정면을 선택하여 다음과 같이 스케치를 한다.

[Lecture 3-7]

1) 스케치를 실행하고 정면을 선택하여 다음과 같이 스케치를 한다.

[Lecture 3-3]

1) 스케치를 실행하고 정면을 선택하여 다음과 같이 스케치를 한다.

[Lecture 3-4]

1) 스케치를 실행하고 정면을 선택하여 다음과 같이 스케치를 한다.

[Lecture 3-5]

1) 스케치를 실행하고 정면을 선택하여 다음과 같이 스케치를 한다.

3 원 그리기

원을 그린다. 원() 아이콘 옆에 삼각형을 클릭하면 확장 도구에 원을 작성하는 다양한 도구가 있다. 두 가지 유형으로 원을 그릴 수 있다.

◎ 원( ) 옵션

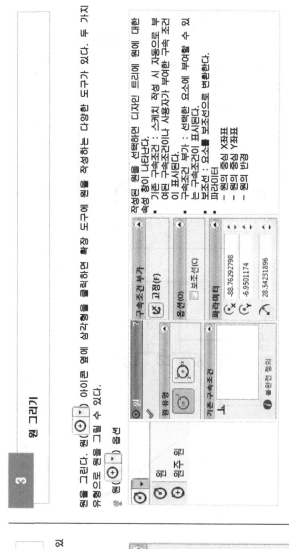

원
원주 원

작성된 원을 선택하면 디자인 트리에 원에 대한 속성 창이 나타난다.

■ 기존 구속조건 : 스케치 작성 시 자동으로 부여된 구속조건이나 사용자가 부여한 구속 조건이 표시된다.

■ 구속조건 부가 : 선택한 요소에 표시된다.

■ 보조선 : 요소를 보조선으로 변환한다.

■ 파라미터
 – 원의 중심 X좌표
 – 원의 중심 Y좌표
 – 원의 반경

구속조건 부가
고정(F)
옵션(O)
보조선(C)

파라미터
-86.76292796
-6.9501174
28.54231896

기존 구속조건

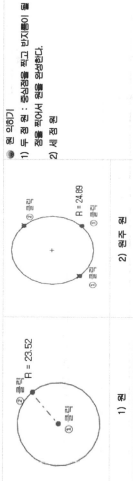

● 원 익히기

1) 두 점 원 : 중심점을 찍고 반지름을 찍고 점을 찍어서 원을 완성한다.

2) 세 점 원

1) 원
R = 23.52

2) 원주 원
R = 24.89

[Lecture 3-8]

1) 스케치를 실행하고 정면을 선택하여 다음과 같이 스케치를 한다.

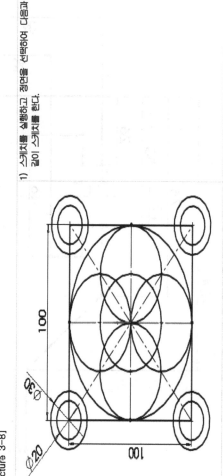

100 100 Ø30 Ø20

2 사각형 그리기

사각형을 그린다. 사각형(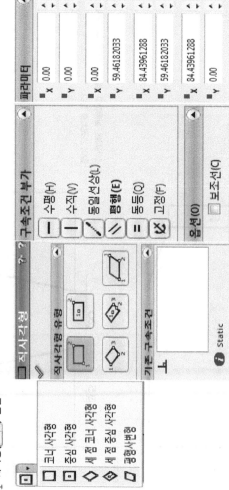) 아이콘 옆에 삼각형을 클릭하면 확장 도구에 사각형을 작성하는 다양한 도구가 있다. 다섯 가지 유형으로 사각형을 그릴 수 있다.

◎ 사각형( ) 옵션

직사각형

사각형 유형
코너 사각형
중심 사각형
세 점 코너 사각형
세 점 중심 사각형
평행사변형

구속조건 부가
수평(H)
수직(V)
동일선상(L)
평행(E)
동등(Q)
고정(F)

옵션(O)
보조선(O)

기존 구속조건

Static

파라미터
X 0.00
Y 0.00
X 0.00
Y 59.46182033
X 84.43961288
Y 59.46182033
X 84.43961288
Y 0.00

● 사각형 익히기

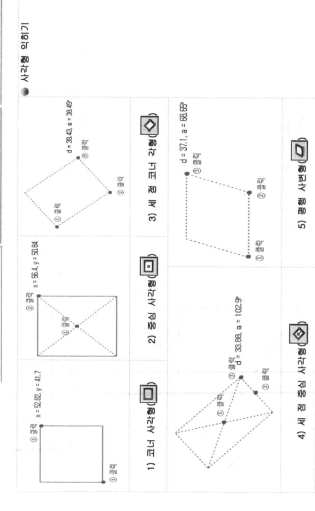

1) 코너 사각형( )
x = 52.02, y = 41.7

2) 중심 사각형( )
x = 56.4, y = 50.84

3) 세 점 코너 사각형( )
d = 39.43, a = 38.45°

4) 세 점 중심 사각형( )
d = 33.88, a = 102.9°

5) 평행 사변형( )
d = 37.1, a = 68.65°

◎ 타원 옵션

아이콘: 타원 / 중심점 타원 / 포물선

작성된 타원을 선택하면 디자인 트리에 타원에 대한 속성 창이 나타난다.

- 기준 구속조건 : 스케치 작성 시 자동으로 부여된 구속조건이나 사용자가 부여한 구속 조건이 표시된다.
- 구속조건 부가 : 선택한 요소에 부여할 수 있는 구속조건이 표시된다.
- 보조선 : 요소를 보조선으로 변환한다.
- 파라미터
  - 타원의 중심 X 좌표
  - 타원의 중심 Y 좌표
  - 장축의 길이
  - 단축의 길이

파라미터
X	-111.79760028
Y	0.00
	36.93490963
	14.89310872

● 타원 익히기

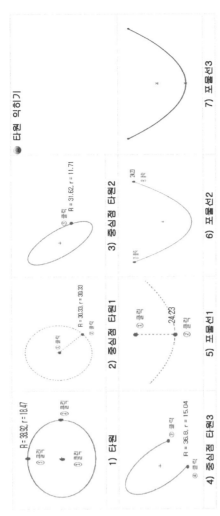

1) 타원 — R=38.32, r=18.47
2) 중심점 타원1 — R=30.33, r=30.33
3) 중심점 타원2 — 24.23
4) 중심점 타원3 — R=36.8, r=15.04
5) 포물선1 — 24.23
6) 포물선2 — 24.23
7) 포물선3

1) 스케치를 실행하고 정면을 선택하여 다음과 같이 스케치를 한다.

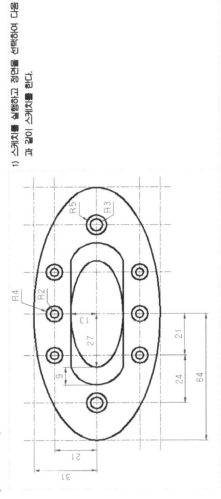

[Lecture 3-9]

R5, R3, R4, R2

치수: 31, 21, 9, 27, 24, 21, 64

---

4 원호 그리기

원호를 그린다. 원호(⌒ ▼) 아이콘 옆에 삼각형을 클릭하면 확장 도구에 원호를 작성하는 다양한 도구가 있다. 세 가지 유형으로 원호를 그릴 수 있다.

◎ 원호(⌒ ▼) 옵션

아이콘: 중심점 호 / 접원호 / 3점호

작성된 원호를 선택하면 디자인 트리에 원호에 대한 속성 창이 나타난다.

- 기준 구속조건 : 스케치 작성 시 자동으로 부여된 구속조건이나 사용자가 부여한 구속조건이 표시된다.
- 구속조건 부가 : 선택한 요소에 부여할 수 있는 구속조건이 표시된다.
- 보조선 : 요소를 보조선으로 변환한다.
- 파라미터
  - 호의 중심 X 좌표
  - 호의 중심 Y 좌표
  - 호의 시작점 X 좌표
  - 호의 시작점 Y 좌표
  - 호의 종점 X 좌표
  - 호의 종점 Y 좌표
  - 호의 반경
  - 호의 각도

파라미터
X	-67.18995156
Y	-2.21095592
X	-86.77718015
Y	9.73016437
X	-58.97671054
Y	-23.63039917
	22.94013682
	217.65270712°

● 원호 익히기

1) 중심점 호
2) 접원 호 : 선분이 그려져 있으면 선분과 선분 사이에 호를 그려준다.
3) 3점호

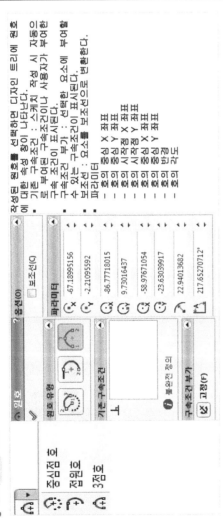

1) 중심점 호 — A=137.9°
2) 접원 호 — A=180° R=20
3) 3점호 — A=180° R=32.07

---

5 타원 그리기

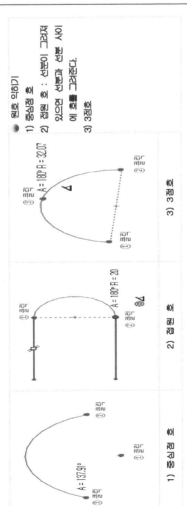

타원을 그린다. 타원(◯) 아이콘 옆에 삼각형을 클릭하면 확장 도구에 타원을 작성하는 다양한 도구가 있다. 세 가지 유형으로 타원을 그릴 수 있다.

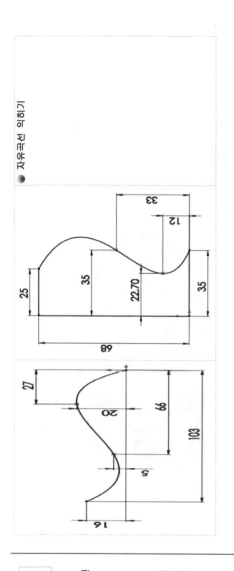

자유곡선 익히기

(치수: 33, 12, 25, 35, 35, 89, 68, 22.70, 27, 66, 20, 5, 16, 103)

---

7 점찍기와 가상 교차점

1) 점찍기

원하는 지점을 클릭하여 점()을 그린다. 점 아이콘을 클릭하고 그래픽 창에서 임의의 지점을 지정하여 점을 작성한다. 점의 작성이 계속되므로 Esc 키를 누르거나 오른쪽 버튼을 눌러 작성을 종료한다.

2) 가상 목지점

가상 목지점은 두 스케치 요소의 가상 교차 스케치 점을 나타낸다. 가상 교차점에 대한 구속 조건과 치수는 필렛으로 모서리가 제거된 경우와 같이 실제 교차점이 없어지더라도 유지된다.

점찍기 익히기
1) 점 아이콘을 클릭하고 원하는 지점에 점을 찍으면 된다.
2) 사각형에 필렛 작업으로 한다.
3) [Ctrl]를 누른 상태에서 가상 목지점을 작성할 두 요소를 선택한다.
4) 스케치 도구에서 점(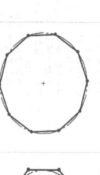) 아이콘을 클릭하면 가상 목지점이 생성된다.

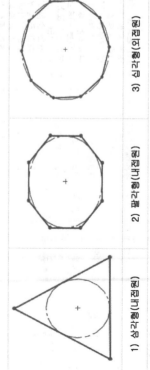

(R10, 크기 0.0, 가상 목지점, [Ctrl]+클릭2, 클릭1, R10)

---

6 다각형 그리기

다각형(아이콘)을 그린다. 변이 3개에서 40개까지 있는 다각형을 작성한다. 다각형 아이콘을 클릭하여 실행하면 디자인 트리에 다각형에 속성 창이 나타난다.

◎ 다각형(아이콘) 옵션

다각형 아이콘을 클릭하면 디자인 트리에 속성창이 나타난다.

　보조선 : 요소를 보조선으로 변환한다.

파라미터

　— # : 변의 개수를 지정한다.
　• 내접원 : 다각형의 내접원을 지정하여 다각형 크기를 결정한다. 윈은 조선이다.
　• 외접원 : 다각형의 외접원을 지정하여 다각형 크기를 결정한다. 윈은 조선이다.
　— 중심 X 좌표계 : 다각형 중심의 X 좌표계를 표시한다.
　— 중심 Y 좌표계 : 다각형 중심의 Y 좌표계를 표시한다.
　— 원 지름 : 내접원 또는 외접원의 지름을 표시한다.
　— 각도 : 회전 각도를 표시한다.

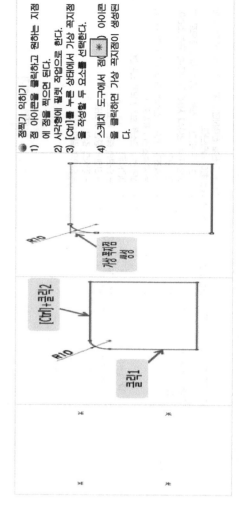

(파라미터: # 6, 내접원/외접원, 0.00, 0.00, 173.20508076, 0.00°, 새 다각형(M))

---

7 자유곡선 그리기

자유곡선(아이콘)을 그린다. 임의의 지점을 지정하여 스플라인 자유 곡선을 그린다. 작성을 끝내려면 Esc 키를 누르거나 오른쪽 버튼을 클릭하여 [자유곡선 끝]을 클릭한다.

◎ 다각형 익히기

1) 삼각형(내접원)
2) 팔각형(내접원)
3) 십각형(외접원)

가상 꼭지점 변경

1) 디자인 트리에서 마우스 오른쪽 버튼을 클릭하여 바로가기 메뉴에서 [문서 속성]을 선택한다. 문서 속성 창에서 [도면화]-[가상 꼭지점]을 선택하면 여러 가지 가상 점 모양에서 선택할 수 있다.

문서 속성(D) - 도면화 - 가상 꼭지점

시스템 옵션(S) | 문서 속성(D)

도면화
　치수
　부품 번호
　화살표
　가상 꼭지점
　주석 표시
　주석 글꼴
그리드/스냅
단위
색
재질 속성
이미지 품질
평면 표시
DimXpert
　크기 치수
　위치 치수
　치수 연결
　기하공차
　모따기 제어
　표시 옵션

＋ 십자형
＊ 별 모양
　 보조
　 점
　 없음

1 스케치 필렛

스케치 필렛( )은 스케치한 요소의 모서리나 교차점에 지정한 반지름의 호를 작성하여 모서리를 라운드 처리한다.

스케치 필렛( ) 옵션

필렛 아이콘을 클릭하면 디자인 트리에 속성창이 나타난다.

필렛 변수

1> 반경 : 필렛 반경을 입력한다.

2> 구속 코너 유지 : 꼭지점에 치수나 구속 조건이 있으면 가상 꼭지점을 유지한다.
구속된 코너 유지하기 확인란을 선택하지 않은 상태에서 모서리에 치수나 구속 조건이 있으면, 필렛이 생성될 때 기하 구속 조건을 삭제할 것인지를 묻는 메시지가 나타난다.

구속 코너 유지 해제 상태	구속 코너 유지 상태
	구속 코너 유지 선택 상태

스케치 필렛 먹이기

1) 스케치 필렛( ) 아이콘을 클릭하고 반경을
50mm로 입력, 모서리를 선택하거나 필렛할 두
요소를 선택한다.

2 스케치 모따기

스케치 모따기( )는 스케치한 요소의 모서리나 평행하지 않는 2개의 요소를 비스듬히 잘라내어 모따기를 작성한다.

스케치 모따기( ) 옵션

4장

SolidWorks 2D 스케치 편집 도구

학습 내용

1. 스케치 편집 도구 다루기 1
(필렛, 모따기, 요소 대칭복사, 오프셋 등)

2. 스케치 편집 도구 다루기 2
(스케치 잘라내기, 요소 이동, 복사 등)

● 요소 대칭 복사 익히기
1) □를 선택한다.
2) 스케치할 평면(정면)을 선택하고 선을 그리고 보조선(⊞)으로 전환을 한다.
3) 자유 곡선으로 2D 스케치를 한다.

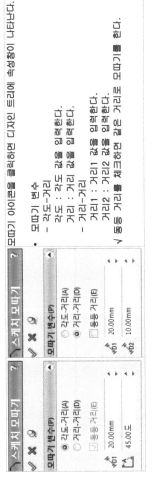

요소 대칭 복사

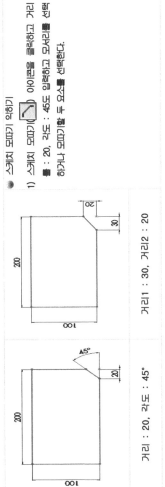

대칭 복사할 객체 선택, 기준선

[Lecture 4-1]
1) 스케치를 실행하고 정면을 선택하여 다음과 같이 스케치를 한다.

[Lecture 4-2]
1) 스케치를 실행하고 정면을 선택하여 다음과 같이 스케치를 한다.

모따기 아이콘을 클릭하면 디자인 트리에 속성창이 나타난다.

• 모따기 변수
 - 각도-거리
  각도 : 각도 값을 입력한다.
  거리 : 거리 값을 입력한다.
 - 거리-거리
  거리1 : 거리1 값을 입력한다.
  거리2 : 거리2 값을 입력한다.
  √ 동등 거리를 체크하면 같은 거리로 모따기를 한다.

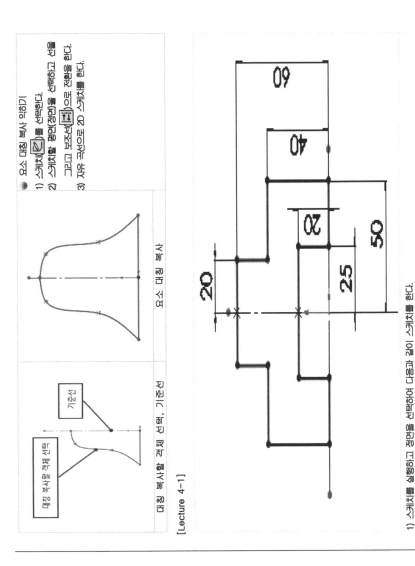

• 스케치 모따기 익히기
1) 스케치 모따기(⟋) 아이콘을 클릭하고 거리를 입력하고 모서리를 선택하거나 모따기할 두 요소를 선택한다.
를 : 20, 각도 : 45도

거리1 : 30, 거리2 : 20

거리 : 20, 각도 : 45°

3 요소 대칭 복사하기

선택한 스케치 요소를 기준선을 기준으로 거울에 비친 모양처럼 대칭 이동 또는 대칭 복사하여 작성한다.

● 요소 대칭 복사(⚠) 옵션

• 대칭 복사할 항목 : 대칭 복사할 스케치 요소들의 목록이 표시된다.
• 복사 : 원본을 대칭 복사할 것인지, 대칭 이동할 것인지를 결정한다.
• 대칭 기준 : 대칭 작업할 기준선을 선택한다.

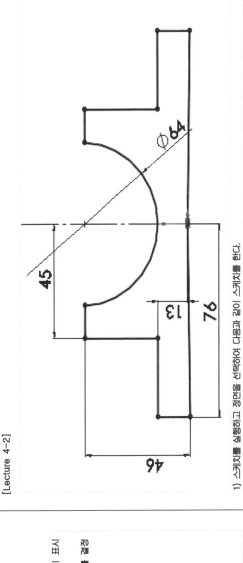

대칭 복사할 객체 선택

대칭 복사 기준선 선택

4 동적 대칭복사하기

동적 대칭복사(⚖) 아이콘이 눌러진 상태에서 스케치를 작성하면 선택한 대칭선을 기준으로 실시간으로 대칭되는 스케치 요소가 반대편에 바로 작성된다.
기존의 스케치 요소는 대칭 복사 되지 않는다.

● 동적 대칭 복사 익히기

1) 스케치(✎)를 실행한다.
2) 스케치한 평면(정면)을 선택하고 기준선을 그리고 보조선(▥)으로 전환을 한다.
3) 동적 대칭복사(⚖) 아이콘을 클릭하고 기준선을 선택한 후에 원을 그리면 바로 원이 반대편에 대칭 복사된다.

기준선 선택, 원을 스케치   동적 대칭복사

R = 12.16

5 오프셋

오프셋(⑦)은 선택한 스케치 요소를 평행하게 지정한 거리만큼 떨어져 요소를 작성한다. 오프셋의 방향에 따라서 크기가 커지거나 작아진다. 선분, 원호, 자유 곡선 등을 오프셋 할 수 있다.

◈ 오프셋 옵션

● 오프셋 변수
- 오프셋 거리 : 요소를 오프셋 할 거리 값을 입력한다.
- 치수 부가 : 오프셋 거리를 치수로 입력한다. 해제하면 마우스로 드래그 하여 간격 값을 결정한다.
- 반대 방향 : 오프셋의 방향을 전환한다.
- 체인 선택 : 연결된 모든 스케치 요소를 오프셋 한다.
- 양쪽 방향 : 양쪽 방향으로 오프셋 한다.
- 베이스 작성 : 오프셋 하는 기준 스케치를 보조선으로 전환한다.
- 양면 마무리 : 양쪽 방향을 선택한 경우의 주위 스케치를 삽입한다. 끝단을 삽입하면 스케치 요소가 연장되어 생성된다. 연장 유형은 원호 또는 선을 선택할 수 있다.

[오프셋 대화상자: 변수(P), 10.00mm, ☑치수 부가(D), ☐반대 방향(R), ☑체인 선택(S), ☐양쪽 방향(B), ☐베이스 작성(M), ☐양면 마무리(C), ◉원호(A), ○선(N)]

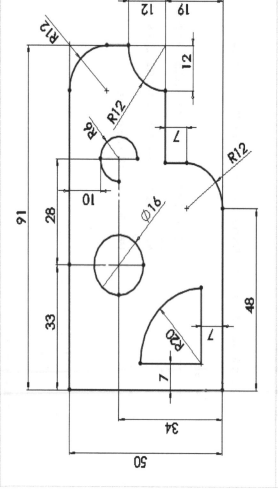

[Lecture 4-3]

1) 스케치를 실행하고 정면을 선택하여 다음과 같이 스케치를 한다.

R12
R6
R12
R12
12
19
12
7
Ø16
R20
7
48
91
28
10
33
7
34
50

[Lecture 4-4]

1) 스케치를 실행하고 정면을 선택하여 다음과 같이 스케치를 한다.

100
20
135°
135°
Ø40
Ø60
60
40
165
105
Ø20
20
30
120
60

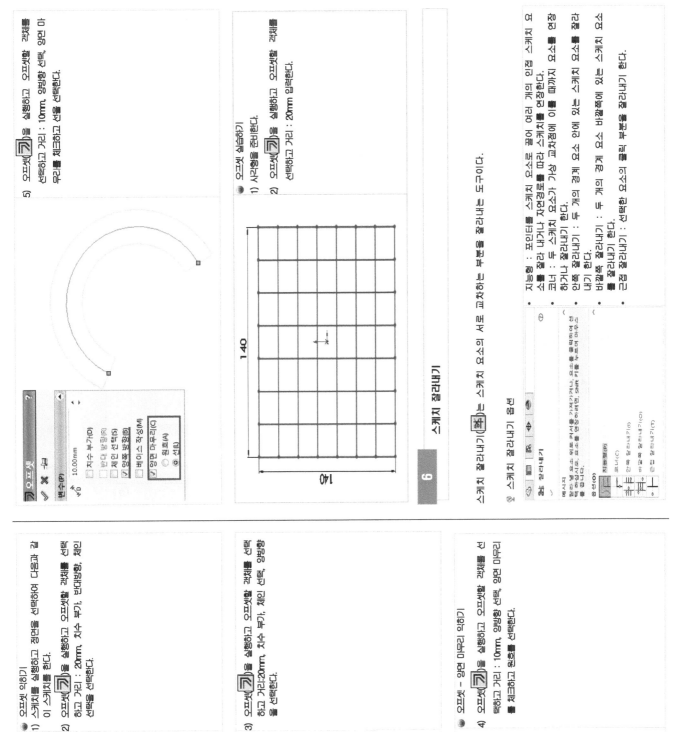

5) 오프셋 ⑦ 기를 실행하고 오프셋할 객체를
선택하고 거리 : 10mm, 양방향 선택, 양면 마
무리를 체크하고 선을 선택한다.

오프셋

변수(P)

10.00mm

☐ 지수 부가(D)
☐ 반대 방향(R)
☐ 체인 선택(S)
☑ 양쪽 방향(B)
☐ 베이스 작성(M)
☑ 양면 마무리(C)
● 원호(A)
○ 선(L)

---

1) 사각형을 전개한다.

2) 오프셋 ⑦ 기를 실행하고 오프셋할 객체를
선택하고 거리 : 20mm 입력한다.

140

140

---

6 스케치 잘라내기

스케치 잘라내기(坴)는 스케치 요소의 서로 교차하는 부분을 잘라내는 도구이다.

◎ 스케치 잘라내기 옵션

스케치

옵션 선택(O)

자동형(P)
코너(C)
안쪽 잘라내기(I)
바깥쪽 잘라내기(O)
근접 잘라내기(E)

• 자동형 : 포인터를 스케치 요소로 끌어 여러 개의 인접 스케치 요
소를 잘라 내거나 자연경로를 따라 스케치 요소까지 이를 연장
하거나 가상 교차점에 이를 때까지 스케치 요소를 연장한다.
• 코너 : 두 스케치 요소가 가상 교차점에 이를 때까지 스케치 요소를
연장한다.
• 안쪽 잘라내기 : 두 개의 경계 요소 안에 있는 스케치 요소를 잘라
내기 한다.
• 바깥쪽 잘라내기 : 두 개의 경계 요소 바깥쪽에 있는 스케치 요소
를 잘라내기 한다.
• 근접 잘라내기 : 선택한 요소를 클릭하여 부분을 잘라내기 한다.

– 27 –

---

1) 스케치를 실행하고 정면을 선택하여 다음과 같
이 스케치를 한다.

2) 오프셋 ⑦ 기를 실행하고 오프셋할 객체를 선택
하고 거리 : 20mm, 반대방향, 체인
선택을 선택한다.

200

140

오프셋

변수(P)

20.00mm

☑ 지수 부가(D)
☑ 반대 방향(R)
☑ 체인 선택(S)
☐ 양쪽 방향(B)
☐ 베이스 작성(M)
☐ 양면 마무리(C)
○ 원호(A)
○ 선(L)

---

3) 오프셋 ⑦ 기를 실행하고 오프셋할 객체를 선택
하고 거리 :20mm, 체인 선택, 양방향
을 선택한다.

200

140

오프셋

변수(P)

20.00mm

☐ 지수 부가(D)
☐ 반대 방향(R)
☑ 체인 선택(S)
☑ 양쪽 방향(B)
☐ 베이스 작성(M)
☐ 양면 마무리(C)
○ 원호(A)
○ 선(L)

◎ 오프셋 – 양면 마무리

4) 오프셋 ⑦ 기를 실행하고 오프셋할 객체를 선
택하고 거리 : 10mm, 양방향 선택, 양면 마무리
를 체크하고 원호를 선택한다.

오프셋

변수(P)

10.00mm

☐ 지수 부가(D)
☐ 반대 방향(R)
☐ 체인 선택(S)
☑ 양쪽 방향(B)
☐ 베이스 작성(M)
☑ 양면 마무리(C)
● 원호(A)
○ 선(L)

바깥쪽 잘라내기

1) 스케치를 실행하고 정면을 선택하여 다음과 같이 스케치를 한다.
2) 스케치 잘라내기 아이콘을 실행하고 옵션에서 바깥쪽 잘라내기(非)를 클릭하고 그림과 같이 클릭1과 클릭2를 선택을 선택한다.
3) 선택한 선분 바깥쪽을 차례대로 클릭하면 선택하는 대로 잘라진다.

선택한 선분 바깥쪽을 차례대로 클릭하면 선택하는 대로 잘라진다.

클릭2
클릭1

근접 잘라내기

1) 스케치를 실행하고 정면을 선택하여 다음과 같이 스케치를 한다.
2) 스케치 잘라내기 아이콘을 실행하고 옵션에서 근접 잘라내기(十)을 선택하고 근접 잘라내기는 선택한 선분이 다음 교차점까지 잘라진다.

클릭
클릭
클릭
클릭
클릭1

스케치 잘라내기 실습하기

1) 스케치를 실행하고 정면을 선택하여 다음과 같이 스케치를 한다.
2) 오프셋(기)를 실행하고 오프셋 객체를 선택하고 오프셋 거리 : 20mm 입력한다. 계속 반복한다.

140
140

자동형 잘라내기

1) 스케치를 실행하고 정면을 선택하여 다음과 같이 스케치를 한다.
2) 스케치 잘라내기 아이콘을 실행하고 옵션에서 자동형(三)을 선택하고 잘라내기할 요소를 포인트로 드래그 하여 스케치 잘라내기 한다.

마우스 왼쪽버튼을 누른 상태로 드래그 선택되면 여러 라인 선을 모두 잘라진다.
15

코너 잘라내기

1) 스케치를 실행하고 정면을 선택하여 다음과 같이 스케치를 한다.
2) 스케치 잘라내기 아이콘을 실행하고 옵션에서 코너 잘라내기(十)를 선택, 클릭, 클릭1과 클릭2 선분을 선택한다.
3) 선택한 선분 반대쪽이 이쪽으로 잘라진다.

클릭2
클릭1
15

안쪽 잘라내기

1) 스케치를 실행하고 정면을 선택하여 다음과 같이 스케치를 한다.
2) 스케치 잘라내기 아이콘을 실행하고 옵션에서 안쪽 잘라내기(非)를 선택, 클릭, 그림과 같이 클릭1과 클릭2 선분을 선택한다.
3) 선택한 선분 안쪽을 선택하는 대로 잘라진다.

선택한 선분 안쪽을 차례대로 클릭하면 선택하는 대로 잘라진다.

클릭2
클릭1
15

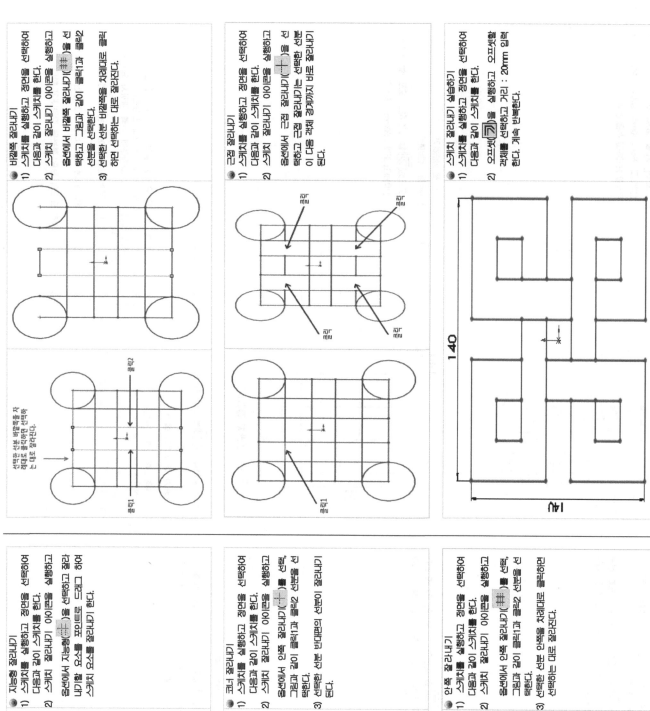

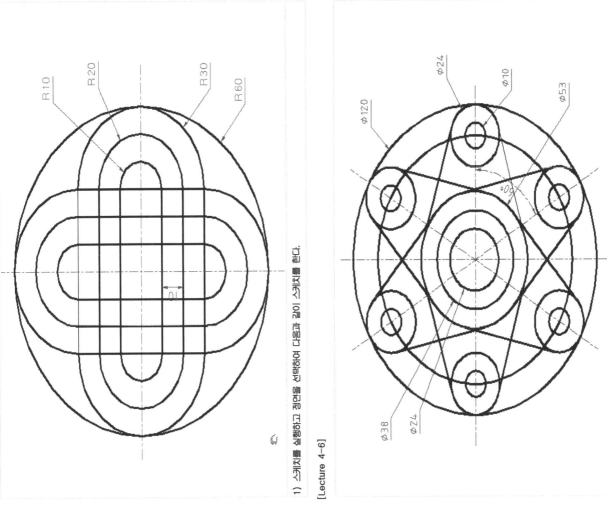

R10
R20
R30
R60
12

1) 스케치를 실행하고 정면을 선택하여 다음과 같이 스케치를 한다.

Ø120
Ø24
Ø10
Ø53
Ø38
Ø24
60°

1) 스케치를 실행하고 정면을 선택하여 다음과 같이 스케치를 한다.

7 스케치 연장하기

스케치 연장(스케치 연장)은 스케치 요소를 다른 스케치 요소를 만나는 교점까지 요소를 연장한다. 요소가 연장되어 만나는 요소가 없을 경우에는 "스케치 요소가 더 이상 연장할 수 없습니다." 메시지가 나타난다.

● 스케치 연장 익히기

1) 스케치를 실행하고 정면을 선택하여 다음과 같이 스케치를 한다.
2) 스케치 연장(연장)을 실행하고 연장할 선분을 선택한다.

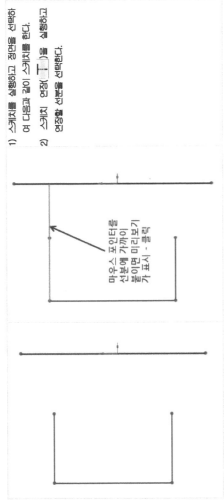

마우스 포인터를 선분에 가까이 붙이면 미리보기가 표시시 - 클릭

3) 선 아이콘을 실행하여 다음과 같이 스케치를 준비한다.
4) 스케치 연장(연장)을 실행하고 연장할 선분을 선택한다.
5) 밑에 선분도 같은 방법으로 연장한다.

[Lecture 4-9]

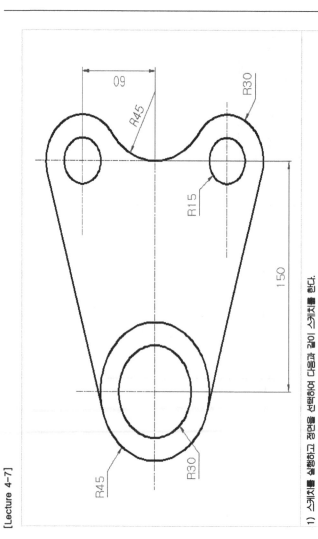

R50
R40
R150
R700
60°
40°
R600
R100
R300
R80
R150
550

1) 스케치를 실행하고 정면을 선택하여 다음과 같이 스케치를 한다.

[Lecture 4-10]

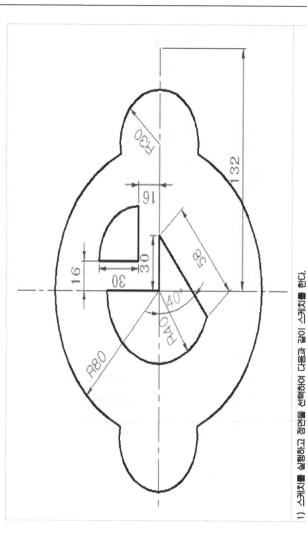

R30
R15
R11
R57
41
23
38

1) 스케치를 실행하고 정면을 선택하여 다음과 같이 스케치를 한다.

[Lecture 4-7]

60
R45
R30
R15
150
R45
R30

1) 스케치를 실행하고 정면을 선택하여 다음과 같이 스케치를 한다.

[Lecture 4-8]

R30
16
16
30
30
58
40°
R40
R80
132

1) 스케치를 실행하고 정면을 선택하여 다음과 같이 스케치를 한다.

[Lecture 4-13]

R12
R6
R10
30°
40°
R40
R4
R28
70
2-ø12

1) 스케치를 실행하고 정면을 선택하여 다음과 같이 스케치를 한다.

[Lecture 4-14]

24
20
5
20
135
R35
R35
45°
26
R13
R25

1) 스케치를 실행하고 정면을 선택하여 다음과 같이 스케치를 한다.

- 31 -

[Lecture 4-11]

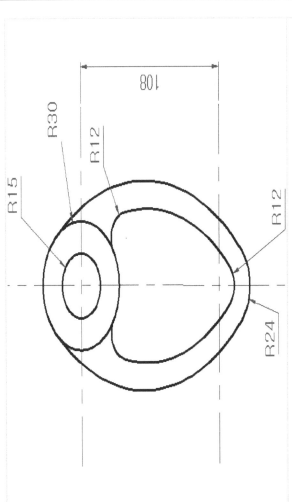

108
R15
R30
R12
R12
R24

1) 스케치를 실행하고 정면을 선택하여 다음과 같이 스케치를 한다.

[Lecture 4-12]

70
25
3-ø30
R15
41
R85
4-ø14
R75
18

1) 스케치를 실행하고 정면을 선택하여 다음과 같이 스케치를 한다.

요소 이동(요소 이동)은 선택한 스케치 요소를 이동하여 작성한다.

요소 이동 옵션

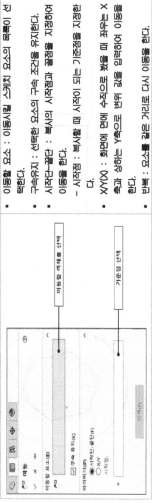

- 이동할 요소 : 이동시킬 스케치 요소의 목록이 선택된다.
- 구속유지 : 선택한 요소의 구속 조건을 유지한다.
- 시작단→끝단 : 복사의 시작점과 끝점을 지정하여 이동을 한다.
  - 시작점 : 복사할 때 시작이 되는 기준점을 지정한다.
- X/Y(X) : 화면에 연계 수직으로 복율 때 좌우는 X 축과 상하는 Y축으로 변위 값을 입력하여 이동을 한다.
- 반복 : 요소를 같은 거리로 다시 이동을 한다.

요소 이동 익히기

1) 요소 이동(요소 이동)을 실행하고 그래픽 영역에서 이동할 요소로 연을 선택한다.

2) 베이스 점을 클릭하고 연 객체에서 기준점을 찍어 준다.

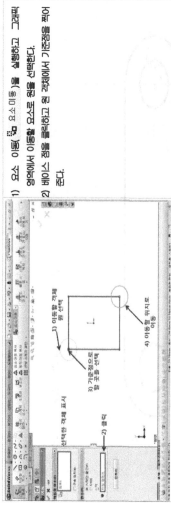

3) 객체가 이동한다.

[Lecture 4-15]

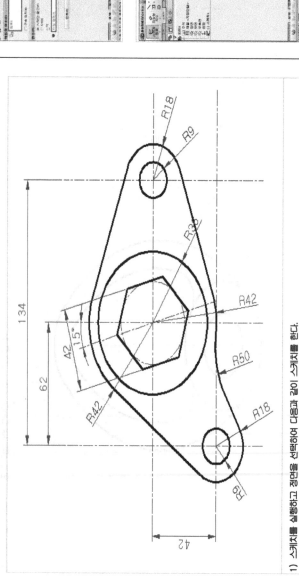

1) 스케치를 실행하고 정면을 선택하여 다음과 같이 스케치를 한다.

[Lecture 4-15]

1) 스케치를 실행하고 정면을 선택하여 다음과 같이 스케치를 한다.

9 요소 복사

요소 복사( )은 선택한 스케치 요소를 복사하여 작성한다.

◈ 요소 복사 옵션

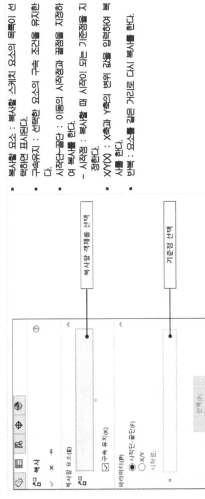

복사할 객체를 선택

기준점 선택

- 복사할 요소 : 복사할 스케치 요소의 목록이 선택하면 표시된다.
- 구속유지 : 선택한 요소의 구속 조건을 유지한다.
- 시작단-끝단 : 이동이 시작점과 끝점을 지정하여 복사를 한다.
  - 시작점 : 복사를 때 시작이 되는 기준점을 지정한다.
  - X/Y(X) : X축과 Y축의 변위 값을 입력하여 복사를 한다.
  - 반복 : 요소를 같은 거리로 다시 복사를 한다.

● 요소 복사 익히기

1) 요소 복사( )를 실행하고 복사할 요소로 원을 선택한다.
2) 베이스 점을 클릭하고 원 객체에서 기준점을 찍어준다.

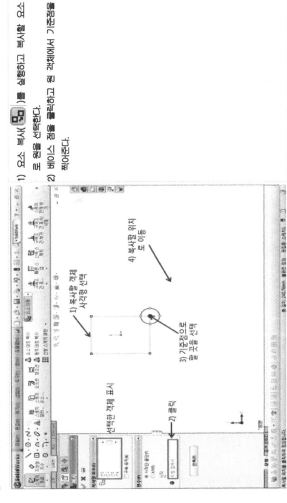

선택한 객체 표시

1) 복사할 객체 사각형을 선택

2) 클릭

3) 기준점으로 왼쪽 끝점을 선택

4) 복사할 위치로 이동

---

3) 객체가 복사된다.

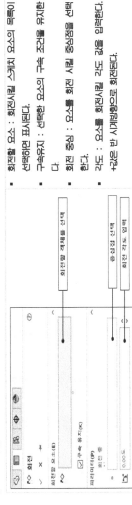

10 요소 회전

요소 회전( )은 선택한 스케치 요소를 기준점을 중심으로 주어진 각도로 회전을 한다.

◈ 요소 회전 옵션

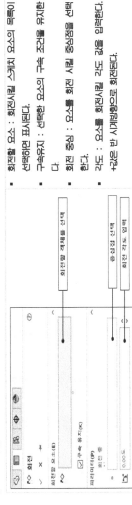

회전할 객체를 선택

중심점 선택

회전 각도 입력

- 회전할 요소 : 회전시킬 스케치 요소의 목록이 선택하면 표시된다.
- 구속유지 : 선택한 요소의 구속 조건을 유지한다.
- 회전 중심 : 요소를 회전 시킬 중심점을 선택한다.
- 각도 : 요소를 회전시킬 각도 값을 입력한다. +각도는 반 시계방향으로 회전된다.

● 요소 회전 익히기

1) 요소 회전( )를 실행하고 회전할 요소를 선택한다.
2) 베이스 점을 클릭하고 중심점을 찍어준다.

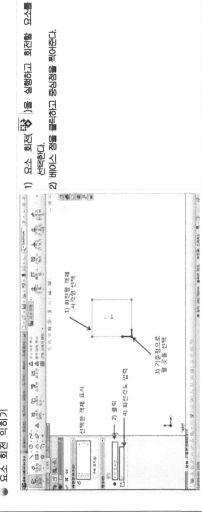

1) 회전할 객체 사각형을 선택

선택한 객체 표시

2) 클릭

3) 기준점으로 꼴 곳을 선택

4) 회전각도 입력

3) 크기 조절되어 3개가 복사된다.

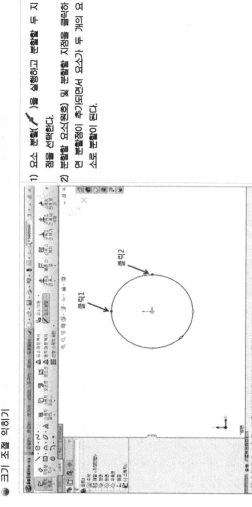

12 스케치 분할

요소 분할( )은 스케치 요소를 분할하여 두 개의 스케치 요소를 만들 수 있다. 원, 타원, 닫힌 자유 곡선을 분할하기 위해 두 개의 분할점을 사용한다. 분할점에 치수를 지정할 수 있다. 분할점을 삭제하여 두 개의 요소를 하나의 요소로 결합할 수도 있다.

● 크기 조절 익히기

1) 요소 분할( )을 실행하고 분할할 두 지점을 선택한다.

2) 분할할 요소(원)에 및 분할할 지점을 클릭하면 분할점이 추가되면서 요소가 두 개의 요소로 분할이 된다.

클릭1
클릭2

3) 회전 각도를 15도 입력한다.

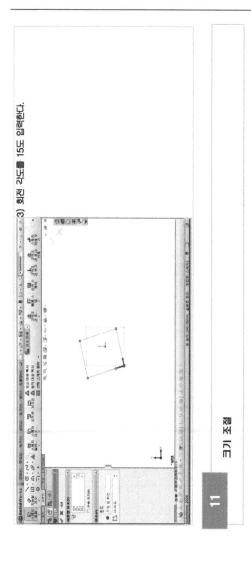

11 크기 조절

크기 조절( )은 선택한 스케치 요소를 기준점을 기준으로 확대 또는 축소시켜 작성한다. 축척 계수는 0보다 큰 수를 입력한다. 1보다 큰 수는 확대가 이루어지고 1보다 작은 수는 축소가 이루어진다.

◈ 크기 조절 옵션

■ 크기 조절 요소 : 크기 조절할 스케치 요소의 목록이 선택이 선택하면 연 표시된다.
■ 축척기준 : 크기 조절의 기준점을 지정한다.
■ 축척계수 : 크기 조절의 배수를 입력한다.
　예를 들어 2배 확대할 때는 2를 입력하고 크기를 1/2로 축소할 때는 0.5를 입력하면 된다.
■ 복사본 수 : 복사에 체크하면 나타나는 옵션으로 크기 조절하면서 복사할 개수를 입력한다.
　연서 복사본 수는 원본을 제외한 개수를 입력한다.

크기 조절할 객체선택

기준점 선택

축척 계수 입력

● 크기 조절 익히기

1) 크기조절을 실행하고 크기 조절할 요소를 선택한다.
2) 베이스 점을 클릭하고 기준점을 찍어준다.
3) 크기 조절 옵션에서 축척계수에는 2를 복사에 체크하고 복사본 수에는 3을 입력한다.

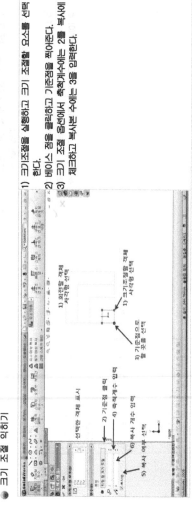

1) 회전할 객체 사각을 선택

선택한 객체 표시

2) 기준점 클릭

3) 기준점으로 쓸 포음 선택

4) 축척계수 입력

6) 복사본 선택

1) 크기조절할 객체 사각을 선택

● 선형 스케치 패턴 익히기

1) 다음과 같이 스케치를 준비한다.

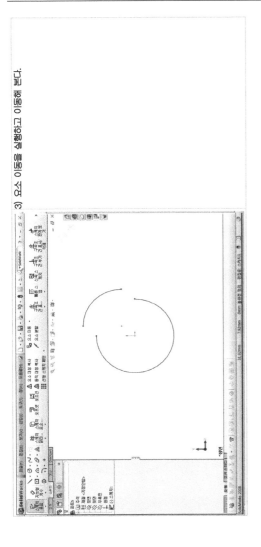

2) 선형 스케치 패턴을 실행하고 패턴 할 요소를 선택한다.

3) 방향1의 간격 값은 50mm 입력 → 개수는 3개 입력 → 각도는 0도를 입력한다.

4) 방향2의 간격 값은 50mm 입력 → 개수는 3개 입력 → 각도는 90도를 입력한다. 그림과 같이 미리보기가 나타난다.

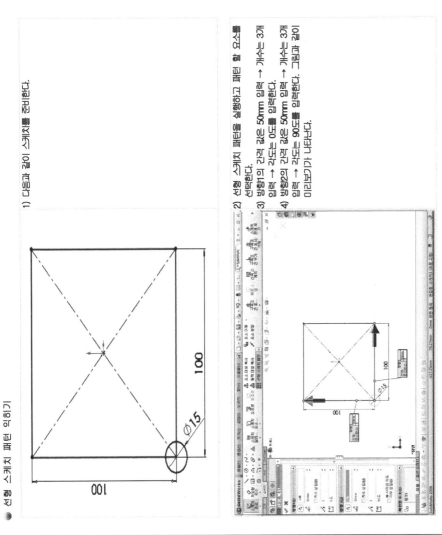

● 선형 스케치 패턴 결과

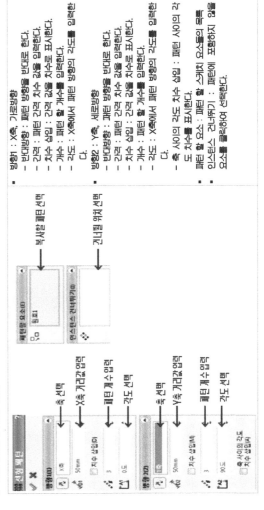

3) 요소 이동을 실행하고 이동해 본다.

13 선형 스케치 패턴

선형 스케치 패턴(⊞)은 선택한 스케치 요소를 가로와 세로 방향으로 입력한 개수와 거리 값으로 배열된 새로운 스케치 요소를 작성한다.

◎ 선형 스케치 패턴 옵션

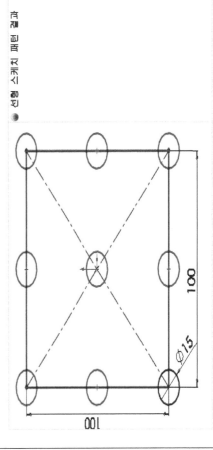

복사할 패턴 선택
건너뛸 위치 선택

방향1 : X축, 가로방향
- 반대방향 : 패턴 방향을 반대로 한다.
- 간격 : 패턴 간격 치수 값을 입력한다.
- 치수 삽입 : 간격 치수 값을 치수로 표시한다.
- 개수 : 패턴 할 개수를 입력한다.
- 각도 : X축에서 패턴 방향의 각도를 입력한다.

방향2 : Y축, 세로방향
- 반대방향 : 패턴 방향을 반대로 한다.
- 간격 : 패턴 간격 치수 값을 입력한다.
- 치수 삽입 : 간격 치수 값을 치수로 표시한다.
- 개수 : 패턴 할 개수를 입력한다.
- 각도 : X축에서 패턴 방향의 각도를 입력한다.
- 축 사이의 각도 치수 삽입 : 패턴 사이의 각도 치수를 표시한다.

패턴 할 요소 : 패턴 할 스케치 요소들의 목록
인스턴스 건너뛰기 : 패턴에 포함하지 않을 요소를 클릭하여 선택한다.

축 선택
X축 거리값입력
패턴 개수입력
각도 선택
축 선택
Y축 거리값입력
패턴 개수입력
각도 선택

3) 원형 스케치 패턴(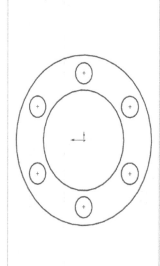)을 실행하고 패턴 할 요소를 선택한다.

4) 파라미터 창에서 패턴 수를 6을 입력 → 가도는 360도를 입력 → 등등 간격에 체크하면 원형 스케치 패턴의 미리보기가 되어 나타난다. 확인을 한다.

중심 축 선택

● 원형 스케치 패턴 결과

[Lecture 4-16]

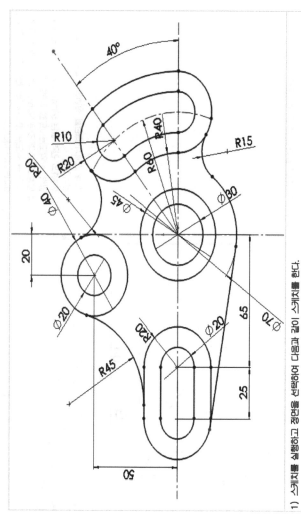

1) 스케치를 실행하고 정면을 선택하여 다음과 같이 스케치를 한다.

---

14 원형 스케치 패턴

원형 스케치 패턴(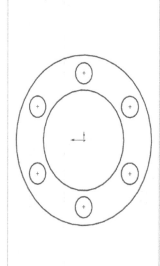)은 선택한 스케치 요소를 지정한 중심점을 기준으로 하는 원형 배열하여 새로운 스케치 요소를 작성한다.

② 원형 스케치 패턴 옵션

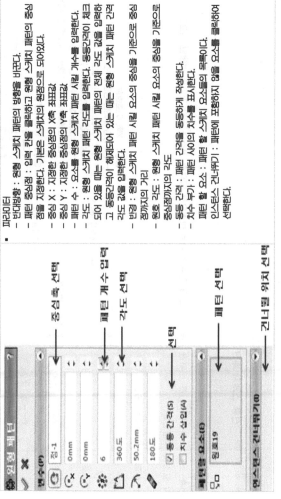

중심 축 선택
패턴 개수 입력
각도 선택
선택
패턴 선택
건너뛸 위치 선택

■ 파라미터
- 반대방향 : 원형 스케치 패턴의 방향을 바꾼다.
- 패턴 중심점 : 입력 값을 클릭하고 원형 스케치 패턴의 중심 점을 지정한다. 기준은 스케치의 원점으로 되어있다.
- 중심 X : 지정한 중심점의 X축 좌표값
- 중심 Y : 지정한 중심점의 Y축 좌표값
- 패턴 수 : 요소를 원형 스케치 패턴 시킬 개수를 입력한다.
- 각도 : 원형 스케치 패턴 각도를 입력한다. 등등간격이 체크 되어 있을 때는 원형 스케치 패턴의 전체 각도 값을 입력하고 등등간격이 해제되어 있는 원형 스케치 패턴 간격 각도 값을 입력한다.
- 반경 : 원형 스케치 패턴 시킬 요소의 중심을 기준으로 중심 점까지의 거리
- 원호 각도 : 원형 스케치 패턴 시킬 요소의 중심의 중심점을 기준으로 중심점까지의 각도

- 등등 간격 : 원형 스케치 패턴 간격을 등등하게 작성한다.
- 치수 부가 : 패턴 사이의 치수를 표시한다.
- 패턴 할 요소 : 패턴에 포함하지 않을 스케치 요소들의 목록이다. 인스턴스 건너뛰기 : 패턴에 포함하지 않을 요소를 클릭하여 선택한다.

● 원형 스케치 패턴 익히기
1) 스케치를 실행하고 정면을 선택한다.
2) 원 3개를 스케치한다.

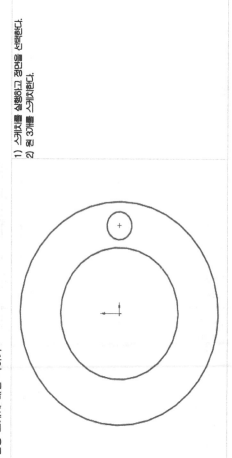

[Lecture 4-19]

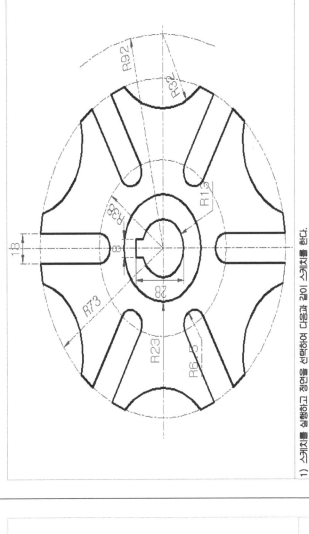

1) 스케치를 실행하고 정면을 선택하여 다음과 같이 스케치를 한다.

[Lecture 4-20]

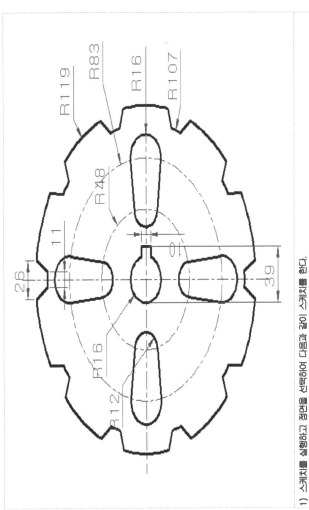

1) 스케치를 실행하고 정면을 선택하여 다음과 같이 스케치를 한다.

[Lecture 4-17]

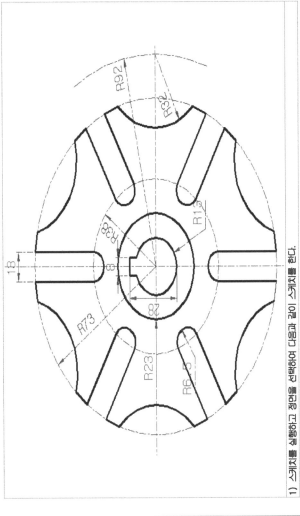

1) 스케치를 실행하고 정면을 선택하여 다음과 같이 스케치를 한다.

[Lecture 4-18]

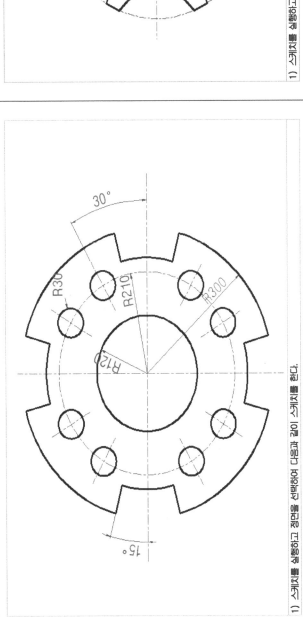

1) 스케치를 실행하고 정면을 선택하여 다음과 같이 스케치를 한다.

[Lecture 4-23]

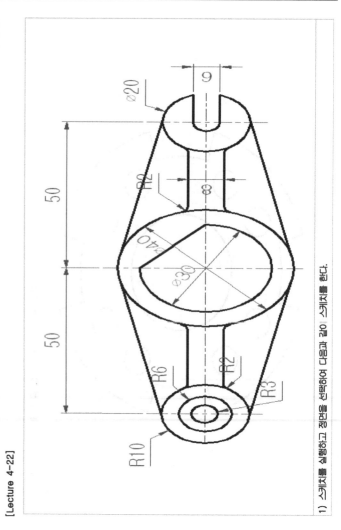

1) 스케치를 실행하고 정면을 선택하여 다음과 같이 스케치를 한다.

[Lecture 4-24]

1) 스케치를 실행하고 정면을 선택하여 다음과 같이 스케치를 한다.

[Lecture 4-21]

1) 스케치를 실행하고 정면을 선택하여 다음과 같이 스케치를 한다.

[Lecture 4-22]

1) 스케치를 실행하고 정면을 선택하여 다음과 같이 스케치를 한다.

- 38 -

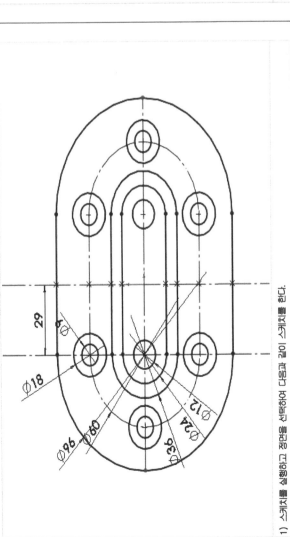

16

33

12

20

3

32

R10

R10

R10

Ø8

Ø15

Ø15

R15

24.748

R15

45°

Ø8

135°

62

Ø8

Ø15

1) 스케치를 실행하고 정면을 선택하여 다음과 같이 스케치를 한다.

1) 스케치를 실행하고 정면을 선택하여 다음과 같이 스케치를 한다.

29

Ø9

Ø18

Ø12

Ø24

Ø96

Ø80

Ø36

R25

R12.50

90

R25

45°

Ø200

R12

80

R9

R20

Ø116

Ø80

1) 스케치를 실행하고 정면을 선택하여 다음과 같이 스케치를 한다.

1) 스케치를 실행하고 정면을 선택하여 다음과 같이 스케치를 한다.

[Lecture 4-31]

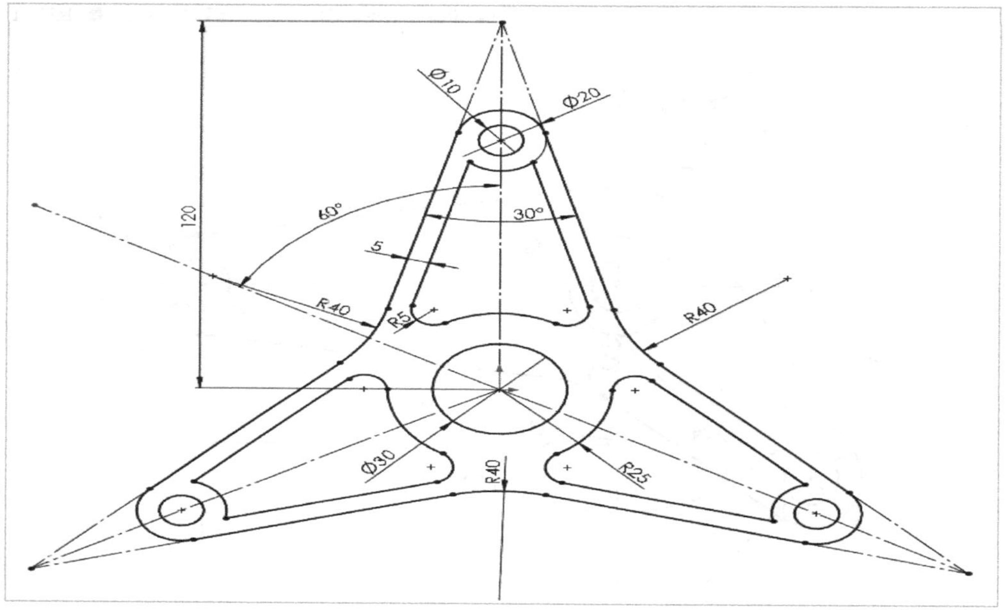

[Lecture 4-29]

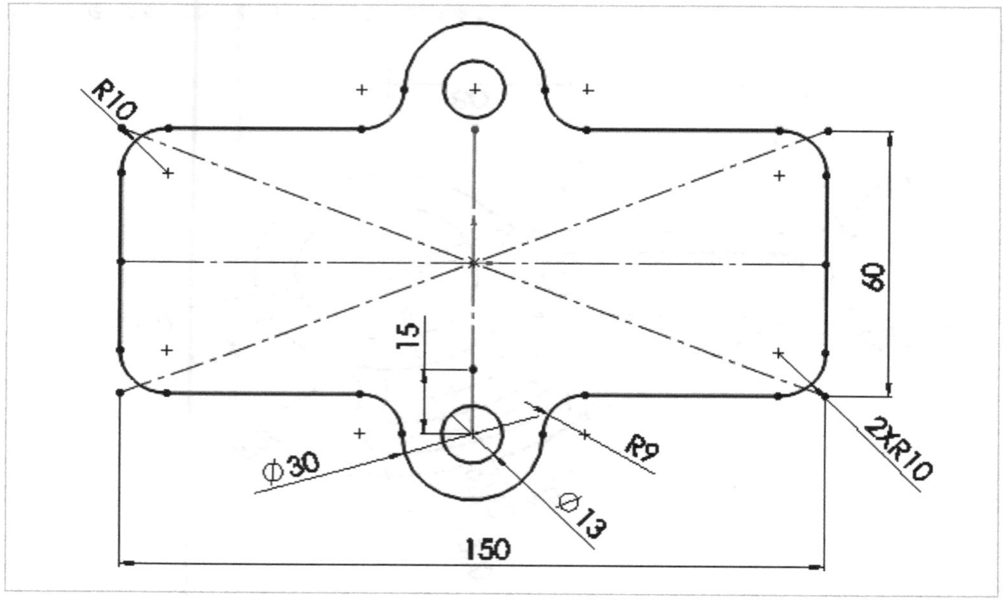

[Lecture 4-32]

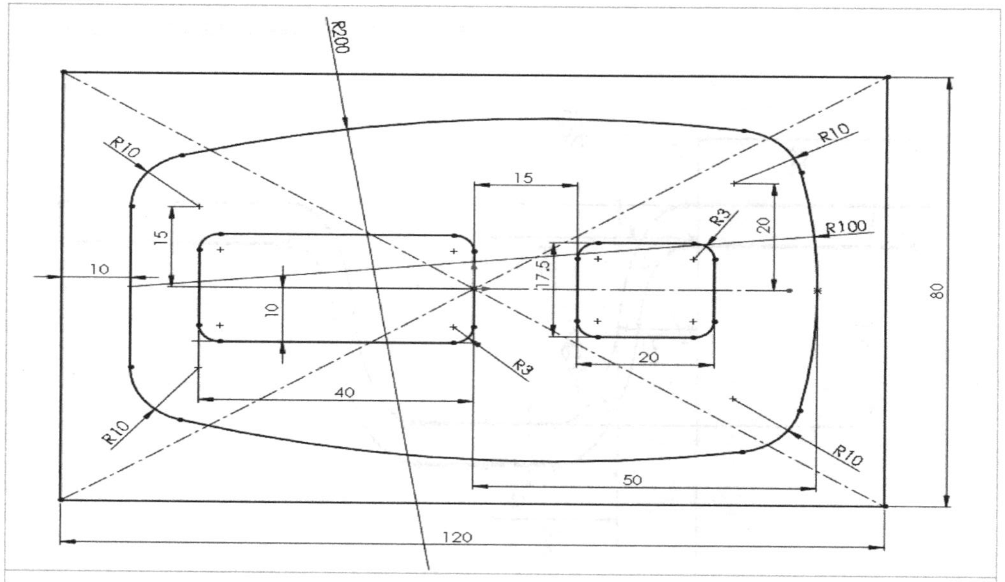

[Lecture 4-30]

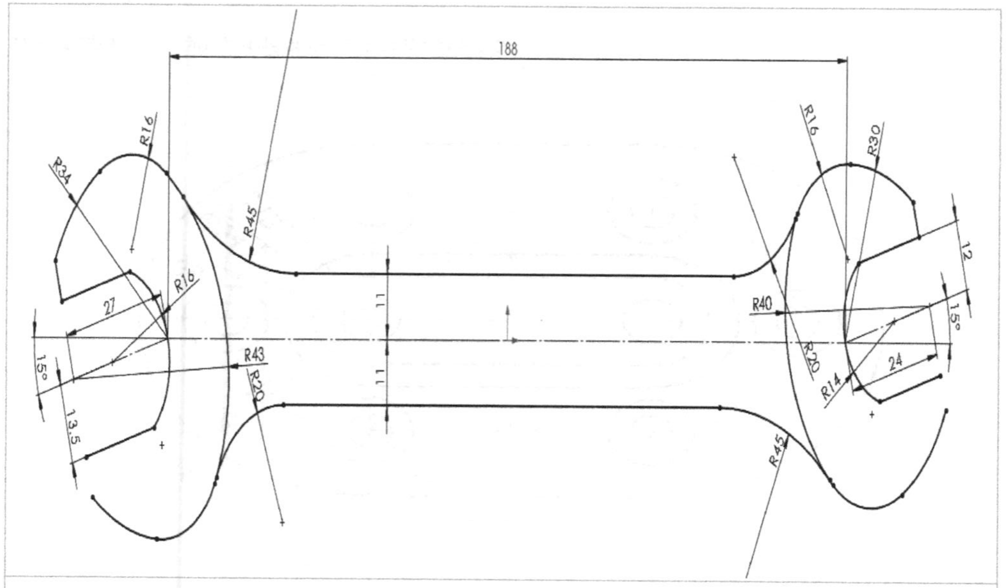

1) 스케치를 실행하고 정면을 선택하여 다음과 같이 스케치를 한다.

1) 스케치를 실행하고 정면을 선택하여 다음과 같이 스케치를 한다.

– 40 –

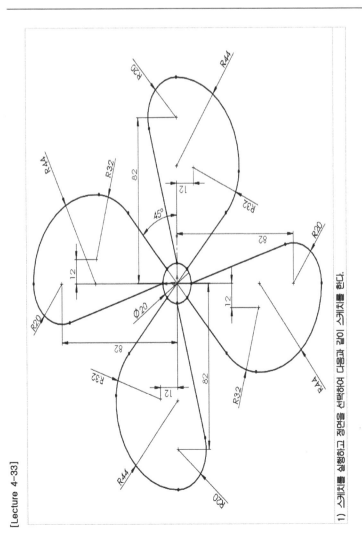

1) 스케치를 실행하고 정면을 선택하여 다음과 같이 스케치를 한다.

5장 SolidWorks의 형상 구속과 치수 구속

학습 내용

1. 스케치 형상 구속하기
2. 스케치 치수 구속하기
3. 스케치 완전 정의

5장 | SolidWorks의 스케치 형상 구속과 치수 구속하기

1. 스케치 형상 구속하기

1) 구속조건의 개요

기하학적 구속조건은 스케치한 요소들이 변경되지 않고 형상을 유지할 수 있도록 사용하는 도구이다. 요소들을 구속하는 목적은 형상이나 크기를 변경시키는 방법을 정의하려는 것이다. 이것을 스케치 자유도라 한다. 구속한다는 것은 피차가 존재하거나 변경할 수 있는 수용 가능한 방법을 정의하는 것을 의미한다.

스케치한 요소에 구속조건을 추가하면 요소들은 지능성을 가지게 된다. 형성구속과 치수구속 조건을 추가하면 형상이 변경되는 방법에 제한을 함으로써 스케치 요소들을 안전화 할 수 있다. 스케치 작업을 하는 동안에 어떤 구속들을 자동으로 적용이 이루어진다. 완전한 안정화를 이루기 위해서는 구속조건을 계속해서 추가해야 한다.

2) 형상 구속

형상 구속은 스케치한 요소들이 모양과 형상에 제한들을 준다. 기하학적 구속조건은 스케치 요소의 방향과 요소들 사이에 연관성을 유지하게 된다. 만약 선에 수직구속을 하면 선은 항상 수직을 유지하게 되고, 두 선 사이에 직각구속을 하면 두 선은 항상 직각을 유지하게 된다.

● 형상 구속조건 부여하는 방법

1> 구속 자동 : 스케치 요소를 작성할 때 구속조건을 자동으로 부여한다. [도구]-[스케치 세팅]-[구속 자동]

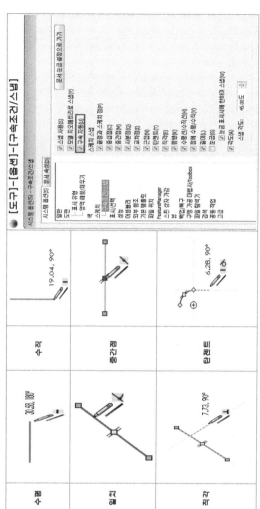

[도구]-[옵션]-[구속조건/스냅]

수평	30.33, 180°	수직	19.04, 90°
일치		중간점	
직각	7.73, 90°	탄젠트	6.26, 90°

2> 구속조건 추가 도구 사용하기

구속조건 추가 도구(⊥)를 이용하여 구속조건을 추가할 수 있다. 구속조건 추가 도구(⊥) 아이콘을 클릭하여 실행하고 요소를 선택하면 PropertyManager에 자동으로 선택한 요소에 추가할 수 있는 구속조건이 나타난다. 부여하고자 하는 구속조건을 선택하면 된다.

구속조건 부가 옵션

아이콘	내용	적용 전	적용 후
동일원(R)	두 원의 중심점과 크기를 같게 구속		
탄젠트(A)	선과 곡선을 접하게 구속		
중간점(M)	선택한 지점을 선택한 요소의 중간점과 일치시켜 구속		
일치(D)	선택한 지점을 선택한 요소의 선상에 위치하게 일치시켜 구속		

4> 구속 조건 표시/삭제

1) [도구]-[구속조건 표시/삭제( )]를 선택한다. 구속조건 표시/삭제 PropertyManager가 열리게 된다.

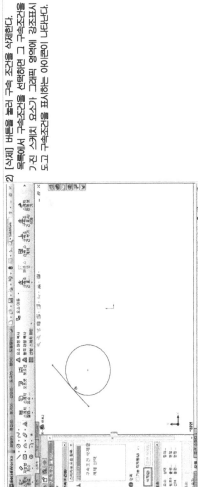

2) [삭제] 버튼을 눌러 구속 조건을 삭제한다. 목록에서 구속조건을 선택하면 그 구속조건을 가진 스케치 요소가 그래픽 영역에 참조표시되고 구속조건을 표시하는 아이콘이 나타난다.

구속조건 부가 옵션

- 선택 요소 : 구속조건을 부가하기 위하여 선택한 스케치 요소의 목록이 나타난다.
- 기존 구속조건 : 선택한 요소에 이미 부여된 구속조건을 표시한다.
- 구속조건 부가 : 선택한 요소에 부여할 수 있는 구속조건이 표시된다.

3> 스케치 요소의 요소의 PropertyManager에 구속조건 부가 옵션을 이용하여 구속 조건을 추가할 수 있다.

구속조건	내용	적용 전	적용 후
수평(H)	요소를 수평으로 구속		
수직(V)	요소를 수직으로 구속		
동일선상(L)	선택한 요소들을 동일선상으로 구속		
직각(U)	선택한 요소들을 직각으로 구속		
평행(E)	선택한 요소들을 평행으로 구속		
동등(Q)	선택한 요소들을 같게 구속		
동심(N)	두 원의 중심점을 같게 구속		

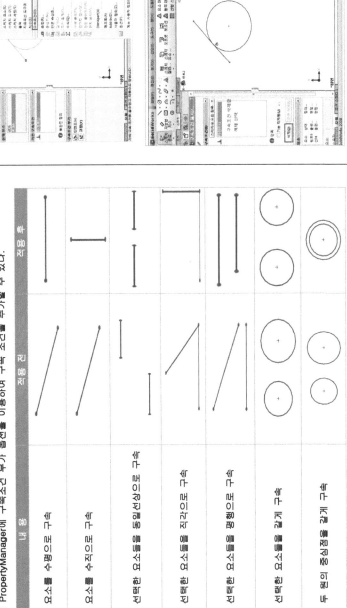

⊗ 구속조건 표시/삭제 PropertyManager 옵션

■ 구속조건
- 필터 : 표시할 스케치 요소를 필터링 한다.
- ⊥ : 선택한 필터에 따라 기존 구속조건이 나열된다.
- ❶ 단축 : 선택이 되었습니다.
- ☑ 기능 억제됨 : 현재 설정에 구속 조건을 기능 억제할 때 선택한다. 기
  능 억제를 선택하면 구속 조건 이름이 회색으로 변하여 정보 상태가 변
  경된다.
- ↺ : 마지막 작업을 취소한다.
- ❷ 삭제 및 전부 삭제 : 구속조건을 선택하여 삭제하거나 모든 구속 조건을
  삭제한다.

요소
- 요소 : 선택한 구속조건이 부여된 스케치 요소의 이름
- 상태 : 스케치 요소의 상태를 결정한다. 붙완전 정의, 같은 모델 등으로 표
  시한다.
- 정의된 곳 : 요소가 정의된 현행스케치, 같은 모델 외부 모델 등으로 표
  시 한다.
- 대치 : 선택한 요소를 다른 요소로 대치한다.

2. 스케치 치수 구속하기

스케치 형상에 치수구속 하는 것은 매우 중요한 일이다. 형상구속은 스케치를 안정화 시키는 역할을 하지만 치수구
속은 설계자 의도에 따라 스케치의 크기를 결정한다. 형상에 파리메트릭한 치수를 추가한다는 것은 부품의 크기와
위치를 조정하는 구속요소를 적용한다는 의미이다.

1) 치수 구속의 종류

치수구속은 지능형 치수를 아이콘을 이용하여 스케치 요소에 다양한 유형의 치수를 부여할 수가 있다. 다음 그
림과 같이 준비한다.

1) 선형 치수

1) 두 지점간이나 선분 요소의 치수 또는 평행한 두 선분간의 치수를 입력한다.
2) 지능형 치수를 실행하고 다음과 같이 치수를 기입한다.

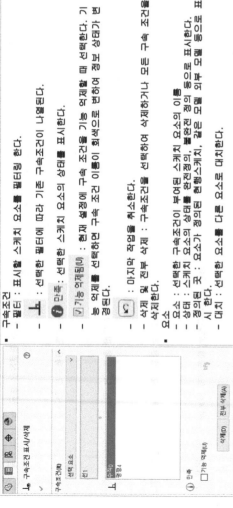

62.25
69.07

---

3) 여기에 치수 값을 입력하고 확인(✓)을 한다.

수정할 치수 입력

70
62.25

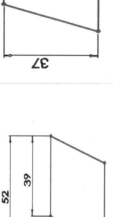

1> 수평치수(수평 치수)/수직치수(수직 치수)

1) 수평치수를 선택한다.
2) 두 지점을 선택하면 수평의 거리 값
   을 치수로 입력한다.

52
39
37

2> 지능형 치수(지능형 치수)

1) 지능형 치수를 사용하면 선을 선택
   에 따라서 수평/수직, 대각선, 원,
   호, 각도 치수 등이 자동으로 전환
   되어 치수가 기입된다.

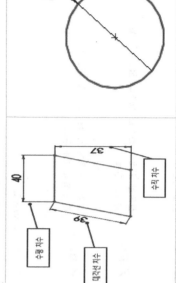

40
37
39
수평 치수
대각선 치수
수직 치수

2) 원 치수

1> 원 치수
원의 지름이나 반지름으로 치수를 입력한다. 기본 유형은 지름 값으로 치수를 입력한다.

① 원의 지름으로 치수구하기
원을 클릭하여 선택하고 치수선의 위치를 클릭하면 수정 대화상자가 나타난다. 여기에 치수 값을 입력한다.

Ø35

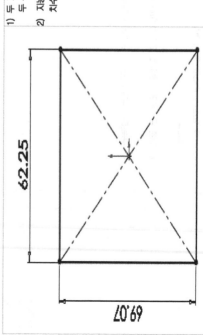

2> 지능형 치수 – 호 치수
호의 반지름이나 길이로 치수를 입력한다.

① 호의 반지름으로 치수구속하기
호를 선택하고 치수선의 위치를 클릭하면 수정 대화상자가 나타난다. 여기에 치수 값을 입력한다. 기본 유형은 반지름 값으로 치수를 입력한다.

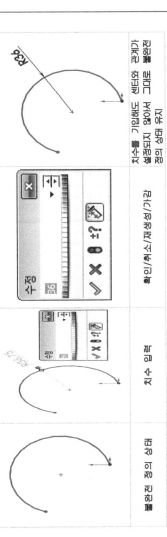

| 불완전 정의 상태 | 치수 입력 | 치수를 기입해도 센터와 관계가 설정되지 않아서 그대로 불완전 정의 상태 유지 |

② 호의 길이로 치수 구속하기
호의 길이로 선택하면 반지름 치수가 미리보기 되어 마우스를 따라다닌다. 이 상태에서 호의 시작점과 끝점을 클릭하고 치수선의 위치를 클릭하면 수정 대화상자가 나타난다. 여기에 치수 값을 입력한다.

② 지름 치수를 반지름 치수로 표시하기

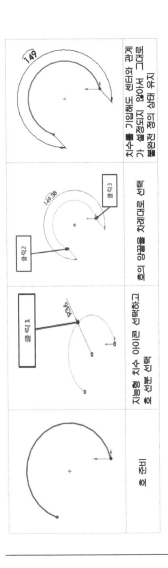

| 불완전 정의 상태 | 치수 입력 | 확인/취소/재생성/가감 | 완전 정의된 상태 |

1) 지능형 치수( )를 실행하고 원을 선택하여 지름 치수를 기입한다.
2) 지름 치수 위에서 우측 버튼을 누르면 바로가기 메뉴에 [반경으로 표시]를 선택한다.
3) 지름 치수가 반지름 치수로 변경되어 표시된다.

- 선택(L)
- 다른요소 선택하기(Q)
- 지능형 치수(M)
- 치수 추가(A)
- 코너 사각형(D)
- 원(C)
- 윗(E)
- 중심점 호(F)
- 3점호(H)
- 중심선(I)
- 중심선(J)
- 스케치 밀어내기(M)
- 다시 그리기(M)
- 반경으로 표시(O)
- 선형으로 표시(P)
- 선택취소(S)
- 메뉴 사용자 정의(M)

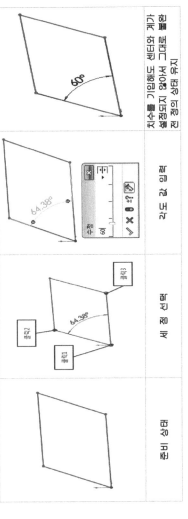
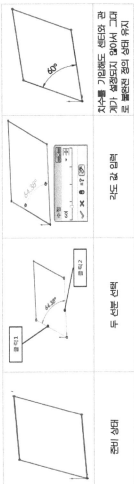

3> 지능형 치수 – 각도 치수
세 점 또는 두 선분이 이루는 각도 치수를 입력한다.

① 세 점을 이용한 각도치수 기입하기
지능형 치수( )를 실행하고, 각의 꼭지점이 될 지점을 먼저 선택, 각을 이루는 나머지 두 지점을 선택, 치수선의 위치를 클릭하면 수정 대화상자가 나타난다. 여기에 치수 값을 입력한다.

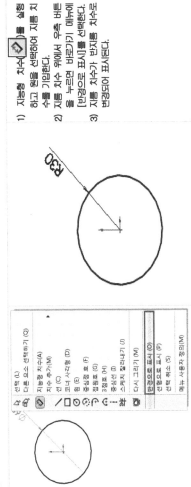

| 준비 상태 | 세 점 선택 | 각도 값 입력 | 치수를 기입해도 센터와 관계가 설정되지 않아서 그대로 불완전 정의 상태 유지 |

② 두 선분이 이루는 각도치수 기입하기
지능형 치수( )를 실행하고, 각을 이루는 두 선분을 차례대로 선택하여 치수선의 위치를 클릭하면 수정 대화상자가 나타난다. 여기에 치수 값을 입력한다.

| 준비 상태 | 두 선분 선택 | 각도 값 입력 | 치수를 기입해도 센터와 관계가 설정되지 않아서 그대로 불완전 정의 상태 유지 |

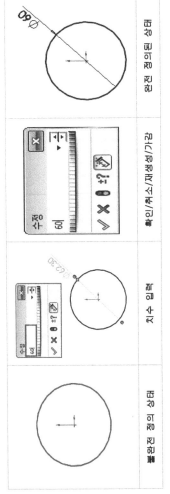

| 호 준비 | 지능형 치수 아이콘 선택하고 호의 두 선분 선택 | 호의 양끝을 차례대로 선택 | 치수를 기입해도 센터와 관계로가 설정되지 않아서 그대로 불완전 정의 상태 유지 |

치수 입력 방법
치수 수정대화상자에 치수를 입력하는 방법에 대하여 알아보자.

1. 치수 직접 입력하기
입력하고자 하는 값을 직접 입력한다.

2. 공유치수 이용하기

수식이나 구속관계를 이용하지 않고 두 개 이상의 치수를 링크하는 공유치수를 사용한다. 치수가 이 방법으로 링크되면 치수 그룹이 어떤 요소도 유도하는 치수로 사용될 수 있다. 링크된 수치 중 하나를 변경하면 다른 수치도 자동으로 변경된다. 지정한 변수 이름이 링크 치수의 이름이 된다. 링크 치수영과 현재 값을 FeatureManager 디자인 트리의 수식폴더에 표시된다.

1) 공유치수로 설정하는 방법

1> 기입되어 있는 치수를 더블 클릭하여 나타나는 수정대화상자에서 □을 누르고 수치링크를 선택한다.

2> 나타나는 공유치수 대화상자에 이름 간에 치수의 변수영을 입력한다. 공유된 치수는 치수문자 앞에 가 표시되고 FeatureManager 디자인 트리의 수식폴더에 표시된다.

2) 공유치수 링크 해제하는 방법

공유된 치수 위에서 마우스 우측버튼을 눌러 [수치링크 해제]를 선택한다.

---

3. 수식으로 입력하기
치수나 속성영을 변수로 사용해서 모델 치수나 기타 모델 속성 간에 수학적 관계를 작성한다. 어셈블리에 수식을 작성하여 부품과 하위 어셈블리 간 등에 치수를 조합하여 수식을 설정할 수 있다.

1) 수식에 변수 항으로 사용할 수 있는 항목
- 치수영
- 링크된 치수 이름
- 사용자 정의 속성
- 글로벌 변수

2) 수식 작성 및 편집하는 방법
1> 치수 기입할 때 수정대화상자에서 다음과 같이 수식을 입력한다.

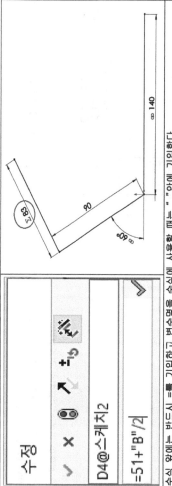

수식 앞에는 반드시 =를 기입하고 변수영을 수식에 사용할 때는 " "안에 기입한다. 수식에는 요표시가 붙는다.

---

3. 스케치의 완전정의

1) 스케치의 상태
스케치는 아래 다섯 가지 중 하나의 상태로 되어 있다. 스케치의 상태는 SolidWorks 화면 아래 상태 표시줄에 표시된다.

1> 완전정의 : 기본적으로 검정색으로 표시되고 스케치의 모든 선과 곡선 그리고 그 위치가 치수나 관계로 완전 또는 이 중 두두 정의되어 있음을 의미한다.

2> 초과정의 : 기본적으로 빨간색으로 표시되고 스케치가 초과되고 일부 상태의 치수나 관계가 있음을 의미한다.

3> 불완전 정의 : 기본적으로 파란색으로 표시되고 스케치의 일부 치수나 관계가 정의되지 않았거나 변경 여지가 있음을 의미한다. 마우스로 끌점, 선 또는 곡선을 가리키고 스케치 요소가 필요에 따라 바로 끌 수 있다.

4> 해결책이 없습니다. : 기본적으로 표시된다. 하는 기하, 관계, 치수로 표시된다.

5> 부적절한 실행이 발견 되었습니다. : 기본적으로 노란색으로 표시되며 스케치가 해결되지 못하게 반경이 0인 호, 또는 자체 교차하는 지오멕트리 같이 부적절한 길이가 생성됨을 의미한다.

2) 스케치의 개별 요소(선, 점, 호)의 상태를 색을 재정의 하려면 [도구]-[옵션]-[시스템 옵션]-[색]에서 색으로 표시를 한다.

1> 없음(밝은 색) : 스케치 요소가 미해결 상태(예 : 삭제된 스케치 요소에 부가된 치수)
2> 구속되는(화색) : 치수 수치가 스케치 관계로 구속된 상태
3> 완전 자유(검정색) : 스케치가 완전 정의된 상태
4> 타당치 못함(노랑색) : 스케치가 해결되면 부적절한 형상일 수 있는 상태
5> 해결되지 않음(빨강색) : 스케치 구속 위치가 미정인 상태
6> 초과정의(분홍색) : 스케치 구속 조건이 중복되거나 치수가 있는 상태
7> 불완전 정의(파랑색) : 스케치가 불완전 정의되어 변경됨을 주고 관계를 완전정의 할 수 있다.

스케치는 원점을 기준으로 시작해야 더 작은 구속조건을 주고 관계를 완전정의 할 수 있다.

6장

SolidWorks의 피처 만들기

학습 내용

1. 스케치 피처의 개요
2. 돌출 피처 만들기(돌출 보스/돌출 컷)
3. 회전 피처 만들기(회전 보스/회전 컷)
4. 스윕 피처 만들기(스윕/스윕 컷)
5. 로프트 피처 만들기(로프트/로프트 컷)

---

6 장 SolidWorks 피처 만들기

1 스케치 피처의 개요

1. 스케치(Sketch)

솔리드 모델 형상을 만들기 위한 기본이 되는 구성요소로서 스케치 도구(선, 원, 원호 등)를 사용하여 원하는 모양을 그린다. 대부분의 SolidWorks 피처는 2D 스케치(⚫)를 사용하고 3D 스케치(⚫)를 사용하기도 한다. 3D 스케치에서는 요소가 3D 공간에 존재하므로 특정 스케치 평면과 종속되지 않는다. 그러나 연관되게 하여 실제 작업을 할 수 있다.

새 파트 문서를 열고, 스케치를 작성한다. 이 스케치는 3D 모델 작성을 위한 기초가 된다. 스케치는 기준면(정면, 윗면, 우측면), 또는 작성한 평면에 작성 할 수 있다.

2. 피처(Feature)

솔리드 모델을 구성하는 형상의 기본이다. 피처는 피처로 만들기도 하고 잘라내기 등을 하여 각각의 작업으로 생긴 결과물이다.

1) 스케치 피처 : 스케치를 이용하여 생성되는 피처를 말하며 여기에는 돌출 보스/베이스(⚫), 회전 보스/베이스(⚫), 스윕 보스/베이스(⚫), 로프트 보스/베이스(⚫) 등이 있다.

2) Non 스케치 피처 : 스케치 없이 치수 값으로 형상을 생성하는 피처로써 필렛(⚫), 모따기(⚫), 구배(⚫), 축척(⚫), 돔(⚫) 등이 있다.

3. 프로파일

하나의 폐곡선으로 이루어져있는 스케치를 프로파일이라 한다. 만약 스케치가 여러 개의 폐곡선이 있다면 각각의 폐곡선을 영여 프로파일이라 할 수 있다.

4. 상세 미리보기

상세 미리보기는 돌출, 보강대, 구배 PropertyManager에서 사용할 수 있다.

5. 핸들

그래픽 창 내에서 동적으로 어떤 변수를 클릭하고, 이동하고, 값을 지정할 수 있도록 해준다. 활성 핸들은 하이라이트 색으로 나타나고 비활성 핸들은 비활성 요소 색으로 나타난다. 핸들을 끌어 동홀 두 개 또는 방향을 지정할 수 있다. 한 핸들을 화살촉이 한 개이며 다른 핸들을 두 개의 화살촉을 가지고 있어 작용하는 핸들의 방향을 볼 수 있도록 해준다.

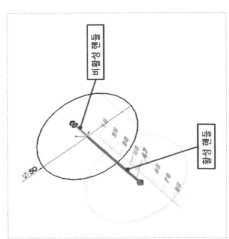

비활성 핸들 / 활성 핸들 / Φ50

6. 마침 조건

보스-돌출
스케치 평면
방향1
블라인드 형태

블라인드 형태
꼭지점까지
곡면까지
곡면으로부터 오프셋
중간 평면

바깥쪽으로 구배(O)

1) 블라인드 형태 : 피처를 지정한 거리까지 돌출한다.
2) 관통 : 피처를 모든 기존 지오메트리를 통과하여 돌출한다.
3) 다음까지 : 피처를 전체 프로파일과 교차하는 다음 곡면까지 돌출한다.(교차 곡면은 같은 파트에 있어야 한다.)
4) 꼭지점까지 : 피처를 스케치 평면과 평행하는 면의 지정한 꼭지점 또는 스케치 꼭지점(정점)까지 돌출한다.
5) 곡면까지 : 피처를 선택한 곡면까지 돌출한다.
6) 곡면으로부터 : 피처를 선택한 곡면으로부터 지정한 거리까지 돌출한다.
7) 중간 평면 : 피처를 양쪽 방향으로 독립된 거리로 돌출할 수 있다.
8) 바디까지 : 피처를 얼티바디 파트에 사용할 수 있다. 솔리드 바디, 서피스 바디, 또는 중간 평면 : 피처를 양쪽 방향으로 독립된 거리로 돌출한다.

7. 스케치 재사용(공유)

한번 사용한 스케치를 선택하고 피처 명령을 실행하면 스케치는 숨겨진다. 이 숨겨진 스케치를 보이기(👁)를 하여 스케치를 재사용을 할 수 있다. 레이아웃 스케치를 한 개 만들고 그 스케치를 이용하여 여러 면의 피처 명령을 이용해서 모델링 할 수 있다.
스케치의 표시/숨기기는 FeatureManager에서 스케치에 우측버튼을 눌러 [표시] 또는 [숨기기]를 선택하면 된다.

2 돌출 보스/베이스 피처 만들기

돌출 보스/베이스피처 : 스케치를에서 3차원 형상을 만드는 영역으로 스케치 단면을 기준으로 높이와 방향을 부여하여 형상을 만드는 영역이다. 스케치 피처 도구 중에서 가장 많이 사용하는 도구이다.

돌출 보스/베이스 옵션

보스-돌출
스케치 평면
방향1
블라인드 형태

블라인드 형태

10.00mm
방향2
얇은 피처(T)
현상으로
10.00mm
□ 코너 필렛하기
선택 프로파일(S)

- 시작 조건 지정
- 돌출 유형 선택
- 돌출 길이
- 구배 각도 지정
- 방향2가 있을 때 선택
- 얇은 피처 옵션 선택
- 얇은 피처 방향 지정
- 얇은 피처 두께 지정
- 돌출 형상을 선택함

- **시작** : 돌출 피처의 시작 조건을 지정한다.
  - 스케치 평면 : 스케치가 있는 평면에서 돌출을 시작한다.
  - 면/평면 선택 : 선택한 면이나 평면에서 돌출을 시작한다.
  - 꼭지점 : 선택한 꼭지점에서 돌출을 시작한다.
  - 오프셋 : 스케치 평면에서 오프셋 값을 입력하여 그 평면에서 돌출을 시작한다.

- **방향** : 돌출 피처의 마침 조건을 지정한다. 돌출방향을 반대로
  바꾸고자 할 경우는 반대 방향(🗘) 버튼을 클릭한다.
  - 블라인드 형태 : 값이 값을 주어 돌출을 한다.
  - 거리 : 돌출 거리를 입력한다.
  - 바디까지 : 처음 생성되는 피처 이외의 피처 영역에는 할 수 없고 두번째 오프셋 평면 이 나오는 옵션으로 기준으로 있는 바디와 합쳐서 한 덩어리로 만들 것인지를 선택하는 옵션이다.
  - 구배 켜기/끄기

- **방향2** : 돌출로 방향이 2개일 때 선택한다.

블라인드 형태 : 피처를 지정한 거리까지 돌출한다.
- 꼭지점까지 : 지정한 꼭지점까지 돌출을 한다.
- 곡면까지 : 지정한 면이나 평면까지 돌출을 한다.
- 곡면으로부터 오프셋 : 곡면을 지정하고 오프셋 값을 입력하여 면으로부터 오프셋 하여 돌출을 한다.
- 바디까지 : 선택한 바디까지 돌출을 한다.
- 중간 평면 : 피처를 스케치 평면에서 양쪽 방향으로 독립된 거리로 돌출을 한다.
- 방향전환 : 방향 벡터에서 선택하여 스케치를 스케치 프로파일에 수직이 아닌 다른 방향으로 돌출을 한다.
- 바디 합치기 : 보이스/베이스 피처를 돌출할 때 생성되는 바디를 기존 바디에 합쳐 하나의 솔리드 바디를 작성한다.

방향2
스케치 평면에서 양방향으로 돌출시키는 옵션으로만 두께를 주어 돌출을 한다.

얇은 피처 : 스케치 선에서 한쪽 방향으로만 두께를 주어 돌출을 한다.
- 반대 방향(🗘) : 방향 전환
- 유형 : 두께(📏)를 부여하는 유형을 지정
- 두께(🔧) : 얇은 피처의 두께를 지정
- 코너필렛 경우 : 코너 자동 필렛
- 스케치 요소 간에 자동으로 코너에 필렛을 부여하는 옵션

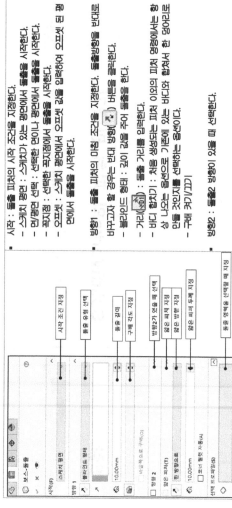

● 코너 필렛 옵션

코너 자동 필렛 해제 / 코너 자동 필렛 선택

중간 평면 : 스케치 선에서 양쪽 방향으로 두께를 주어 돌출을 한다.
두 방향으로 : 스케치 선에서 양쪽 방향으로 다른 두께를 주어 돌출을 한다.
양면 마무리 : 얇은 피처 돌출의 끝에 두께를 쓰어 속이 빈 파트(중공 형상)를 만든다.

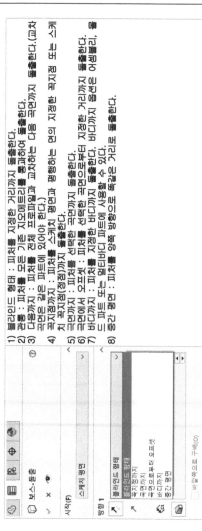

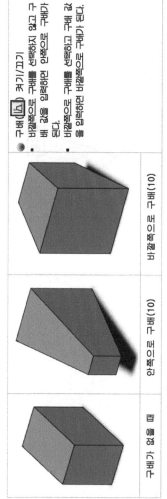

구배(📐) 켜기/끄기
- 바깥쪽으로 구배를 선택하지 않고 구 배 값을 입력하면 안쪽으로 구배가 된다.
- 바깥쪽으로 구배를 선택하고 구배 값을 입력하면 바깥쪽으로 구배가 된다.

구배가 없을 때	안쪽으로 구배(10)	바깥쪽으로 구배(10)
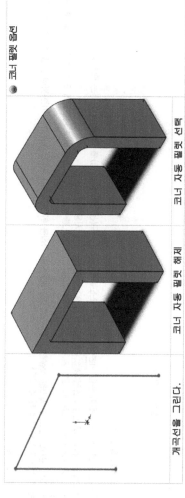		

[돌출-돌출 컷 1]

1) 스케치를 실행하고 정면을 선택하여 다음과 같이 스케치를 한다.

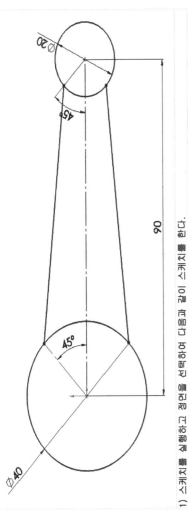

선택 프로파일 : 하나의 스케치에 폐곡선이나 폐곡선 영역 및 개곡선을 선택하여 돌출을 한다.

2) 돌출 보스/베이스를 실행하고 20mm로 돌출을 한다.

3) 스케치를 재사용하기 위해 디자인 트리의 돌출 앞의 +를 클릭하여 스케치를 확장하고 스케치에서 돌출 버튼을 눌러 버튼을 누른 스케치 바로가기 메뉴에서 보이기 아이콘(👁)을 선택한다.

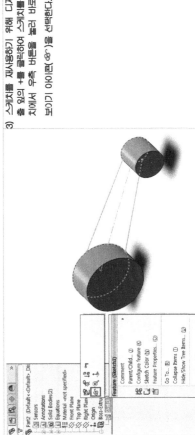

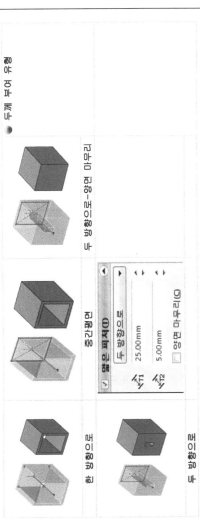

두께 부여 유형

한 방향으로　두 방향으로　중간평면　두 방향으로-양면 마무리

선택 프로파일 : 하나의 스케치에서 폐곡선이나 폐곡선 영역 및 개곡선을 선택하여 돌출하는 옵션이다.

3 돌출 컷 피처 만들기

돌출 컷(圖) 피처란 스케치에 높이를 주어 피처를 생성하면서 이미 작성되어 있는 솔리드를 잘라내는 도구이다. 머...
...돌출은 돌출 피처의 옵션과 동일하다.

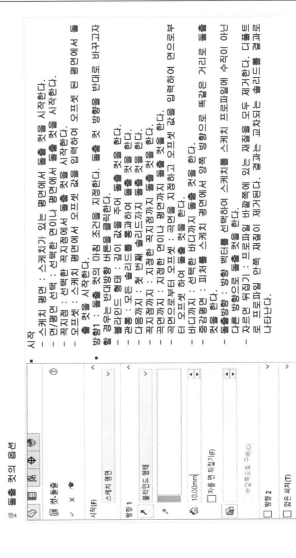

시작
- 스케치 평면 : 스케치가 있는 평면에서 돌출 컷을 시작한다.
- 면/평면 선택 : 선택한 면이나 평면에서 돌출 컷을 시작한다.
- 꼭지점 : 선택한 꼭지점에서 돌출 컷을 시작한다.
- 오프셋 : 스케치 평면에서 오프셋 된 평면에서 돌출 컷을 시작한다.

방향1 : 돌출 컷의 마침 조건을 지정한다. 돌출 컷 방향을 반대로 바꾸고자 할 경우는 반대방향 버튼을 클릭한다.
- 블라인드 : 깊이 값을 주어 돌출 컷을 한다.
- 관통 : 모든 솔리드를 통과하여 돌출 컷을 한다.
- 다음까지 : 첫 번째 솔리드까지 돌출 컷을 한다.
- 꼭지점까지 : 지정한 꼭지점까지 돌출 컷을 한다.
- 곡면까지 : 지정한 면이나 곡면까지 돌출 컷을 한다.
- 곡면으로부터 오프셋 : 곡면을 지정하고 오프셋 값을 입력하여 오프셋 된 면으로부터 돌출 컷을 한다.
- 바디까지 : 선택한 바디까지 돌출 컷을 한다.
- 중간평면 : 피처를 스케치 평면에서 양쪽 방향으로 똑같은 거리로 돌출 컷을 한다.
- 돌출방향 : 방향 벡터를 선택하여 스케치 프로파일에 수직이 아닌 다른 방향으로 돌출 컷을 한다.
- 반대편 잘라내기 : 프로파일 바깥쪽에 있는 재질을 모두 제거한다. 다른 돌출 컷은 프로파일 안쪽 재질이 제거된다. 결과는 교차되는 솔리드를 결과로 나타난다.

6) 모따기를 실행하고 거리 : 1mm, 각도 : 45도
를 지정하고 모따기를 한다.

7) 필렛을 실행하고 반경 1mm로 필렛을 한다.

8) [재질 편집]을 선택한다.

4) 돌출 보스/베이스를 실행하고 10mm 돌출을 한
다.

5) 스케치를 실행하고 돌출곡면의 앞면을 선택하
여 다음과 같이 스케치를 한다.

6) 돌출 컷을 실행하고 관통을 한다.

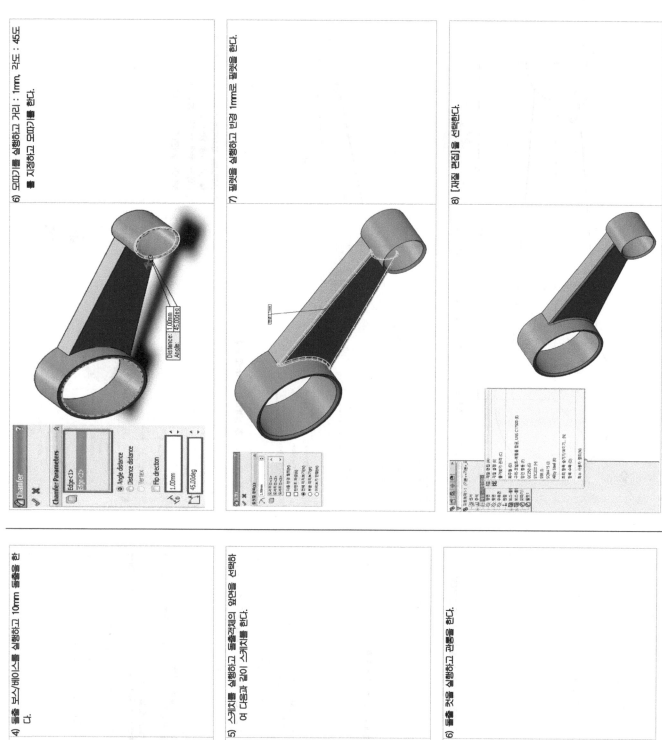

9) Alloy Steel(강철 합금)을 선택하고 [적용]을 선택한다.

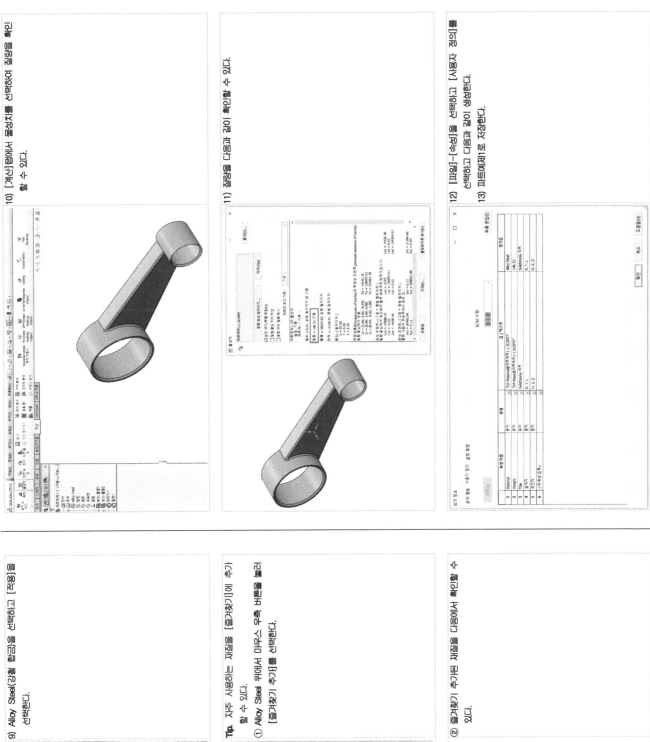

Tip. 자주 사용하는 재료를 [즐겨찾기]에 추가할 수 있다.

① Alloy Steel 위에서 마우스 우측 버튼을 눌러 [즐겨찾기 추가]를 선택한다.

② 즐겨찾기 추가된 재료를 다음에서 확인할 수 있다.

10) [계산]탭에서 물성치를 선택하여 질량을 확인할 수 있다.

11) 질량을 다음과 같이 확인할 수 있다.

12) [파일]-[속성]을 선택하고 [사용자 정의]를 선택하고 다음과 같이 생성한다.

13) 파트예제로 저장한다.

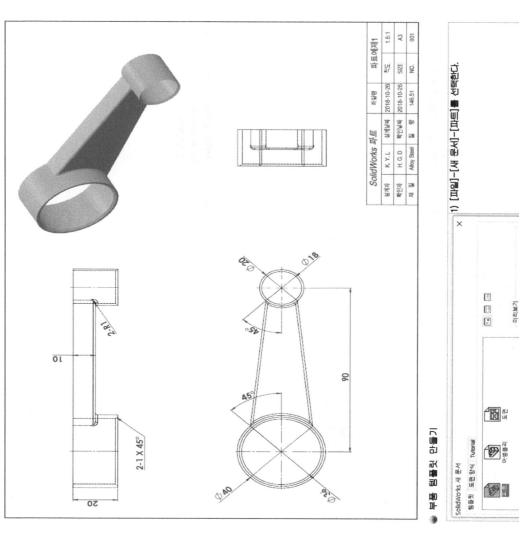

SolidWorks 파트		파일명	파트예제1	
설계자	K.Y.L	설계날짜	2018-10-26	척도	1.5:1
확인자	H.G.D	확인날짜	2018-10-26	SIZE	A3
재 질	Alloy Steel	질 량	146.51	NO.	001

Ø 18
20
45°
45°
90
Ø 40
Ø 26

10
2-1 X 45°
2.8:1
20

● 부품 랙홀딧 만들기

1) [파일]-[새] 메뉴에서 [파트]를 선택한다.

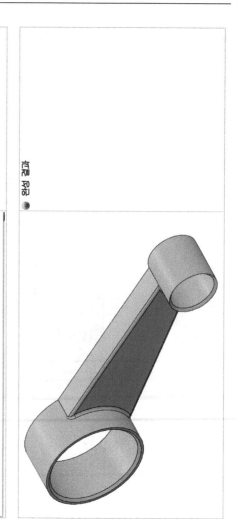

미리보기

미리미리할 수 없습니다.

SolidWorks 새 문서

템플릿   도면 양식   Tutorial

파트   어셈블리   도면

확인   취소   도움말

14) [파일]-[파트]에서 도면 작성을 선택한다.

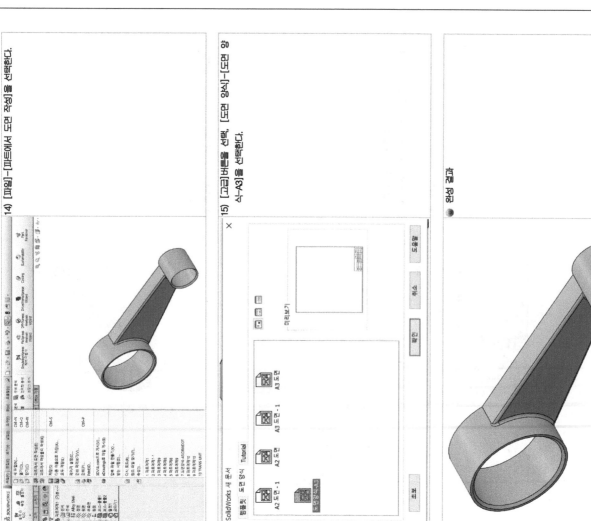

15) [고급]버튼을 선택, [도면 양식]-[도면 양
식-A3]을 선택한다.

SolidWorks 새 문서

템플릿   도면 양식   Tutorial

A2 도면 - 1   A3 도면 - 1   A3 도면   A2 도면   도면 양식-A3

미리보기

확인   취소   도움말

● 완료 상태

- 52 -

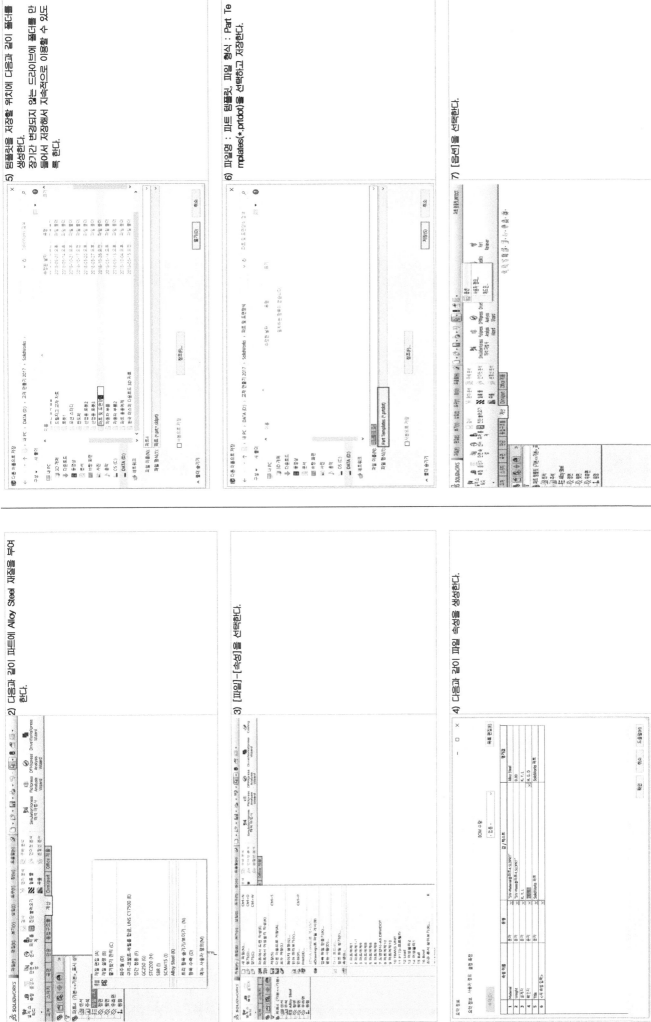

5) 템플릿을 저장할 위치에 다음과 같이 폴더를 생성한다.
장기간 변경되지 않는 드라이브에 폴더를 만들어서 저장해서 지속적으로 이용할 수 있도록 한다.

6) 파일명 : 파트 템플릿, 파일 형식 : Part Templates(*.prtdot)을 선택하고 저장한다.

7) [옵션]을 선택한다.

2) 다음과 같이 파트에 Alloy Steel 재질을 부여한다.

3) [파일]-[속성]을 선택한다.

4) 다음과 같이 파일 속성을 생성한다.

11) [파일]-[새 문서]를 선택하고 [그리기]를 선택한다.

Solidworks 새 문서

단품 설계 파트의 3D 자형
파트

파트와 어셈블리의 3D 결합
어셈블리

일반 작업으로 어셈블리의 2D 설계 도면
도면

그리기   확인   취소   도움말

---

12) 템플릿이 다음과 같이 등록되었고 [파트 템플릿]을 선택한다.

부품 파일 만들 때마다 파일속성을 반복해 작업해 서 부여하지 않아도 되기 때문에 작업에 효율적이다.

SolidWorks 새 문서

템플릿 파트 및 도면양식 도면 양식 Tutorial

파트 템플릿

미리보기

조판   확인   취소   도움말

[활용-활용 킷 2]

1) [파일]-[새 문서]를 선택, [파트 템플릿]을 선택한다.

SolidWorks 새 문서

템플릿 파트 및 도면양식 도면 양식 Tutorial

파트 템플릿

미리보기

조판   확인   취소   도움말

---

8) [시스템 옵션]-[파일 위치]를 선택하고 [추가]를 선택한다.

---

9) [파트 및 도면 양식] 폴더를 선택한다.

도면지기 교체 자료
템플릿1
모션 스터디
선 번들 문서2
선 번들 문서3
자동자 부품
자동자 부품2
파트 및 도면양식
한국 미스미 다운로드 3D 자료
파트 응용/예제
SOLIDWORKS Plastics
구조해석과 유동해석
기계설계산업기사 필기
기계설계산업기사-기능사
용접사 도면

폴더(F): 파트 및 도면양식

새 폴더 만들기(N)   확인   취소

---

10) 다음과 같이 위치를 지정한다.

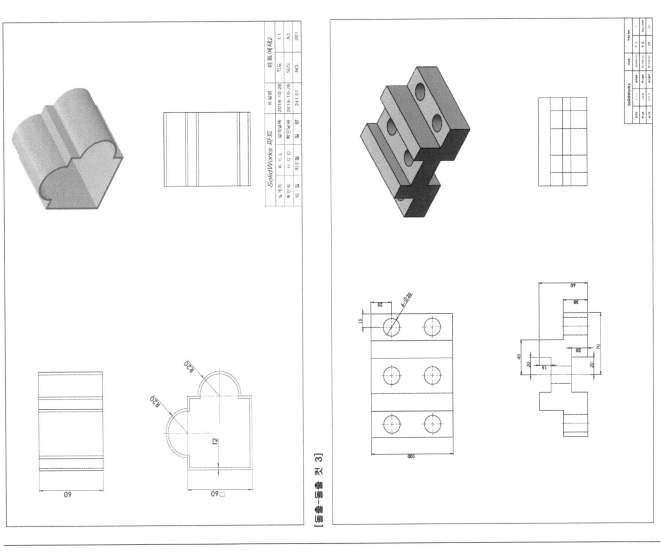

[돌출-돌출 컷 3]

---

2) 스케치를 실행하고 정면을 선택하여 다음과 같이 스케치를 한다.

3) 돌출 보스/베이스를 실행하고 60mm, 얇은 피처 : 2mm로 지정하여 돌출을 한다.

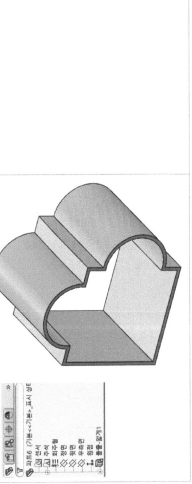

완성 결과

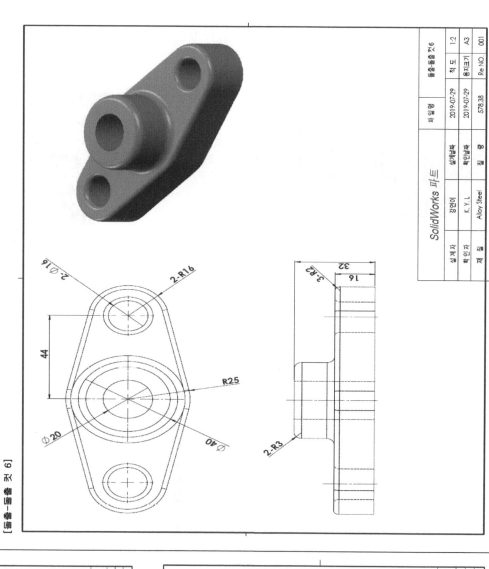

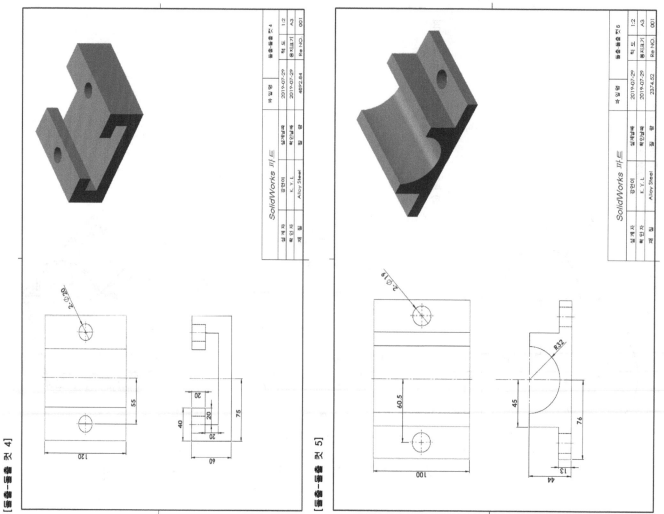

[등축투상 컷 4]

[등축투상 컷 5]

[등축투상 컷 6]

완전 정의

솔리드 객체는 완전 정의 되어야 3D 솔리드 객체를 작성할 수 있다. 완전 정의된 객체는 검정색으로 된 것이다. 완전 정의를 하기 위해 구속조건을 부가하거나 치수를 기입하여 완전 구속 시킨다. 불완전 구속된 구속된 객체는 파란색으로 표시된다.

SolidWorks 파트

설계자		공원이	2019-07-29	등축투상 컷6		척 도	1:2
확인자		K. Y. L	2019-07-29	용지크기	A3
재 질		Alloy Steel	578.38		Re NO.	001

SolidWorks 파트

설계자		공원이	2019-07-29	등축투상 컷 4		척 도	1:2
확인자		K. Y. L	2019-07-29	용지크기	A3
재 질		Alloy Steel	4572.84		Re NO.	001

SolidWorks 파트

설계자		공원이	2019-07-29	등축투상 컷6		척 도	1:2
확인자		K. Y. L	2019-07-29	용지크기	A3
재 질		Alloy Steel	2374.52		Re NO.	001

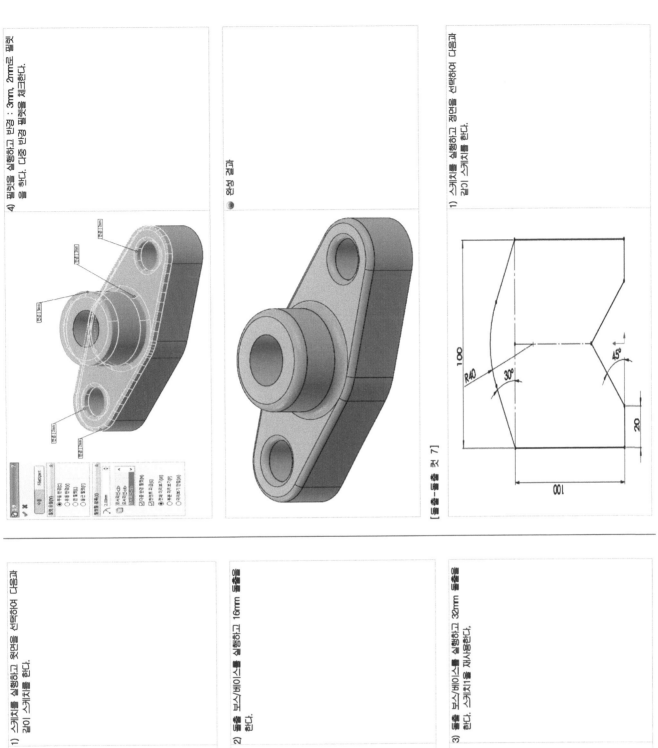

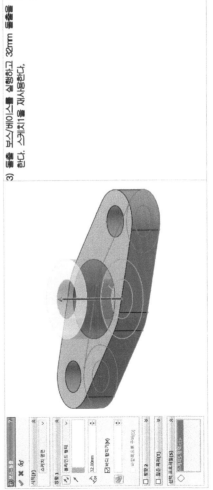

4) 필렛을 실행하고 반경 : 3mm, 2mm로 필렛을 한다. 다음 변경 필렛을 체크한다.

반경 3mm
반경 2mm
반경 2mm
반경 2mm

완성 결과

1) 스케치를 실행하고 정면을 선택하여 다음과 같이 스케치를 한다.

R40
30°
45°
100
100
20

[돌출 - 돌출 컷 7]

1) 스케치를 실행하고 윗면을 선택하여 다음과 같이 스케치를 한다.

Ø40
Ø50
Ø20
Ø16
Ø32
44

2) 돌출 보스/베이스를 실행하고 16mm 돌출을 한다.

16.00mm

Ø40
Ø50
Ø16
Ø32
44

3) 돌출 보스/베이스를 실행하고 32mm 돌출을 한다. 스케치1을 재사용한다.

32.00mm

[돌출-돌출 컷 8]

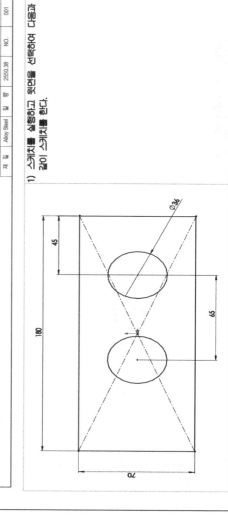

SolidWorks 파트					
설계자	강인디	설계날짜	2018-10-26	척도	1:1.5
확인자	K. Y. L	확인날짜	2018-10-26	SIZE	A3
재 질	Alloy Steel	질 량	2550.38	NO.	001
				파트예제8	

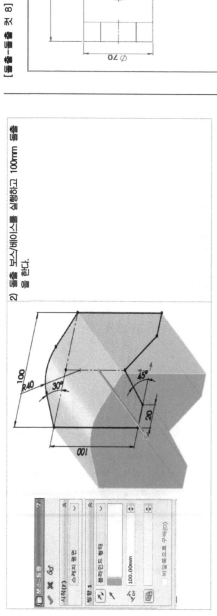

2) 돌출 보스/베이스를 실행하고 100mm 돌출을 한다.

완성 결과

스케치 요소 변환

스케치 요소 변환이란 3D 객체에서 모서리선, 루프, 면, 곡선, 외부 스케치 윤곽선, 모서리선 세트, 스케치 곡선 세트 등을 스케치 평면에 투영하여 하나 이상의 스케치 곡선을 만들어 낸다.

◆ 요소 변환 방법

1) 모서리선, 루프, 면, 곡선, 스케치 윤곽선 등을 클릭한다.

2) 스케치 도구 모음에서 요소 변환(圖)을 클릭하거나, [도구]-[스케치 도구]-[요소 변환]을 클릭한다. 다음과 같은 구속조건이 생성 된다 :

1> 모서리에 : 새 스케치 곡선과 요소 사이에 구속조건이 생성되어, 스케치 요소를 변경하면 곡선이 갈이 업데이트된다.

2> 고정 : 고정 구속조건은 스케치 요소의 끝점에 내부적으로 생성되어 스케치가 "완전 정의" 상태를 유지하도록 한다. 내부 구속조건은 구속조건 표시/삭제를 사용하여 표시할 수 없다. 끝점을 끌어 고정 조건을 삭제한다.

1) 스케치를 실행하고 윗면을 선택하여 다음과 같이 스케치를 한다.

완성 결과

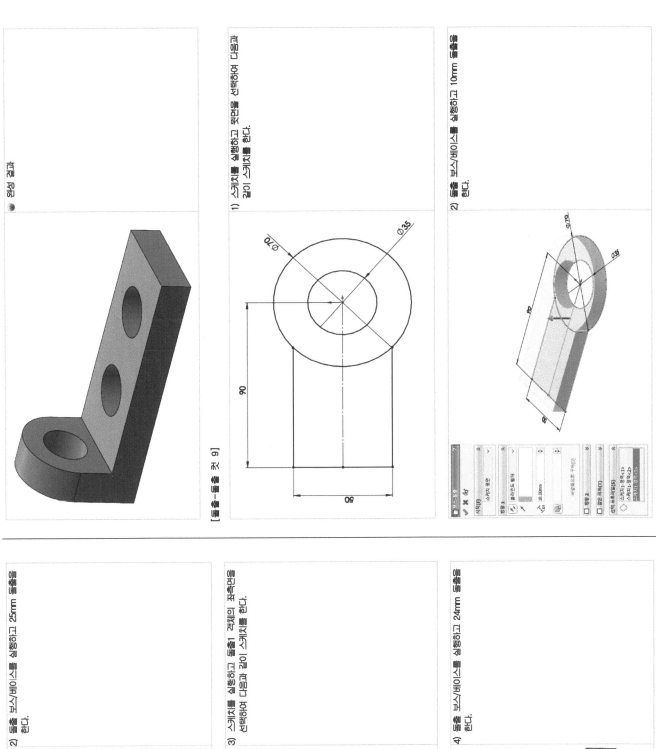

[돌출-돌출 컷 9]

1) 스케치를 실행하고 윗면을 선택하여 다음과 같이 스케치를 한다.

2) 돌출 보스/베이스를 실행하고 10mm 돌출을 한다.

2) 돌출 보스/베이스를 실행하고 25mm 돌출을 한다.

3) 스케치를 실행하고 돌출1 객체의 좌측면을 선택하여 다음과 같이 스케치를 한다.

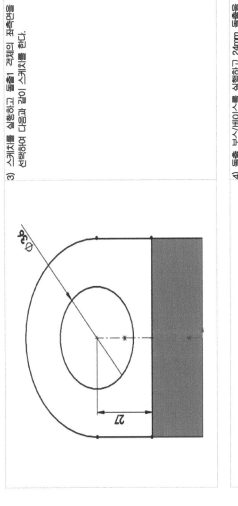

4) 돌출 보스/베이스를 실행하고 24mm 돌출을 한다.

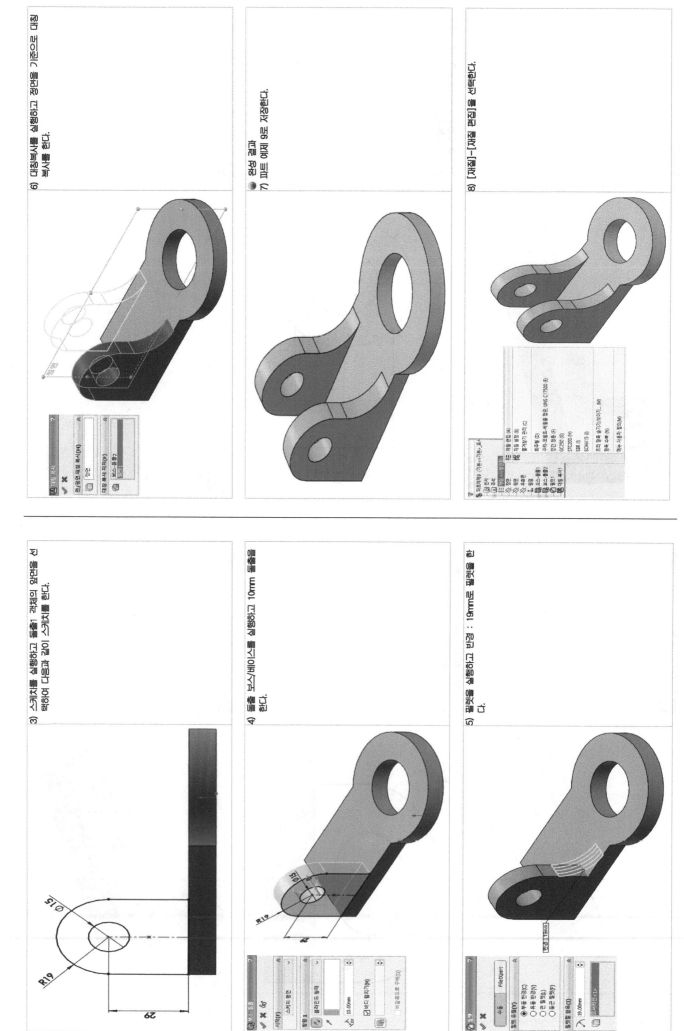

6) 대칭복사를 실행하고 정면을 기준으로 대칭 복사를 한다.

7) 파트 예제 9로 저장한다.
　● 완성 결과

8) [재질]-[재질 편집]을 선택한다.

3) 스케치를 실행하고 돌출1 객체의 윗면을 선 택하여 다음과 같이 길이 스케치를 한다.

4) 돌출 보스/베이스를 실행하고 10mm 돌출을 한다.

5) 필렛을 실행하고 반경 : 19mm로 필렛을 한 다.

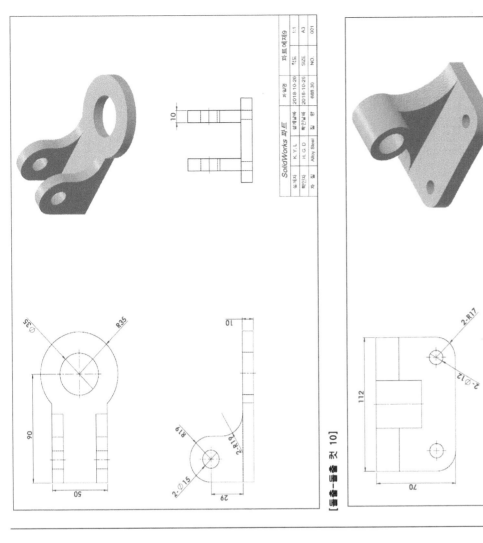

SolidWorks 파트			파트예제9		
설계자	K. Y. L	설계일자	2018-10-26	척도	1:1
확인자	H. G. D	확인일자	2018-10-26	SIZE	A3
재 질	Alloy Steel	질 량	688.30	NO.	001

10

Ø35 R35

90

50

2.Ø15 2-R19 R19

29

10

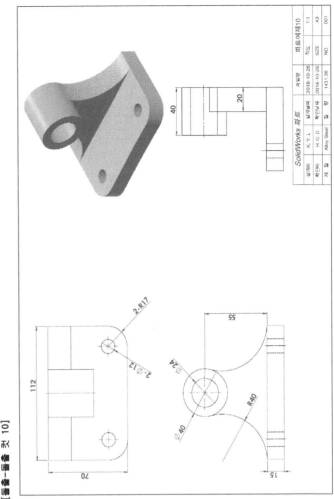

SolidWorks 파트			파트예제10		
설계자	K. Y. L	설계일자	2018-10-26	척도	1:1
확인자	H. G. D	확인일자	2018-10-26	SIZE	A3
재 질	Alloy Steel	질 량	1431.36	NO.	001

40 20

2.R17 2.Ø12

112 Ø22 Ø40 R40

70 55 15

[솔리드 모델링 것 10]

9) [리]-[Alloy Steel]을 선택한다.

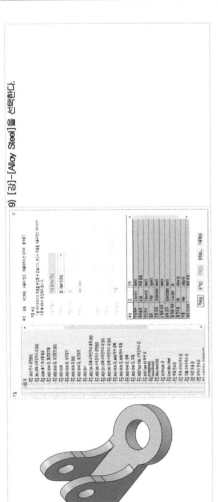

10) [파일]-[속성]을 선택한다.

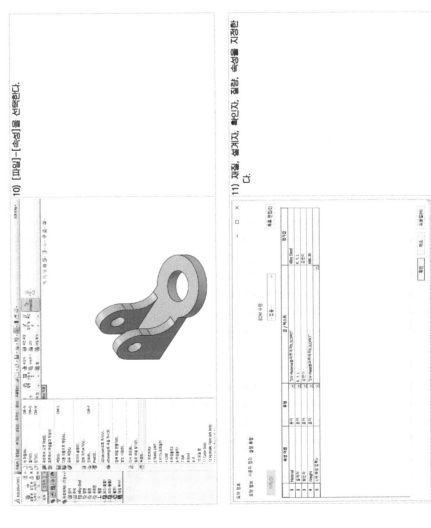

11) 재질, 설계자, 확인자, 질량, 속성을 지정한다.

- 61 -

[돌출-돌출 컷 13]

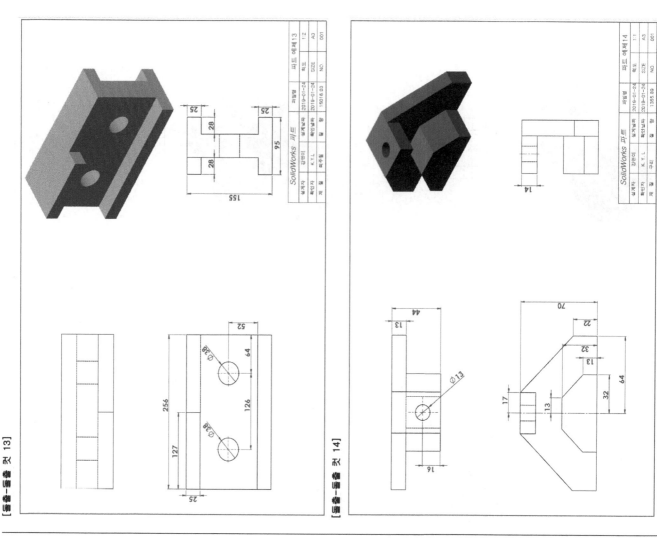

SolidWorks 파트				파트 예제[13]	척도	1:2
설계자	K.Y.L	확인날짜	2019-01-24	파일명	SIZE	A3
확인자		강연미				
재 질	알 강	주철	150.16.03	무 게	NO	001

[돌출-돌출 컷 14]

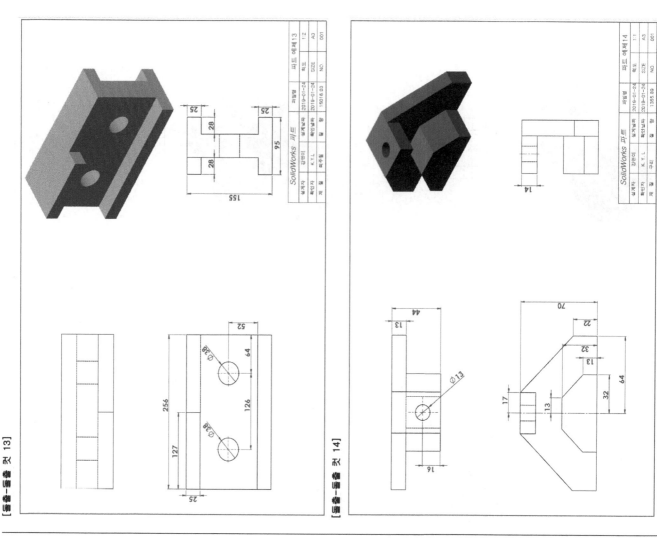

SolidWorks 파트				파트 예제[14]	척도	1:1
설계자	K.Y.L	확인날짜	2018-01-24	파일명	SIZE	A3
확인자		강연미	2018-01-24			
재 질	알 강	구리	1355.89	무 게	NO	001

[돌출-돌출 컷 11]

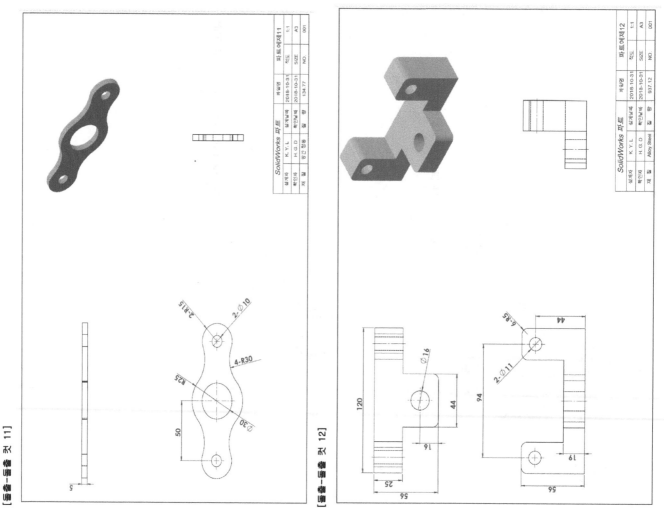

SolidWorks 파트				파트 예제[11]	척도	1:1
설계자	K.Y.L	설계날짜	2018-10-31	파일명	SIZE	A3
확인자	H.G.D	확인날짜	2018-10-31			
재 질	알2장동		134.77	무 게	NO	001

[돌출-돌출 컷 12]

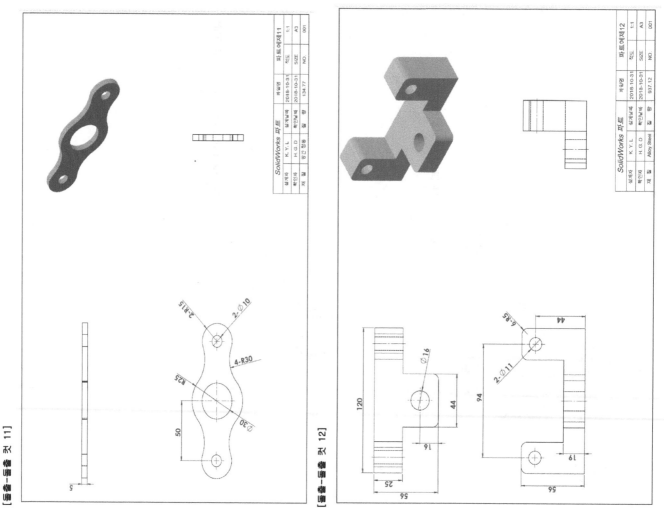

SolidWorks 파트				파트 예제[12]	척도	1:1
설계자	K.Y.L	설계날짜	2018-10-31	파일명	SIZE	A3
확인자	H.G.D	확인날짜	2018-10-31			
재 질	Alloy Steel		937.12	무 게	NO	001

[돌출-돌출 컷 17]

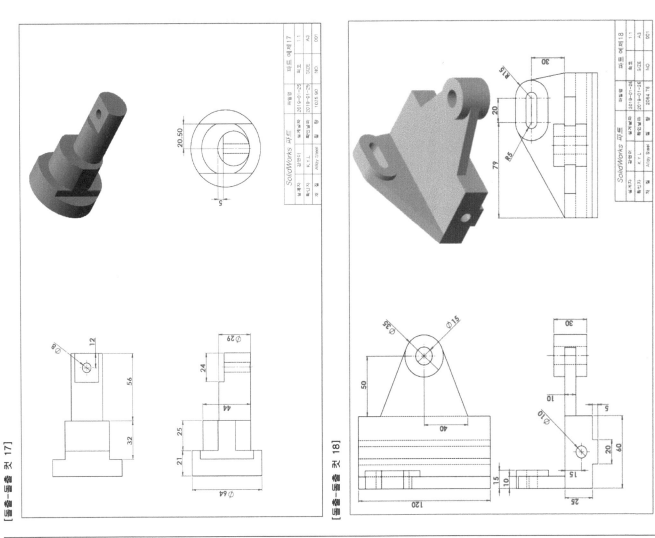

[돌출-돌출 컷 18]

[돌출-돌출 컷 15]

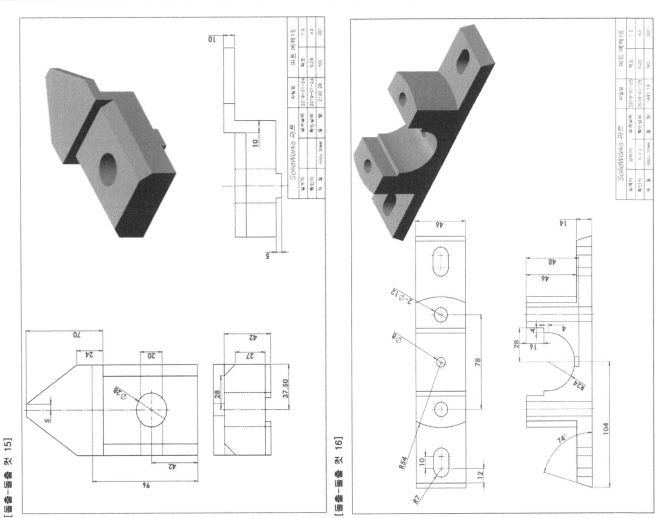

[돌출-돌출 컷 16]

- 63 -

[돌출·돌출 컷 19]

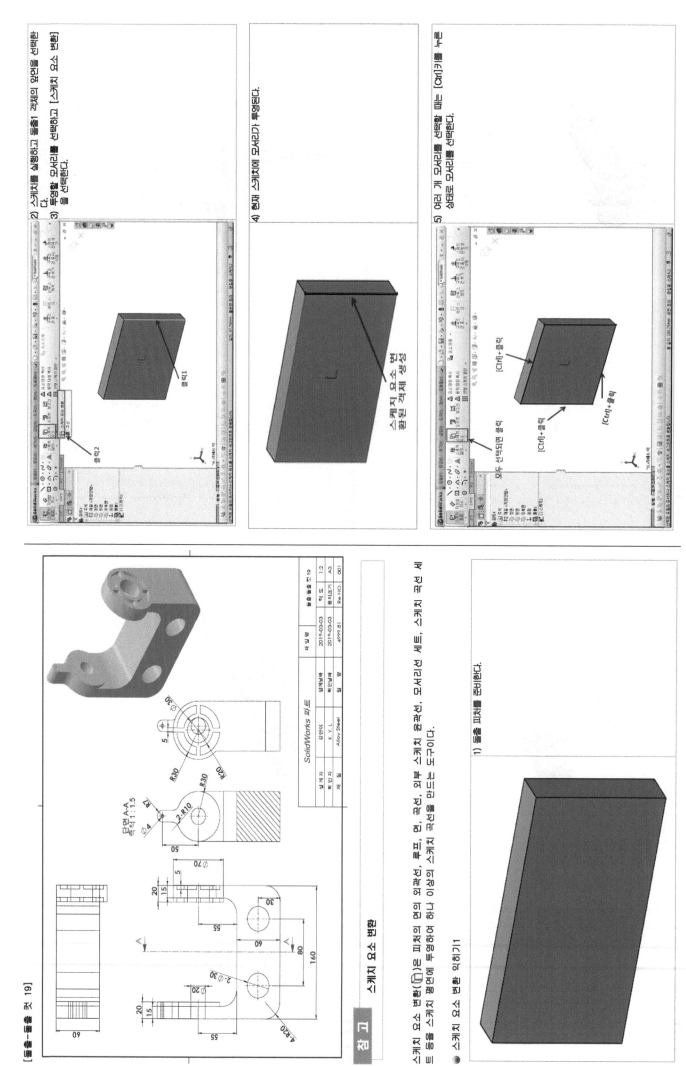

2) 스케치를 실행하고 돌출1 객체의 윗면을 선택한다.
3) 투영할 모서리를 선택하고 [스케치 요소 변환]을 선택한다.

클릭1
클릭2

4) 현재 스케치에 모서리가 투영된다.

스케치 요소 변환된 객체 생성

5) 여러 개 모서리를 선택할 때는 [Ctrl]키를 누른 상태로 모서리를 선택한다.

모두 선택되면 클릭
[Ctrl]+클릭

단면 A-A
축척 1:1.5

SolidWorks 파트				돌출·돌출 컷 19	
설계자	김영이		2019-03-03	척도	1:2
확인자	K.Y.L		2019-03-03	용지크기	A3
재질	Alloy Steel		4999.81	Re NO.	001

참고 스케치 요소 변환

스케치 요소 변환(□)은 피처의 면의 외곽선, 루프, 면, 곡선, 외부 스케치 윤곽선, 모서리선 세트, 스케치 곡선 세트 등을 스케치 평면에 투영하여 하나 이상의 스케치 곡선을 만드는 도구이다.

● 스케치 요소 변환 익히기

1) 돌출 피처를 준비한다.

회전 보스/베이스 피처 만들기

회전 피처(畵)는 작성된 스케치가 중심선(회전 기준(스케치, 모서리, 축)으로 지정한 각도만큼 회전하여 피처를 생성한다. 회전 피처는 솔리드와 얇은 피처 생성이 가능하다.

회전 보스/베이스 옵션

- 회전축 선택
- 회전각도 입력
- 방향2가 있을 때 선택
- 얇은 피처 지정
- 얇은 방향 지정
- 얇은 피처 두께 지정
- 회전할 영역을 선택할 때 지정

회전 변수

- 회전축(⬚) : 피처를 회전할 기준 축을 선택한다.
- 회전 방향(⟳) : 회전 방향을 반대 방향으로 바꾸고자 할 때 버튼을 사용한다.
- 회전 유형
  한 방향으로 : 스케치에서부터 한쪽 방향으로 회전 피처를 작성한다.
  중간 평면 : 스케치에서 회전 피처를 작성한다.
  같은 각도로 회전 피처를 양쪽 방향으로 두 방향으로 : 스케치에서부터 양쪽 방향으로 서로 다른 각도로 회전 피처를 작성한다.
- 각도(A) : 회전시킬 각도 값을 입력한다.

얇은 피처

회전 피처를 하나의 솔리드가 아닌 두께를 가진 솔리드로 작성한다.

- 한 방향으로 : 스케치에서 한쪽 방향으로 두께를 주어 회전 피처를 작성한다.
- 중간 평면 : 스케치에서 양쪽 방향으로 두께를 주어 회전 피처를 작성한다.
- 두 방향으로 : 스케치에서 양쪽 방향으로 다른 두께를 주어 회전 피처를 작성한다.
- 선택 프로파일
  여러 개의 프로파일을 사용하여 회전 피처를 작성할 때, 이 옵션을 사용한다.
- 회전 보스/베이스에 부합하는 스케치 종류

단일 폐곡선	단일 폐곡선, 얇은 피처	다중 폐곡선	단일/다중 개곡선 얇은 피처

스케치 요소 변환 익히기2

연을 선택하고 요소변환 했을 때

1) 스케치를 실행하고 돌출1 객체의 뒷면을 선택한다.
2) 돌출 객체의 뒷면을 선택하고 [스케치] 요소변환을 선택한다.

– 단일 폐곡선 : 회전 보스/베이스, 얇은 피처
– 다중 폐곡선 : 프로파일 선택 후 회전 보스/베이스, 얇은 피처
– 단일 개곡선 : 얇은 피처
– 다중 개곡선 : 1개의 프로파일 선택 후 얇은 피처

1. 회전 피처 익히기

1) 스케치를 실행하고 정면을 선택하여 다음과 같이 스케치를 한다.

2) 회전 보스/베이스를 실행하고 360도 회전을 한다.

완성 결과

2. 회전 피처 익히기

1) 스케치를 실행하고 정면을 선택하여 다음과 같이 스케치를 한다.

2) 회전 보스/베이스를 실행하고 180도 회전을 한다.

완성 결과

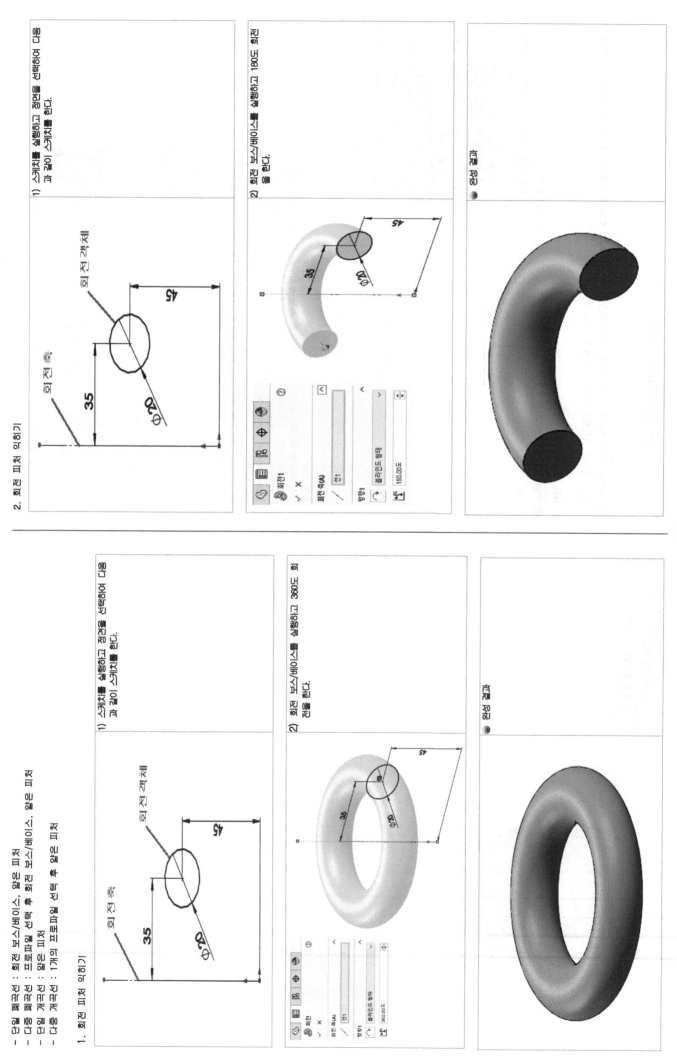

4. 회전 피처 익히기

1) 스케치를 실행하고 정면을 선택하여 다음과 같이 스케치를 한다.

2) 회전 보스/베이스를 실행하고 360도 회전을 한다.

회전
회전 축(A) 선1
방향1
블라인드 형태 360.00도
방향2
얇은 피처(T)
선택 프로파일(S) 스케치1-영역<1>

완성 결과

---

3. 회전 피처 익히기

1) 스케치를 실행하고 정면을 선택하여 다음과 같이 스케치를 한다.

회전 축
회전 객체
45
35
Φ20

2) 회전 보스/베이스를 실행하고 방향1 방향 : 50도, 방향2 : 30도 얇은 피처를 선택, 두께 : 2mm를 지정하여 회전을 한다.

회전
회전 축(A) 선1을스케치1
방향1
블라인드 형태 50.00도
방향2
블라인드 형태 30.00도
얇은 피처(T) 한 방향으로 2.00mm

완성 결과

[회전-회전 컷 실습 2]

1) 스케치를 실행하고 정면을 선택하여 다음
과 같이 스케치를 한다.

2) 회전 보스/베이스를 실행하고 360도, 얇은
피처 두께 : 3mm로 회전을 한다.

완성 결과

- 68 -

[회전-회전 컷 실습 1]

1) 스케치를 실행하고 정면을 선택하여 다음
과 같이 스케치를 한다.

2) 회전 보스/베이스를 실행하고 360도 회전
을 한다.

완성 결과

[회전-회전 컷 실습 4]

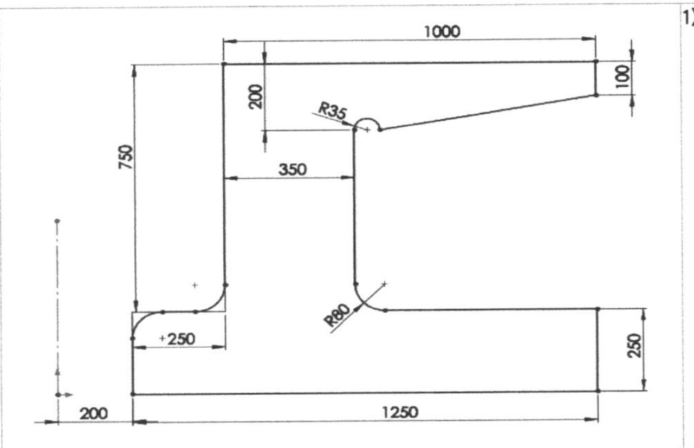

1) 스케치를 실행하고 정면을 선택하여 다음
   과 같이 스케치를 한다.

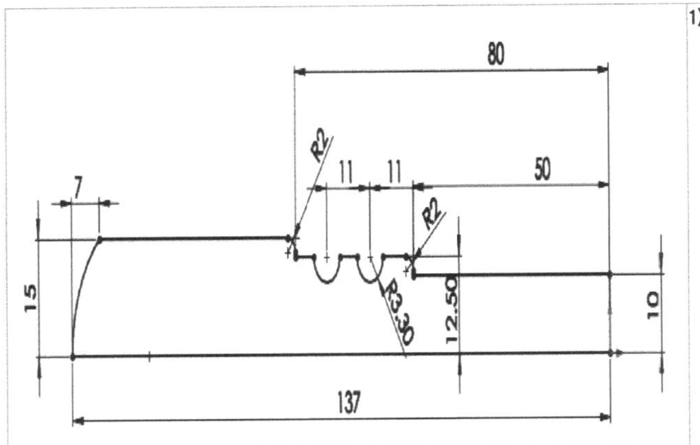

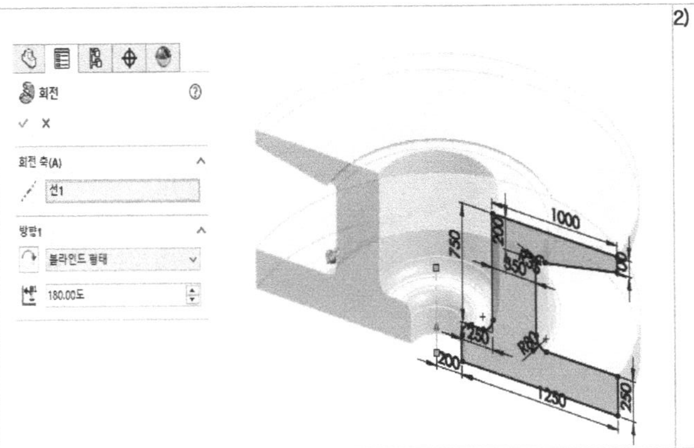

2) 회전 보스/베이스를 실행하고 360도 회전
   을 한다.

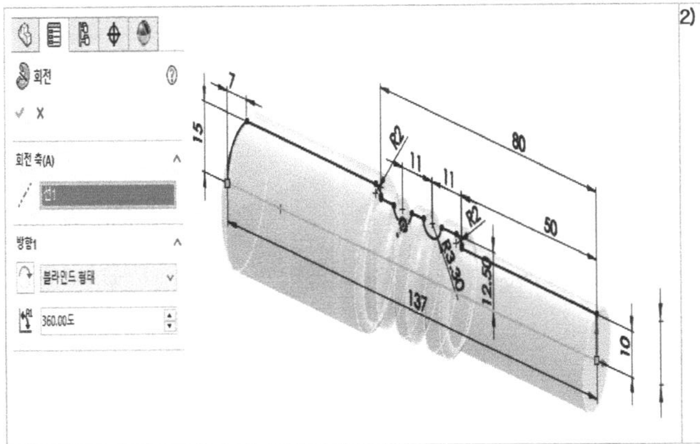

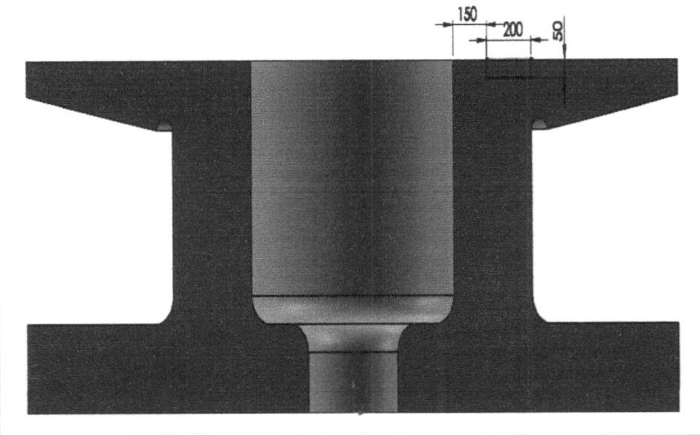

3) 스케치를 실행하고 정면을 선택하여 다음
   과 같이 스케치를 한다.

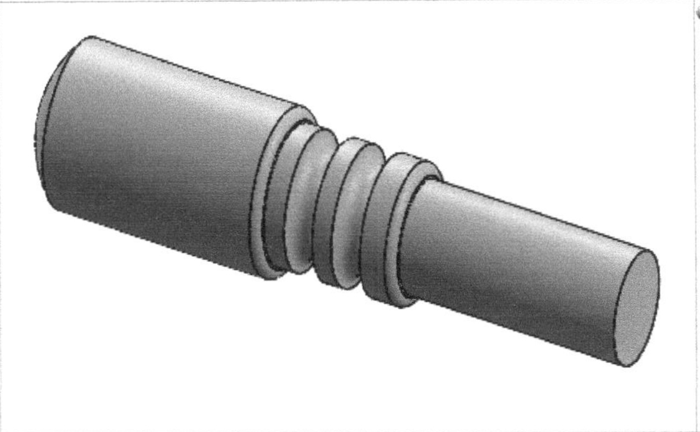

[회전-회전 컷 실습 3]

1) 스케치를 실행하고 정면을 선택하여 다음
   과 같이 스케치를 한다.

2) 회전 보스/베이스를 실행하고 360도 회전
   을 한다.

완성된 그림

7) 원형패턴을 실행하고 패턴 수 : 3개를 지
정하여 패턴복사를 한다.

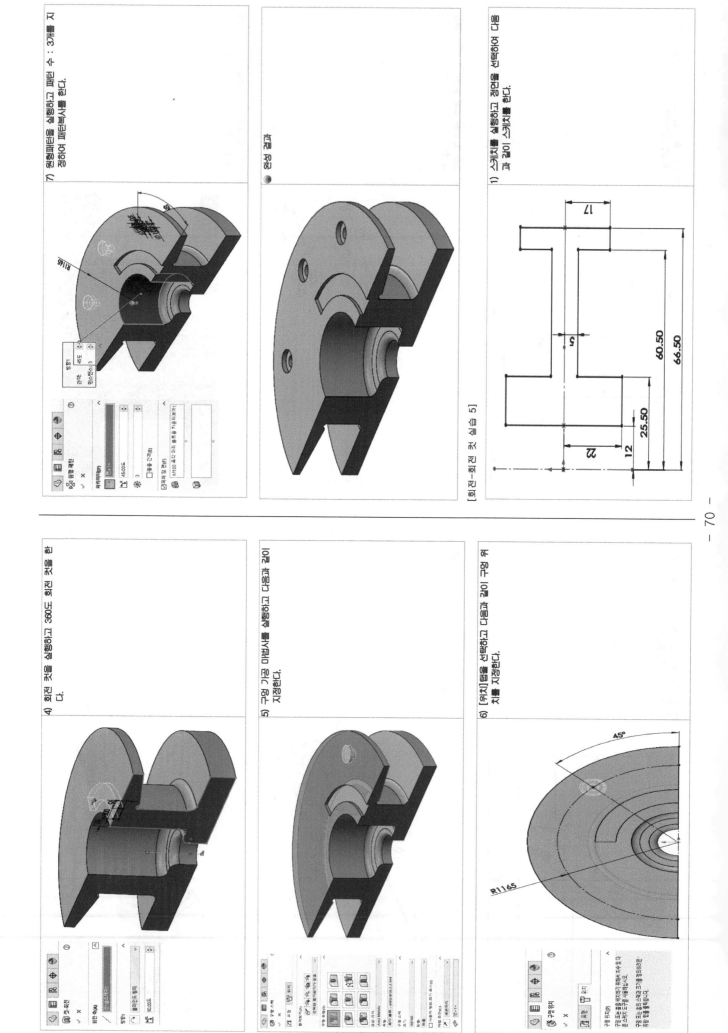

완성 결과

1) 스케치를 실행하고 정면을 선택하여 다음
과 같이 스케치를 한다.

[회전-회전 컷 실습 5]

4) 회전 컷을 실행하고 360도 회전 컷을 한
다.

5) 구멍 가공 마법사를 실행하고 다음과 같이
지정한다.

6) [위치]탭을 선택하고 다음과 같이 구멍 위
치를 지정한다.

- 70 -

관성 결과

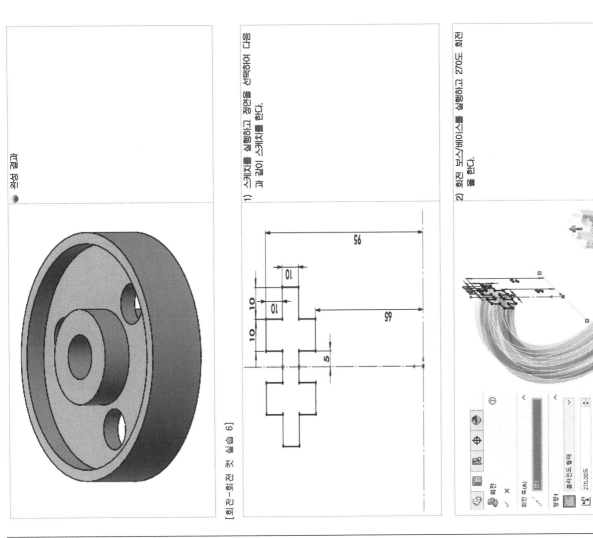

[회전-회전 컷 실습 6]

1) 스케치를 실행하고 정면을 선택하여 다음과 같이 스케치를 한다.

2) 회전 보스/베이스를 실행하고 270도 회전을 한다.

회전
회전 축(A)
방향1
블라인드 형태
270.00도

2) 회전 보스/베이스를 실행하고 360도 회전을 한다.

회전
회전 축(A)
방향1
블라인드 형태
360.00도

3) 스케치를 실행하고 회전시 간섭체의 윗면을 선택하여 다음과 같이 스케치를 한다.

4) 돌출 컷을 실행하고 관통을 한다.

컷-돌출
시작(F)
스케치 평면
방향1
관통
자를 뒤집기(F)
바깥쪽으로 구배(O)

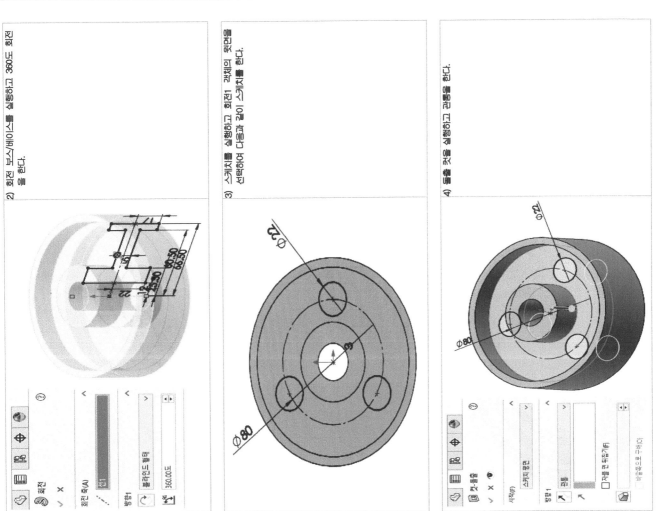

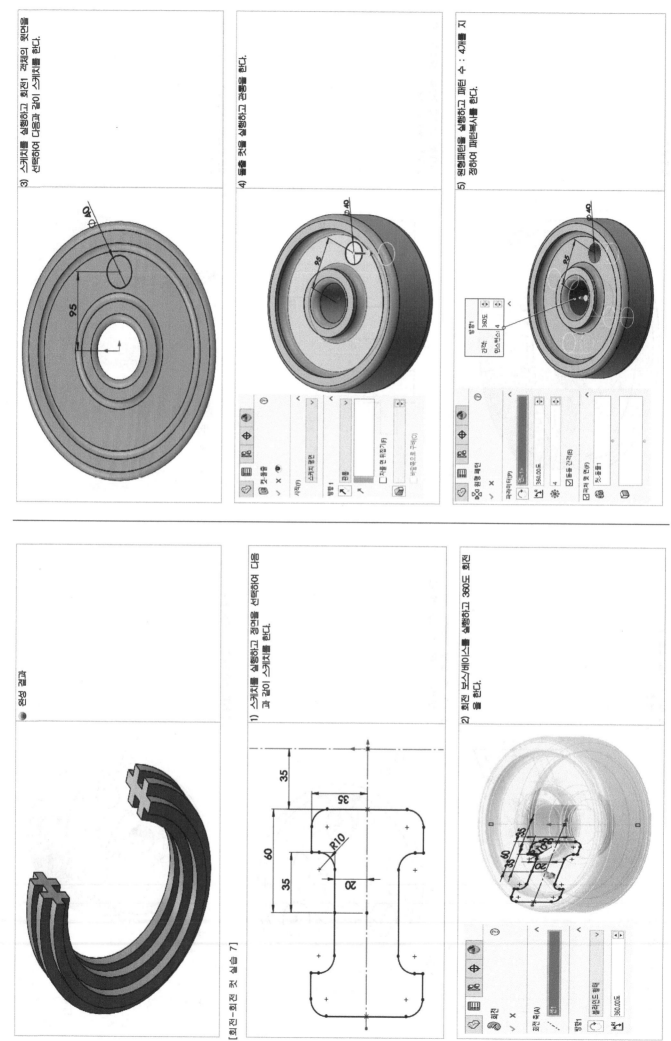

3) 스케치를 실행하고 회전1 객체의 윗면을 선택하여 다음과 같이 스케치를 한다.

4) 돌출 컷을 실행하고 관통을 한다.

5) 원형패턴을 실행하고 패턴 수 : 4개를 지정하여 패턴복사를 한다.

● 완성 결과

[회전-회전 컷 실습 7]

1) 스케치를 실행하고 정면을 선택하여 다음과 같이 스케치를 한다.

2) 회전 보스/베이스를 실행하고 360도 회전을 한다.

회전 컷 피처 만들기

회전 컷( )은 작성된 스케치를 기준선을 중심으로 회전하면서 작성되어 있는 솔리드를 잘라내는 도구이다. 모든 옵션은 회전 피처의 옵션과 동일하다.

회전 컷 옵션

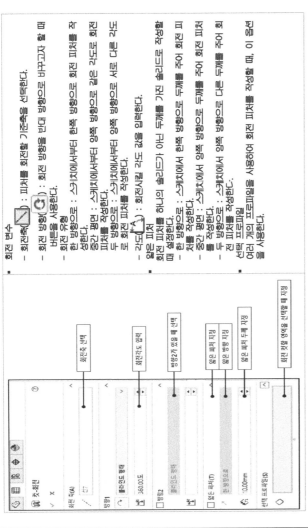

- 회전축 선택
- 회전시로 입력
- 방향2가 셋으로 선택
- 얇은 피처 지정
- 얇은 방향 지정
- 얇은 피처 두께 지정
- 회전 경향 영역을 선택할 때 지정

회전 변수

- 회전축( ) : 피처를 회전할 기준축을 선택한다.
- 회전 방향( ) : 회전 방향을 반대 방향으로 바꾸고자 할 때 버튼을 사용한다.
- 회전 유형
  한 방향으로 : 스케치에서부터 한쪽 방향으로 회전 피처를 작성한다.
  중간 평면 : 스케치에서부터 양쪽 방향으로 같은 각도로 회전 피처를 작성한다.
  두 방향으로 : 스케치에서부터 양쪽 방향으로 서로 다른 각도로 회전 피처를 작성한다.
- 각도( ) : 회전시킬 각도 값을 입력한다.
- 얇은 피처
  회전 피처를 하나의 솔리드가 아닌 두께를 가진 솔리드로 작성할 때 설정한다.
  한 방향으로 : 스케치에서 한쪽 방향으로 두께를 주어 회전 피처를 작성한다.
  중간 평면 : 스케치에서 양쪽 방향으로 두께를 주어 회전 피처를 작성한다.
  두 방향으로 : 스케치에서 양쪽 방향으로 다른 두께를 주어 회전 피처를 작성한다.
  선택 프로파일
  여러 개의 프로파일을 사용하여 회전 피처를 작성할 때, 이 옵션을 사용한다.

회전 컷 익히기

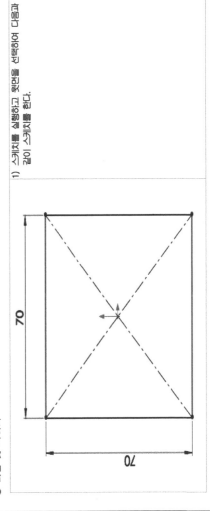

1) 스케치를 실행하고 윗면을 선택하여 다음과 같이 스케치를 한다.

70

70

— 73 —

[회전 – 회전 컷 실습 8]

완성 결과

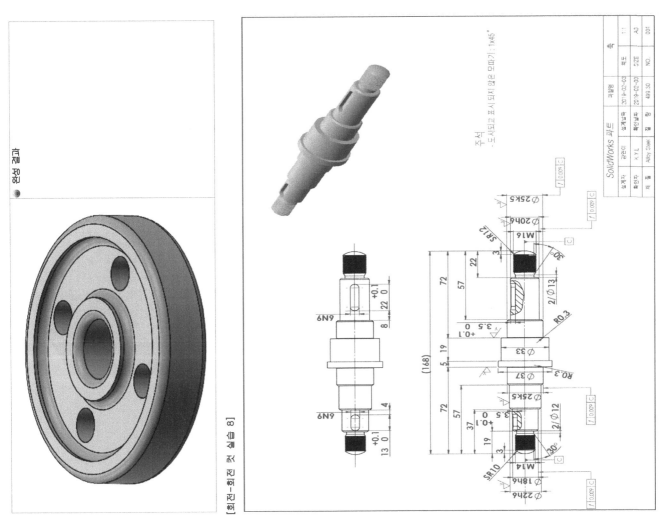

주석
- 도시되고 표시되지 않은 모따기 : 1x45°

SolidWorks 파트				
설계자	K.Y.L	설계일자	2019-02-03	척도	1:1
확인자		확인일자	2019-02-03	SIZE	A3
재 질	질	Alloy Steel	중량	499.30	NO.	001

완성 결과

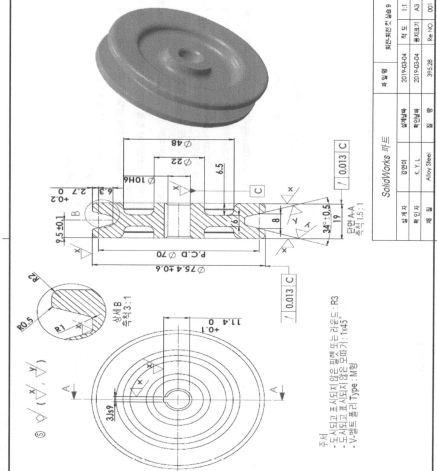

[회전-회전 컷 실습 9]

SolidWorks 파트			파일명	회전-회전컷 실습 9		
					척 도	1:1
설계자	강연이	파렌트			용지크기	A3
확인자	K.Y.L	확인자			Re NO.	001
재 질	Alloy Steel	징 량		395.28		

2019-03-04
2019-03-04

주서
- 도시되고 표시되지 않은 표면은 평면 또는 라운드: R3
- 도시되고 표시되지 않은 모서리 모깎기: 1x45°
- V-벨트 홈리 Type : M형

⑤ √ (√, √, √)

2) 돌출 보스/베이스를 실행하고 70mm로 돌출을 한다.

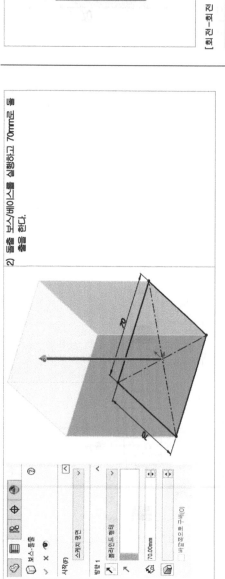

3) 스케치를 실행하고 돌출1 객체의 우측면을 선택하여 다음과 같이 스케치를 한다.

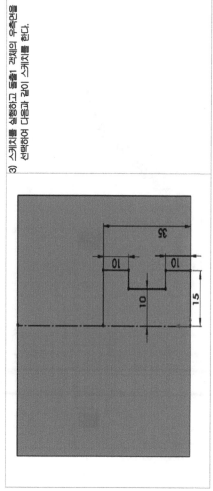

4) 회전 컷을 실행하고 360도 회전 컷을 한다.

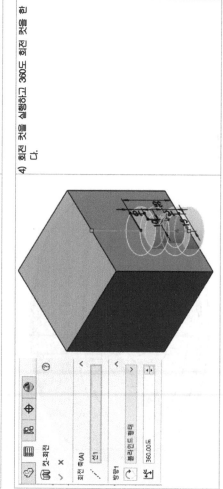

4) 스케치를 실행하고 회전1 객체의 우측면을
선택하여 다음과 같이 스케치를 한다.

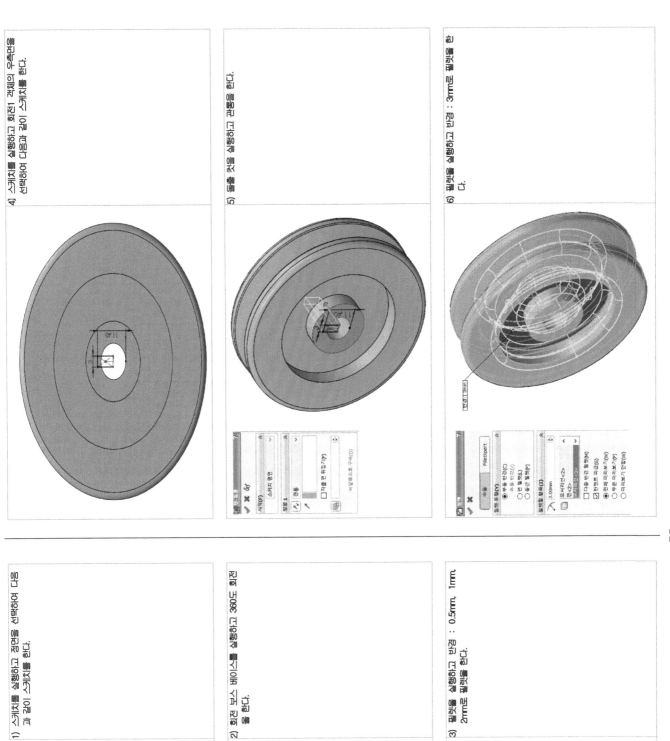

5) 돌출 컷을 실행하고 관통을 한다.

6) 필렛을 실행하고 반경 : 3mm로 필렛을 한
다.

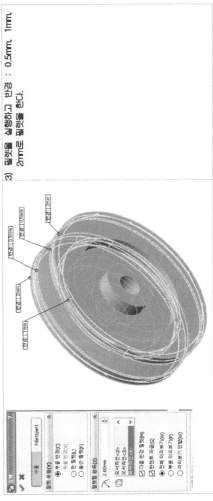

---

1) 스케치를 실행하고 정면을 선택하여 다음
과 같이 스케치를 한다.

2) 회전 보스 베이스를 실행하고 360도 회전
을 한다.

3) 필렛을 실행하고 반경 : 0.5mm, 1mm,
2mm로 필렛을 한다.

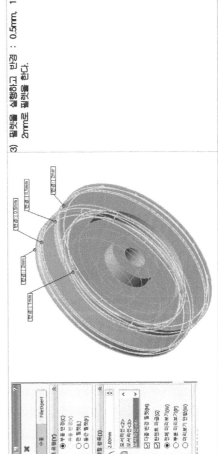

6

스윕 피처 만들기

스윕 피처(⊙)는 프로파일(단면)이 선택한 경로를 따라 이동하여 솔리드 피처를 생성한다.

● 스윕의 유형
- 단순 스윕 : 프로파일과 경로만으로 만들어지는 스윕
- 안내 곡선을 사용한 스윕 : 단순 스윕에 안내곡선을 추가해서

● 스윕의 옵션

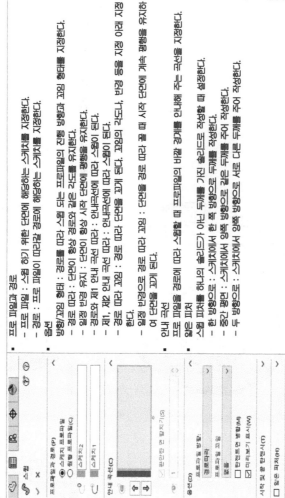

■ 프로파일과 경로
- 프로파일 : 스윕 하기 위한 단면에 해당하는 스케치를 지정한다.
- 경로 : 프로파일이 따라갈 경로에 해당하는 스케치를 지정한다.

■ 옵션
  방향/꼬임 형태 : 경로를 따라 스윕 되는 프로파일의 진행 방향과 꼬임 형태를 지정한다.
  - 경로 따라 : 단면이 항상 경로와 같은 각도를 유지한다.
  - 평행 방향 유지 : 단면이 항상 시작 단면에 평행을 유지하게 된다.
  - 경로와 제2 경로 따라 : 안내곡선에 따라 스윕이 된다.
  - 경로 따라 꼬임 : 경로와 단면을 꼬게 된다. 꼬임이 가도나, 변경 등을 지정 아래 지정한다.
  - 일정 반경으로 경로 따라 꼬임 : 단면을 경로 따라 꼬일 때 시작 단면의 비꼬 경계를 안내해 주는 곡선을 지정하여 단면을 꼬게 되고 여 단면을 꼬게 된다.

■ 안내 곡선
  프로 파일을 경로에 따라 스윕할 때 프로파일의 비꼬 경계를 안내해 주는 곡선을 지정한다.
  ■ 얇은 피처
  스윕 피처를 하나의 솔리드가 아닌 두 두께를 가진 솔리드로 작성할 때 설정한다.
  - 한 방향으로 : 스케치에서 한 쪽 방향으로 두께를 작성한다.
  - 중간 평면으로 : 스케치 양쪽 방향으로 같은 두께를 주어 작성한다.
  - 두 방향으로 : 스케치에서 양쪽 방향으로 서로 다른 두께를 주어 작성한다.

※ 스윕에 안내 곡선 사용 시 권장 사항
  - 경로와 구속 조건이 필요하지 않는다. 스윕이 중간 프로파일들을 정의할 때 경로와 안내 곡선이 모두 필요요하다.
  - 구속 조건 : 단면을 스케치할 때 자동으로 추가되는 수평 또는 수직 과 같은 관계에 유의한다. 이러한 관계는 중간 단면의 모양을 변경시킬 수 있어 원하지 않은 결과를 낳을 수 있다. 그러면 중간 안내 곡선은 그 길이가 다를 수 있다.
  - 경로 및 안내 곡선 길이 : 경로와 안내 곡선이 그 길이가 같을 경우 스윕이 경로의 끝에서 끝을 따른다.
  - 안내 곡선이 경로보다 길 경우 스윕이 경로의 길이를 따른다.
  - 안내 곡선이 경로보다 짧을 경우 스윕은 가장 짧은 안내 곡선을 따른다.
  - 안내 곡선은 공통점에서 만나 수 있으며 이 점은 스윕의 곡면의 축이 된다.
  - 안내 곡선으로 다른 유형을 사용할 수 있다. 스케치 곡선, 모델 모서리 또는 곡선(커브)

※ 스윕의 규칙
  - 베이스 또는 보스 스윕 피처에서는 폐쇄 프로파일을 사용할 수 있다.
  - 열리거나 닫힌 경로를 사용할 수 있다.
  - 하나의 스케치, 곡선 또는 모델 모서리 세트에 포함된 스케치처럼 곡선 세트를 경로로 사용할 수 있다.
  - 스윕 경로는 모든 파일의 평면에서 시작해야 한다.
  - 경로나 생성되는 결과(솔리드)는 자체 교차하지 않아야 한다.

7) 모따기를 실행하고 다음과 같이 지정하여 모따기를 한다.

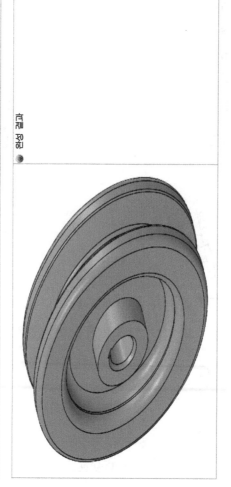

● 완성 결과

- 안내 곡선이 프로파일 또는 프로파일 스케치의 점과 일치해야 한다.

◎ 스윕 피처 생성하는 법
1) 프로파일과 경로를 스케치를 작성한다.
2) 피처 도구모음의 스윕 보스/베이스(🔄) 또는 [삽입]-[보스/베이스]-[스윕]을 클릭한다.
3) PropertyManager의 옵션사항을 아래와 같이 설정한다.
 - 프로파일과 경로를 설정한다.
 - 옵션사항을 선택한다.
 - 안내곡선이 있으면 안내곡선을 지정한다.
 - 시작/끝 탄젠시 조건을 지정한다.
 - 얇은 피처를 생성하려면 얇은 피처를 선택하고 두께를 줄 방향과 두께 값을 지정한다.
4) 확인을 눌러 명령을 종료한다.

[스윕 실습 1-2013]

1) 스케치를 실행하고 윗면을 선택하여 다음과 같이 스케치를 한다. 스케치를 종료한다.

2) 스케치를 실행하고 우측면을 선택하여 다음과 같이 스케치를 한다. 스케치를 종료한다.

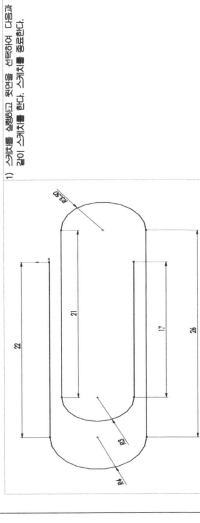

3) 스윕 보스/베이스를 실행하고 다음과 같이 지정한다.

완성 결과

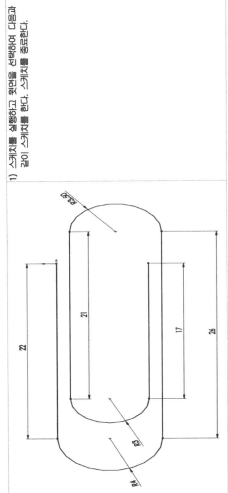

1) 스케치를 실행하고 윗면을 선택하여 다음과 같이 스케치를 한다. 스케치를 종료한다.

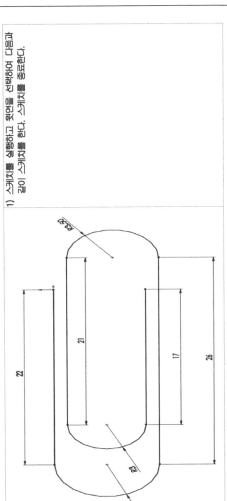

[스윕 실습 2-2016]

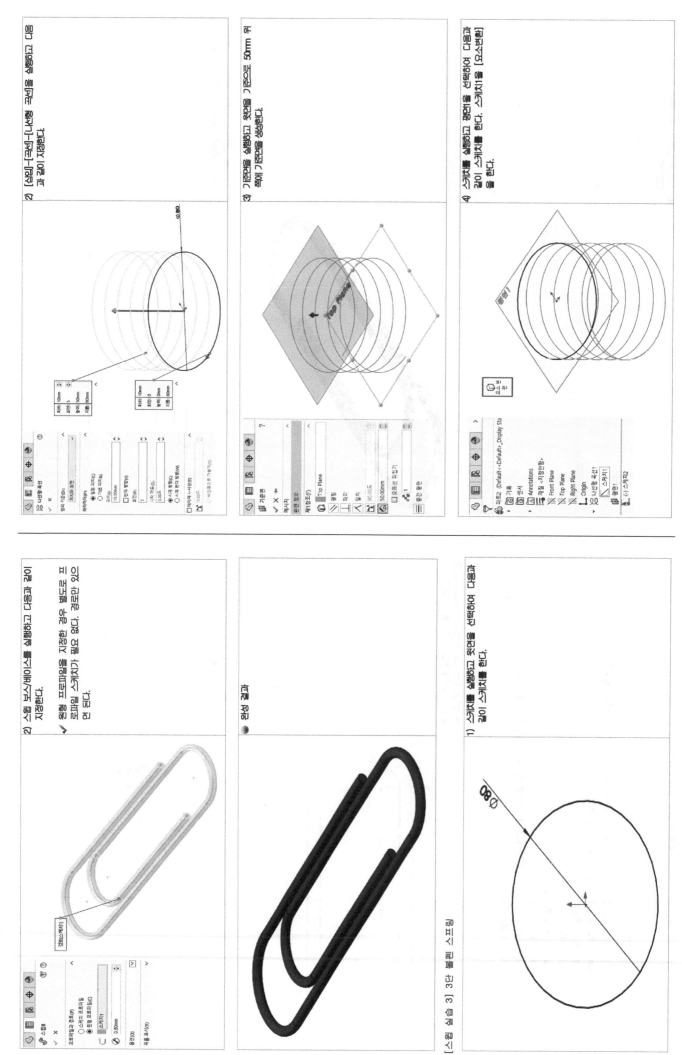

② [삽입]-[곡선]-[나선형 곡선]을 실행하고 다음과 같이 지정한다.

③ 기준면을 실행하고 윗면을 기준으로 50mm 위쪽에 기준면을 생성한다.

④ 스케치를 실행하고 평면1을 선택하여 다음과 같이 스케치를 한다. 스케치는 [요소변환]을 한다.

② 스윕 보스/베이스를 실행하고 다음과 같이 지정한다.

✓ 원형 프로파일을 지정한 경우 별도로 프로파일을 스케치가 필요 없다. 경로만 있으면 된다.

● 완성 결과

① 스케치를 실행하고 윗면을 선택하여 다음과 같이 스케치를 한다.

[스윕 실습 3] 3단 페블립

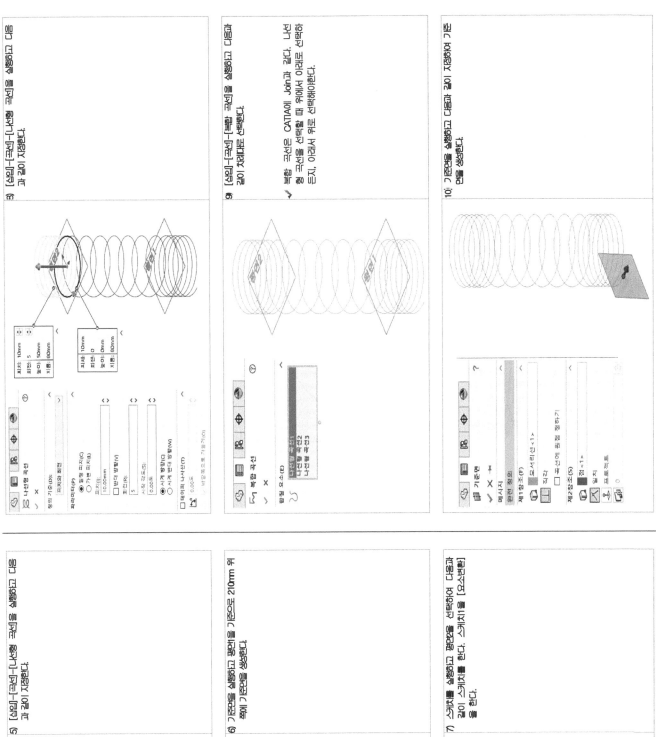

3) [삽입]-[곡선]-[나선형] 곡선을 실행하고 다음 과 같이 지정한다.

피치: 10mm / 회전: 5 / 높이: 50mm / 지름: 80mm
피치: 10mm / 회전: 0 / 높이: 0mm / 지름: 80mm

9) [삽입]-[곡선]-[접합] 곡선을 실행하고 다음과 같이 지정한다.
복합 곡선은 CATIA에 Join과 같다. 나선 형 곡선을 선택할 때 위에서 아래로 선택하 든지, 아래서 위로 선택해야한다.

나선형 곡선1 / 나선형 곡선2 / 나선형 곡선3

10) 기준면을 실행하고 다음과 같이 지정하여 기준 면을 생성한다.

5) [삽입]-[곡선]-[나선형] 곡선을 실행하고 다음 과 같이 지정한다.

피치: 30mm / 회전: 7 / 높이: 210mm / 지름: 80mm
피치: 30mm / 회전: 0 / 높이: 0mm / 지름: 80mm

6) 기준면을 실행하고 평면을 기준으로 210mm 위 쪽에 기준면을 생성한다.

7) 스케치를 실행하고 평면을 선택하여 다음과 같이 스케치를 한다. 스케치를 한다.

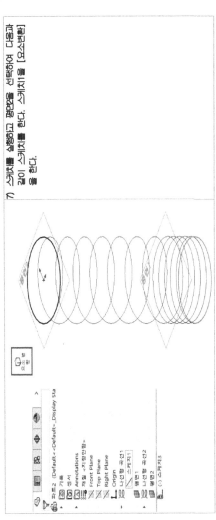

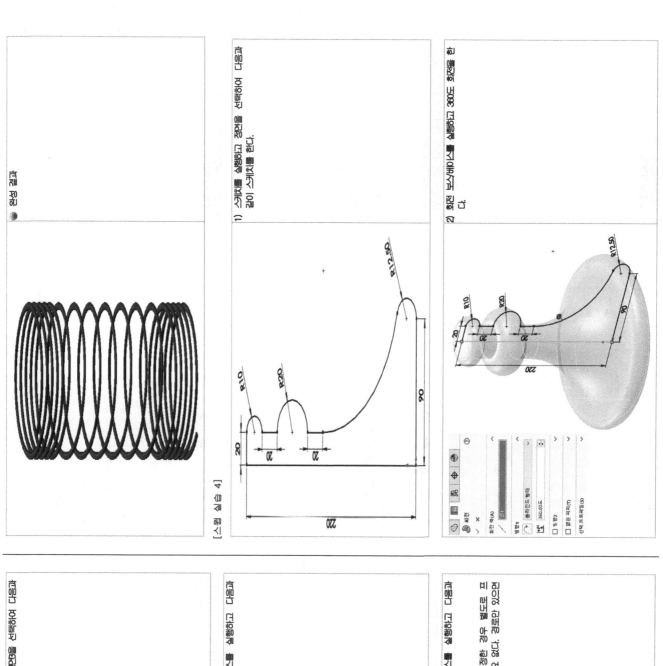

완성 결과

1) 스케치를 실행하고 정면을 선택하여 다음과
   같이 스케치를 한다.

[실습 예제 4]

2) 회전 보스/베이스를 실행하고 360도 회전을 한
   다.

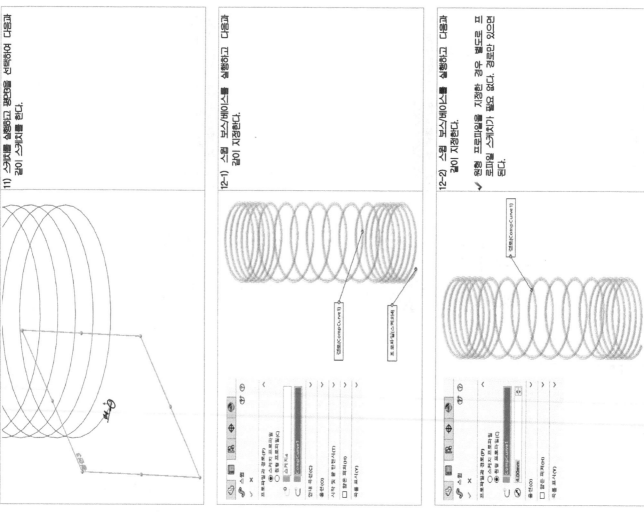

11) 스케치를 실행하고 평면을 선택하여 다음과
    같이 스케치를 한다.

12-1) 스윕 보스/베이스를 실행하고 다음과
     같이 지정한다.

12-2) 스윕 보스/베이스를 실행하고 다음과
     같이 지정한다.

▶ 원형 프로파일을 지정한 경우 프로파일로 원형
  프로파일만 관리할 수 있으며 프로
  파일의 스케치가 필요 없게
  된다.

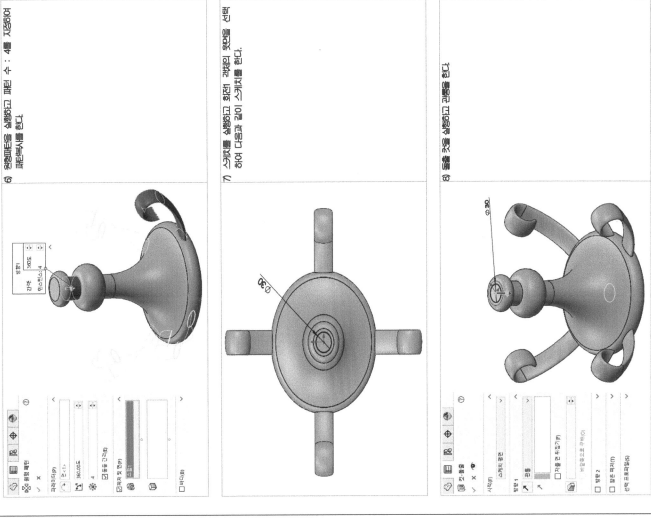

6) 원형패턴을 실행하고 패턴 수 : 4를 지정하여 패턴복사를 한다.

7) 스케치를 실행하고 회전 객체의 윗면을 선택 하여 다음과 같이 스케치를 한다.

8) 돌출 컷을 실행하고 편집을 한다.

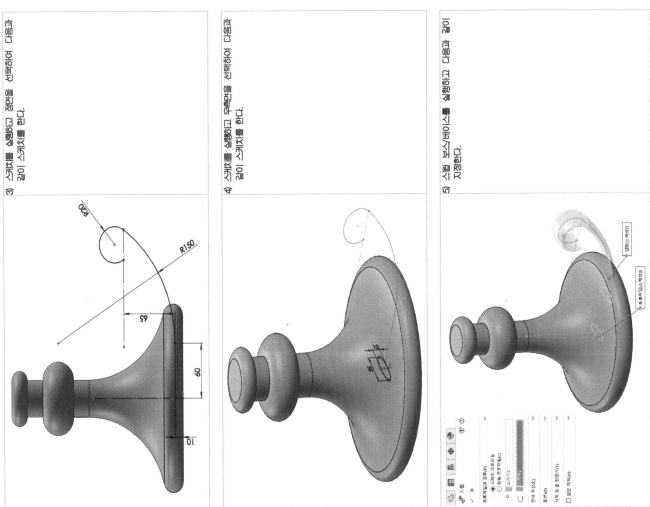

3) 스케치를 실행하고 정면을 선택하여 다음과 같이 스케치를 한다.

4) 스케치를 실행하고 우측면을 선택하여 다음과 같이 스케치를 한다.

5) 스윕 보스/베이스를 실행하고 다음과 같이 지정한다.

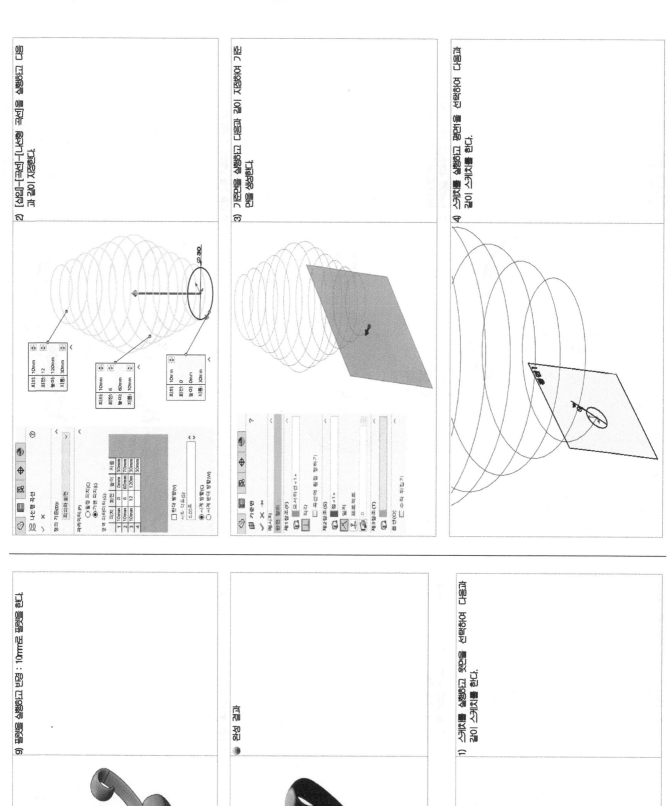

2) [삽입]-[곡선]-[나선형 곡선]을 실행하고 다음 과 같이 지정한다.

피치: 10mm
회전: 12
높이: 120mm
지름: 30mm

피치: 10mm
회전: 6
높이: 60mm
지름: 70mm

피치: 10mm
회전: 0
높이: 0mm
지름: 30mm

	피치	회전	높이	지름
1	10mm	0	0mm	30mm
2	10mm	6	60mm	70mm
3	10mm	12	120mm	30mm
4				

Ø30

3) 기준면을 실행하고 다음과 같이 지정하여 기준 면을 생성한다.

4) 스케치를 실행하고 평면을 선택하여 다음과 같이 스케치를 한다.

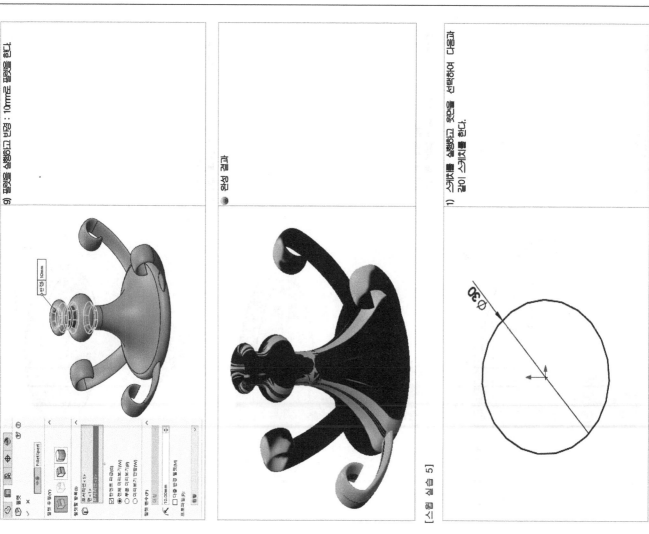

9) 필렛을 실행하고 반경 : 10mm로 필렛을 한다.

반경 10mm

FilletXpert

10.00mm

완성 결과

[스윕 실습 5]

1) 스케치를 실행하고 윗면을 선택하여 다음과 같이 스케치를 한다.

Ø30

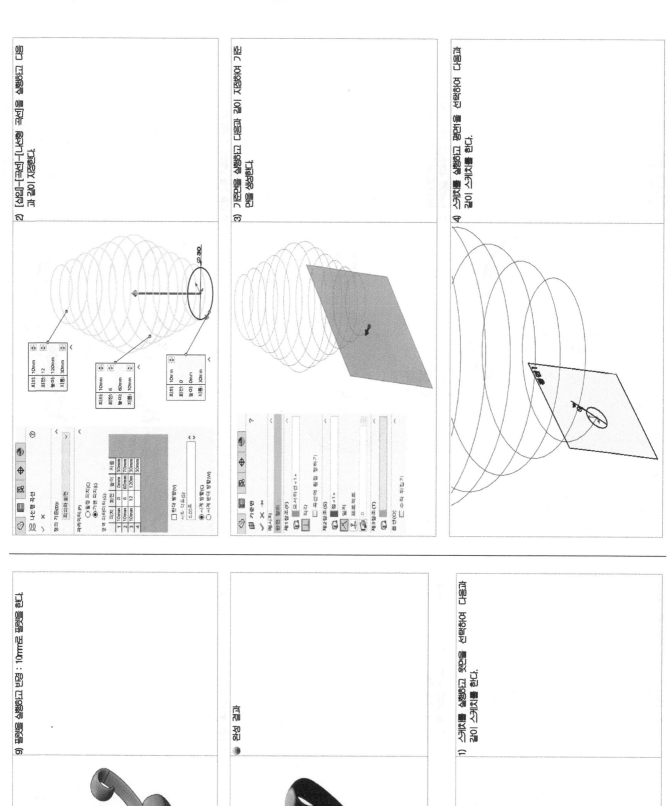
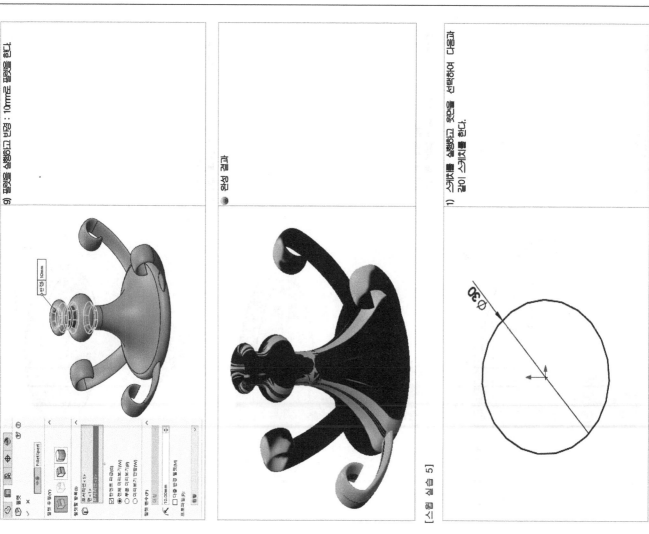

2) [삽입]-[곡선]-[나선형 곡선]을 실행하고 다음
과 같이 지정한다.

3) 기준면을 실행하고 다음과 같이 지정하여 기준
면을 생성한다.

4) 스케치를 실행하고 평면을 선택하여 다음과
같이 스케치를 한다.

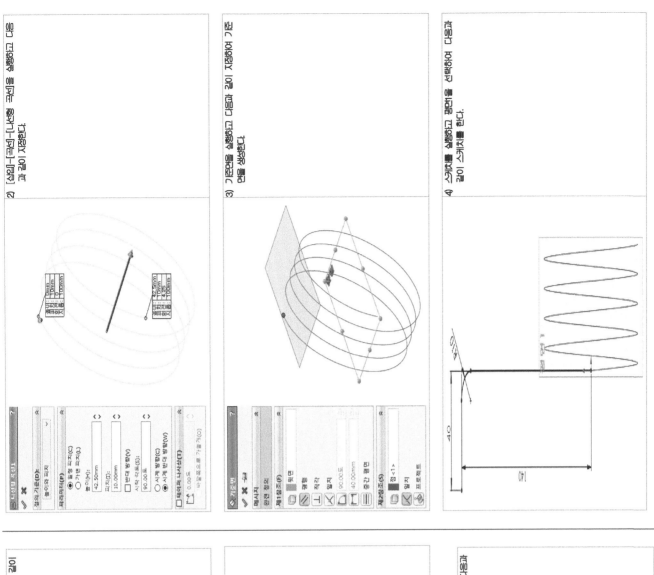

5) 스윕 보스/베이스를 실행하고 다음과 같이
지정한다.

완성 결과

1) 스케치를 실행하고 우측면을 선택하여 다음과
같이 스케치를 한다.

[스윕 실습 6] Coil Spring

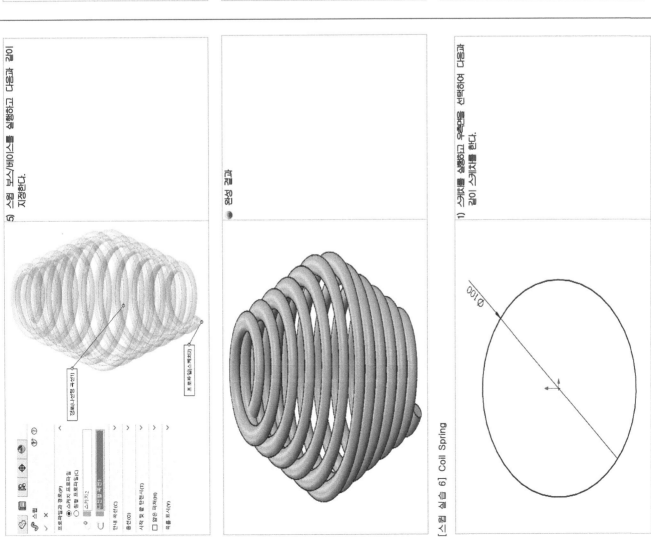

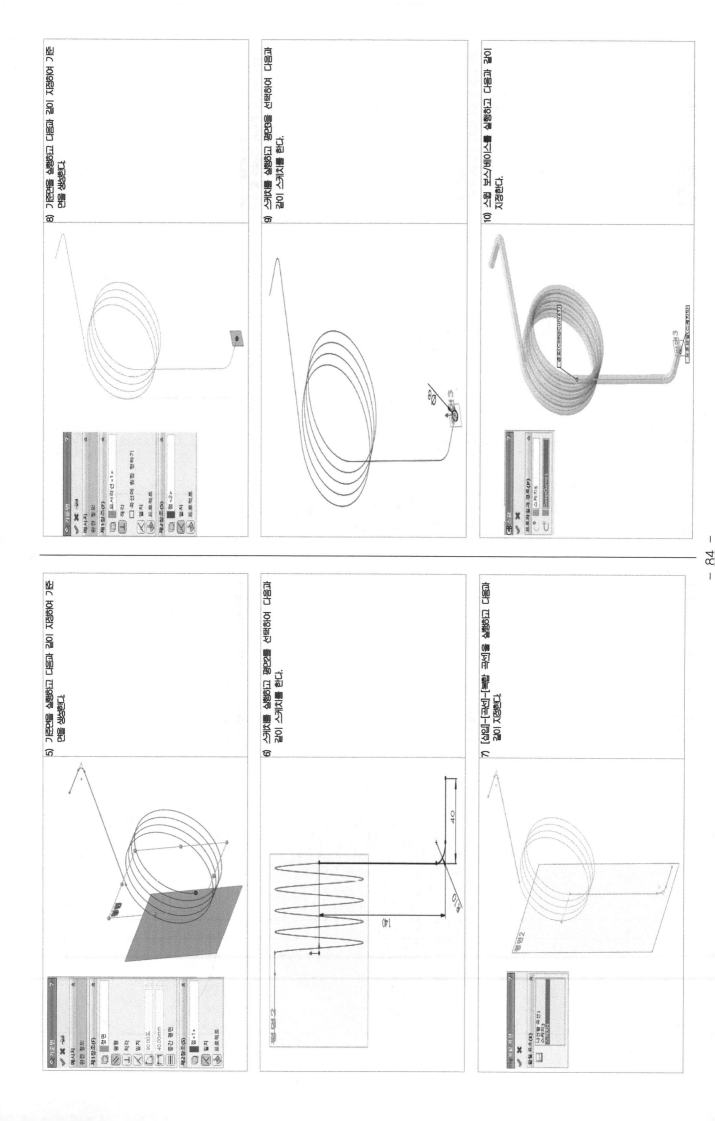

8) 기준면을 실행하고 다음과 같이 지정하여 기준 면을 생성한다.

9) 스케치를 실행하고 평면3을 선택하여 다음과 같이 스케치를 한다.

10) 스윕(Sweep)를 실행하고 다음과 같이 홈솔 스프링을 지정한다.

5) 기준면을 실행하고 다음과 같이 길이 지정하여 기준 면을 생성한다.

6) 스케치를 실행하고 평면2를 선택하여 다음과 같이 스케치를 한다.

7) [삽입]-[곡선]-[투영] 곡선을 실행하고 다음과 같이 길이 지정한다.

3) 기준면을 실행하고 다음과 같이 지정하여 기준
면을 생성한다.

4) 스케치를 실행하고 평면을 선택하여 다음과
같이 스케치를 한다.

5) 기준면을 실행하고 다음과 같이 지정하여 기준
면을 생성한다.

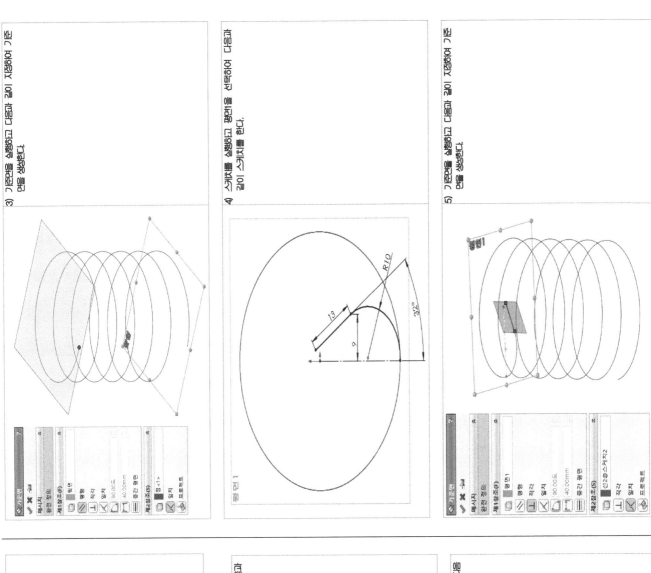

완성 결과

[스윙 실습 7] Tensional Spring

1) 스케치를 실행하고 윗면을 선택하여 다음과
같이 스케치를 한다.

2) [선의]-[곡선]-[나선형 곡선을 실행하고 다음
과 같이 지정한다.

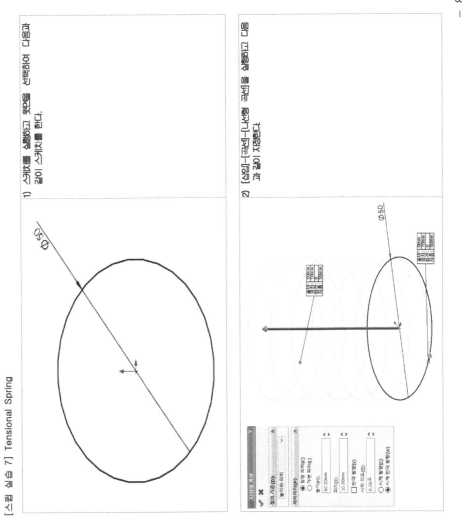

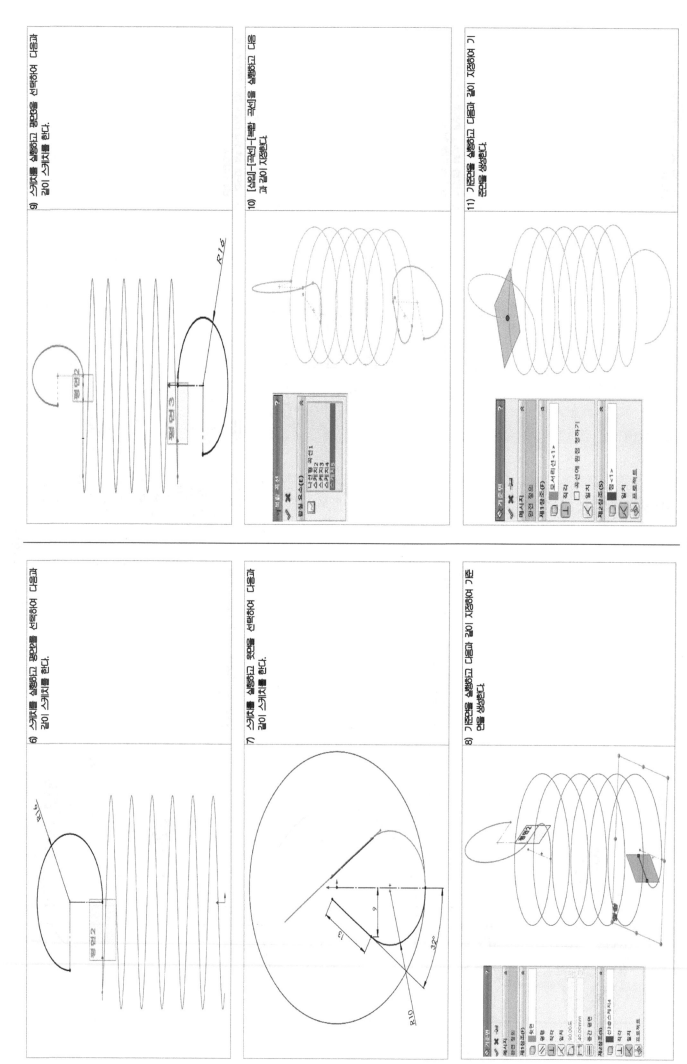

9) 스케치를 실행하고 평면을 선택하여 다음과
같이 스케치를 한다.

R16
평면2
평면3

10) [삽입]-[피처]-[쓸기] 곡선을 다음
과 같이 지정한다.

나선을 곡선1
스케치2
스케치3
스케치4
스케치5
윤곽 요소(F)

11) 기준면을 실행하고 다음과 같이 지정하여 기
준면을 생성한다.

모서리/선<1>
곡선에 원점 정렬하기
점<1>

6) 스케치를 실행하고 평면을 선택하여 다음과
같이 스케치를 한다.

R16
평면2

7) 스케치를 실행하고 윗면을 선택하여 다음과
같이 스케치를 한다.

R10
13
9
32°

8) 기준면을 실행하고 다음과 같이 지정하여 기준
면을 생성한다.

[스윕 실습 8] Hook Spring

1) 스케치를 실행하고 윗면을 선택하여 다음과 같이 스케치를 한다.

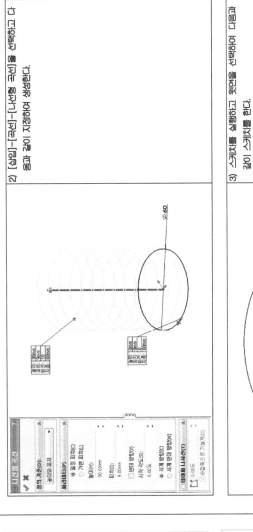

2) [삽입]-[곡선]-[나선형 곡선]를 선택하고 다음과 같이 지정하여 생성한다.

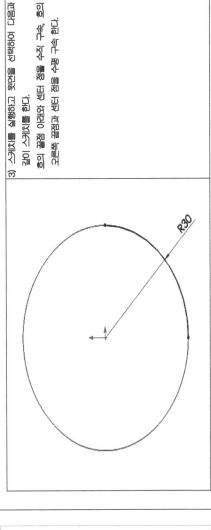

3) 스케치를 실행하고 윗면을 선택하여 다음과 같이 스케치를 한다.

흙의 끝점 아래와 센터 점을 수직 구속, 흙의 오른쪽 끝점과 센터 점을 수평 구속 한다.

12) 스케치를 실행하고 평면3을 선택하여 다음과 같이 스케치를 한다.

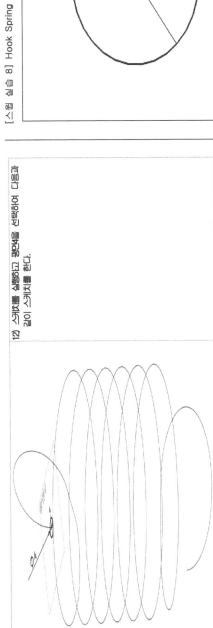

13) 스윕 보스/베이스를 실행하고 다음과 같이 지정한다.

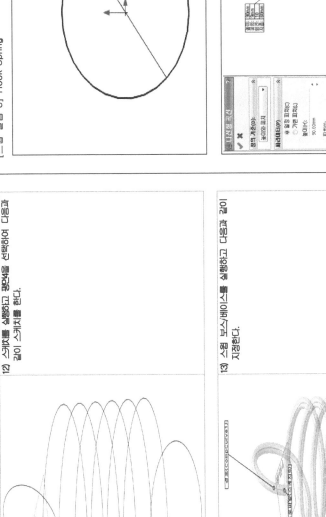

완성 결과

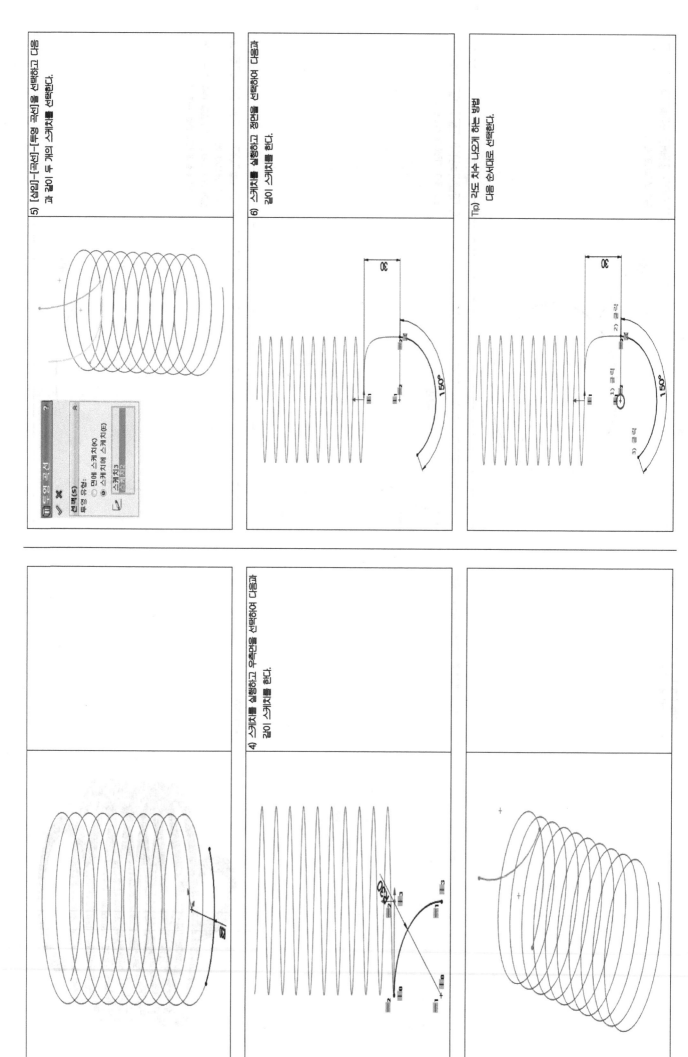

5) [삽입]-[곡선]-[투영 곡선]을 선택하고 다음 과 같이 두 개의 스케치를 선택한다.

투영 곡선
선택(S)
투영 유형:
○ 면에 스케치(K)
● 스케치에 스케치(E)
스케치3
스케치2

6) 스케치를 실행하고 정면을 선택하여 다음과 같이 스케치를 한다.

30
150°

Tip) 각도 치수 나오게 하는 방법 다음 순서대로 선택한다.

30
1) 클릭
2) 클릭
3) 클릭
150°

4) 스케치를 실행하고 우측면을 선택하여 다음과 같이 스케치를 한다.

R50

9) 스케치를 실행하고 우측면을 선택하여 다음과
같이 스케치를 한다.

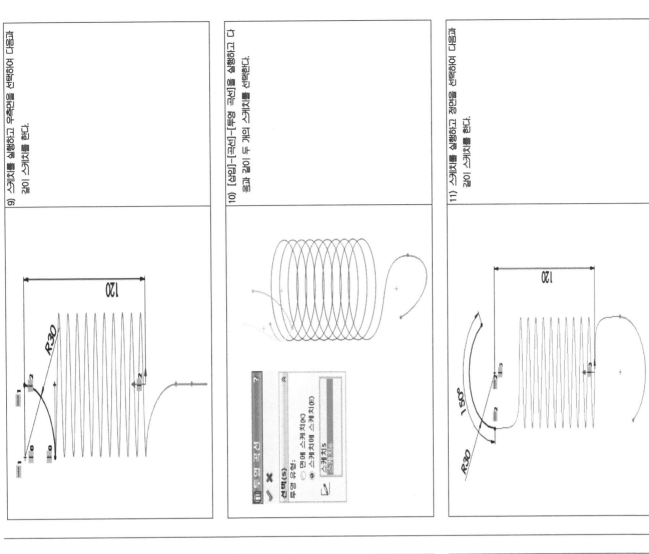

10) [삽입]-[곡선]-[투영 곡선]을 실행하고 다
음과 같이 두 개의 스케치를 선택한다.

투영 곡선

선택(S)
투영 유형:
○ 면에 스케치(X)
● 스케치에 스케치(E)

스케치5
스케치6

11) 스케치를 실행하고 평면을 선택하여 다음과
같이 스케치를 한다.

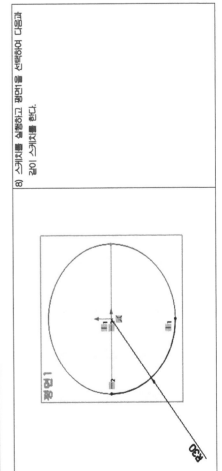

Tip) 호의 길이 치수 나오게 하는 방법
다음 순서대로 선택한다.

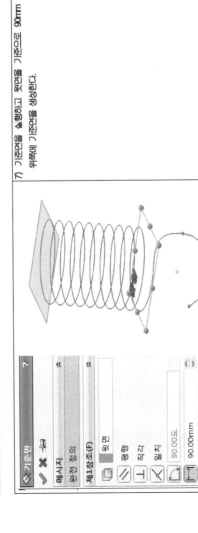
1) 클릭
2) 클릭
3) 선분 클릭

7) 기준면을 실행하고 윗면을 기준으로 90mm
위쪽에 기준면을 생성한다.

기준면
메시지
완전 정의

제1참조(F)
윗면
평행
직각
일치
90.00도
90.00mm

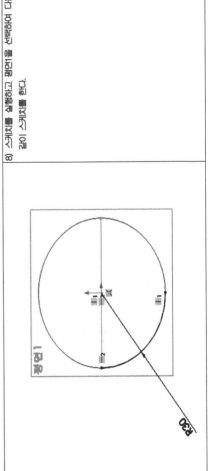

8) 스케치를 실행하고 평면을 선택하여 다음과
같이 스케치를 한다.

평면 1

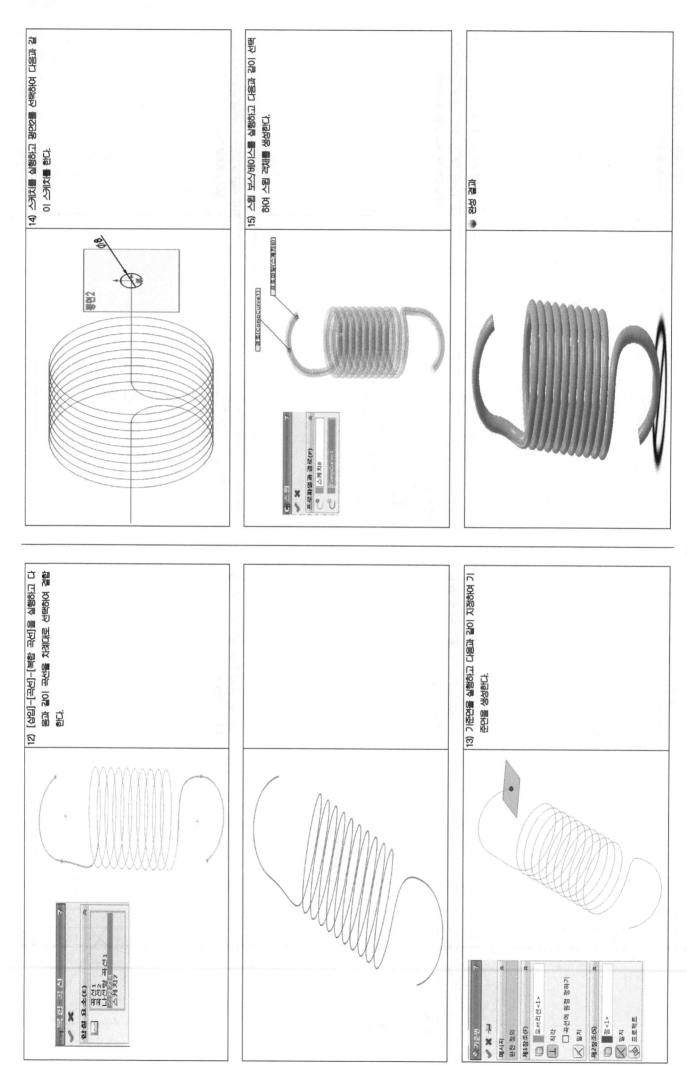

14) 스케치를 실행하고 평면2를 선택하여 다음과 같이 스케치를 한다.

Ø8
평면2

15) 돌출 컷을 실행하고 다음과 같이 스윕-베이스로 평-하여 스윕 객체를 생성한다.

스윕
프로파일과 경로(P)
스케치6
경로(CompCurve1)
프로파일(스케치5)

완성된 모델

원점

12) [삽입]-[곡선]-[복합 곡선]을 실행하고 다음과 같이 곡선을 차례대로 선택하여 결합한다.

복합 곡선
결합 요소(E)
곡선1
곡선2
모델 곡선1
스케치7

13) 기준면을 실행하고 다음과 같이 길이 지정하여 기준면을 생성한다.

기준면
메시지
완전 정의
제1참조(F)
모서리진<1>
직각
곡선에 원점 정렬하기
일치
제2참조(S)
점<1>
일치
프로파일

스윕 컷 피처 만들기

스윕 컷(🔒)은 프로파일(단면)을 선택한 경로를 따라 이동하면서 작성되어 있는 솔리드를 잘라내는 도구이다.

§ 곡면으로 자르기 생성하는 법

1) 베이스 피처를 생성하고 스윕 컷 명령을 실행하기 위한 프로파일과 경로 스케치를 작성한다.
2) 피처 도구모음에서 스윕 컷(🔒) 또는 [삽입]-[자르기]-[스윕]을 클릭한다.
3) PropertyManager의 옵션사항을 아래와 같이 설정한다.
   - 프로파일과 경로를 선택한다.
   - 옵션사항을 설정한다.
   - 안내곡선이 있으면 안내곡선을 지정한다.
   - 시작/끝 단면시 조건을 지정한다.
   - 얇은 피처를 생성하려면 얇은 피처를 선택하고 두께를 줄 방향과 두께값을 지정한다.
4) 확인을 눌러 명령을 종료한다.

§ 스윕 컷 옵션

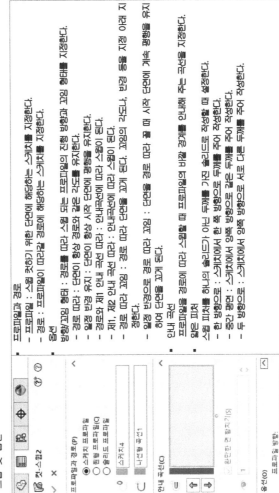

프로파일과 경로
- 프로파일 : 스윕 컷하기 위한 단면에 해당하는 스케치를 지정한다.
- 경로 : 프로파일이 따르갈 경로에 해당하는 스케치를 지정한다.

옵션

방향/꼬임 형태 : 경로를 따를 프로파일이 진행 방향과 꼬임 형태를 지정한다.
- 경로 따라 : 단면이 경로와 같은 각도를 유지한다.
- 일정한 방향 유지 : 단면이 항상 시작 단면에 평행하도록 유지한다.
- 경로와 제1 안내 곡선 따라 : 안내곡선에 따라 스윕이 된다.
- 제1, 제2 안내 곡선 따라 : 안내곡선에 따라 스윕이 된다.
- 경로 따라 꼬임 : 경로 따라 단면을 꼬게 된다. 꼬임의 각도나, 반경 등을 지정 아래 지정한다.
- 일정한 방향으로 경로 따라 꼬임 : 단면을 경로 따라 꼬게 될 때 시작 단면에 계속 평행을 유지하여 단면을 꼬게 된다.

안내 곡선
프로파일을 경로에 따라 스윕할 때 프로파일의 비틀 경계를 안내해 주는 곡선을 지정한다.

얇은 피처
스윕 피처를 하나의 솔리드가 아닌 두께를 가진 솔리드로 작성할 때 설정한다.
- 한 방향으로 : 스케치에서 한 쪽 방향으로 같은 두께를 주어 작성한다.
- 중간 평면 : 스케치에서 양쪽 방향으로 같은 두께를 주어 작성한다.
- 두 방향으로 : 스케치에서 양쪽 방향으로 서로 다른 두께를 주어 작성한다.

[스윕 실습 9]

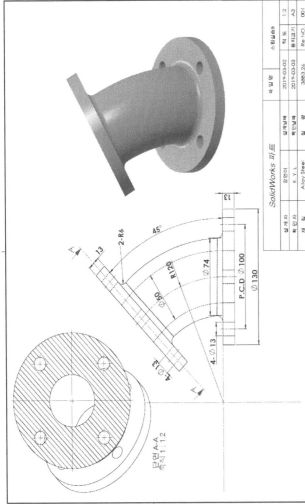

단면 A-A
축척 1 : 1.2

SolidWorks 파트			작 일 명		스윕실습9	
				2019-03-02	척 도	1:2
설계자				2019-03-03	용지크기	A3
확인자	감인이	K. Y. L		3083.26	Re NO	001
제 질		Alloy Steel				

[스윕 실습 10]

SolidWorks 파트			작 일 명		스윕실습10	
				2019-03-03	척 도	1:2
설계자	실계자책			2019-03-03	용지크기	A3
확인자	확인자책	K. Y. L		3511.28	Re NO	001
제 질		Alloy Steel				

[스윕 컷 실습 1]

1) 스케치를 실행하고 우측면을 선택하여 다음과 같이 스케치를 한다.

∅18

2) 돌출 보스/베이스를 실행하고 6.9mm로 돌출을 한다.

∅18

보스-돌출
시작(F)
스케치 평면
방향 1
블라인드 형태
6.90mm
바깥쪽으로 구배(O)
방향 2
얇은 피처(T)
선택 프로파일(S)

3) 스케치를 실행하고 돌출1 우측면의 객체에 우측면을 선택하여 다음과 길이 길이 스케치를 한다.

∅18

---

4) 돌출 보스/베이스를 실행하고 0.5mm로 돌출을 한다.

∅18

보스-돌출
시작(F)
스케치 평면
방향 1
블라인드 형태
0.50mm
바깥쪽으로 구배(O)
방향 2
얇은 피처(T)
선택 프로파일(S)

5) 스케치를 실행하고 돌출2 우측면의 객체에 우측연을 선택하여 다음과 길이 길이 스케치를 한다.

∅12

6) 돌출 보스/베이스를 실행하고 50mm로 돌출을 한다.

∅12

보스-돌출
시작(F)
스케치 평면
방향 1
블라인드 형태
50.00mm
바깥쪽으로 구배(O)
방향 2
얇은 피처(T)
선택 프로파일(S)

10) 스케치를 실행하고 윗면을 선택하여 다음과 같이 스케치를 한다.

11) 스윕 컷을 실행하고 다음과 같이 값을 입력한다.

12) 스케치를 실행하고 좌측면에 화살표 방향에 스케치를 하고 다음과 같이 값이 지정되어 스케치를 한다.

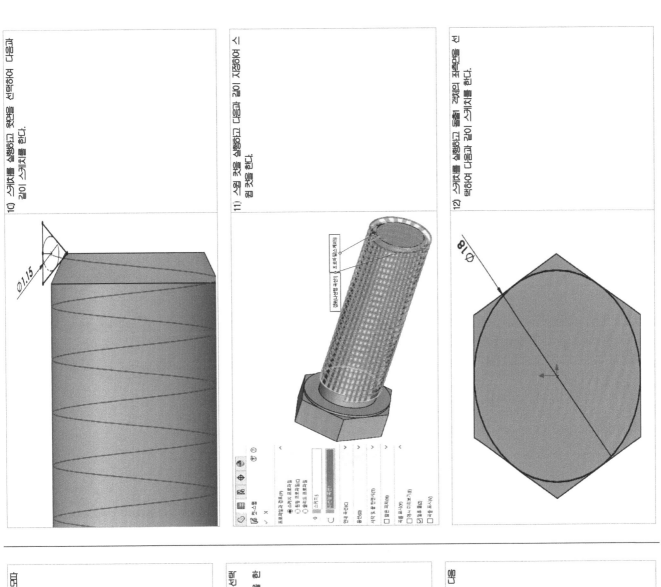

7) 모따기를 실행하고 다음과 같이 값이 지정되어 모따기를 한다.

8) 스케치를 실행하고 돌출컷에서 우측면을 선택하여 다음과 같이 값이 스케치를 한다. 지름 12mm 원을 모서리를 요소변환을 한다.

9) [삽입]-[피처]-[나사선]을 실행하고 다음과 같이 값이 지정된다.

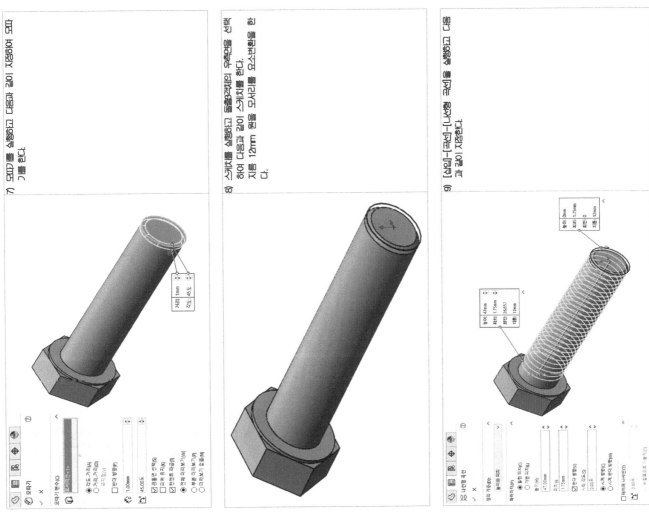

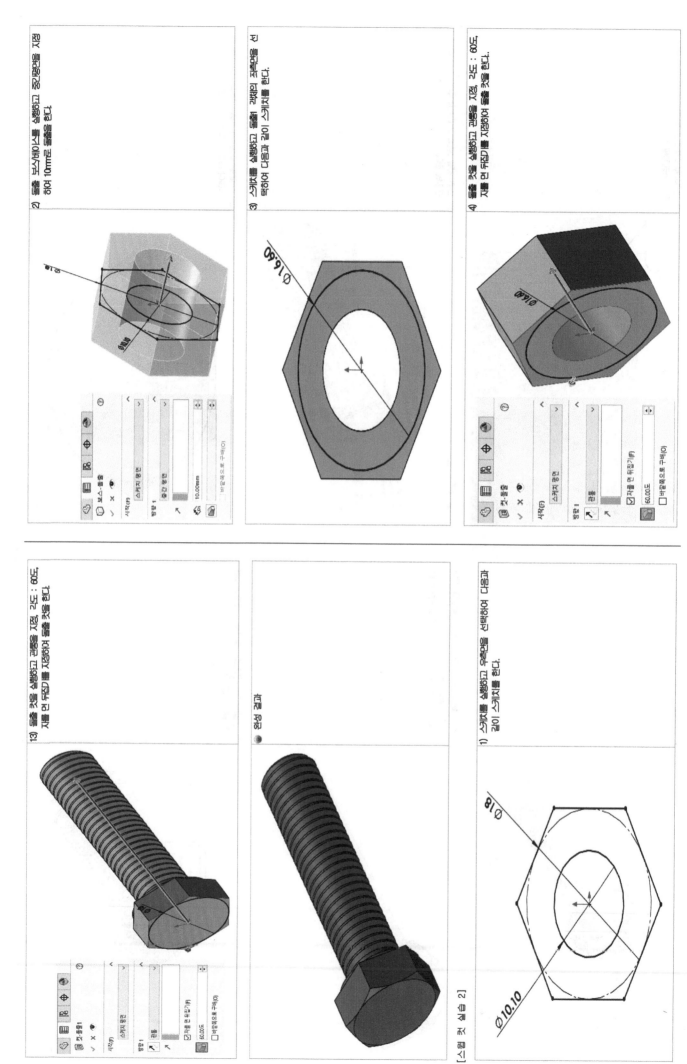

2) 돌출 보스/베이스를 실행하고 중간평면 지정 하여 10mm로 돌출을 한다.

3) 스케치를 실행하고 돌출 우측면의 직측면을 선 택하여 다음과 같이 스케치를 한다.

4) 돌출 컷을 실행하고 관통을 지정, 2도 : 60도. 지름 더 두껍게 지정하여 돌출 컷을 한다.

13) 돌출 컷을 실행하고 관통을 지정, 2도 : 60도, 지름 더 두껍게 지정하여 돌출 컷을 한다.

완성 결과

1) 스케치를 실행하고 우측면을 선택하여 다음과 같이 길이 스케치를 한다.

[스윕 컷 실습 2]

9) 셸 컷을 실행하고 다음과 같이 지정하여 셸 컷을 한다.

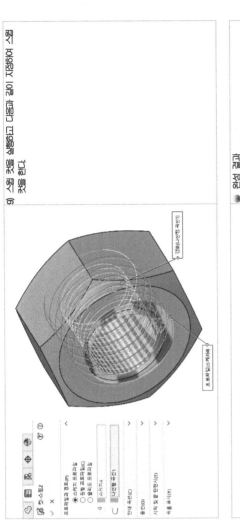

원성 결과

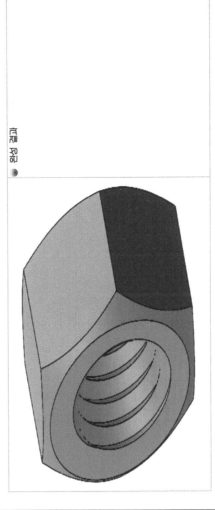

1) 스케치를 실행하고 정면을 선택하여 다음과 같이 스케치를 한다.

[스윕 컷 실습 3]

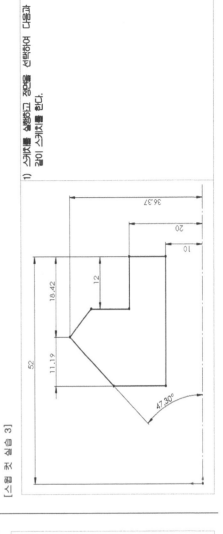

5) 대칭복사를 실행하고 우측면을 기준으로 대칭복사를 한다.

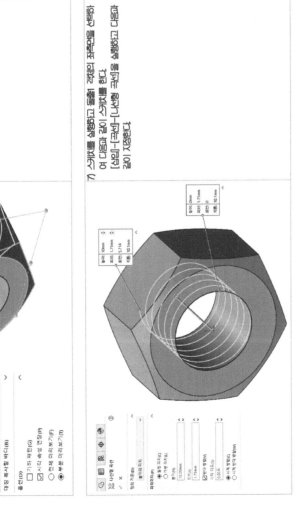

7) 스케치를 실행하고 돌출 가쪽의 좌측면을 선택한다. 다음과 같이 스케치를 한다.

[선택]-[곡선]-[나선형 곡선]을 실행하고 다음과 같이 지정한다.

8) 스케치를 실행하고 윗면을 선택하여 다음과 같이 스케치를 한다.

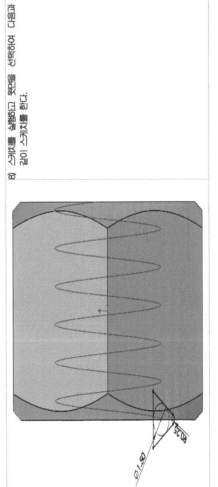

5) 스윕 컷을 실행하고 다음과 같이 지정한다.

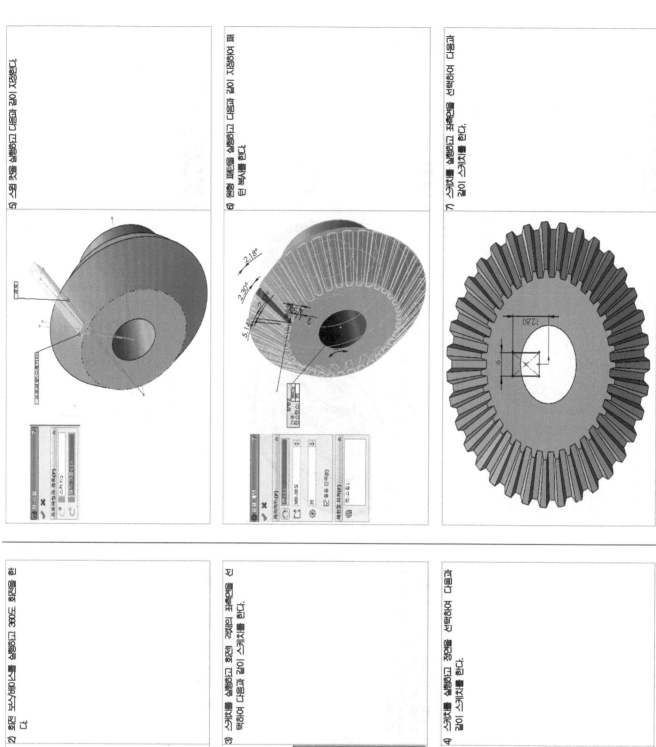

6) 원형 패턴을 실행하고 다음과 같이 지정하여 패턴 복사를 한다.

7) 스케치를 실행하고 좌측면을 선택하여 다음과 같이 스케치를 한다.

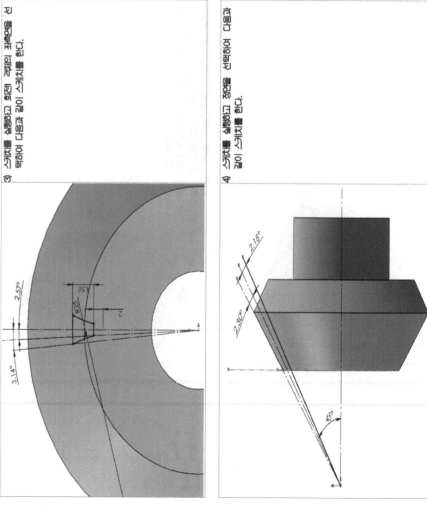

2) 회전 보스/베이스를 실행하고 360도 회전을 한다.

3) 스케치를 실행하고 회전체의 갱면의 좌측면을 선택하여 다음과 같이 스케치를 한다.

4) 스케치를 실행하고 정면을 선택하여 다음과 같이 스케치를 한다.

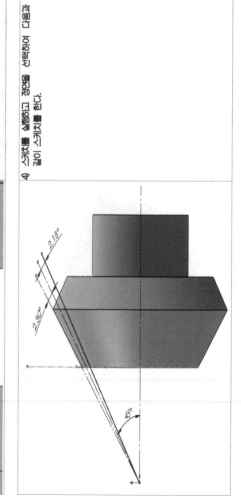

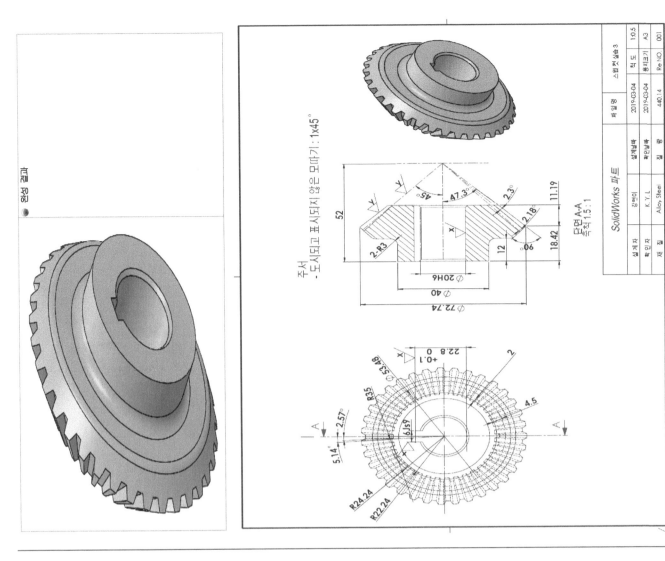

출력
원본

주서
- 도시되고 표시되지 않은 모따기 : 1x45°

단면 A-A
축척 1.5:1

SolidWorks 파트	파일명	스퍼 컷 실습 3	척 도	1:0.5
				A3
설계자	김예일	2019-03-04		
확인자	K.Y.L	2019-03-04	홀더크기	
	Alloy Steel	440.14	Re NO.	001
저 김	팔			

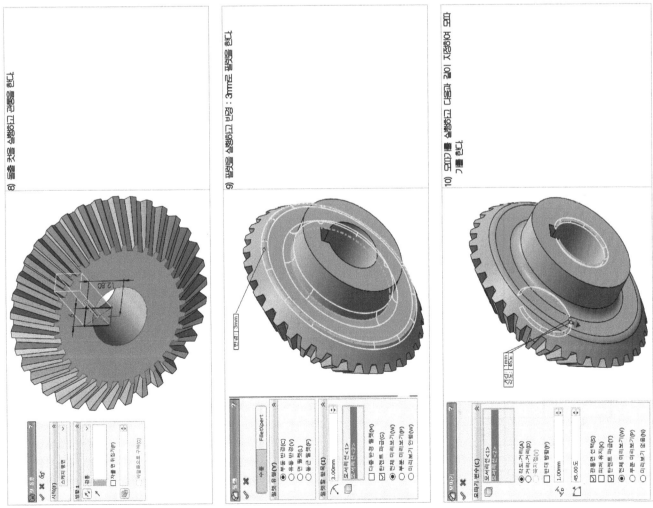

8) 필렛을 실행하여 필렛을 한다.

9) 필렛을 실행하고 반경 : 3mm로 필렛을 한다.

10) 모따기를 실행하고 다음과 같이 길이 지정하여 모따기를 한다.

4) 스케치를 실행하고 정면을 선택하여 다음과 같이 스케치를 한다.

5) 스윕 보스/베이스를 실행하고 다음과 같이 지정 하여 객체를 생성한다.

6) 스케치를 실행하고 우측면을 선택하여 다음과 같 이 원들 요소 변형한다.
이 원들 요소 변형한다.
나선형 곡선을 실행하여 다음과 같이 갈이 지정한다.

[스윕 보스/베이스-스윕 컷 실습 4] Worm

1) 스케치를 실행하고 정면을 선택하여 다음과 같이 스케치를 한다.

2) 회전 보스/베이스를 실행하고 360도 회전을 한다.

3) 스케치를 실행하고 우측면을 선택하여 다음과 같 이 원들 요소 변형한다.
나선형 곡선을 실행하여 다음과 같이 갈이 지정한다.

완성 결과

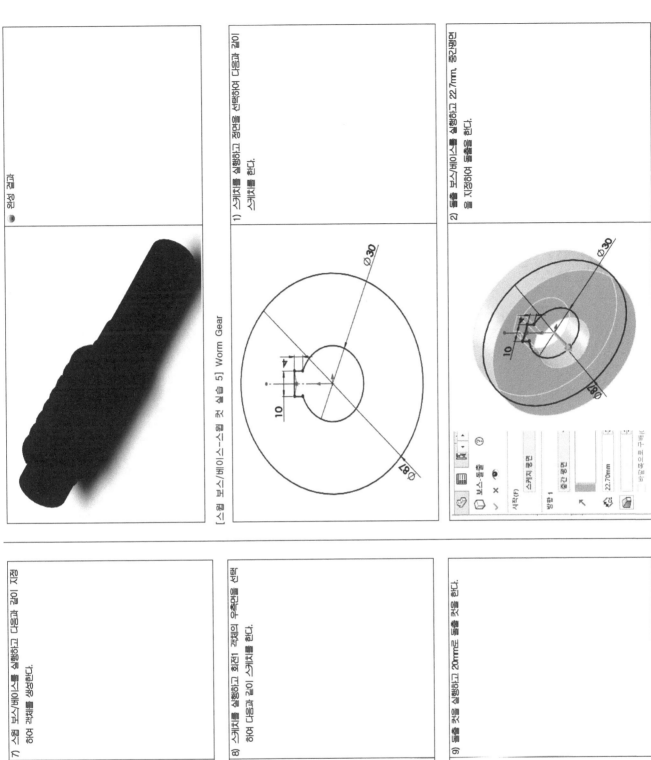

[스윔 보스/베이스-스윔 컷 실습 5] Worm Gear

1) 스케치를 실행하고 정면을 선택하여 다음과 같이 스케치를 한다.

Ø30
Ø87
10

2) 돌출 보스/베이스를 실행하고 22.7mm, 중간평면을 지정하여 돌출을 한다.

Ø30
10

보스-돌출
스케치 평면
방향 1
중간 평면
22.70mm

7) 스윔 보스/베이스를 실행하고 다음과 같이 길이 지정하여 객체를 생성한다.

8) 스케치를 실행하고 회전의 객체의 우측면을 선택하여 다음과 같이 스케치를 한다.

1.50
3.25
7.72

9) 돌출 컷을 실행하고 20mm로 돌출 컷을 한다.

1.50

컷-돌출
스케치 평면
방향 1
블라인드 형태
20.00mm

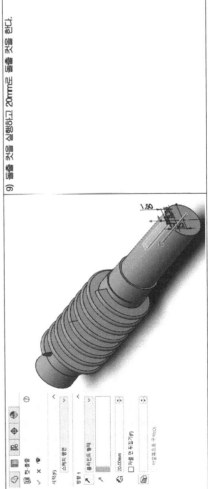

6) 스케치를 실행하고 우측면을 선택하여 다음과 같
이 원호 요소를 선택한다.
나선형 곡선을 실행하여 다음과 같이 지정한다.

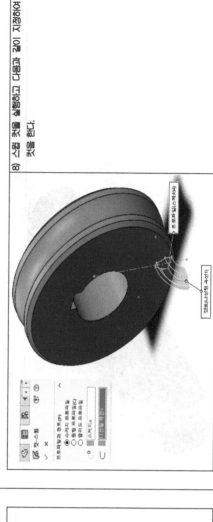

7) 스케치를 실행하고 정면을 선택하여 다음과 같이
스케치를 한다.

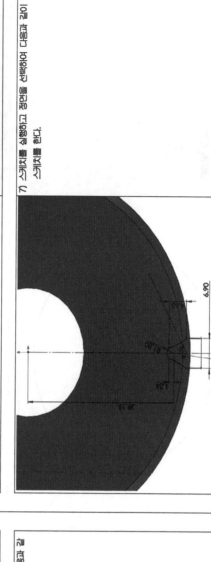

8) 스윕 컷을 실행하고 다음과 같이 지정하여 스윕
컷을 한다.

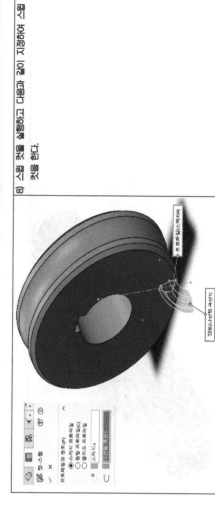

3) 모따기를 실행하고 다음과 같이 지정하여 모따기
를 한다.

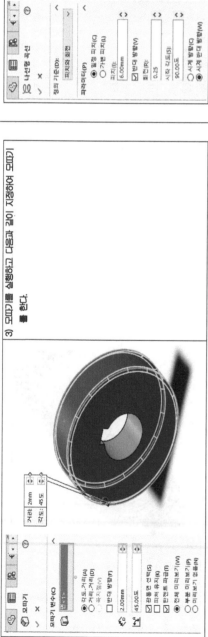

4) 스케치를 실행하고 우측면을 선택하여 다음과 같
이 스케치를 한다.

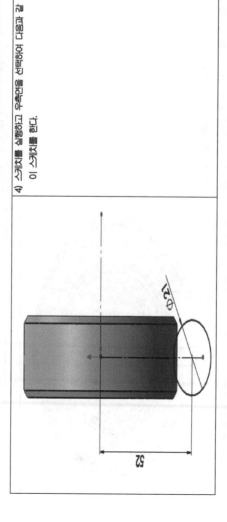

5) 회전 컷을 실행하고 360도 회전 컷을 한다.

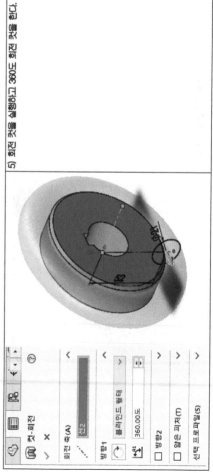

완성한다.

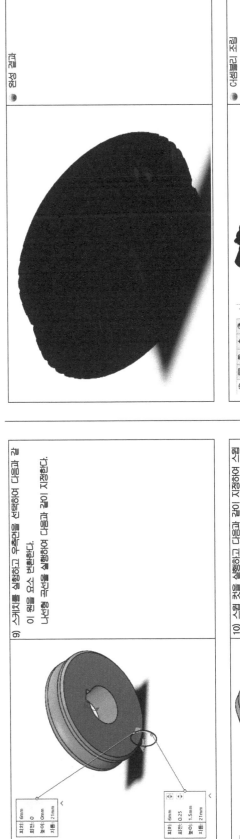

● 어셈블리 조립

1) 어셈블리를 시작한다.

2) Worm부품과 Worm Gear 부품을 삽입한다. 두 부품 모두 고정하지 않는다.

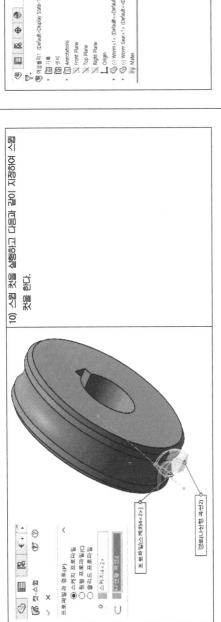

3) 어셈블리 정면과 Worm Gear의 정면을 일치 메이트를 한다.

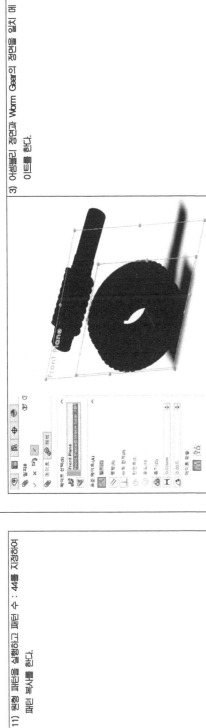

9) 스케치를 실행하고 우측면을 선택하여 다음과 같이 원을 요소 변환한다. 나선형 곡선을 실행하여 다음과 같이 지정한다.

10) 스윕 컷을 실행하고 다음과 같이 지정하여 스윕 컷을 한다.

11) 원형 패턴을 실행하고 패턴 수 : 44를 지정하여 패턴 복사를 한다.

7) 어셈블리 윗면과 Worm의 임시축을 선택하여 거
리 : 53.08560037mm로 메이트를 한다.

8) [기계 메이트]-[기어]를 선택 다음과 같이 지정
한다. 자동으로 비율이 설정된다.

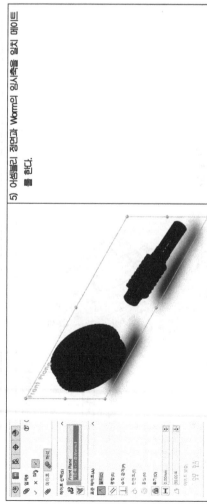

9) [모션 스터디 속성]을 선택한다.

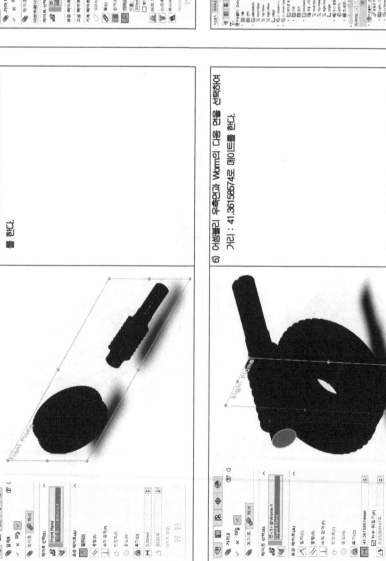

4) 어셈블리 원점과 Worm Gear의 원기둥을 선택하
여 동심 메이트를 한다.

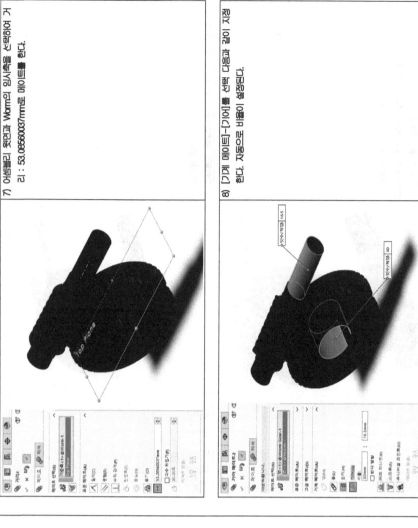

5) 어셈블리 정면과 Worm의 임시축을 일치 메이트
를 한다.

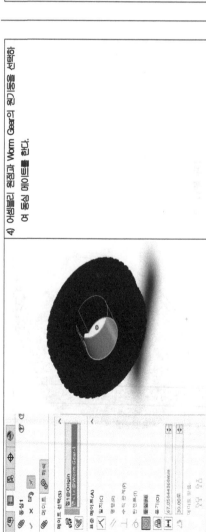

6) 어셈블리 우측면과 Worm의 다음 면을 선택하여
거리 : 41.36158674로 메이트를 한다.

13) 원형 모터를 지정하고 다음과 같이 지정한다.

14) 처음부터 실행을 선택한다.
● 완성 결과

10) 초당 프레임 : 25를 지정한다.

11) 마름모 모양을 드래그 하여 12초에 놓는다.

12) 모터를 실행한다.

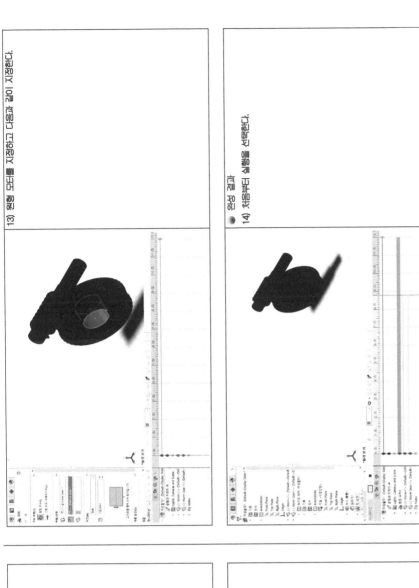

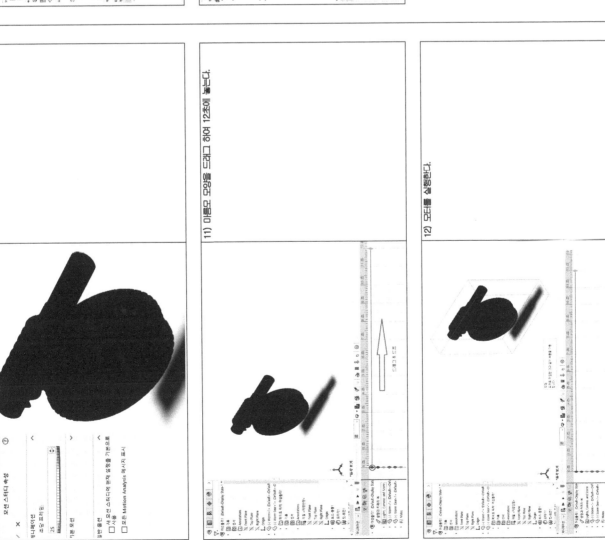

8 로프트 피처 만들기

로프트 피처(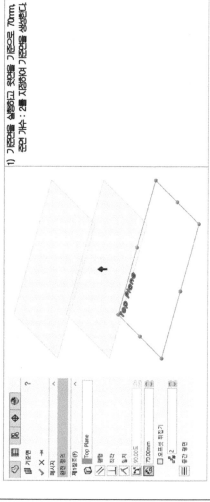)는 여러 개의 단면들과 경로곡선을 이용하여 복잡한 형상을 만드는 스케치 피처 도구이다. 열린 로프트의 경우 한쪽 또는 양쪽 끝 단면을 볼록하거나 오목하는 형태를 정할 수 있다. 로프트 형상은 레일이나 중심선 및 점을 매핑으로 미세 조정하여 형상을 방지할 수 있다. 로프트는 솔리드 또는 곡선 본체를 작성하는 데 사용할 수 있다.

두 개 이상의 프로파일을 연결하여 피처를 생성하는 방법과 프로파일들이 안내하는 곡선을 따라서 프로파일 형상으로 변경 시킬 수 있다.

☑ 로프트 피처 생성에 부합하는 스케치

1) 프로파일은 폐곡선이어야 한다.
2) 프로파일 안에 중첩폐곡선을 가질 수 있다.
3) 폐곡선 프로파일과 같이 사용할 수 있는 것으로는 모서리나 점, 면을 프로파일로 사용할 수 있다.

☑ 로프트 피처 생성하는 방법

1) 로프트 피처를 하기 위한 프로파일과 안내곡선 스케치를 작성한다.
2) 피처 도구모음의 로프트(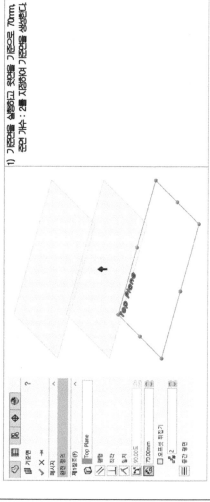) 또는 [삽입]-[보스/베이스]-[로프트]를 클릭한다.
3) PropertyManager의 옵션사항을 아래와 같이 설정한다.
   - 프로파일을 선택한다.
   - 시작/끝 구속을 지정한다.
   - 안내곡선이 있으면 안내곡선을 지정한다.
   - 옵션사항을 설정한다.
   - 얇은 피처를 생성하려면 얇은 피처를 선택하고 두 방향 중 방향과 두께 값을 지정한다.

☑ 로프트 피처의 옵션

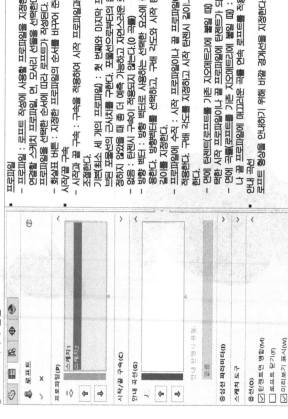

프로파일
- 로프트 작성에 사용할 프로파일을 지정한다.
- 연결할 스케치 프로파일, 면, 모서리 선들을 선택한다.
- 프로파일을 선택한 순서에 따라 로프트가 작성된다.
- 화살표 버튼 : 지정된 프로파일의 순서를 바꾸어 준다.

시작/끝 구속
- 시작과 끝 구속 : 구속을 적용하여 첫 번째와 마지막 프로파일 사이에 스크리 스크리 스크리 스크리 스크리 스크리 스크리 스크리 스크리 스크리
...

안내곡선
로프트 형상을 안내하기 위해 바깥 경계선을 지정한다.

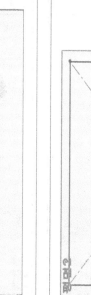

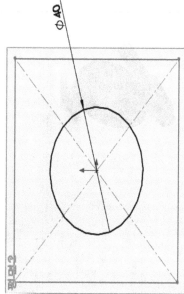

2) 스케치를 실행하고 평면을 선택하여 다음과 같이 스케치를 한다.

평면2

3) 스케치를 실행하고 평면2를 선택하여 다음과 같이 스케치를 한다.

평면2

6) Closing Point를 드래그 하여 더 늘릴 수 있다.

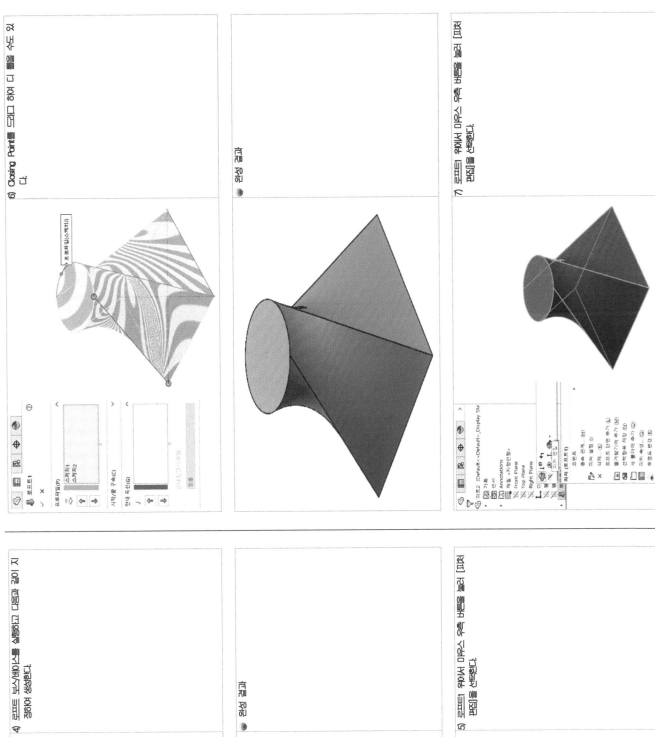

완성 결과

7) 파트 트리 위에서 마우스 우측 버튼 눌러 [피처 편집]을 선택한다.

4) 로프트 부스/베이스를 실행하고 다음과 같이 지정하여 생성한다.

완성 결과

5) 파트 트리 위에서 마우스 우측 버튼 눌러 [피처 편집]을 선택한다.

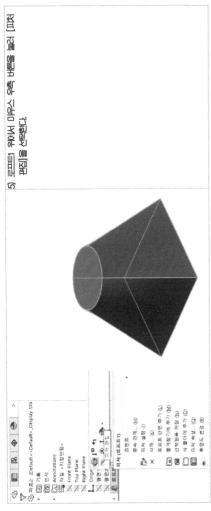

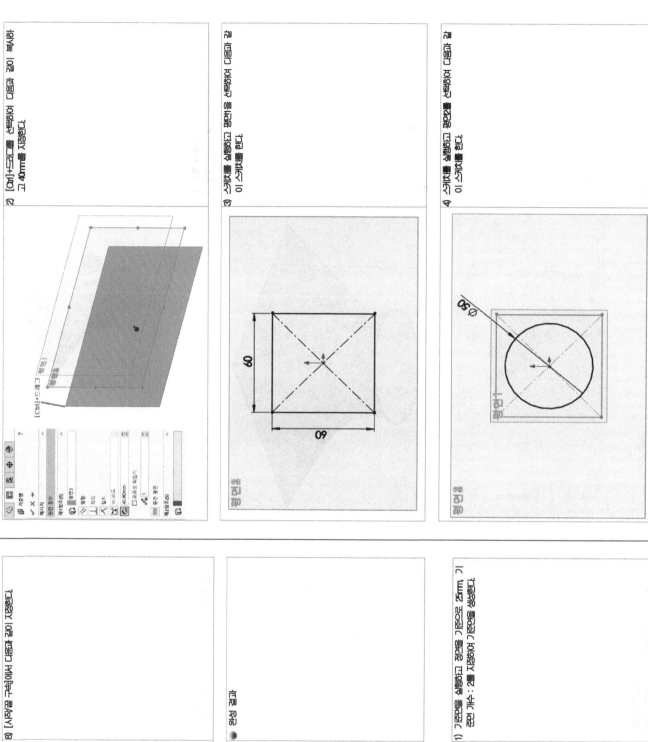

2) [Ctrl]+드래그를 선택하여 다음과 같이 사하고 40mm를 지정한다.

3) 스케치를 실행하고 평면1을 선택하여 다음과 같이 스케치를 한다.

4) 스케치를 실행하고 평면2를 선택하여 다음과 같이 스케치를 한다.

8) [시작/끝 구속]에서 다음과 같이 길이 지정한다.

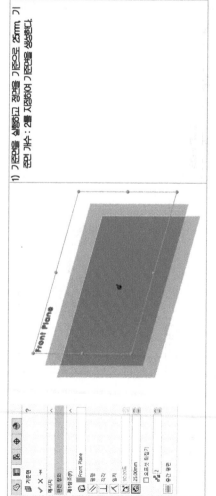

원형 결과

[로프트 피처 실습 2]

1) 기준면을 실행하고 정면을 기준으로 25mm로 기준면 개수 : 2를 지정하여 기준면을 생성한다.

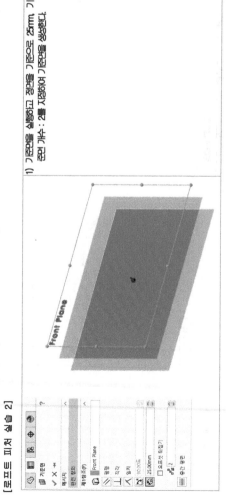

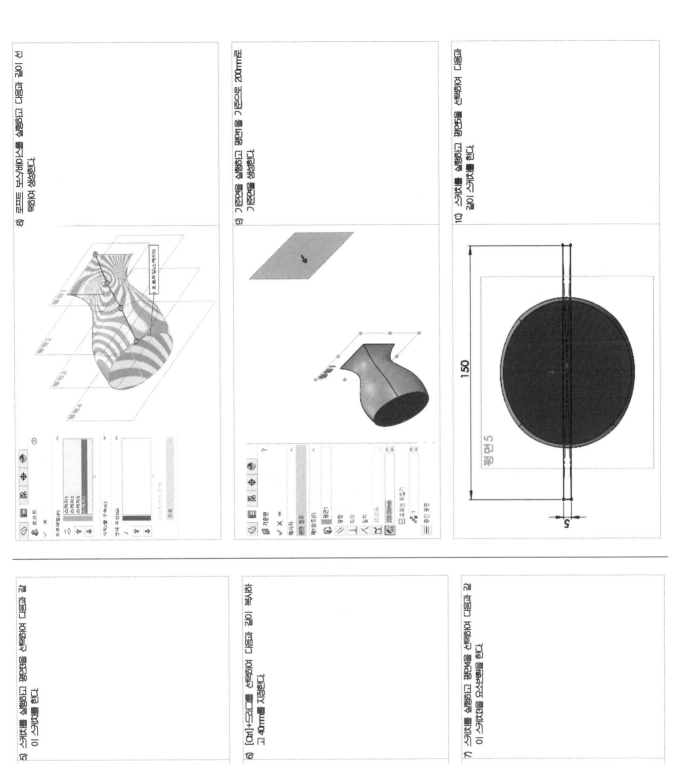

8) 로프트 보스/베이스를 실행하고 다음과 같이 길이 선택하여 생성한다.

9) 기준면을 실행하고 평면1을 기준으로 200mm로 기준면을 생성한다.

10) 스케치를 실행하고 평면5를 선택하고 다음과 같이 스케치를 한다.

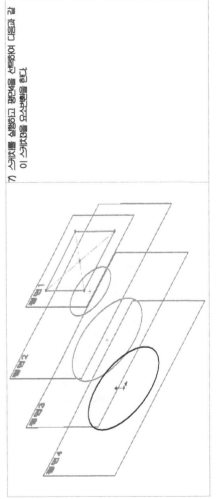

5) 스케치를 실행하고 평면4를 선택하여 다음과 같이 스케치를 한다.

6) [Ctrl+드래그]를 선택하여 다음과 같이 길이 복사하고 40mm를 지정한다.

7) 10 스케치를 실행하고 평면3을 선택하여 다음과 같이 스케치를 한다.

2) 스케치를 실행하고 윗면을 선택하여 다음과 같이 스케치를 한다.

Ø40
평면1

3) 스케치를 복사하여 평면1~평면3을 각각 선택하여 붙여넣기를 한다.

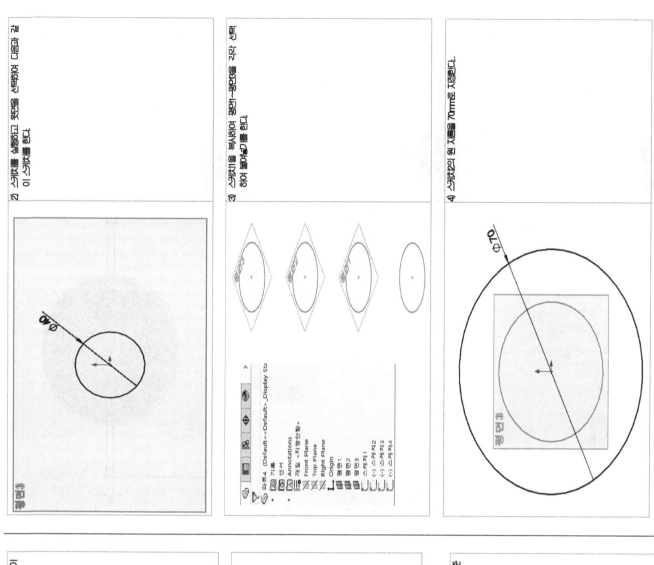

4) 스케치의 원 지름을 70mm로 지정한다.

Ø70
평면4

11) 로프트 부사베이스를 실행하고 다음과 같이 선택하여 생성한다.

완성 결과

[로프트 피처 실습 3]

1) 기준면을 실행하고 윗면을 기준으로 기준으로 60mm, 기준 면 개수 : 3을 지정하여 기준면을 생성한다.

Top Plane

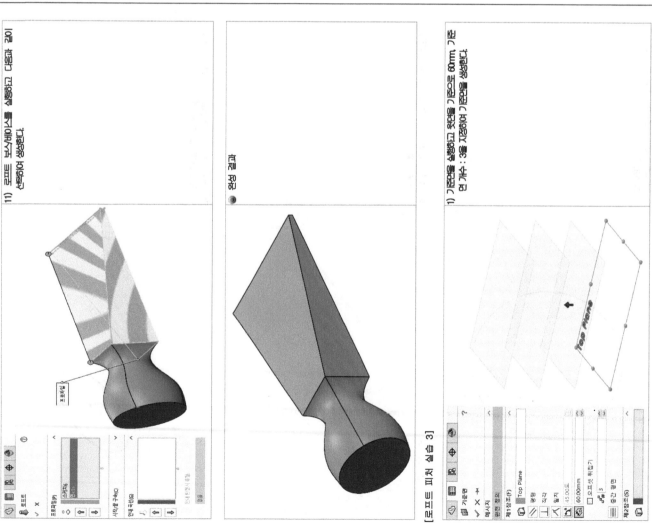

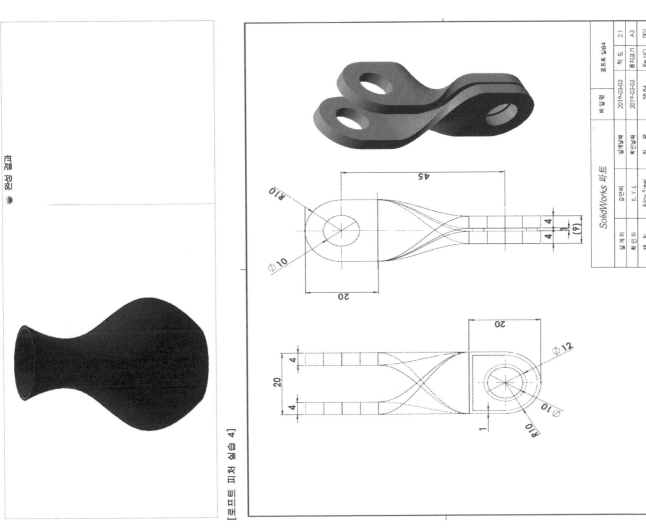

[로프트 피처 실습 4]

SolidWorks 파트

설계자	강연미	설계일자	2019-03-03	파일명	로프트실습4	척 도	2:1
확인자	K. Y. L	확인일자	2019-03-03			용지크기	A3
재 질	Alloy Steel		58.84			Re NO.	001

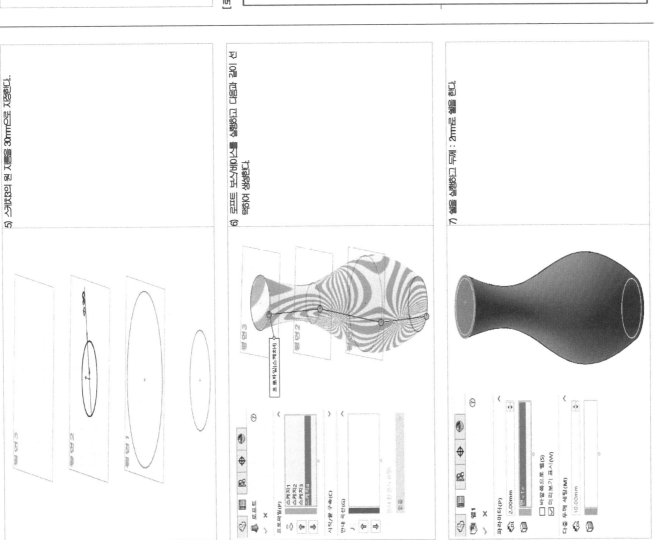

5) 스케치3의 원 지름을 30mm으로 지정한다.

6) 로프트 부 싸페이스를 실행하고 다음과 같이 2의 선 연결한다.

7) 로프트 실행한 후 ... 두께 : 2mm로 쉘을 한다.

완성 결과

[로프트 피처 실습 5] Crane Hook 만들기

1) 스케치를 실행하고 윗면을 선택하여 다음과 같이 스케치를 한다.

Ø47.625

2) 돌출 보스/베이스를 실행하고 방향1 : 50mm, 방향2 : 17mm 돌출을 한다.

Ø47.625

50.00mm
17.00mm

3) 스케치를 실행하고 돌출 객체의 오른쪽 밑면을 선택하여 다음과 같이 스케치를 한다.

Ø50

4) 돌출 보스/베이스를 실행하고 53mm 돌출을 한다.

Ø50
53.00mm

5) 기준면을 실행하고 돌출 객체의 오른쪽 밑면을 기준으로 187mm 아래쪽에 기준면을 생성한다.

187.00mm
45.00도

6) 스케치를 실행하고 돌출 객체의 오른쪽 밑면을 선택하여 다음과 같이 스케치를 한다.

Ø50
평면1

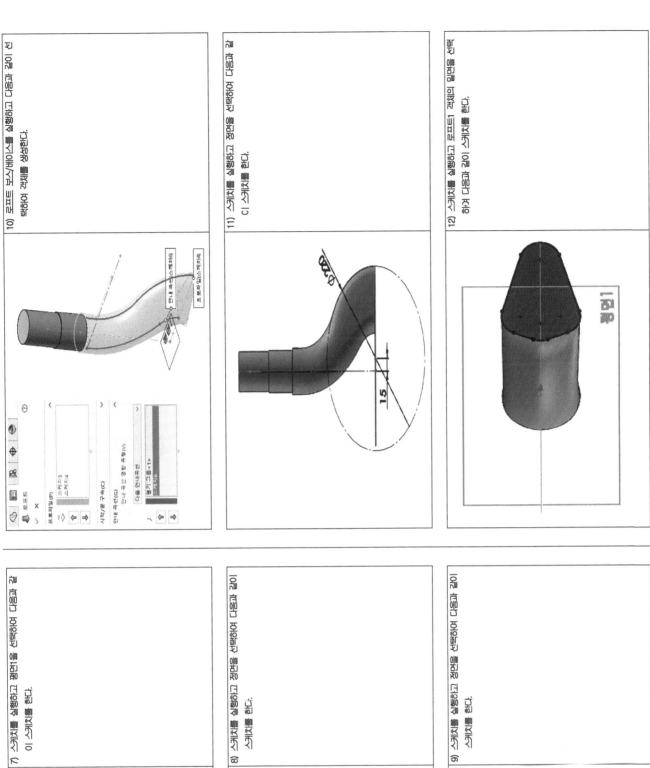

10) 로프트 보스/베이스를 실행하고 다음과 같이 선택하여 객체를 생성한다.

11) 스케치를 실행하고 정면을 선택하여 다음과 같이 스케치를 한다.

12) 스케치를 실행하고 로프트 객체의 밑면을 선택하여 다음과 같이 스케치를 한다.

7) 스케치를 실행하고 평면1을 선택하여 다음과 같이 스케치를 한다.

8) 스케치를 실행하고 정면을 선택하여 다음과 같이 스케치를 한다.

9) 스케치를 실행하고 정면을 선택하여 다음과 같이 스케치를 한다.

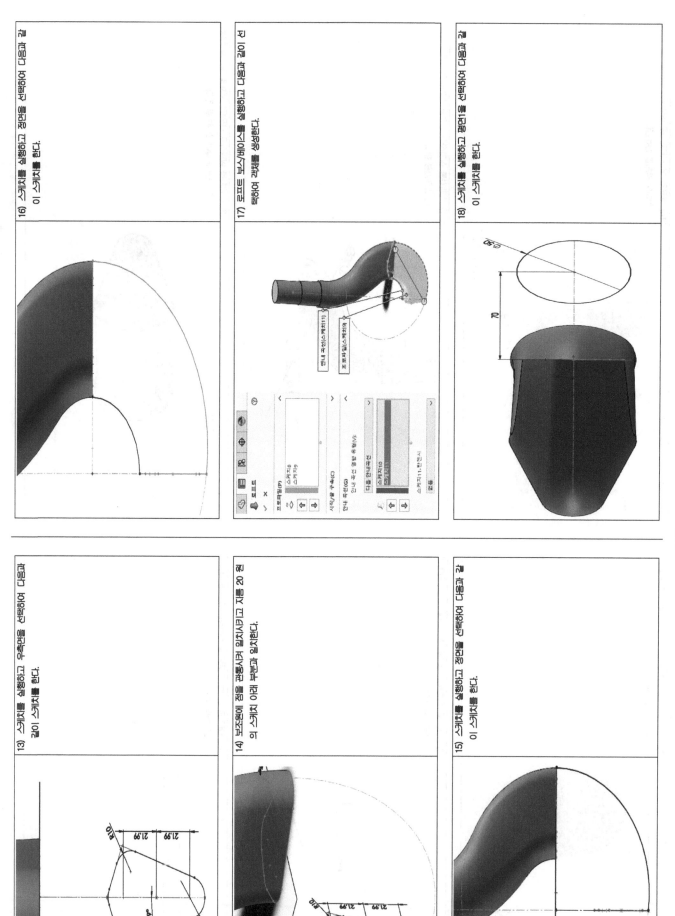

16) 스케치를 실행하고 정면을 선택하여 다음과 같
이 스케치를 한다.

17) 로프트 보스/베이스를 실행하고 다음과 같이 선
택하여 객체를 생성한다.

18) 스케치를 실행하고 평면을 선택하여 다음과 같
이 스케치를 한다.

13) 스케치를 실행하고 우측면을 선택하여 다음과
같이 스케치를 한다.

14) 보조선에 점을 관통시켜 일치시키고 지름 20 원
의 스케치 아래 부분과 일치한다.

15) 스케치를 실행하고 정면을 선택하여 다음과 같
이 스케치를 한다.

22) 기준면을 실행하고 로프트3 객체의 윗면을 기준
으로 위쪽으로 65mm 위치에 기준면을 생성한다.

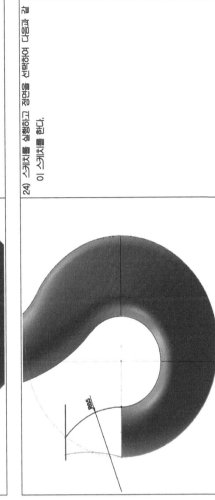

23) 스케치를 실행하고 정면을 선택하여 다음과 같
이 스케치를 한다.

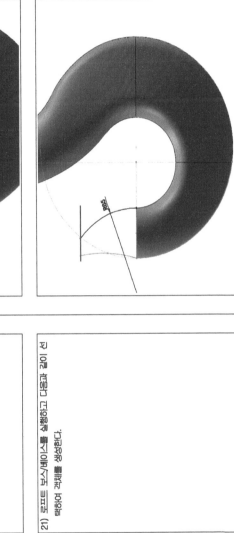

24) 스케치를 실행하고 정면을 선택하여 다음과 같
이 스케치를 한다.

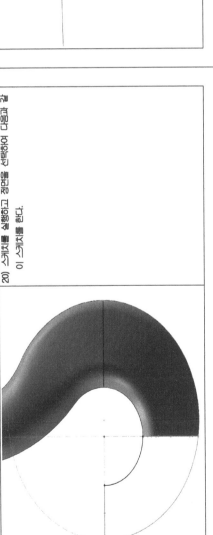

19) 스케치를 실행하고 정면을 선택하여 다음과 같
이 스케치를 한다.

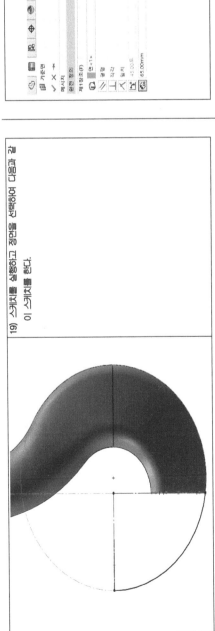

20) 스케치를 실행하고 정면을 선택하여 다음과 같
이 스케치를 한다.

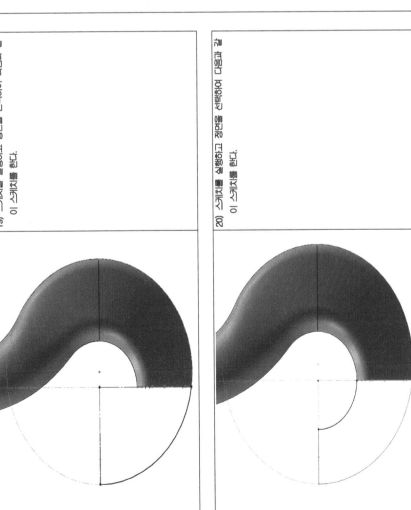

21) 로프트 보스/베이스를 실행하고 다음과 같이 선
택하여 객체를 생성한다.

28) 필렛을 실행하고 반경 : 5mm로 필렛을 한다.

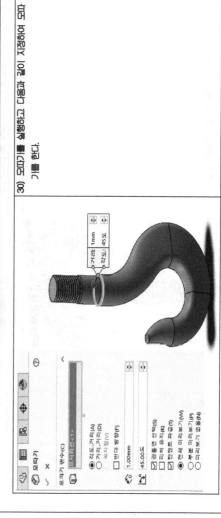

29) 나사산을 실행하고 모서리를 선택. 오프셋 : 5m m, 길이 : 69mm, 피치, 5.6mm를 지정하여 나 사산을 생성한다.

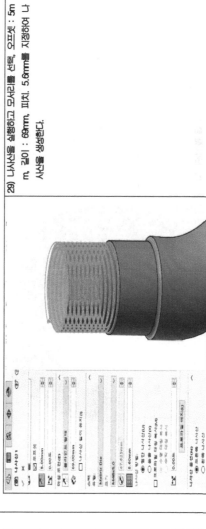

30) 모따기를 실행하고 다음과 같이 길이 지정하여 모따 기를 한다.

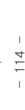

25) 스케치를 실행하고 평면2를 선택하여 다음과 같 이 스케치를 한다.

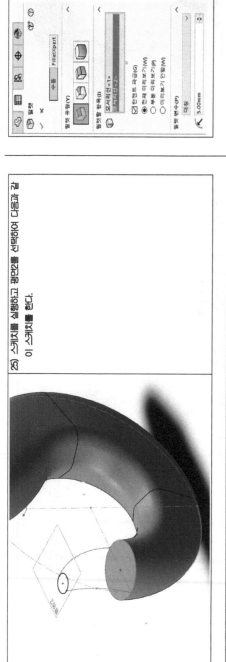

26) 로프트 컷/베이스를 실행하고 다음과 같이 선 택하여 객체를 생성한다.

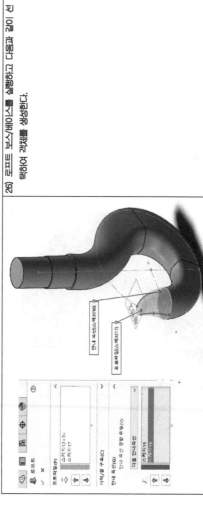

27) 필렛을 실행하고 반경 : 5mm로 필렛을 한다.

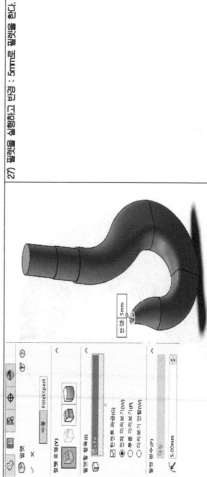

로프트 컷 만들기

로프트 컷은 여러 단면을 로프트 시키면서 작성되어 있는 솔리드를 잘라내는 도구이다. 모든 옵션은 로프트 피처와
동일하다.

로프트 컷의 옵션

프로파일
- 프로파일 : 로프트 컷 작성에 사용할 **연결할** 스케치 프로파일을 지정한다. **연결할** 스케치 프로파일, 면, 모
  서리 선들을 선택한다. 프로파일을 선택한 순서에 따라 로프트 컷을 작성한다.
- 화살표 버튼 : 지정한 프로파일의 순서를 바꾸어 준다.

시작/끝 구속
- 시작과 끝 구속 : 구속을 적용하여 시작 프로파일과 끝 프로파일에 탄젠시를 조절한다.
  기본(최소 세 개의 프로파일) : 첫 번째와 마지막 탄젠시가, 시작과 끝 프로파일 사이에 스크라이브되도록 프로파일의
  근사치를 구한다. 포물선으로부터의 탄젠트 곡면을 작성한다. 맛는 조건을 지정하지 않았을 때 좀 더 예측
  가능하고 자연스러운 로프트 곡면을 작성한다.
- 없음 : 탄젠시 구속이 적용되지 않는다.(0 곡률)
- 방향 벡터 : 방향 벡터로 사용하는 선택한 요소에 탄젠시 구속을 적용한다. 방향벡
  터를 선택하고, 구배 각도와 시작 탄젠시 길이나 끝 탄젠시 길이를 지정한다.
- 프로파일에 수직 : 시작 프로파일이나 끝 프로파일에 수직인 탄젠트 구속을 적용한다. 구배
  각도를 지정하고, 시작 탄젠시 길이나 끝 탄젠시 길이를 지정한다.
- 면에 탄젠트(로프트를 기존 지오메트리에 붙일 때) : 인접해 있는 면들을 선택한 시작 모든
  파일이나 끝 프로파일에 탄젠트가 되도록 한다.
- 면에 곡률(로프트를 기존 지오메트리에 붙일 때) : 선택한 시작 프로파일이나 끝 프로파일
  에 매끄러운 곡률 연속 로프트를 적용한다.

안내선
- 안내선 : 로프트 형상을 안내하기 위해 바깥 경계선을 지정한다.

중심선 파라미터
- 중심선 : 로프트 형상을 안내하기 위해 중심선을 지정한다.
- 단면의 수 : 프로파일과 중심선 둘레에 단면을 추가한다. 슬라이더바를 이동하여 단면 수를 조
  절한다.
- 단면 표시 : 로프트 단면을 표시한다.

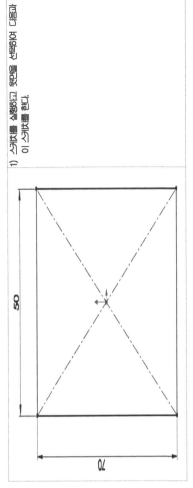

[로프트 컷 실습 1]

1) 스케치를 실행하고 윗면을 선택하여 다음과 같
   이 스케치를 한다.

● 완성 결과

5) 로프트 컷을 실행하고 다음과 같이 지정하여 로프트 컷을 한다.

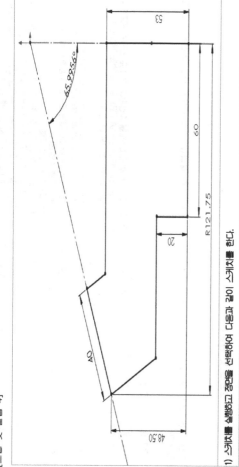

완성 결과

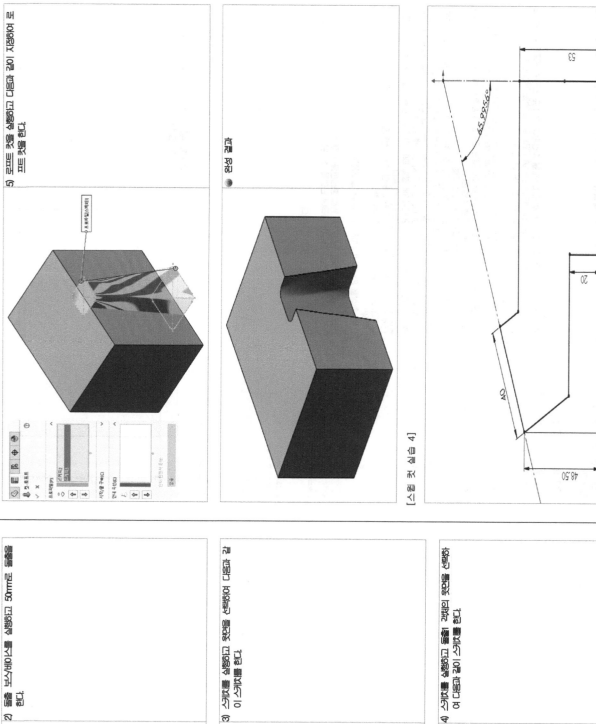

[스윕 컷 실습 4]

(1) 스케치를 실행하고 정면을 선택하여 다음과 같이 스케치를 한다.

2) 돌출 보스/베이스를 실행하고 50mm로 돌출을 한다.

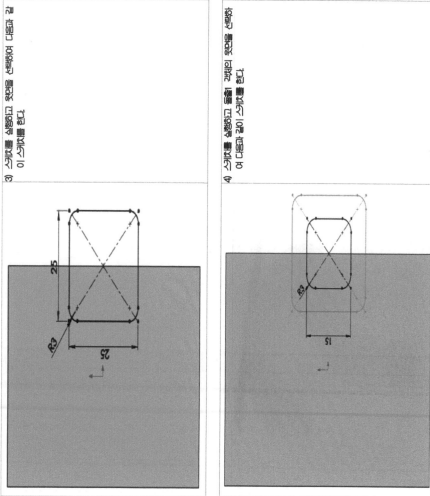

3) 스케치를 실행하고 윗면을 선택하여 다음과 같이 스케치를 한다.

4) 스케치를 실행하고 돌출 각자의 윗면을 선택하여 다음과 같이 스케치를 한다.

5) 스케치를 실행하고 우측면을 선택하여 다음과
   같이 스케치를 한다.

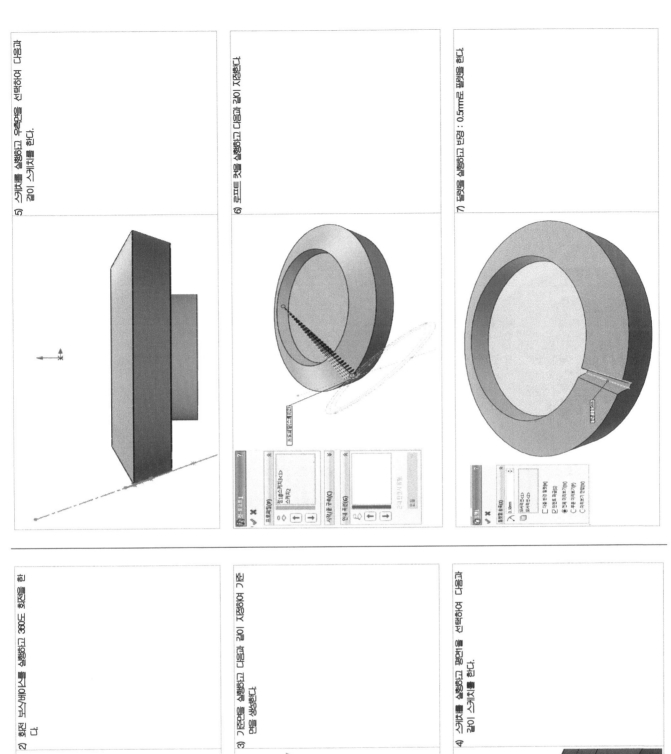

6) 로프트 컷을 실행하고 다음과 같이 지정한다.

7) 모델을 실행하고 반경 : 0.5mm로 모델을 한다.

2) 회전 보스/베이스를 실행하고 360도 회전을 한
   다.

3) 기준면을 실행하고 다음과 같이 지정하여 기준
   면을 생성한다.

4) 스케치를 실행하고 평면을 선택하여 다음과
   같이 스케치를 한다.

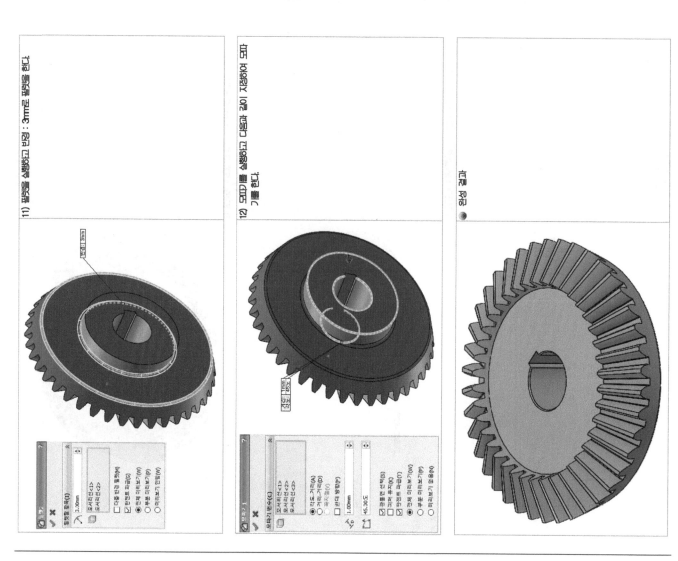

11) 팔렛을 실행하고 반경 : 3mm로 팔렛을 한다.

두께 3mm

팔렛 항목(I)
3.30mm
다음면 옵션(M)
완전둥근 팔렛(G)
전체 미리보기(W)
부분 미리보기(P)
미리보기 없음(W)

12) 모따기를 실행하고 다음과 같이 지정하여 모따 기를 한다.

거리 1mm
각도 45도

모따기 변수(C)
모서리선<1>
모서리선<2>
모서리선<3>
각도-거리(A)
거리-거리(D)
꼭지점(V)
1.00mm
45.00도
접하는 선택(S)
반대 방향(F)
완전 미리보기(W)
부분 미리보기(P)
미리보기 없음(N)

완성 결과

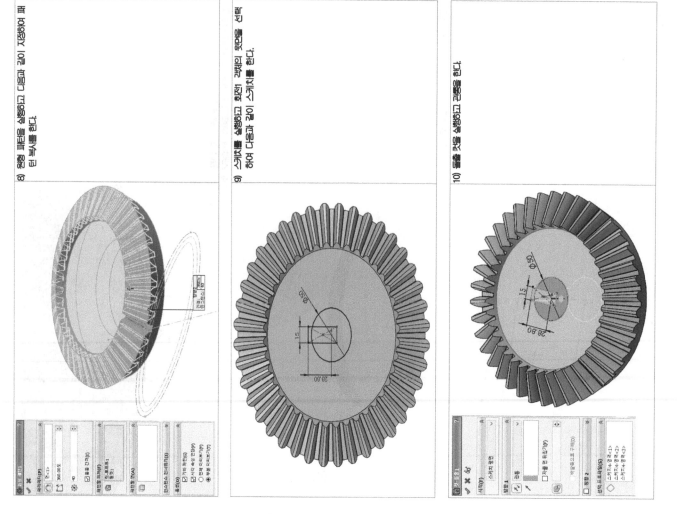

8) 원형 패턴을 실행하고 다음과 같이 지정하여 패 턴복사를 한다.

축<1>
360.00도
동등 간격(E)
피쳐와 면(F)
돌기1
인스턴스 건너뛰기(I)
기타 옵션(A)
전체 미리보기(F)
부분 미리보기(T)

9) 스케치를 실행하고 회전한 객체의 윗면을 선택 하여 다음과 같이 스케치를 한다.

Ø50
15
20.80

10) 돌출 컷을 실행하고 관통을 한다.

Ø50
15
28.80

스케치 평면
방향 1
자동 돌리기(P)
병합 결과(M)
방향 2
선택 프로파일(S)
스케치 홈<1>
스케치 홈<2>
스케치 홈<3>

- 118 -

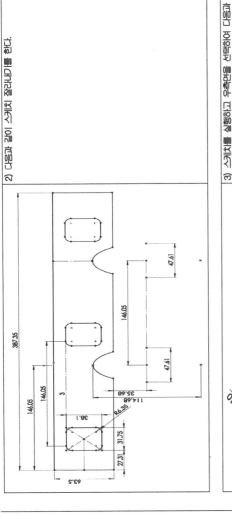
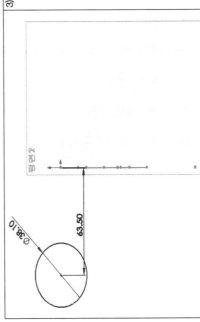

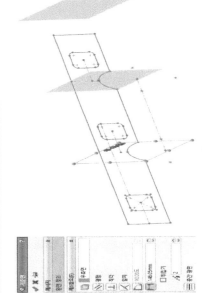

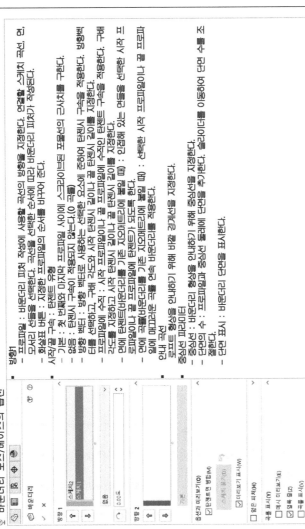
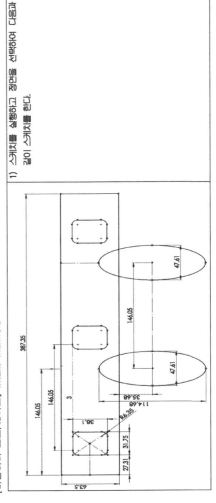

10 바운더리 보스/베이스, 바운더리 컷

바운더리 보스/베이스는 곡선, 모서리, 면 또는 기타 스케치 요소를 지정하여 바운더리 피처의 모양을 생성한다.
두 방향으로 바운더리 피처를 정의할 요소를 지정하고 설계에 영향을 주는 방향을 제어하는 곡선 영향 옵션을 선택할 수 있다.

바운더리 보스/베이스의 옵션

방향1
- 프로파일 : 바운더리 피처 작성에 사용할 곡선의 방향을 지정한다. 연결할 스케치 곡선, 면, 모서리 선들을 선택한다. 곡선을 선택한 순서에 따라 바운더리 피처가 작성된다.
- 기본 : 첫 번째와 마지막 프로파일 사이에 스크라이브된 포물선의 곡사치를 구한다.
- 없음 : 탄젠시 구속이 적용되지 않는다. (0 곡률)
- 방향 벡터 : 방향 벡터로 사용하는 선택한 요소에 준하여 탄젠시 구속을 적용한다. 방향쁘로파일을 선택하고, 구매 각도와 시작 탄젠시 길이나 끝 탄젠시 길이를 적용한다.
- 프로파일에 수직 : 시작 프로파일이나 끝 프로파일에 수직인 탄젠트 구속을 적용한다. 구매 각도를 지정하고 시작 탄젠시 길이나 끝 탄젠시 길이를 지정한다.
- 면에 탄젠트(바운더리를 기존 지오메트리에 붙일 때) : 인접해 있는 면들을 선택한 시작 프 로파일이나 끝 프로파일의 면에 탄젠트 되도록 한다.
- 면에 곡률(바운더리를 기존 지오메트리에 붙일 때) : 선택한 시작 프로파일이나 끝 프로파 일에 매끄러운 곡률 연속 바운더리를 적용한다.

안내 곡선
중심선 파라미터
- 중심선 : 바운더리 형상을 안내하기 위해 바깥 경계선을 지정한다.
- 단면의 수 : 프로파일과 중심선 둘레에 단면을 추가한다. 슬라이더를 이동하여 단면 수를 조절한다.
- 단면 표시 : 바운더리 단면을 표시한다.

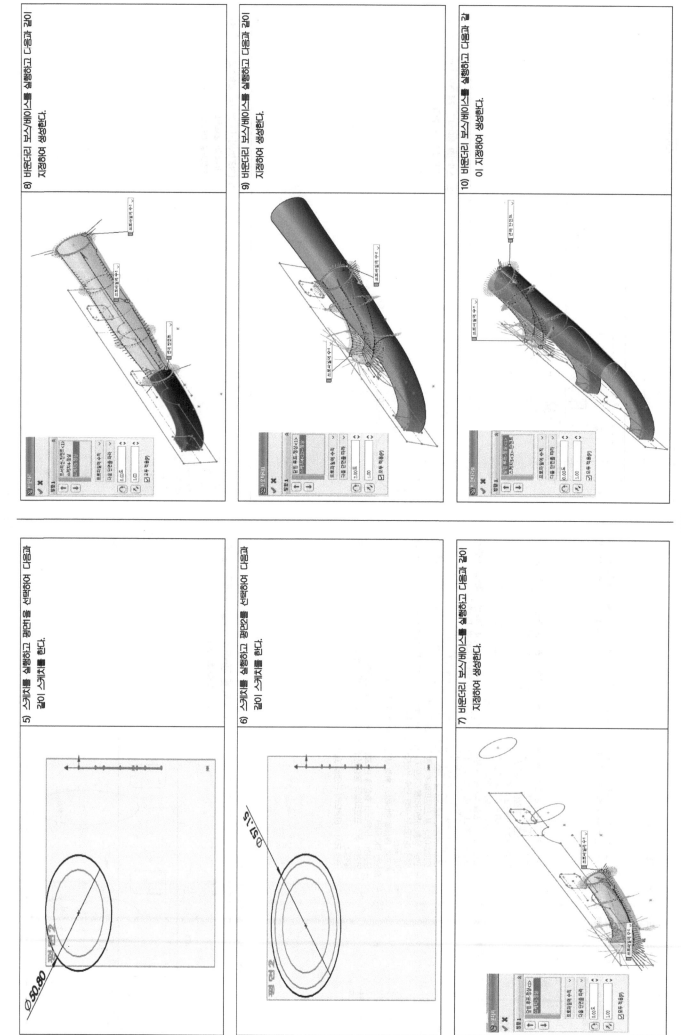

8) 바운더리 보스/베이스를 실행하고 다음과 같이 지정하여 생성한다.

9) 다음과 같이 바운더리 보스/베이스를 지정하여 생성한다.

10) 바운더리 보스/베이스를 다음과 같이 지정하여 생성한다. 이 지정하여 생성한다.

5) 스케치를 실행하고 평면을 선택하여 다음과 같이 스케치를 한다.

Ø50.80

6) 스케치를 실행하고 평면을 선택하여 다음과 같이 스케치를 한다.

Ø57.15

7) 바운더리 보스/베이스를 다음과 같이 실행하고 지정하여 생성한다.

14) 평면 곡면을 실행하고 다음과 같이 선택하여
   곡면을 생성한다.

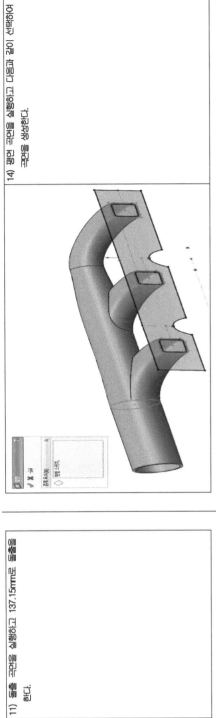

15) 두가운 피처를 실행하고 두께 : 10mm로 생
   성한다.

16) 필렛을 실행하고 반경 : 7.5mm로 필렛을 한
   다.

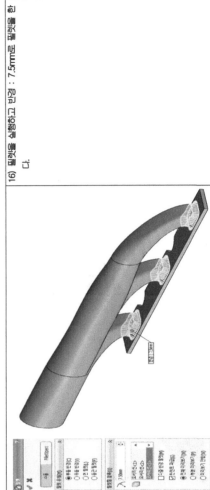

11) 돌출 곡면을 실행하고 137.15mm로 돌출을
    한다.

12) 쉘을 실행하고 두께 : 3mm로 쉘을 한다.

13) 스케치를 실행하고 정면을 선택하여 다음과
    같이 스케치를 한다.
    요소변환을 한다.

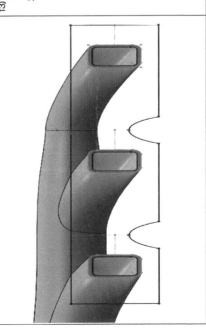
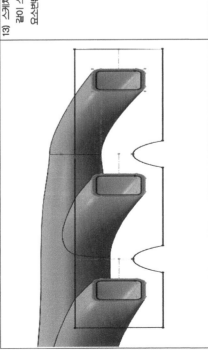

● 완성결과

20) Intake Manifold로 저장한다.

17) 필렛을 실행하고 다중 반경 필렛을 체크하고 반경 : 10mm, 12.5mm로 필렛을 한다.

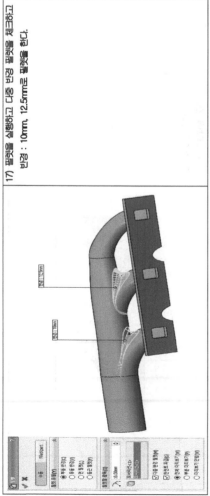

18) 필렛을 실행하고 반경 : 3.5mm로 필렛을 한다.

19) 필렛을 실행하고 반경 : 3.5mm로 필렛을 한다.

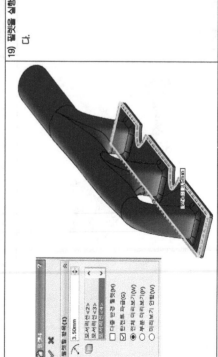

1 선형 패턴/원형 패턴 만들기

부품작업에서 작성한 피처를 기반으로 같은 거리 혹은 각도를 가지고 반복적으로 사용하는 경우가 있다. 이러한 작업을 하는 것을 것을 패턴 피처 작업이다. 패턴 피처에는 선형 패턴, 원형 패턴, 곡선 이용 패턴, 채우기 패턴을 만들거나, 스케치 경이나 테이블 좌표를 사용하여 패턴을 만들 수 있다.

1) 선형패턴 작성하기
피처를 방향, 선 간격, 반복 횟수를 지정하여 바둑판 모양으로 패턴을 작성한다.

■ 선형패턴의 옵션

■ 방향 옵션
- 패턴 방향 : 방향을 결정할 선을 선택하여 방향을 지정한다. 반대로 바꾸고자 할 때는 반대 방향 버튼을 눌러 바꾼다.
- 간격 : 피처를 반복할 간격 거리 값을 입력한다.
- 인스턴스 수 : 피처를 반복할 횟수 값을 입력한다.
- 패턴 씨드만 : 패턴 인스턴스를 종복 사용하지 않고 씨드 피처만을 사용하여 방향2의 선형 패턴을 작성한다.
패턴할 피처 : 반복할 피처를 선택한다.

인스턴스 건너뛰기
패턴을 작성할 때 그래픽 영역에서 패턴 인스턴스를 선택하여 건너뛴다. 마우스를 각 패턴 인스턴스 위에 두면 포인터가 [아이콘]으로 바뀐다. 인스턴스를 클릭하면 인스턴스의 좌표가 인스턴스 건너뛰기 란에 표시된다. 인스턴스를 다시 복원하려면, 그래픽 영역에서 인스턴스 표시를 다시 한 번 클릭하면 된다.

[선형 패턴 실습 1]

1) 스케치를 실행하고 윗면을 선택하여 다음과 같 이 스케치를 한다.

7장 SolidWorks의 배치 피처 만들기

학습내용

1. 패턴 피처 작성하기
2. 필렛 피처 작성하기
3. 모따기 피처 작성하기
4. 보강대 피처 작성하기
5. 쉘 피처 작성하기
6. 구배 작성하기
7. 기본형 구멍 작성하기
8. 구멍 가공 마법사 이용하기
9. 축척 피처 작성하기
10. 대칭복사 작성하기
11. 곡면 포장 작성하기

5) 선형 패턴을 실행하고 방향1 : 정속 모서리를
선택, 간격 : 20.2mm, 패턴 수 : 5, 방향2 : 단
축 모서리 선택, 간격 : 15.98mm m 패턴 수 : 5
를 지정, 패턴 복사할 객체 : 돌출 컷을 선택
인스 턴스 건너 띄기를 선택하고 다음과 같이 선
택한다.

완성 결과

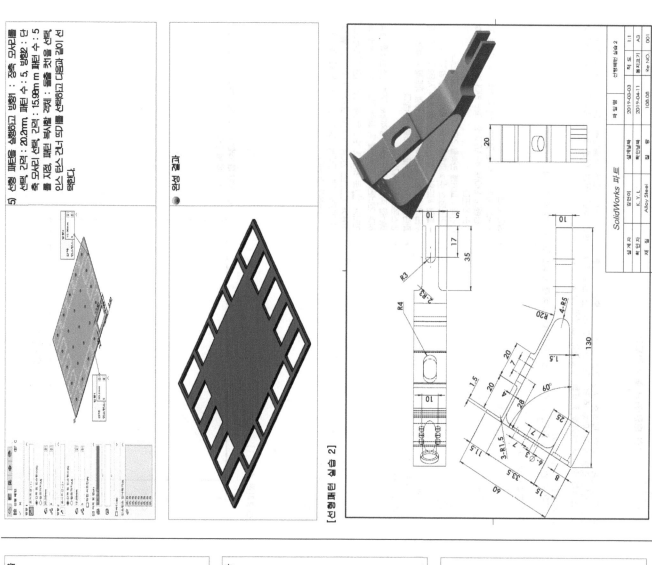

[선형패턴 실습 2]

설계날짜	2019-03-03	척 도 1:1
확인날짜	2019-04-11	용지크기 A3
재 질	Alloy Steel	100.00 Re NO. 001

SolidWorks 파트

선형패턴 실습 2

2) 돌출 보스/베이스를 실행하고 1.5mm로 돌출을
한다.

3) 스케치를 실행하고 돌출 객체의 윗면을 선택하
여 다음과 같이 스케치를 한다.

4) 돌출 컷을 실행하고 관통을 한다.

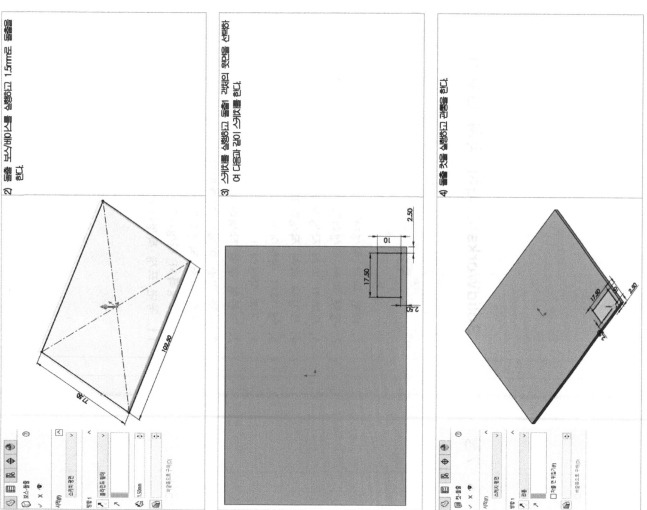

1) 스케치를 실행하고 정면을 선택하여 다음과 같이 스케치를 한다.

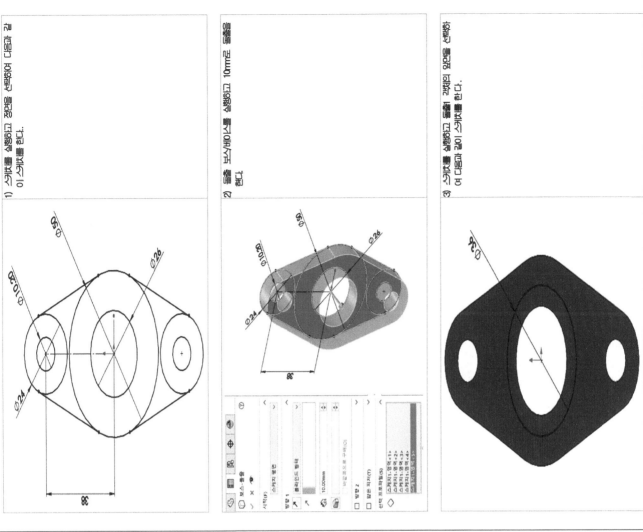

2) 돌출 보스/베이스를 실행하고 10mm로 돌출을 한다.

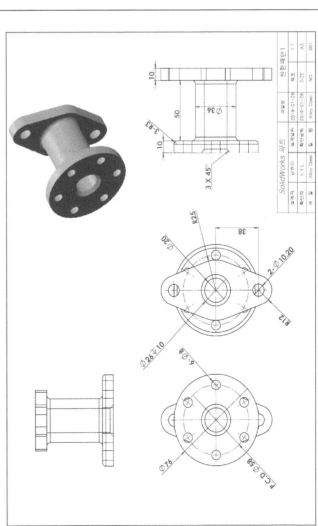

3) 스케치를 실행하고 돌출 객체의 윗면을 선택하여 다음과 같이 스케치를 한다.

---

2) 원형패턴 작성하기

작성된 피처를 지정한 축을 기준으로 반복적으로 패턴을 작성한다.

◎ 원형패턴의 옵션

변수
- 패턴 축 : 원형패턴의 기준 축을 지정한다.
- 각도 : 각 패턴 인스턴스 사이의 각도를 지정한다.
- 인스턴스 수 : 원형패턴을 작성할 인스턴스 수를 입력한다.
- 동등 간격 : 360도에 피처를 인스턴스 수만큼 간격으로 원형 패턴을 작성한다.
- 패턴할 피처 : 원형패턴 시킬 피처를 선택한다.
- 인스턴스 피처 건너뛰기 : 패턴을 작성할 때 그래픽 영역에서 패턴 인스턴스를 선택하여 건너뛰게 된다.

[원형패턴 실습 1]

SolidWorks 파트

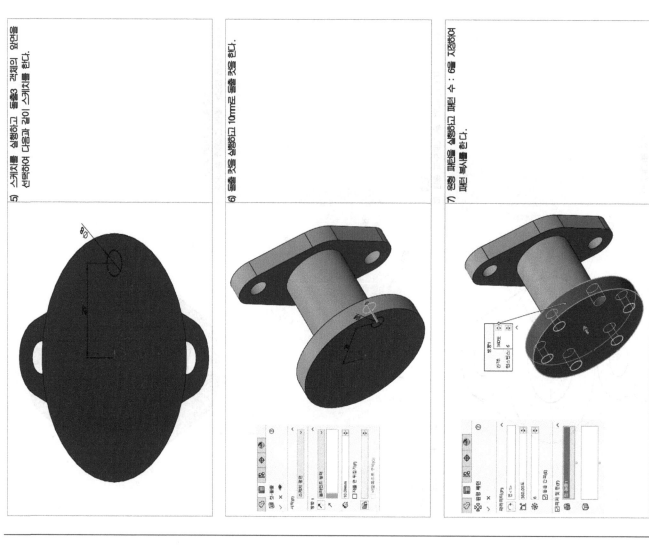

5) 스케치를 실행하고 돌출3 객체의 윗면을 선택하여 다음과 같이 스케치를 한다.

6) 돌출 컷을 실행하고 10mm로 돌출 컷을 한다.

7) 원형 패턴을 실행하고 패턴 수 : 6을 지정하여 패턴 컷을 한다.

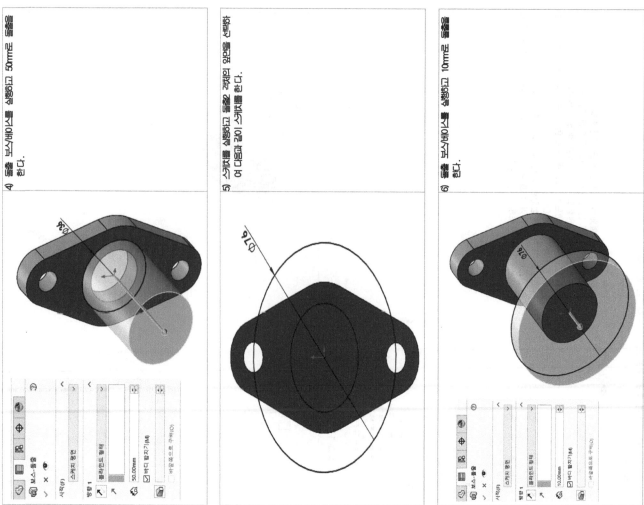

4) 돌출 보스/베이스를 실행하고 50mm로 돌출을 한다.

5) 스케치를 실행하고 돌출4 객체의 윗면을 선택하여 다음과 같이 스케치를 한다.

6) 돌출 보스/베이스를 실행하고 10mm로 돌출을 한다.

11) 모따기를 실행하고 다음과 같이 길이 지정한다.

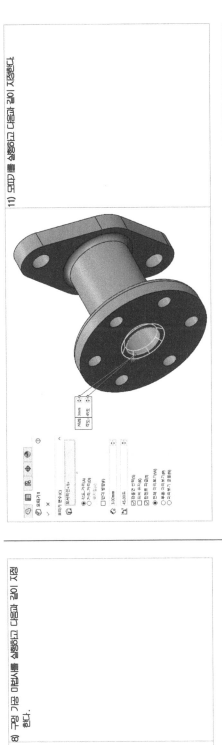

● 완성 결과

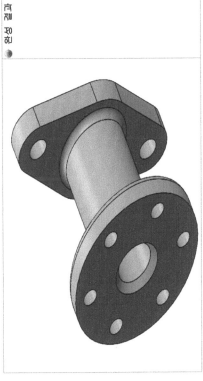

1) 스케치를 실행하고 윗면을 선택하여 다음 과 같이 스케치를 한다.

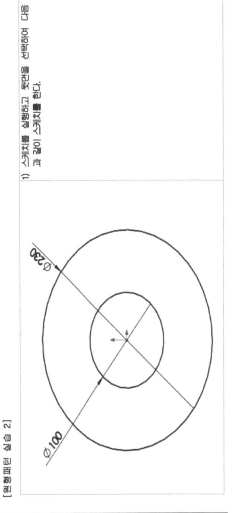

[원형패턴 실습 2]

8) 구멍 가공 마법사를 실행하고 다음과 같이 길이 지정 한다.

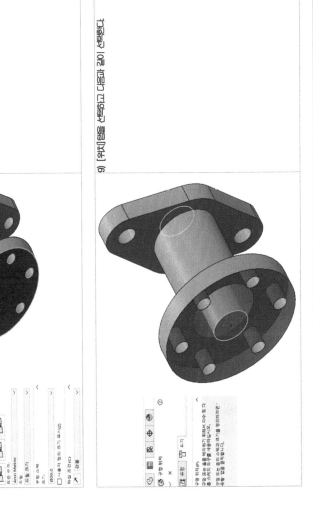

9) [위치]탭을 선택하고 다음과 같이 길이 선택한다.

10) 필렛을 실행하고 반경 : 3mm로 필렛을 한다.

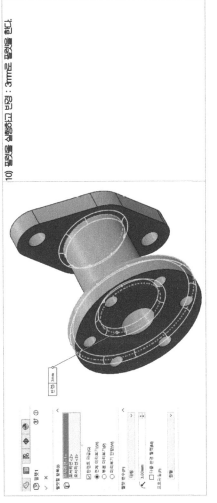

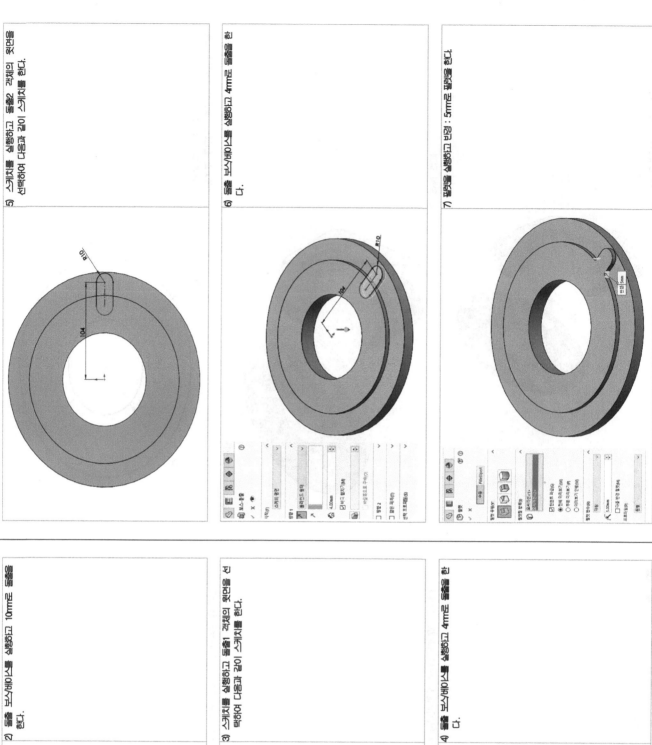

2) 돌출 보스/베이스를 실행하고 10mm로 돌출을 한다.

3) 스케치를 실행하고 돌출1 객체의 윗면을 선택하여 다음과 같이 스케치를 한다.

4) 돌출 보스/베이스를 실행하고 4mm로 돌출을 한다.

5) 스케치를 실행하고 돌출2 객체의 윗면을 선택하여 다음과 같이 스케치를 한다.

6) 돌출 보스/베이스를 실행하고 4mm로 돌출을 한다.

7) 필렛을 실행하고 반경 : 5mm로 필렛을 한다.

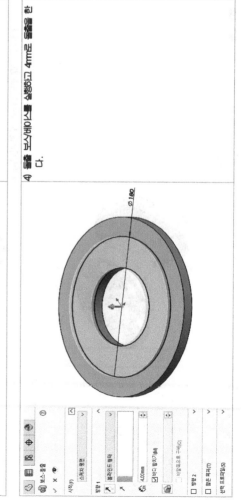

완성 형상

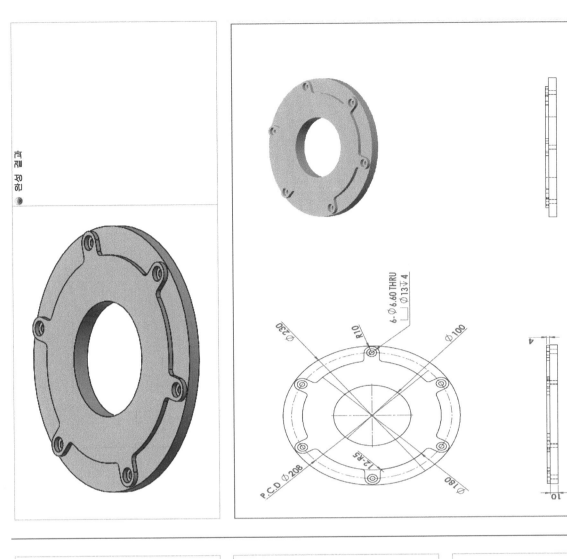

6-Ø6.60THRU
Ø13▽4
R10
Ø100
Ø230
12-R5
Ø180
P.C.D Ø208
10

	SolidWorks 파트	원형패턴2	
		척도	1:2
		SIZE	A3
		NO	001

8) 구멍가공(M)을 실행하고 다음과 같이 지정한다.

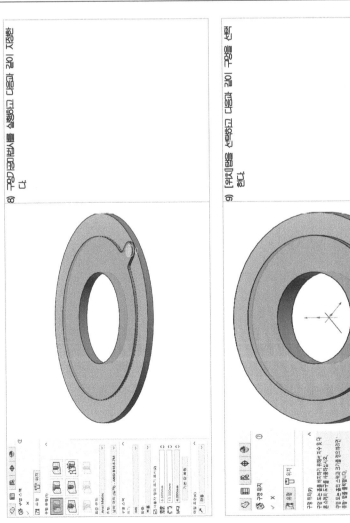

9) [위치탭]을 선택하고 다음과 같이 구멍을 선택한다.

10) 원형패턴을 실행하고 다음과 같이 파라미터 수 : 6을 지정하여 패턴시킨다.

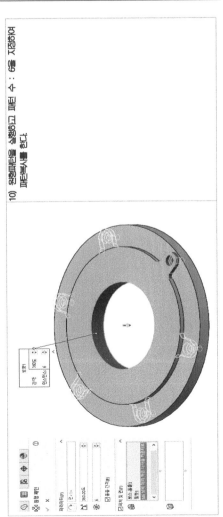

[원형패턴 실습 5]

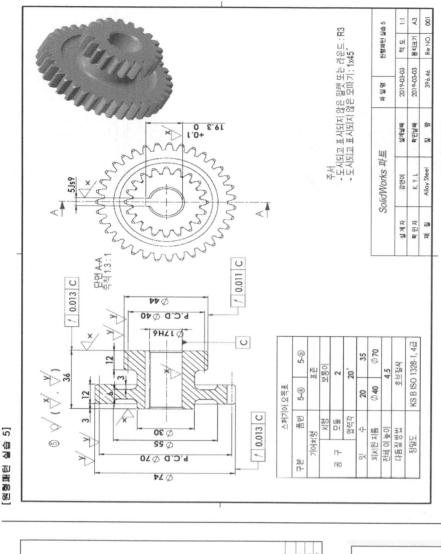

단면 A-A
축척 1.3 : 1

주서
- 도시되고 표시되지 않은 필렛 또는 라운드 : R3
- 도시되고 표시되지 않은 모따기 : 1x45°

스퍼기어 요목표			
구분		5-ⓐ	5-ⓑ
기어치형	치형		표준
공구	모듈		2
	치형		보통이
	압력각		20°
잇수		20	35
피치원 지름		Ø40	Ø70
전체 이높이		4.5	
다듬질방법		호브절삭	
정밀도		KS B ISO 1328-1, 4급	

SolidWorks 파트				원형패턴 실습 5	
설계자	김현미	2019-03-03	척도	1:1	
확인자	K.Y.L	2019-03-03	용지크기	A3	
재 질	Alloy Steel	396.46	Re NO.	001	

1) 스케치를 실행하고 정면을 선택하여 다음과 같이 스케치를 한다.

- 기어1 – Z : 35, M : 2
  PCD = Z * M = 35*2=70
  이뿌리원 = PCD-(2*2.5)=65
  이끝원 = PCD+(2*2)=74

- 기어2 – Z : 20, M : 2
  PCD = Z * M = 20*2=40
  이뿌리원 = PCD-(2*2.5)=35
  이끝원 = PCD+(2*2)=44

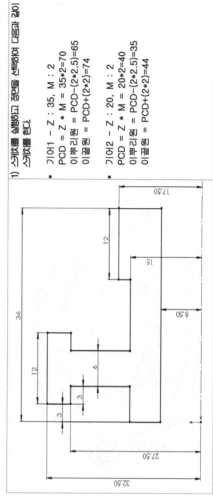

[원형패턴 실습 3]

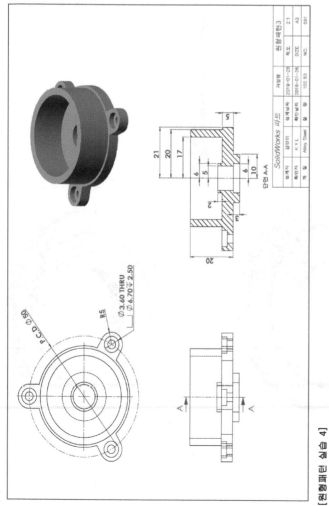

단면 A-A

SolidWorks 파트				원형패턴 실습 3	
설계자	김현미	2019-01-28	척도	2:1	
확인자	K.Y.L	2019-01-28	SIZE	A3	
재 질	Alloy Steel	102.53	NO.	001	

[원형패턴 실습 4]

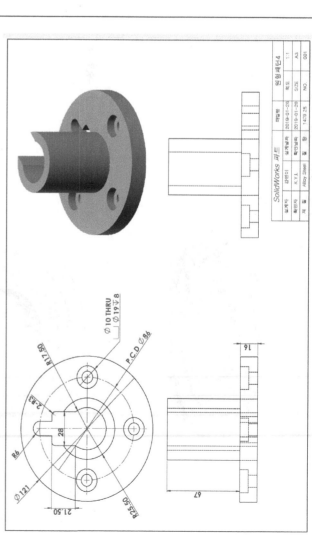

SolidWorks 파트				원형패턴 실습 4	
설계자	김현미	2019-01-28	척도	1:1	
확인자	K.Y.L	2019-01-28	SIZE	A3	
재 질	Alloy Steel	1479.25	NO.	001	

5) 모따기를 실행하고 다음과 같이 길이 지정하여 모따기를 한다.

6) 원형패턴을 실행하고 다음과 같이 길이 지정하여 패턴복사를 한다.

7) 스케치를 실행하고 회전 객체의 우측면을 선택하여 다음과 같이 스케치를 한다.

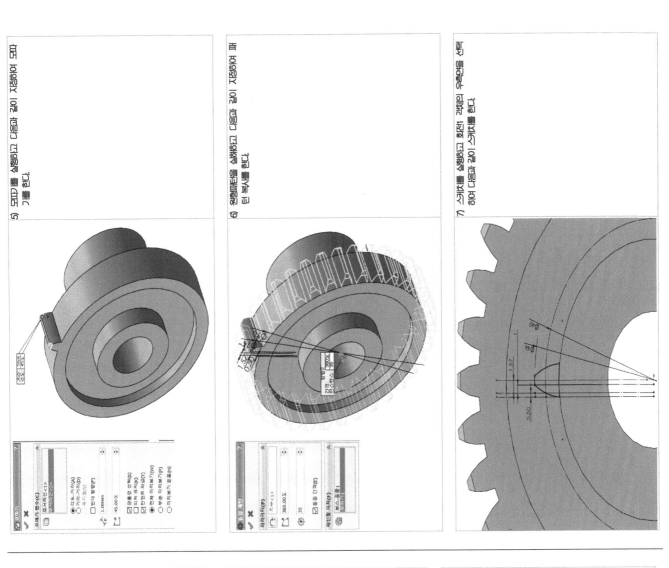

2) 회전 보스 베이스를 실행하고 360도 회전을 한다.

3) 스케치를 실행하고 회전 객체의 좌측면을 선택하여 다음과 같이 스케치를 한다.

4) 돌출 보스 베이스를 실행하고 12mm로 돌출을 한다.

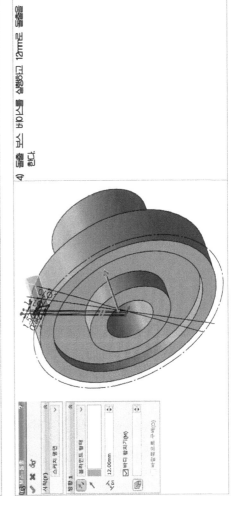

11) 스케치를 실행하고 회전 객체의 우측면을 선택하여 다음과 같이 스케치를 한다.

12) 돌출 컷을 실행하고 관통을 한다.

13) 모깎기를 실행하고 반경 : 3mm로 모깎기를 한다.

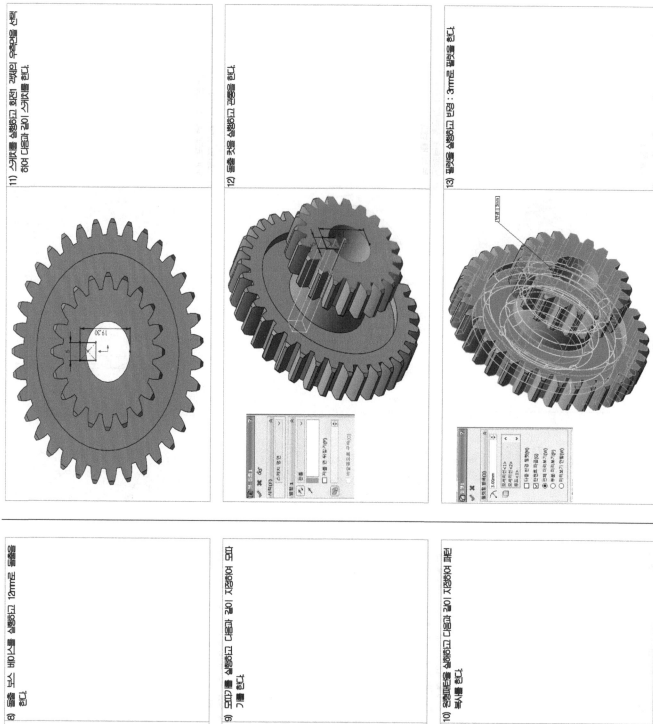

8) 돌출 보스 베이스를 실행하고 12mm로 돌출을 한다.

9) 모깎기를 실행하고 다음과 같이 지정하여 모깎기를 한다.

10) 원형패턴을 실행하고 다음과 같이 지정하여 패턴을 한다.

3) 곡선 이용 패턴

열린 곡선이나 폐곡선을 따라 패턴 하고자 하는 패턴을 작성한다.

※ 곡선 이용 패턴의 옵션

곡선 패턴 1
스케치2

■ 방향
- 패턴 방향 : 방향을 결정할 선분을 선택하여 방향을 지정한다. 반대로 바꾸고자 할 때는 반대 방향 버튼을 눌러서 바꾼다.
- 인스턴스 수 : 피처를 반복할 횟수를 입력한다.
- 동등 간격 : 패턴 방향에서 선택한 선분의 전체 길이를 기준으로 같은 간격으로 배치한다.
- 간격 : 피처를 반복할 간격 거리 값을 입력한다.
- 곡선 변형 : 곡선 방향으로 선택한 곡선 사용 방향을 전이하여 패턴 방향을 지정한다.
- 곡선 변형 : 선택한 곡선의 원점에서 씨드 피처까지의 델타 X와 델타 Y 거리가 유지된다.
- 곡선 오프셋 : 선택한 곡선의 원점에서 씨드 피처 사이의 수직 거리가 유지된다.

● 정렬방법
- 곡선에 접함 : 각 패턴 인스턴스를 패턴 방향으로 선택한 곡선에 탄젠트를 이루도록 정렬한다.
- 씨드에 정렬 : 각 패턴 인스턴스를 씨드 피처의 현재 정렬에 맞춘다.
- 씨드에 정렬 : 각 패턴 인스턴스를 종복 사용하지 않고 씨드 피처만을 사용하여 방향2에 선형 패턴을 작성한다.
- 패턴할 피처 : 곡선 사용 시킬 피처를 작성한다.

인스턴스 건너뛰기
패턴을 작성할 때 그래픽 영역에서 패턴 인스턴스를 선택하여 건너뛴다.

[곡선 이용 패턴 익히기]

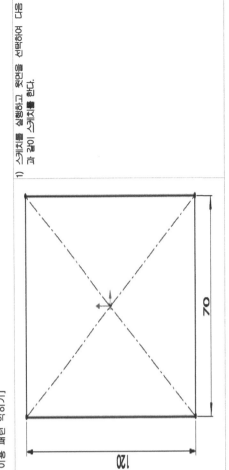

1) 스케치를 실행하고 윗면을 선택하여 다음과 같이 스케치를 한다.

120
70

14 모따기를 실행하고 다음과 같이 값이 지정하여 모따기를 한다.

● 완성 결과

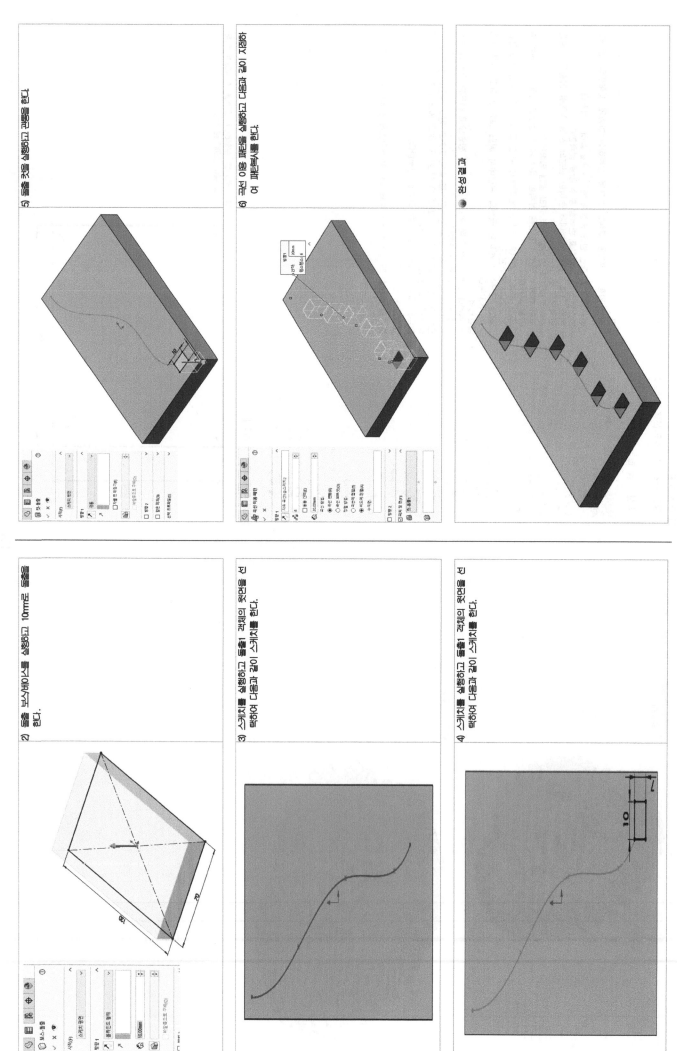

5) 돌출 컷을 실행하고 편집을 한다.

6) 곡선 이용 패턴을 실행하고 다음과 같이 지정하여 패턴복사를 한다.

● 완성결과

2) 돌출 보스베이스를 실행하고 10mm로 돌출을 한다.

3) 스케치를 실행하고 돌출1 객체의 윗면을 선택하여 다음과 같이 스케치를 한다.

4) 스케치를 실행하고 돌출1 객체의 윗면을 선택하여 다음과 같이 스케치를 한다.

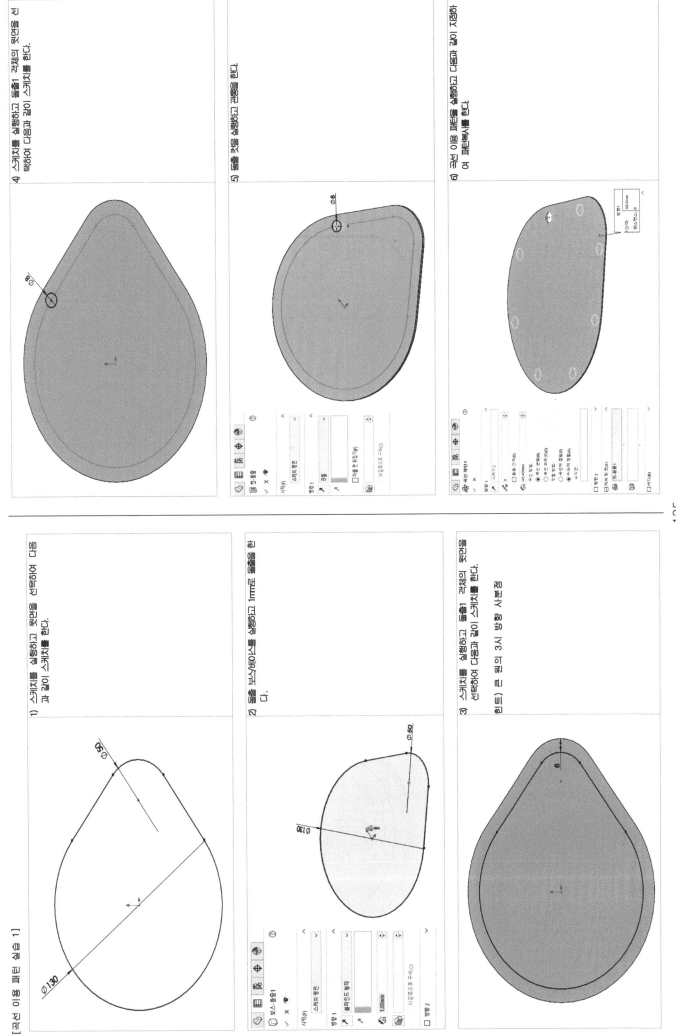

[곡선 이용 패턴 실습 1]

1) 스케치를 실행하고 윗면을 선택하여 다음
과 같이 스케치를 한다.

2) 돌출 보스/베이스를 실행하고 1mm로 돌출을 한
다.

3) 스케치를 실행하고 돌출1 객체의 윗면을
선택하여 다음과 같이 스케치를 한다.

[힌트] 큰 원의 3시 방향 사분점

4) 스케치를 실행하고 돌출1 객체의 윗면을 선
택하여 다음과 같이 스케치를 한다.

5) 돌출 컷을 실행하고 관통을 한다.

6) 곡선 이용 패턴을 실행하고 다음과 같이 지정하
여 패턴복사를 한다.

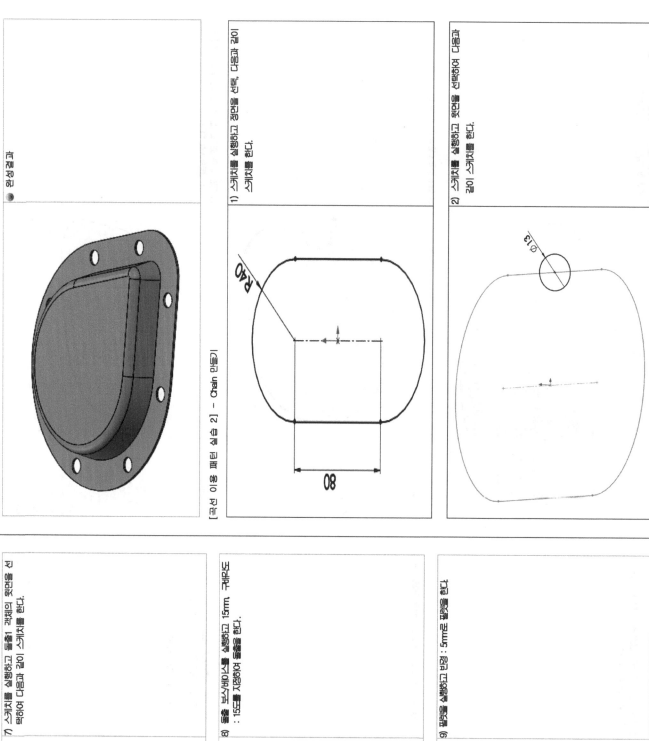

● 완성결과

[곡선 이용 패턴 실습 2] - Chain 만들기

1) 스케치를 실행하고 정면을 선택, 다음과 같이
   스케치를 한다.

2) 스케치를 실행하고 윗면을 선택하여 다음과
   같이 스케치를 한다.

7) 스케치를 실행하고 돌출1 객체의 윗면을 선
   택하여 다음과 같이 스케치를 한다.

8) 돌출 보스/베이스를 실행하고 15mm 구배각도
   : 15도를 지정하여 돌출을 한다.

9) 필렛을 실행하고 반경 : 5mm로 필렛을 한다.

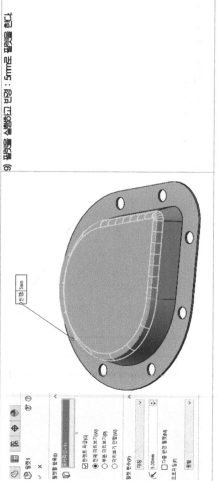

- 136 -

6) 곡선 이용 패턴을 실행하고 다음과 같이 지정한다.

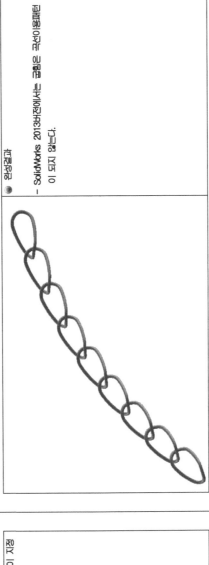

• 완성결과

- SolidWorks 2013버전에서는 균힘은 곡선이용패턴이 되지 않는다.

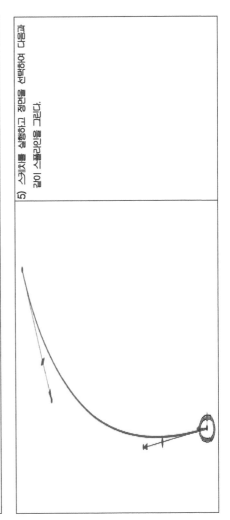

3) 스윕 보스/베이스를 실행하고 다음과 같이 지정하여 스윕 객체를 생성한다.

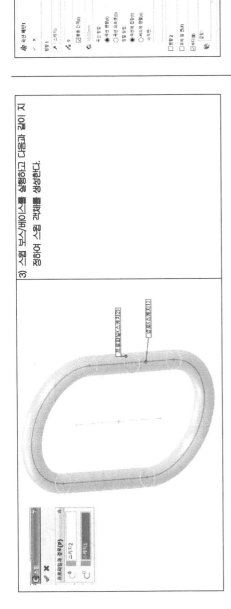

4) [삽입]-[굽힘]을 실행하고 다음과 같이 지정한다.

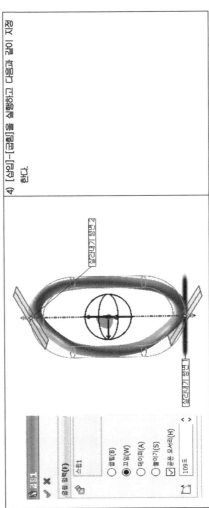

5) 스케치를 실행하고 정면을 선택하여 다음과 같이 스케치한다.

[스케치 이용 패턴 실습 1]

SolidWorks 파트		파일명		스케치 이용 패턴1	
설계자	김연이	설계날짜	2019-01-24	척도	1:1
확인자	K.Y.L	확인날짜	2019-01-24	SIZE	A3
자 질	황동	중 량	1795.35	NO.	001

1) 스케치를 실행하고 윗면을 선택하여 다음
과 같이 스케치를 한다.

2) 돌출 보스/베이스를 실행하고 11mm 돌출
을 한다.

3) 돌출 보스/베이스를 실행하고 45mm 돌출
을 한다. 스케치1을 재사용

4) 돌출 보스/베이스를 실행하고 28mm 돌출
을 한다. 스케치1을 재사용

8) 구멍 가공 마법사를 실행하고 다음과 같이 지정한다.

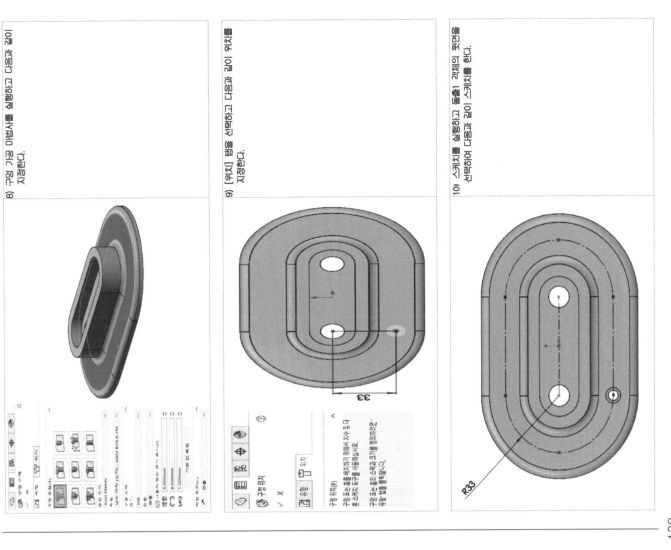

9) [위치] 탭을 선택하고 다음과 같이 위치를 지정한다.

10) 스케치를 실행하고 돌출1 객체의 윗면을 선택하여 다음과 같이 스케치를 한다.

5) 필렛을 실행하고 반경 : 5mm로 필렛을 한다.

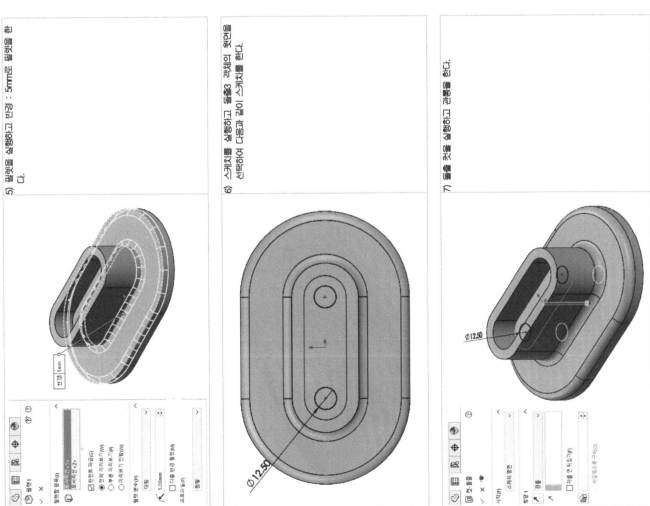

6) 스케치를 실행하고 돌출3 객체의 윗면을 선택하여 다음과 같이 스케치를 한다.

7) 돌출 컷을 실행하고 관통을 한다.

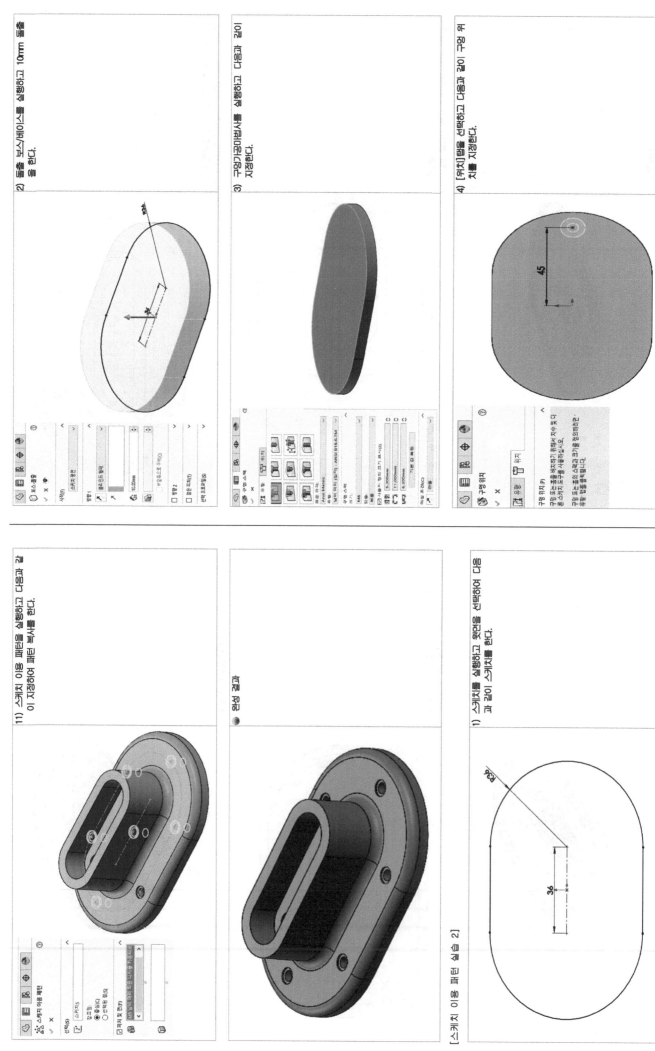

2) 돌출 보스/베이스를 실행하고 10mm 돌출을 한다.

3) 구멍가공마법사를 실행하고 다음과 같이 지정한다.

4) [위치]탭을 선택하고 다음과 같이 구멍 위치를 지정한다.

11) 스케치 이용 패턴을 실행하고 다음과 같이 지정하여 패턴 복사를 한다.

완성 결과

1) 스케치를 실행하고 윗면을 선택하여 다음과 같이 스케치를 한다.

[스케치 이용 패턴 실습 2]

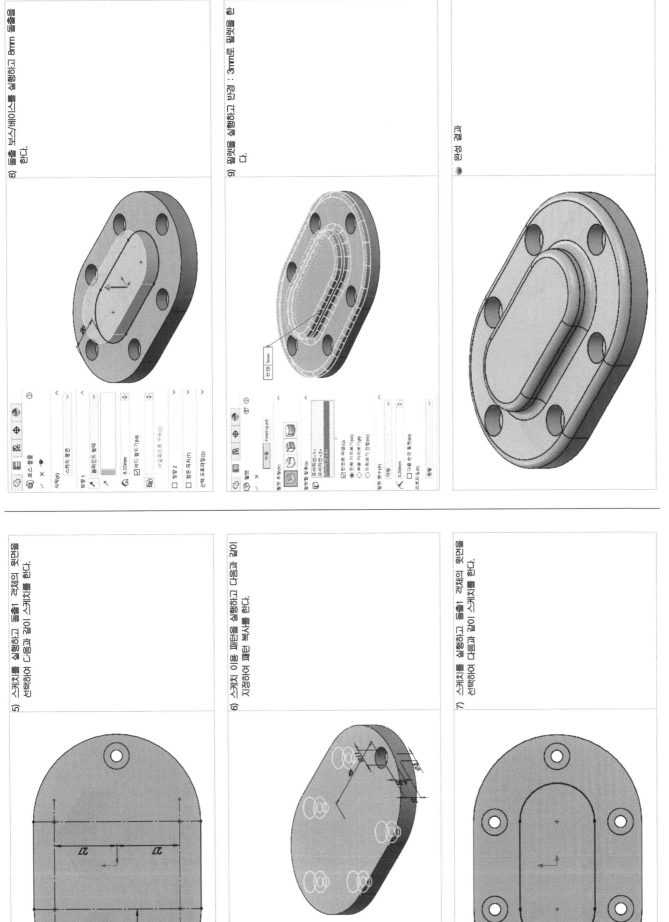

8) 돌출 보스/베이스를 실행하고 8mm 돌출을 한다.

9) 필렛을 실행하고 반경 : 3mm로 필렛을 한다.

● 완성 결과

5) 스케치를 실행하고 돌출1 래치의 윗면을 선택하여 다음과 같이 스케치를 한다.

6) 스케치 이용 패턴을 실행하고 다음과 같이 지정하여 패턴 복사를 한다.

7) 스케치를 실행하고 돌출1 래치의 윗면을 선택하여 다음과 같이 스케치를 한다.

한다.

3> 연 필릿 : 인접하지 않은 면, 비연속면들을 필릿 작성한다.
4> 둥근 필릿 : 인접한 세 개의 면 쌍에 접하는 필릿을 작성한다.

둥근 필릿	연 필릿	유동 반경

[필릿 익히기]

1) 스케치를 실행하고 윗면을 선택하여 다음 과 같이 스케치를 한다.

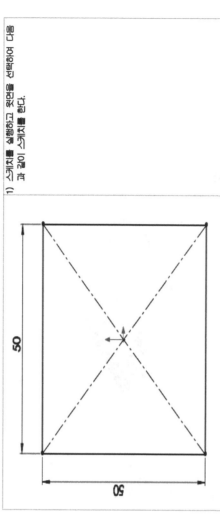

2) 돌출 보스/베이스를 실행하고 20mm 돌출 을 한다.

---

2 **필렛 피처**

필렛 피처는 파트의 날카로운 모서리를 제거하여 라운딩 처리하는 피처 도구이다. 모든 연 모서리, 선택한 모서리, 모서리 루프에 필릿 할 수 있다.

◈ 필릿의 옵션

■ 필릿 유형
- 부등 크기 필릿 : 한 모서리에 한 개의 반경으로 필릿을 한다.
- 유동 크기 필릿 : 한 모서리에 여러 개의 반경을 지정하여 필릿을 한다.
- 연 필릿 : 두 개의 면과 반경을 지정하여 필릿을 한다.
- 둥근 필릿 : 3개의 연접 면을 선택하여 필릿을 한다.

■ 다음 반경 필릿 : 여러 반경 필릿을 한 번에 수행할 수 있다.

1> 부등 반경 : 전체 필릿 길이에 일정한 반경을 가진 필릿을 작성한다.
- 다중 반경 필릿 : 여러 모서리에 반경이 다른 필릿을 작성한다.
- 코너 둥글리기 : 필릿 모서리가 만나는 코너를 둥글게 만들어 준다.
- 세트백 필릿 : 필릿이 혼합되기 시작하는 꼭지점에서부터 세트백 거리를 지정하여 필릿 작성한다.

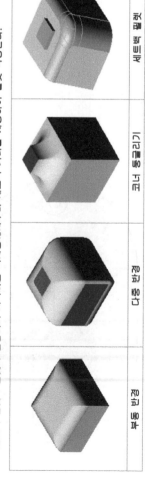

부등 반경	다중 반경	코너 둥글리기	세트백 필릿

2> 유동 반경 : 하나의 필릿 길이에 여러 가지 다른 반경을 가진 필릿을 작성한다. 통제점을 사용하여 반경을 정의

■ 완성 결과

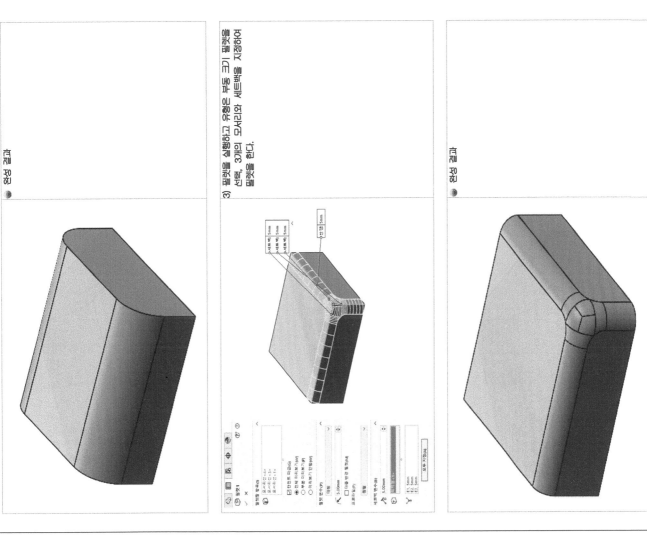

3) 필렛을 실행하고 유형은 부동 크기 필렛을
선택, 3개의 모서리와 세트백을 지정하여
필렛을 한다.

■ 완성 결과

3) 필렛을 실행하고 유형은 부동 크기 필렛을
선택, 연을 선택하여 필렛을 한다.

■ 완성 결과

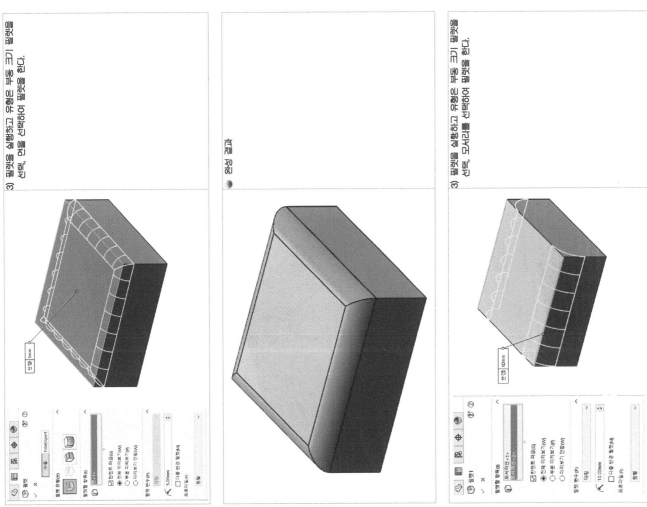

3) 필렛을 실행하고 유형은 부동 크기 필렛을
선택, 모서리를 선택하여 필렛을 한다.

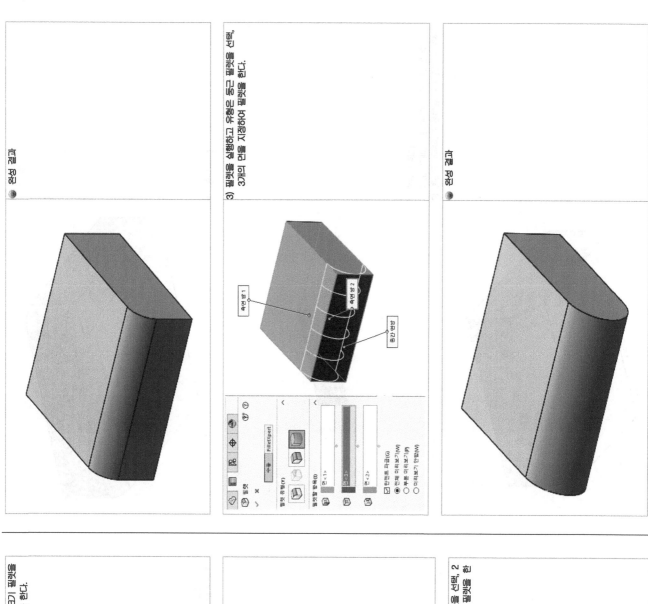

3) 필렛을 실행하고 유형은 둥근 필렛을 선택, 3개의 연료를 지정하여 필렛을 한다.

측면 연삭 1
측면 연삭 2
중간 연삭

완성 결과

필렛 완성

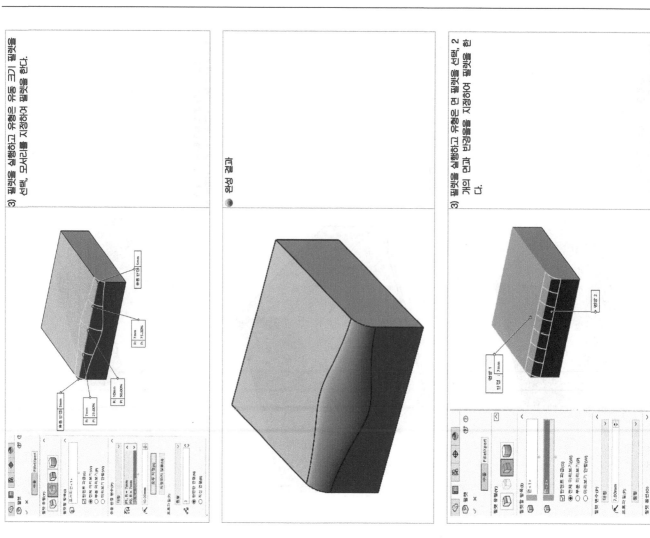

3) 필렛을 실행하고 유형은 유동 크기 필렛을 선택, 모서리를 지정하여 필렛을 한다.

완성 완성

3) 필렛을 실행하고 유형은 연 필렛을 선택, 2개의 면과 반경을 지정하여 필렛을 한다.

연삭 2
반경 : 7mm

모따기 피처 작성하기

모따기는 모서리에 하나의 거리 값 또는 2개의 거리 값을 지정하거나 거리와 각도 값을 이용하여 모서리를 절단할 때 사용된다.

모따기의 옵션

모따기

모따기 변수(C)

- ● 각도_거리(A)
- ○ 거리_거리(D)
- ○ 국지점(V)

☐ 반대 방향(F)

10.00mm

45.00도

- ☑ 관통면 선택(S)
- ☐ 피처 유지(K)
- ☑ 탄젠트 파급(M)

각도-거리 : 거리와 각도 값을 주어 모따기를 한다.

거리-거리 : 2개의 거리 값을 주어 모따기를 한다. 동등거리가 선택되어 있을 때는 하나의 거리 값으로 모따기를 한다.

국지점 : 부품의 꼭지점에 모따기를 작성한다. 동등거리가 선택되어 있을 때는 하나의 거리 값으로 모따기를 한다.

관통면 선택 : 선택하면 거리가 숨어있는 모서리를 선택할 수가 있다.

피처 유지 : 모따기를 작성할 때 제거될 수 있는 피처를 보존한다.

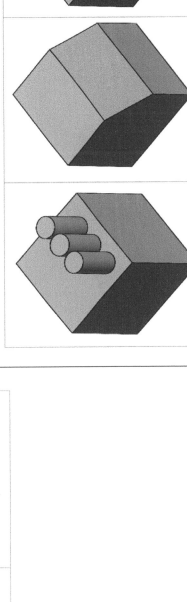

| 원본 파트 | 피처 유지 해제 | 피처 유지 선택 |

---

3) 필렛을 실행하고 유형은 부등 크기 필렛을 선택, 모서리를 지정하여 다른 변경 필렛을 한다.

반경 5mm
반경 4mm
반경 6mm
반경 2mm

완성 결과

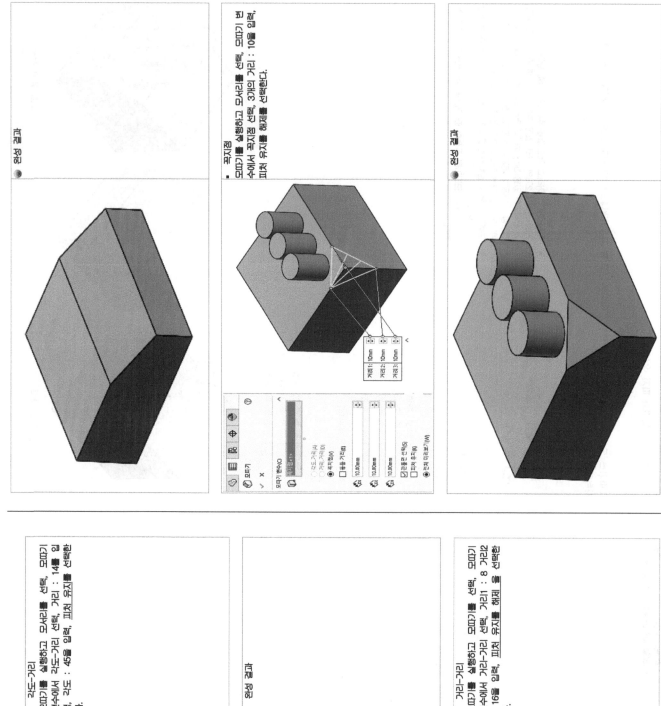

모따기 익히기

■ 각도-거리
모따기를 실행하고 모서리를 선택, 모따기 변수에서 각도-거리 선택, 거리 : 14를 입력, 각도 : 45를 입력한다. 피처 유지를 선택한다.

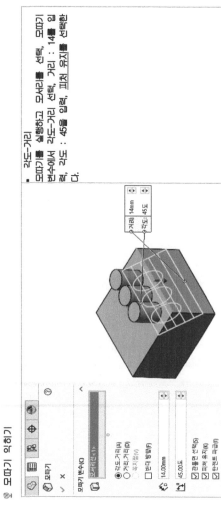

■ 완성 결과

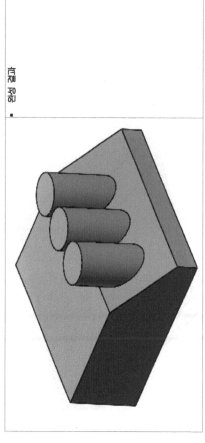

■ 거리-거리
모따기를 실행하고 모따기를 선택, 모따기 변수에서 거리-거리 선택, 거리1 : 8 거리2 : 16를 입력, 피처 유지를 해제를 선택한다.

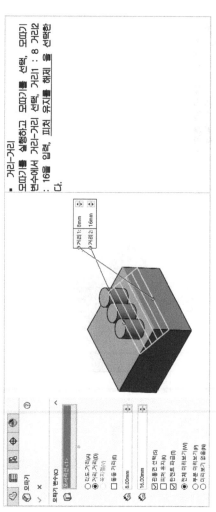

■ 완성 결과

■ 꼭지점
모따기를 실행하고 모서리를 선택, 모따기 변수에서 꼭지점 선택, 3개의 거리 : 10을 입력, 피처 유지를 해제를 선택한다.

■ 완성 결과

1) 스케치를 실행하고 윗면을 선택하여 다음 과 같이 스케치를 한다.

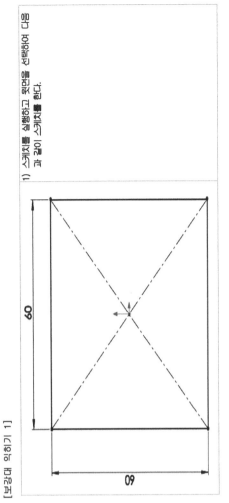

2) 돌출 보스/베이스를 실행하고 10mm 돌출 을 한다.

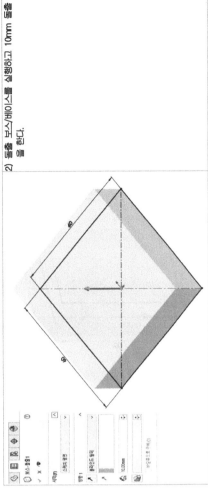

3) 쉘을 실행하고 두께 : 3mm로 쉘을 한다.

---

4 보강대 피처 작성하기

보강대(🔧)는 두 벽면을 지지해 주는 보강대를 만드는 피처 도구이다. 보강대는 개곡선이나 패곡선 스케치 프로파일 에서 만들어지는 돌출 피처의 특수한 한 유형이다.

◎ 보강대의 옵션

■ 두께 : 선택한 프로파일로 보강대를 생성한다.
 - 왼쪽 : 스케치의 왼쪽에 보강대를 생성한다.
 - 양쪽 : 스케치의 양쪽에 보강대를 생성한다.
 - 오른쪽 : 스케치의 오른쪽에 보강대를 생성한다.
 - 보강대 두께 : 두께 값을 입력

■ 돌출 방향 : 보강대를 작성할 방향을 선택한다.
 - 스케치에 평행 : 스케치 평면에 평행하게 보강대를 생성한다.
 - 스케치의 수직 : 스케치 평면에 수직으로 보강대를 생성한다.
 - 뒤집기 : 보강대 작성 방향을 바꾸어 준다.
 - 구배 주기 : 보강대에 구배를 구배를 준다.

■ 유형
 - 직선형 : 스케치 프로파일의 경계에 돌출 때까지 스케치에 수직 인 방향으로 보강대를 생성한다.
 - 자연 : 스케치 프로파일을 보강대가 경계에 닿을 때까지 연장하 여 보강대를 생성한다. 스케치가 원호이면, 자유형 보강대는 원 방정식을 따라 그대로 연장된다.

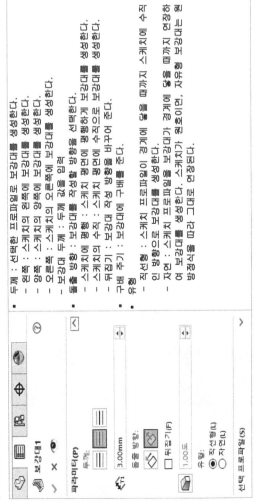

자연 보강대 결과

직선형 보강대 결과

선택 프로파일

돌출방향 : 스케치에서 수직

돌출방향 : 스케치에서 평행

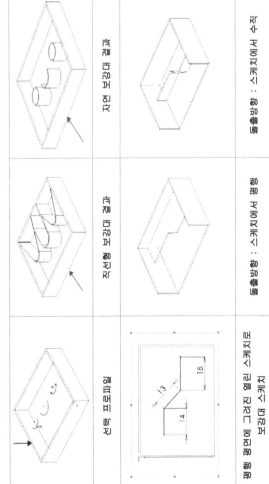

평행 평면에 그려진 열린 스케치로
보강대 스케치

[보강대 익히기 2]

1) 스케치를 실행하고 정면을 선택하여 다음
과 같이 스케치를 한다.

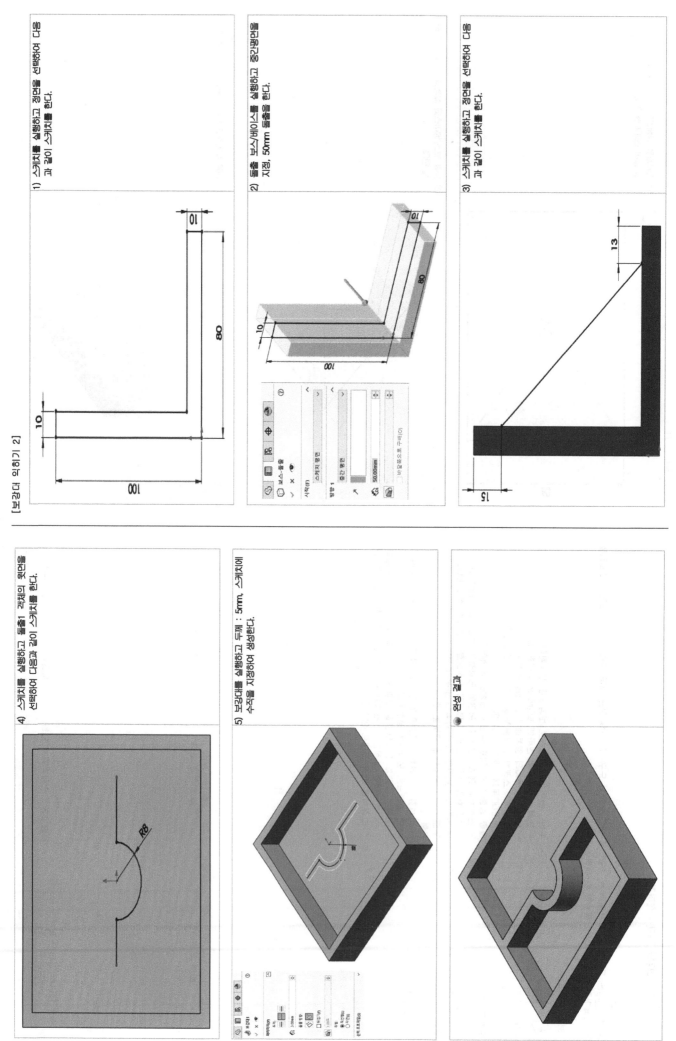

2) 돌출 보스/베이스를 실행하고 중간평면을
지정, 50mm 돌출을 한다.

3) 스케치를 실행하고 정면을 선택하여 다음
과 같이 스케치를 한다.

4) 스케치를 실행하고 돌출1 객체의 윗면을
선택하여 다음과 같이 스케치를 한다.

5) 보강대를 실행하고 두께 : 5mm, 스케치에
수직을 지정하여 생성한다.

완성 결과

[보강대 실습 1]

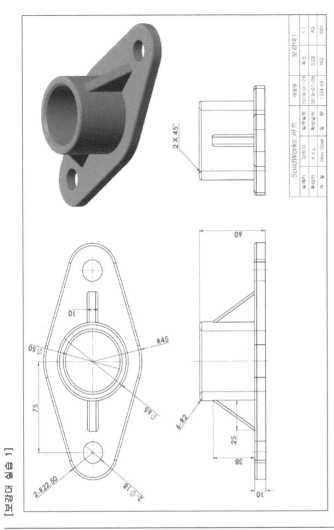

[보강대 실습 2]

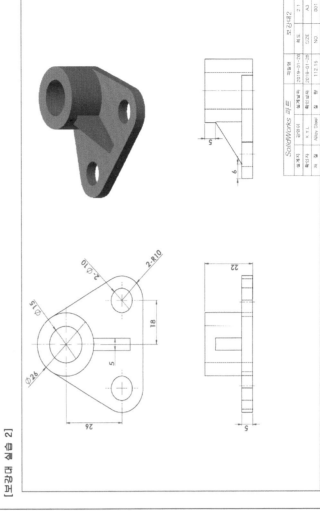

5) 보강대를 실행하고 두께 : 5mm, 스케치에
평행을 지정하여 생성한다.

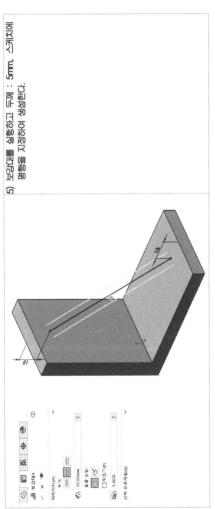

완성 결과

쉘 피처 작성하기

쉘()은 선택한 면을 일정한 두께를 남겨두고 파내는 피처 도구이다. 부품의 연을 제거하여 쉘 개구부를 구성할 수 있다. 벽의 두께는 동일한 값이 될 수도 있고 필요에 따라 서로 다른 두께를 작성할 수가 있다. 부품에 필렛을 작성할 때는 쉘 작성하기 전에 필렛을 먼저 작성해 놓아야 한다.

쉘 영역은 구명한 형상에 마치 컵을 만드는 것처럼 선택한 연을 일정한 두께를 남겨두고 파내는 명령이다. 다중 두께를 사용하여 모델의 두께를 부분적으로 다르게 파낼 수도 있으며 특정한 연을 제거하지 않고도 작성이 가능하다.

변수

- **두께** : 쉘 피처를 작성할 두께를 입력한다.
- **제거할 면** : 제거할 연을 선택한다.
- **바깥쪽으로 쉘** : 부품의 바깥쪽으로 두께를 작성을 한다.
- **미리보기 표시** : 미리보기를 표시한다.
- **다중 두께** : 연마다 다른 두께를 쉘을 작성
- **두께** : 아래 지정하는 연 각각의 두께를 입력
- **다중 두께 지정면** : 다중 두께를 지정할 연
- 연 선택을 하면 두께를 각각의 연에 연히 부어할 수 있다.

쉘 옵션

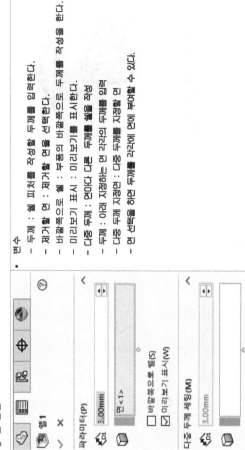

쉘1
파라미터(P)
3.00mm
연 <1>
□ 바깥쪽으로 쉘(S)
☑ 미리보기 표시(W)
다중 두께 세팅(M)
3.00mm

[쉘 익히기 1]

1) 스케치를 실행하고 정면을 선택하여 다음 과 같이 스케치를 한다.

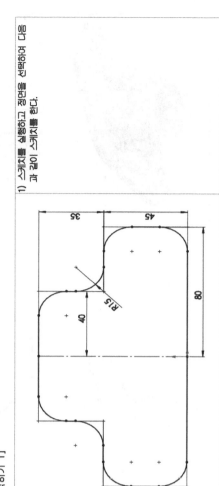

[보강대 실습 3]

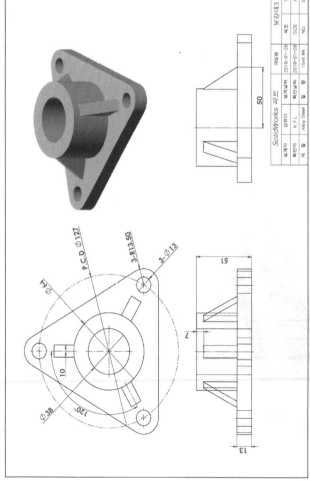

SolidWorks 파트		보강대 3		
설계자	강원이	설계날짜	2019-01-26	척도 1:1
확인자	K.Y.L	확인날짜	2019-01-26	SIZE A3
제 질	질량	Alloy Steel	15x8.96	NO. 001

[보강대 실습 4]

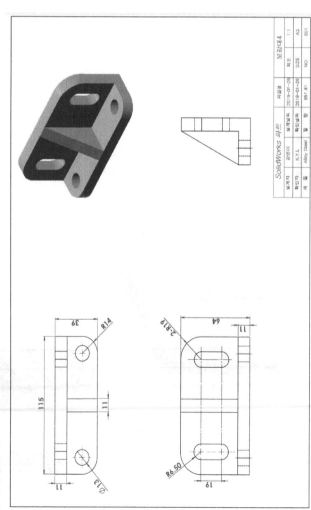

SolidWorks 파트		보강대4		
설계자	강원이	설계날짜	2019-01-26	척도 1:1
확인자	K.Y.L	확인날짜	2019-01-26	SIZE A3
제 질	질량	Alloy Steel	851.91	NO. D01

[쉘 익히기 2]

1) 스케치를 실행하고 정면을 선택하여 다음
과 같이 스케치를 한다.

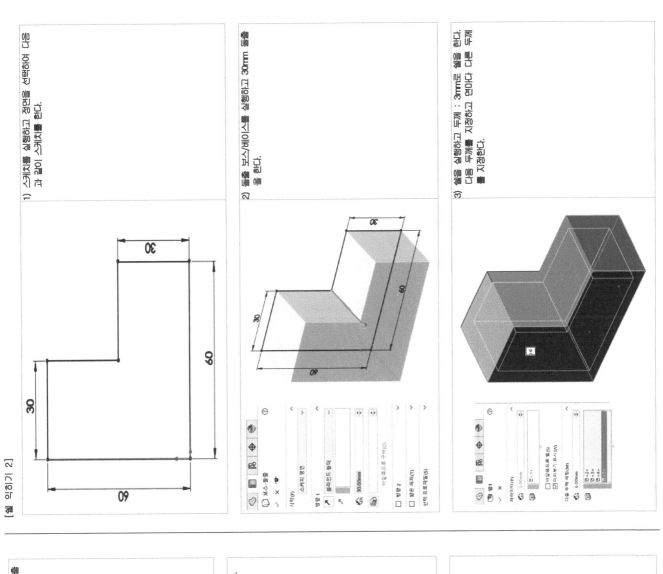

2) 돌출 보스/베이스를 실행하고 30mm 돌출
을 한다.

3) 쉘을 실행하고 두께 : 3mm로 쉘을 한다.
다음 두께를 지정하고 면마다 다른 두께
를 지정한다.

2) 돌출 보스/베이스를 실행하고 30mm 돌출
을 한다.

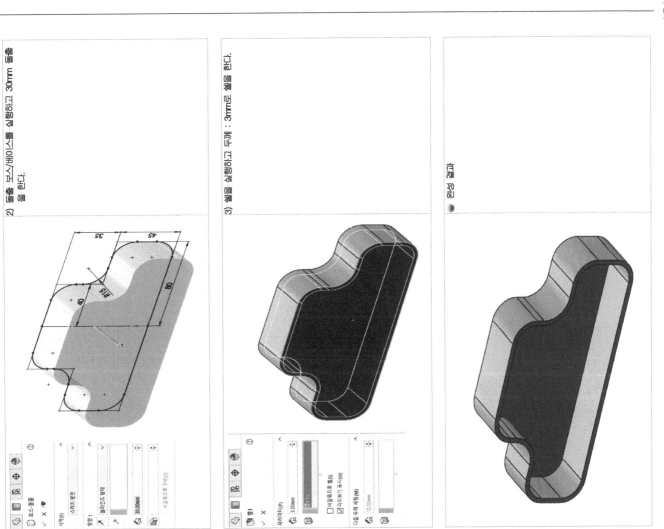

3) 쉘을 실행하고 두께 : 3mm로 쉘을 한다.

● 완성 결과

● 완성 결과

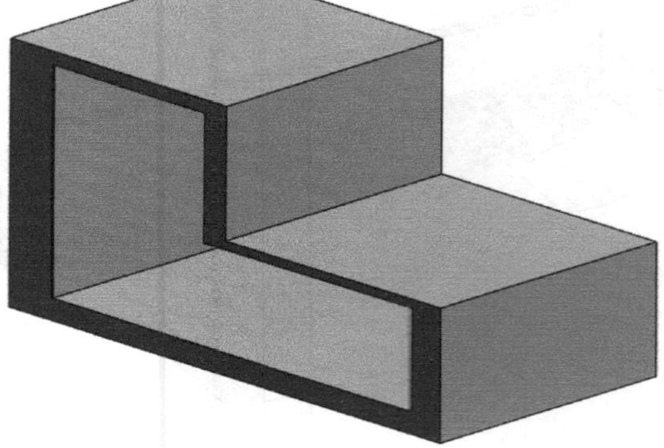

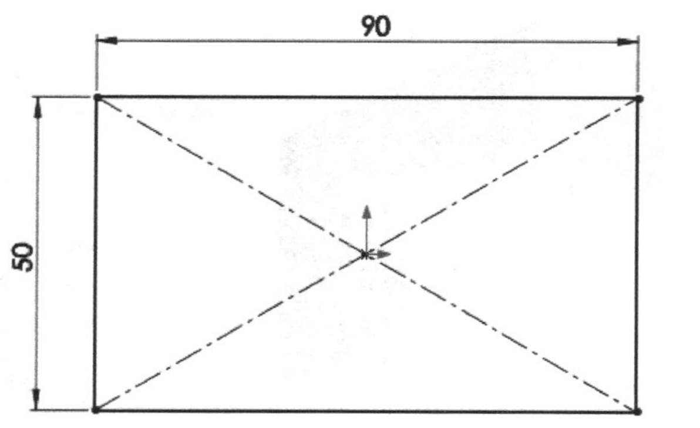

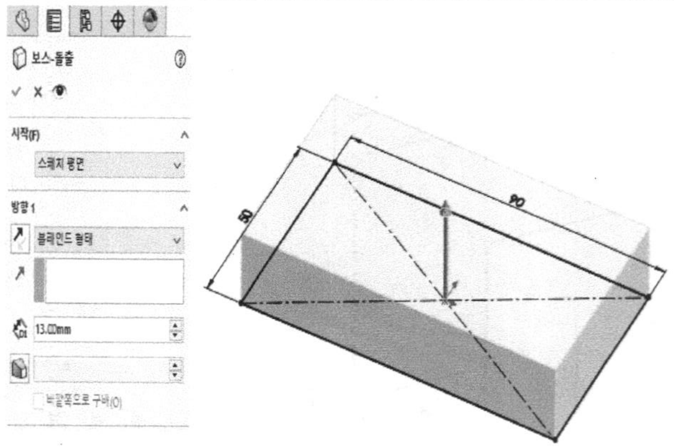

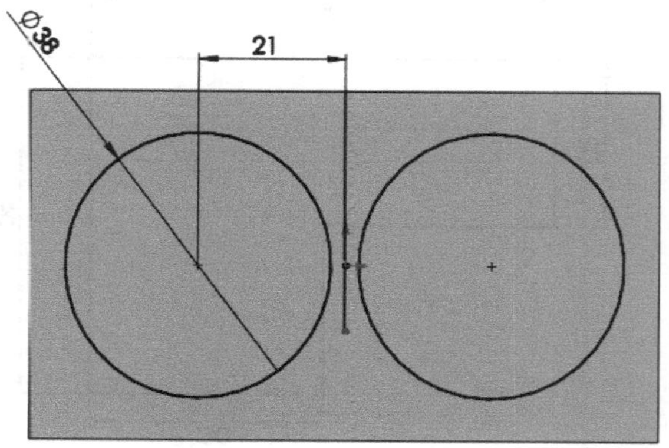

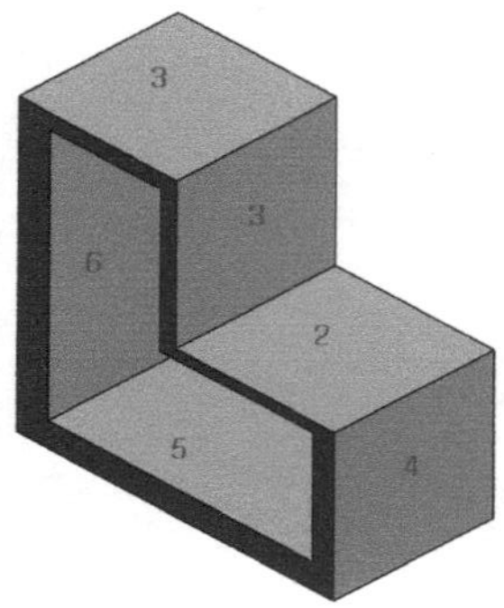

[쉘 실습 1]

SolidWorks 파트		파일명	쉘1		
설계자	강연이	설계날짜	2019-01-24	척도	2:1
확인자	K.Y.L	확인날짜	2019-01-24	SIZE	A3
재 질	SBR	질 량	12.00	NO.	001

1) 스케치를 실행하고 윗면을 선택하여 다음과 같이 스케치를 한다.

2) 돌출 보스/베이스를 실행하고 13mm 돌출을 한다.

3) 스케치를 실행하고 돌출1 객체의 윗면을 선택하여 다음과 같이 스케치를 한다.

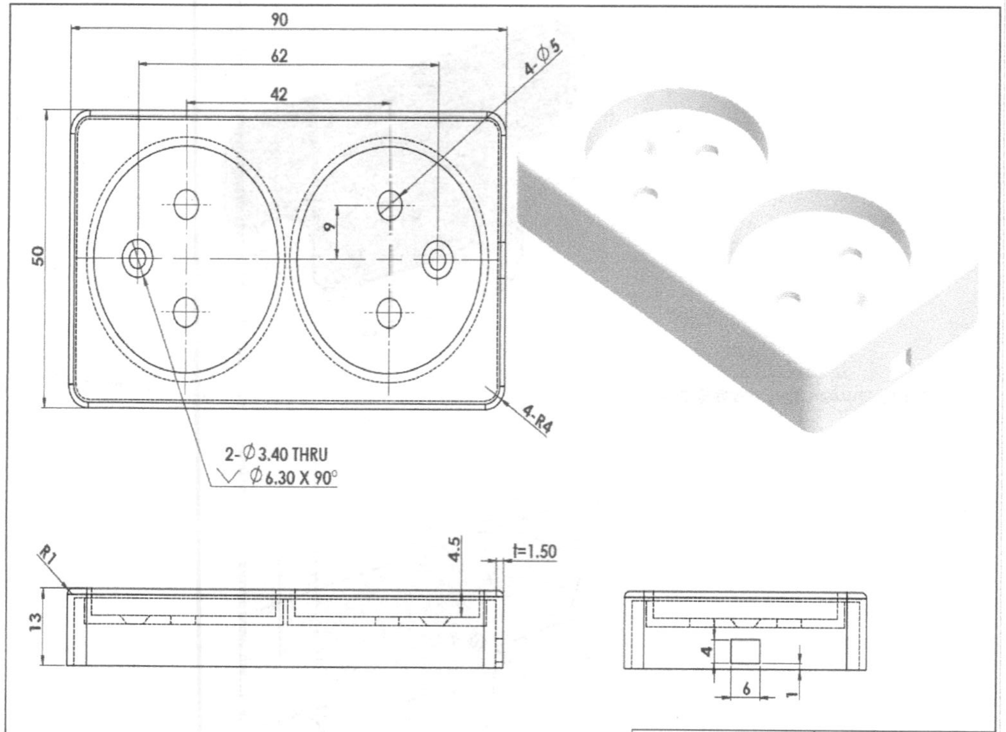

7) 쉘을 실행하고 두께 : 1.5mm로 쉘을 한다.

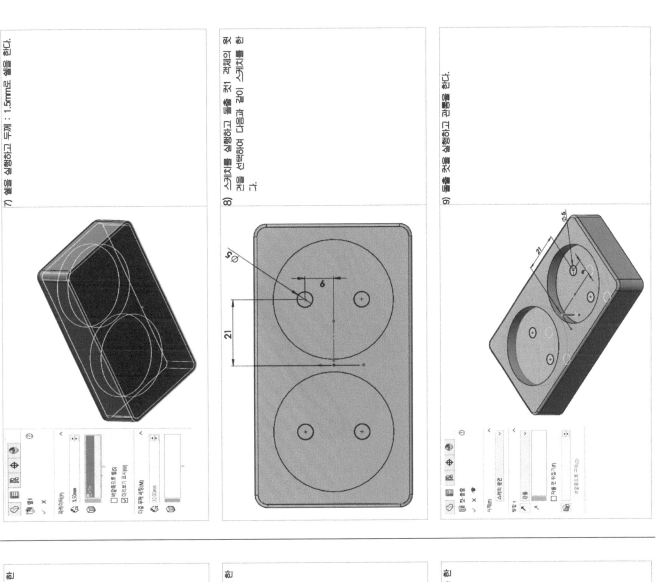

8) 스케치를 실행하고 돌출 컷 객체의 커치의 및 면을 선택하여 다음과 같이 스케치를 한다.

9) 돌출 컷을 실행하고 관통을 한다.

4) 돌출 컷을 실행하고 4.5mm 돌출 컷을 한다.

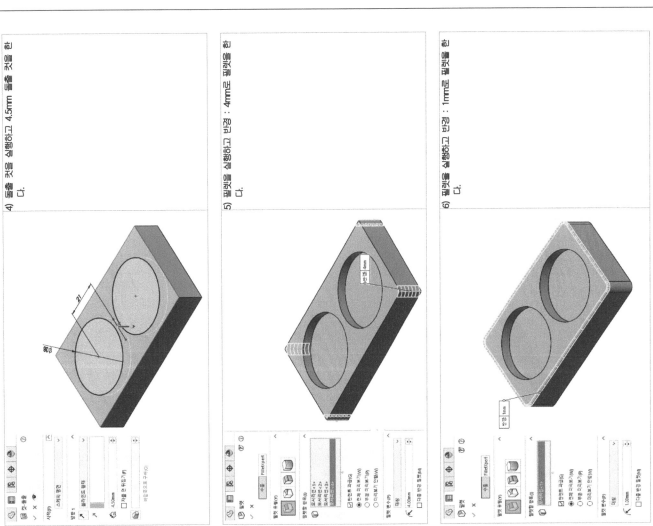

5) 필렛을 실행하고 반경 : 4mm로 필렛을 한다.

6) 필렛을 실행하고 반경 : 1mm로 필렛을 한다.

13)
스케치를 실행하고 돌출1 객체의 객체의 우측면을 선택하여 다음과 같이 스케치를 한다.

14)
돌출 컷을 실행하고 1.5mm로 돌출 컷을 한다.

완성 결과

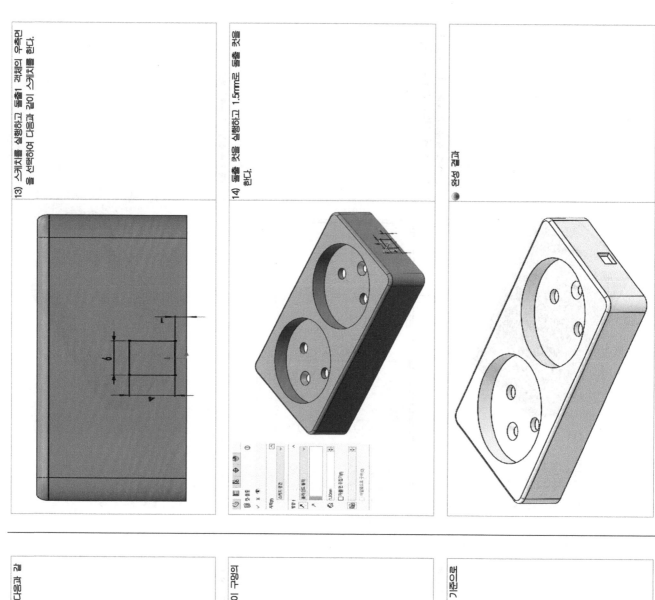

10)
구멍 기준 마법사를 실행하고 다음과 같이 지정한다.

11)
[위치]탭을 선택하고 다음과 같이 구멍의 위치를 지정한다.

12)
대칭복사를 실행하고 우측면을 기준으로 대칭복사를 한다.

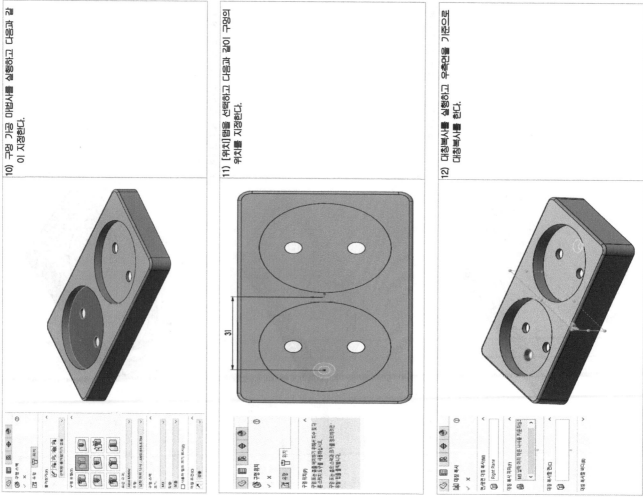

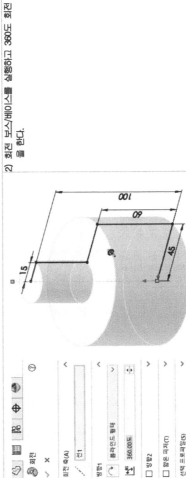

[구배 피처 익히기]

1) 스케치를 실행하고 정면을 선택하여 다음과 같이 스케치를 한다.

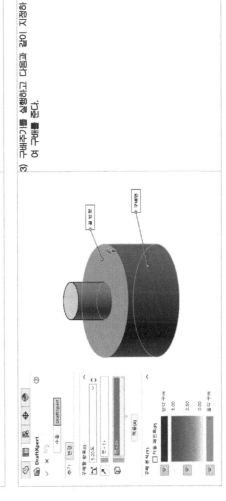

2) 회전 보스/베이스를 실행하고 360도 회전을 한다.

3) 구배주기를 실행하고 다음과 같이 지정하여 구배를 준다.

---

6 **구배주기**

구배는 모델에서 선택한 면에 지정한 각도로 좁이거나 늘리는 도구이다. 사출물을 설계할 때 제품이 제거를 원활하게 하기 위함이다. 구배를 적용하는 방법에는 피처를 돌출하면서 구배를 주는 방법과 곡선 모델에 직접 구배를 적용하는 방법으로 두 가지가 있다.

구배란 부품에서 선택한 연을 지정한 각도로 기울어지게 작성하는 것을 말한다. 금형 부품에서 파트의 분리를 원활하게 하기 위하여 면에 기울기 각도를 적용하기도 한다. 기울기 각도를 구배(연 기울기)라고 한다. 구배는 고정면 모서리 또는 접하는 모서리, 기존 피처의 고정 면이나 작업 평면으로부터 계산된다.

구배의 옵션

1) 수동을 선택할 경우

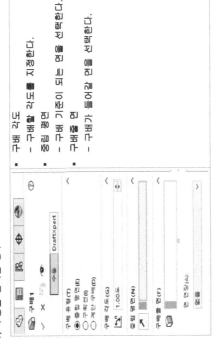

- **구배 유형**
  - 구배할 각도를 지정한다.
- **중립 평면**
  - 구배 기준이 되는 면을 선택한다.
- **구배줄 면**
  - 구배가 들어갈 연을 선택한다.

2) DraftXpert를 선택할 경우

구배 각도 : 구배 시킬 각도 값을 입력한다. 구배 각도는 중립 평면에 직각으로 측정한다.

중립 평면 : 중립 평면으로 사용할 면이나 평면을 선택한다. 반대방향으로 구배를 기울이기 원하면 반대방향을 선택한다. 구배 시키는 기준면을 선택한다.

구배시킬 면 : 그래픽 영역에서 구배를 시킬 면을 선택한다.
  - 연 연장 : 구배를 다른 면까지 연장하면 연 연장 목록에서 항목을 선택한다.
    - 없음 : 선택한 면만 구배를 준다.
    - 접면 따라 : 선택한 연과 접하는 모든 면에 구배를 준다.
    - 모든 면 : 중립평면에서 돌출된 모든 면에 구배를 준다.
    - 안쪽 면 : 중립평면에서 안쪽에 있는 모든 면에 구배를 준다.
    - 바깥쪽 면 : 중립평면으로 선택한 후 옆선에 바깥쪽 면에 구배를 준다.
  - 바닥면을 중립평면으로 선택한 후 옆선에 따른 변화

구멍 가공 마법사로 작성하기

1. 구멍 가공 마법사 작성하기

구멍가공 마법사는 구멍을 생성하는데 있어서 체결될 나사를 정의하면 그 나사에 구멍을 맞추는 방식으로 직접적인 구멍의 크기가 나사의 종류나 끼움정도에 따라 변하며 사용하며 사용자가 임으로 수정할 및 추가가 가능하다. 규격별로 크기를 정의하여 있어 규격별로 정의되어 있어 사용자가 원하는 구멍을 찾기 쉽고 생성하기 쉽게 해 놓았다.

● 구멍가공 마법사로 생성할 수 있는 구멍

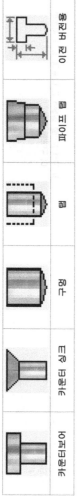

카운터보어	카운터 싱크	탭	구멍	파이프 탭	이건 버린용

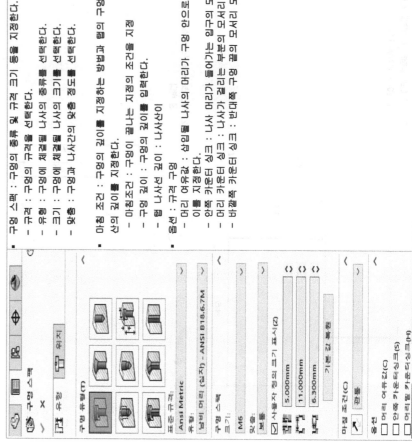

- 구멍 스펙 : 구멍의 종류 및 규격 크기 등을 지정한다.
  - 규격 : 구멍의 규격을 선택한다.
  - 유형 : 구멍에 체결될 나사의 종류를 선택한다.
  - 크기 : 구멍에 체결될 나사의 크기를 선택한다.
  - 맞춤 : 구멍과 나사간의 맞춤 정도를 선택한다.

- 마침 조건 : 구멍의 깊이를 지정하는 방법과 함께 구멍의 경우 나사산의 깊이를 지정한다.
  - 마침조건 : 구멍이 끝나는 지점의 지점의 조건을 지정
  - 구멍 깊이 : 구멍의 깊이를 입력한다.
  - 탭 나사선 깊이 : 나사산이
  - 옵션 : 규격 구멍
    - 머리 여유없 : 실입될 나사의 머리가 구멍 안으로 들어가는 길
    이를 지정한다.
    - 안쪽 카운터 싱크 : 나사 머리가 들어가는 입구의 모서리 모따기
    - 머리 카운터싱크 : 나사가 걸리는 부분의 모서리 모따기
    - 바깥쪽 카운터 싱크 : 반대쪽 구멍 끝의 모서리 모따기

완성 결과

[구멍 가공 마법사 실습 1]

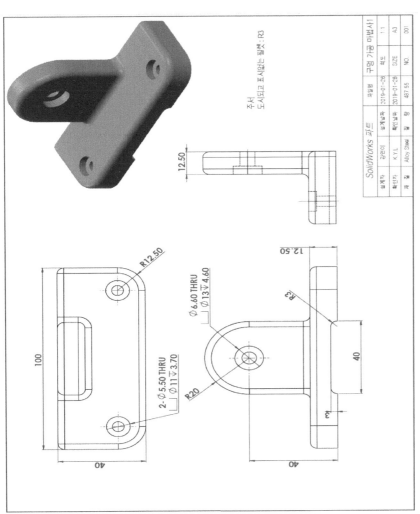

주서
도시되고 표시없는 필렛 : R3

SolidWorks 파트		제품명	구멍 가공 마법사1		
설계자	심현이	작성일자	2019-01-26	척도	1:1
확인자	K.Y.L	확인일자	2019-01-26	SIZE	A3
재 질	Alloy Steel	질 량	487.55	NO.	001

1) 스케치를 실행하고 윗면을 선택하여 다음과 길이 스케치를 한다.

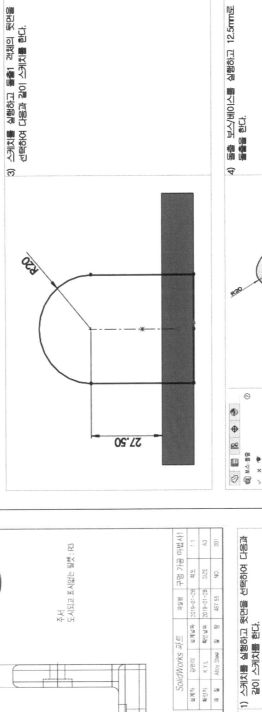

2) 돌출 보스/베이스를 실행하고 12.5mm로 돌출을 한다.

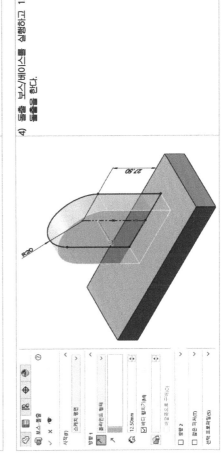

3) 스케치를 실행하고 돌출1 객체의 윗면을 선택하여 다음과 길이 스케치를 한다.

4) 돌출 보스/베이스를 실행하고 12.5mm로 돌출을 한다.

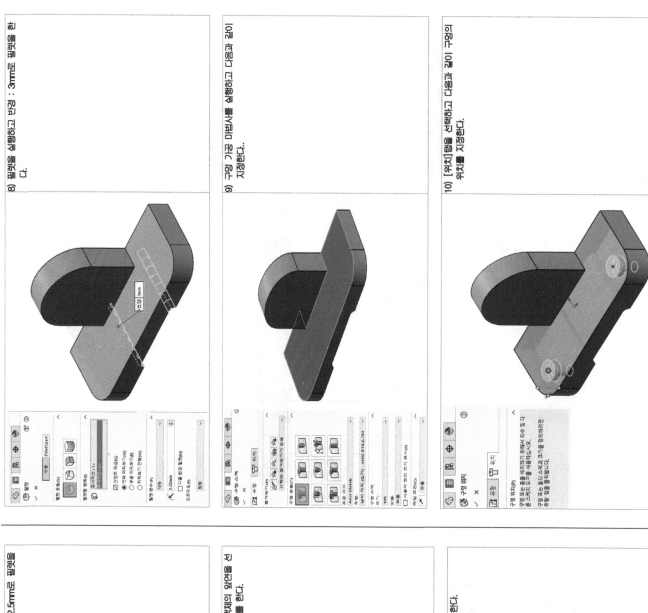

8) 필렛을 실행하고 반경 : 3mm로 필렛을 한다.

9) 구멍 가공 마법사를 실행하고 다음과 같이 지정한다..

10) [위치]탭을 선택하고 다음과 같이 구멍의 위치를 지정한다.

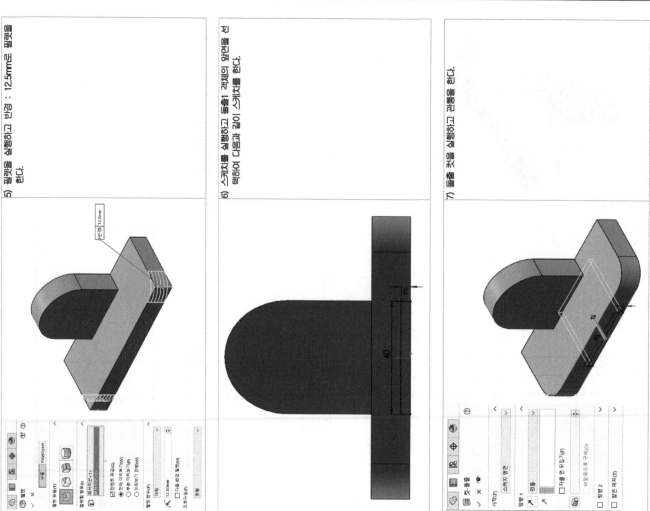

5) 필렛을 실행하고 반경 : 12.5mm로 필렛을 한다.

6) 스케치를 실행하고 돌출1 객체의 앞면을 선택하여 다음과 같이 스케치를 한다.

7) 돌출 컷을 실행하고 관통을 한다.

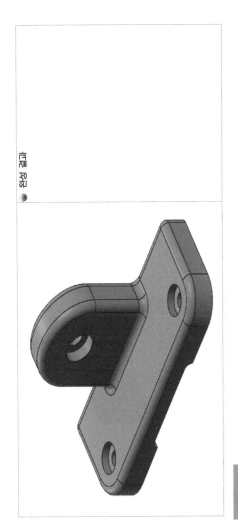

완성 결과

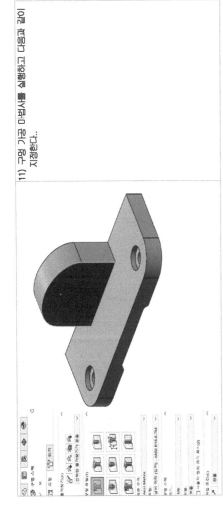

8 축척 피처 작성하기

축척 피처(🔲)는 파트나 곡면 모델을 그 중심, 모델 원점, 좌표계를 기준으로 축척(확대/축소)할 수 있다. 축척 피처는 데이터를 내보낼 때 모델을 내보낼 때 모델이 지오메트리와 캐버티 등에만 사용된다. 치수, 스케치 또는 참조형상은 축척하지 않는다. 멀티바디 파트에서는 여러 개의 모델을 선택하여 축척 할 수 있다. 수축이 일어나는 플라스틱 제품에 대하여 설계할 때 사용된다. 파트나 곡면 모델을 그 중심, 모델 원점, 좌표계 기준으로 축척하는 도구이다.

※ 축척의 옵션

■ 축척할 솔리드/바디 : 축척 시킬 솔리드와 바디를 선택한다. 단일 바디인 경우에는 표시되지 않는다.

■ 축척 기준
 - 중심 : 바디의 중심점을 기준으로 축척을 한다.
 - 원점 : 원점을 기준으로
 - 좌표계 : 사용자가 지정하는 좌표계를 중심으로 축척을 한다. 속성 디자인 트리에서 좌표계를 선택하면 옆에 좌표계 이름이 표시된다.

■ 균일 축척 : 모든 방향으로 동일한 양으로 축척이 이루어진다. 선택하게 되면 X축, Y축, Z축 방향이 동일한 배율로 축척시킨다. 선택하지 않을 경우에는 각각의 축에 따로 배율을 입력하여 축척을 한다.

■ 축척 계수 : 1보다 작으면 제품이 줄어들고 1보다 크면 부피가 늘어난다.

X 1
Y 1.5
Z 1

11) 구멍 가공 🔲 명령을 실행하고 다음과 같이 지정한다..

12) [위치]탭을 선택하고 다음과 같이 구멍의 위치를 지정한다.

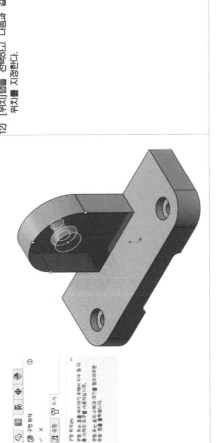

13) 필렛을 실행하고 반경 : 3mm로 필렛을 한 다.

반경 3mm

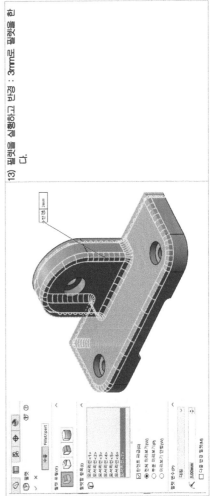

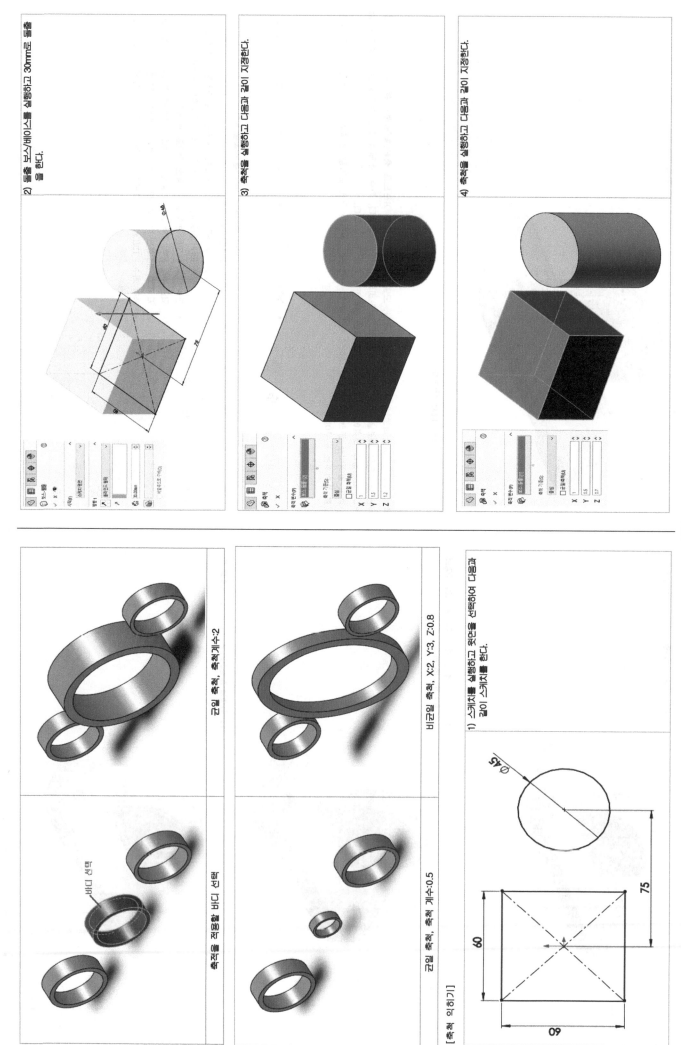

2) 돌출 보스/베이스를 실행하고 30mm로 돌출을 한다.

3) 축척을 실행하고 다음과 같이 지정한다.

4) 축척을 실행하고 다음과 같이 지정한다.

균일 축척, 축척계수:2

축척을 적용할 바디 선택

균일 축척, 축척 계수:0.5

비균일 축척, X:2, Y:3, Z:0.8

[축척 익히기]

1) 스케치를 실행하고 윗면을 선택하여 다음과 같이 스케치를 한다.

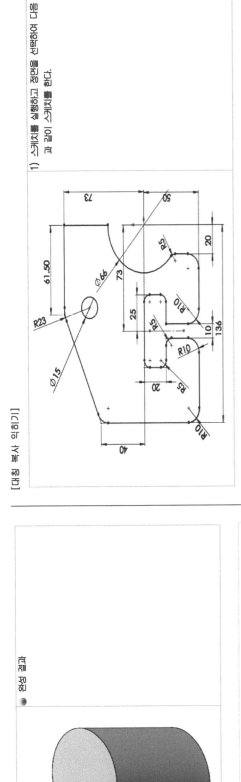

1) 스케치를 실행하고 정면을 선택하여 다음 과 같이 스케치를 한다.

2) 돌출 보스/베이스를 실행하고 10mm 돌출 을 한다.

3) 대칭복사를 실행하고 다음과 같이 지정하 여 대칭복사를 한다.

완성 결과

9 대칭 복사

대칭 복사()는 평면이나 연을 기준으로 선택한 피처, 바디 등을 대칭 복사하는 도구이다.

대칭 복사의 옵션

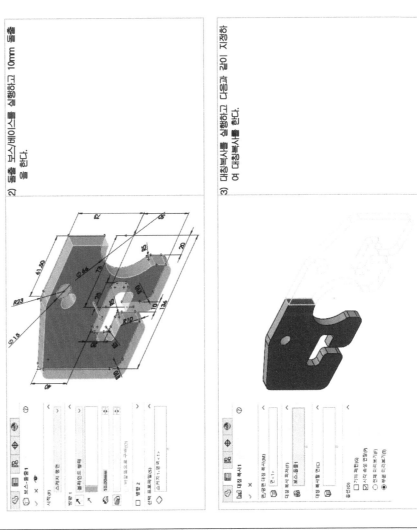

연/평면 대칭 복사 : 대칭 복사하는데 있어서 기준이 되는 연이 나 평면을 선택한다.

대칭 복사할 피처 : 대칭 복사할 연, 대칭 복사할 바디를 선택 한다.

옵션
- 솔리드 합치기 : 솔리드 합치면 확인란을 선택하면 원래 파트와 대칭 복사한 파트가 합쳐서 하나의 단일 바디로 된다.
- 곡면 붙이기 : 대칭 복사 연을 원래 연과 만나지 않게 하거나 틈이 없이 붙이 붙여서 대칭 복사하면 곡면 붙이기를 선택하 여 두 곡면을 붙일 수 있다.
- 시각속성 연장 : 씨드 피처에 지정됨 별도 지정에 씨드 피처의 색 또는 텍스처 정보 의 패턴 유무를 지정한다.

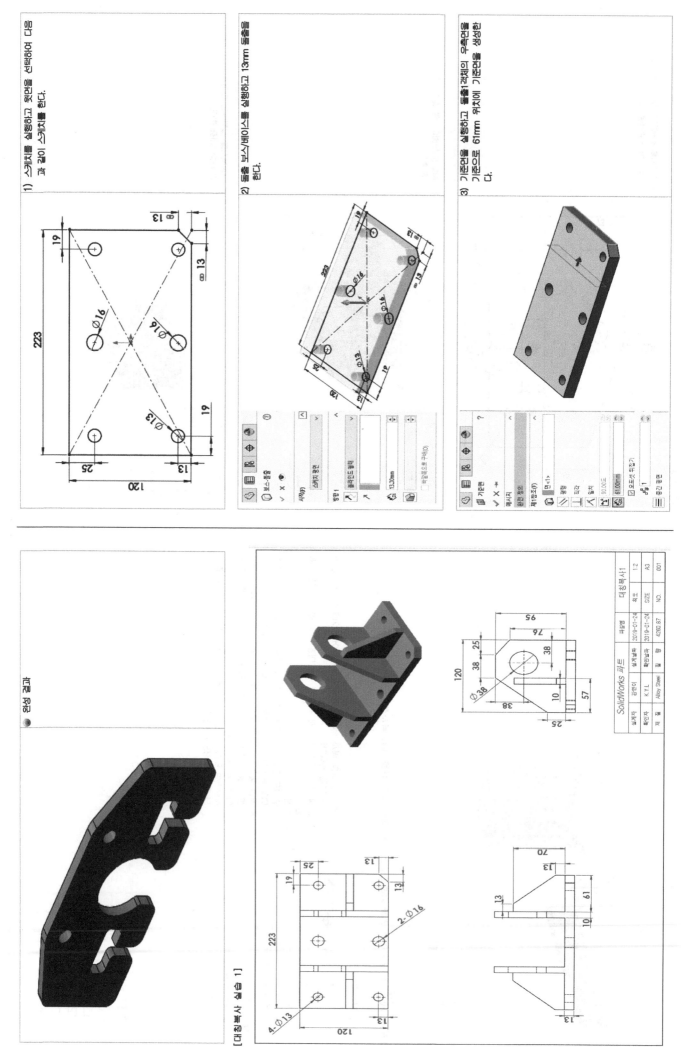

1) 스케치를 실행하고 윗면을 선택하여 다음 과 같이 스케치를 한다.

2) 돌출 보스/베이스를 실행하고 13mm 돌출을 한다.

3) 기준면을 실행하고 돌출1객체의 우측면을 기준으로 61mm 위치에 기준면을 생성한 다.

● 완성 결과

[대칭복사 실습 1]

7) 스케치를 실행하고 평면2를 선택하여 다음과 같이 스케치를 한다.

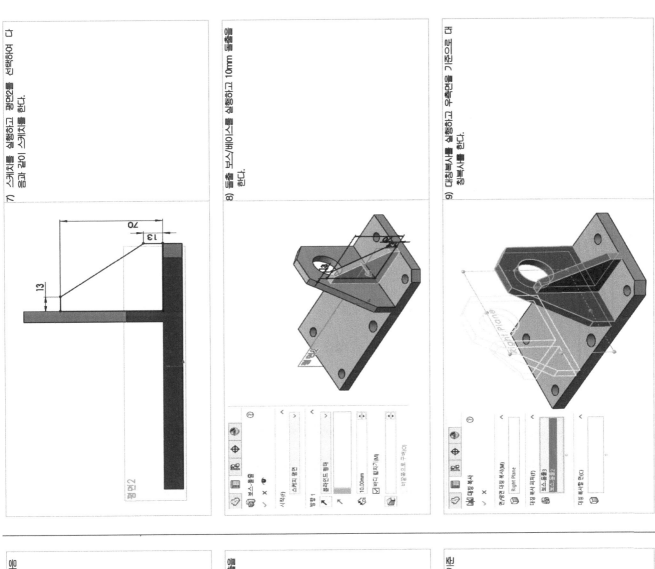

평면2

70

13

13

8) 돌출 보스/베이스를 실행하고 10mm 돌출을 한다.

보스-돌출

시작(F)
스케치 평면

방향1
블라인드 형태
10.00mm
바디 탈자기(M)
바깥쪽으로 구배(O)

9) 대칭복사를 실행하고 우측면을 기준으로 대칭복사를 한다.

대칭 복사

연/면/평면 대칭복사(M)
Right Plane
대칭 복사 피처(F)
보스-돌출3
대칭 복사 면(C)

4) 스케치를 실행하고 평면1을 선택하여 다음과 같이 스케치를 한다.

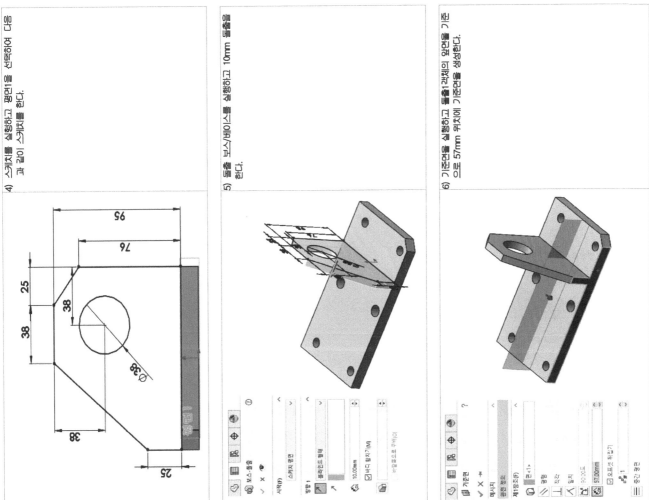

95

76

25

38

38

38

25

Ø38

5) 돌출 보스/베이스를 실행하고 10mm 돌출을 한다.

보스-돌출

시작(F)
스케치 평면

방향1
블라인드 형태
10.00mm
바디 탈자기(M)
바깥쪽으로 구배(O)

6) 기준면을 실행하고 돌출1거치의 윗면을 기준으로 57mm 위치에 기준면을 생성한다.

기준면

메시지
설정 완료

제1참조(F)
면 <1>
평행
직각
탈지
90.00도
57.00mm
오프셋 탈지기
중간 평면

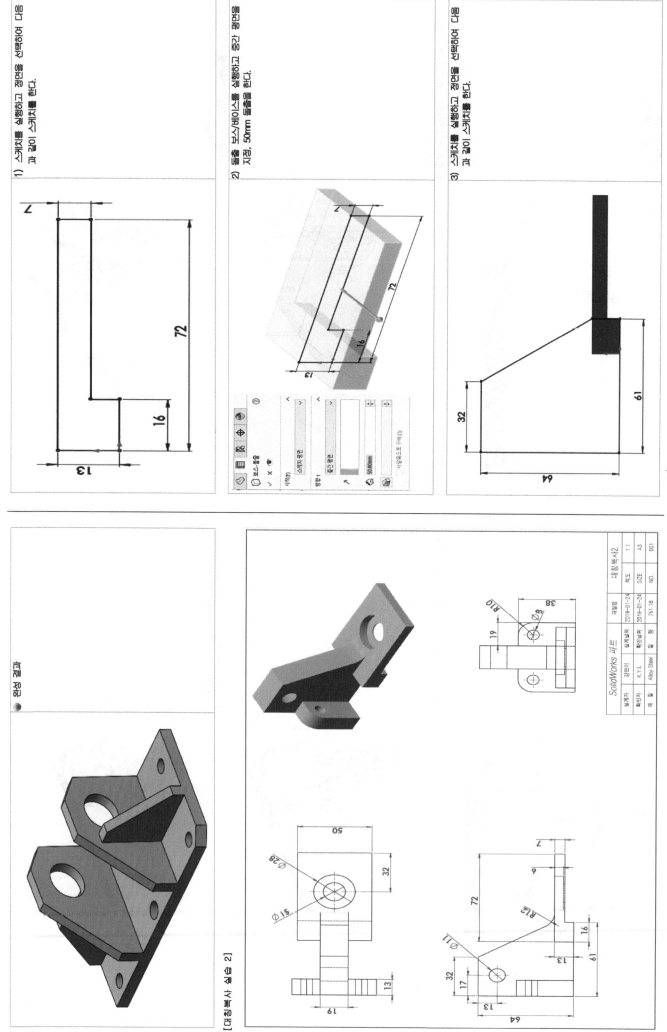

1) 스케치를 실행하고 정면을 선택하여 다음
   과 같이 스케치를 한다.

2) 돌출 보스/베이스를 실행하고 중간 평면을
   지정, 50mm 돌출을 한다.

3) 스케치를 실행하고 정면을 선택하여 다음
   과 같이 스케치를 한다.

완성 결과

[대칭복사 실습 2]

SolidWorks 피트

설계자	강현이	작성일	2019-01-24	척도	1:1
확인자	K.Y.L	확인일	2019-01-24	SIZE	A3
재 질	Alloy Steel	질 량	751.16	NO.	001

대칭복사2

7) 스케치를 실행하고 돌출 컷1 객체의 윗 면을 선택하여 다음과 같이 스케치를 한다.

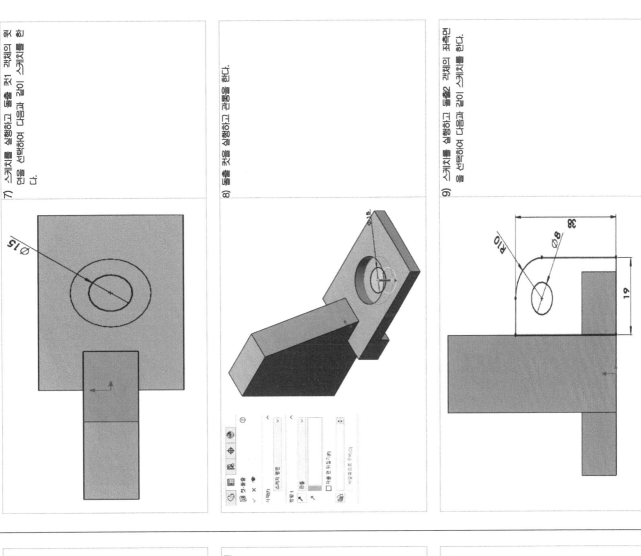

∅15

8) 돌출 컷을 실행하고 컷을을 한다.

∅15

9) 스케치를 실행하고 돌출2 객체의 좌측면을 선택하여 다음과 같이 스케치를 한다.

R10

∅8

38

19

4) 돌출 보스/베이스를 실행하고 중간평면을 지정, 19mm 돌출을 한다.

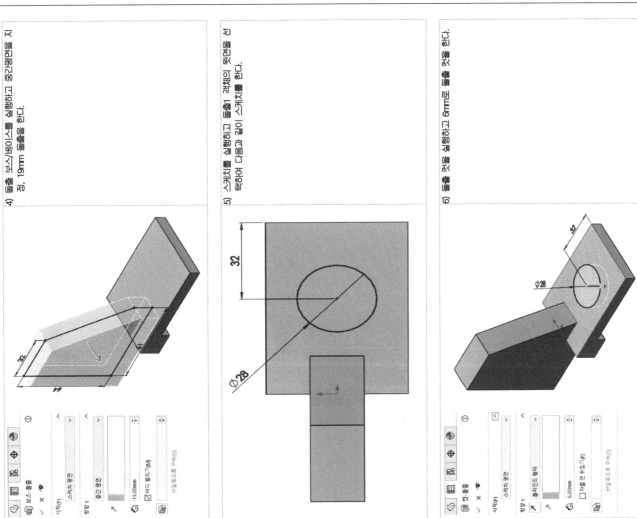

32

64

5) 스케치를 실행하고 돌출1 객체의 윗면을 선택하여 다음과 같이 스케치를 한다.

32

∅28

6) 돌출 컷을 실행하고 6mm로 돌출 컷을 한다.

32

∅28

13) 돌출 컷을 실행하고 관통을 한다.

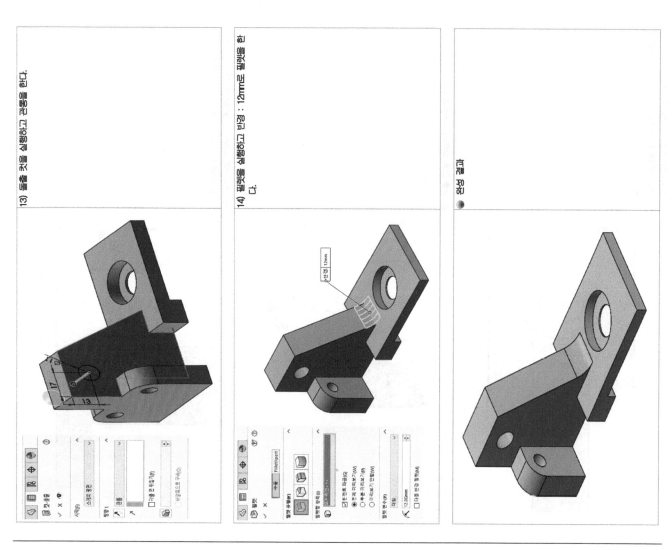

14) 필릿을 실행하고 반경 : 12mm로 필릿을 한
다.

● 완성 결과

10) 돌출 보스/베이스를 실행하고 13mm 돌출
을 한다.

11) 대칭복사를 실행하고 정면을 기준으로 대칭
복사를 한다.

12) 스케치를 실행하고 돌출2 객체의 앞면을 클
릭하여 다음과 같이 스케치를 한다.

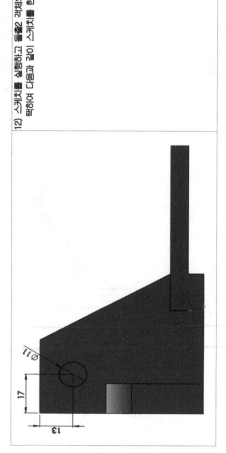

[대칭복사 실습 5]

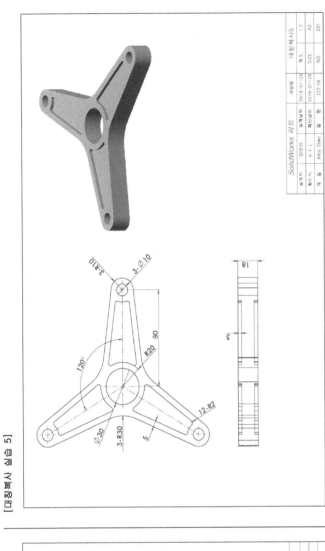

[대칭복사 실습 6]

[대칭복사 실습 3]

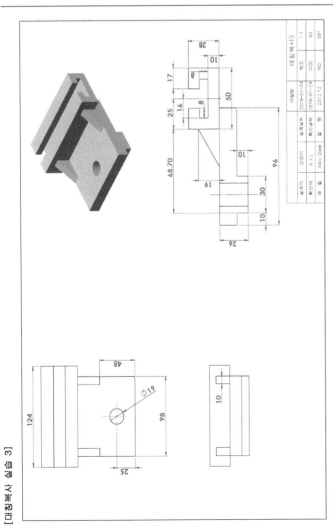

[대칭복사 실습 4]

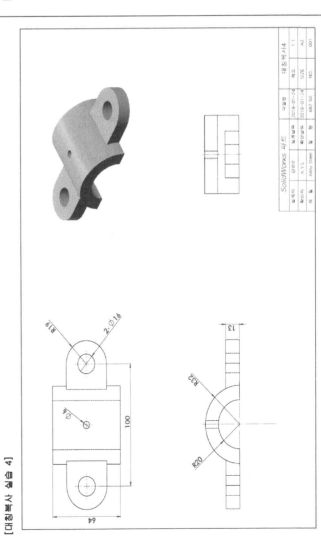

- 167 -

10 돔

돔()은 선택한 연에 대하여 연의 중심에서 높이 값을 부여하여 부풀리는 명령이다.

■ 돔의 옵션

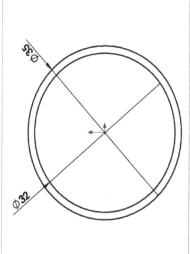

원기둥	거리:-50mm	거리: 50mm, 타원형 돔 체크	거리: 0mm	거리: 30mm	다각형 연속 돔 선택	다각형 연속 돔 해제

파라미터

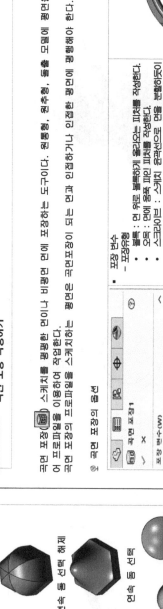

30.00mm

연<1>

☑ 미리 보기 표시(S)

- 돔 연( ) : 2차원 또는 3차원 연을 선택한다.
- 거리 : 돔의 거리 값을 지정한다.
- 반대방향( ) : 오목형 돔(기본 없는 볼록형)을 만든다.
- 구속 점( ) 또는 스케치 : 돔의 형상을 구성할 스케치를 선택하여 돔 피처를 제어한다. 스케치로 구속하면 거리를 사용할 수 없다.
- 방향( ) : 돌출할 방향을 선택한다. 방향 벡터로 직선 모서리나 두 스케치 점으로 작성된 벡터를 사용할 수 있다.
- 타원형 돔 : 돔이 이를 선택하면 타원한 거리 값을 기준으로 하는 돔을 생성
- 타원형 돔(T) : 돔이 생성될 모양을 미리 보여준다.

20.00mm

연<2>

☑ 타원형 돔(T)

☑ 미리 보기 표시(S)

비평면연에 돔 적용

타원형 돔 선택해제 타원형 돔 선택

다각형 연

연속 돔 : 다각형 연을 선택하고 명령을 실행 했을 때 나타나는 옵션

- 연속 돔을 사용하면 일정한 경사도를 두고 위로 올라 갈수록 좁아진다.
- 연속 돔을 사용하지 않으면 다각형의 모서리에 수직 으로 돔이 작성된다. (연속 구간이 있어야 한다.)

TIP

원통형 모델과 원추형 모델에서는 거리를 0으로 지 정할 수 있다. 돔이 바닥 원호의 반경을 사용하여 거 리가 계산된다.

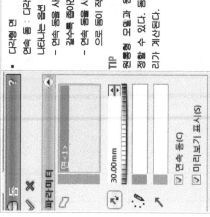

연속 돔 선택 해제

연속 돔 선택

돔 작성법

1) 솔리드 형상작업을 한다.
2) 피처 도구모음에서 돔( ) 또는 [삽입]-[피처]-[돔]을 클릭한다.
2) PropertyManager의 옵션 사항을 아래와 같이 설정한다.
　1> 돔 피처를 삽입할 면을 선택한다.
　2> 돔의 높이를 입력한다.
3) 확인 버튼을 눌러 명령을 완료한다.

---

11 곡면 포장 작성하기

곡면 포장( ) 스케치를 평평한 면이나 비평면 연에 포장하는 도구이다. 원통형, 원추형, 돌출 모델에 평면을 만들 어 프로파일을 이용하여 작업한다.
곡면 포장이 프로파일을 스케치하는 평면은 곡면포장이 되는 연과 인접하거나 인접한 평면에 평행해야 한다.

■ 곡면 포장의 옵션

곡면 포장1

1.00mm

☐ 반대 방향(R)

원본 스케치(O)

스케치2

포장 변수
- 포장유형
  · 볼록 : 연 위로 볼록하게 올라오는 피처를 작성한다.
  · 오목 : 면에 음푹 파인 피처를 작성한다.
  · 스크라이브 : 스케치 윤곽선으로 연을 분할하듯이 작성한다.
- 곡면 포장 스케치 연( ) : 곡면 포장이 이루어지는 연을 선택한다.
- 두께( ) : 볼록과 오목일 때만 나타난다. 돌출 값이 볼 설정
- 끌대방향( ) : 끌는 방향을 바꾼다.
- 끌 방향( ) : 볼록과 오목을 선택한 경우이다. 나오는 윤곽을 향한 아래에서 끌 방향을 선택하는 것, 선, 직선 모 서리, 평면 중에서 선택한다.
평면을 선택하면 방향이 평면에 수직으로 작성된다.
- 원본 스케치( ) : 곡면 포장의 방향을 위해 미리 그려둔 프로파일을 프로파일의 원본 스케치를 선택한다.

끌 방향 - 평면 A

끌 방향 - 평면 B

[곡면포장 익히기]

1) 스케치를 실행하고 정면을 선택하여 다음 과 같이 스케치를 한다.

Ø35
Ø32

5) 곡면 포장을 실행하고 포장 변수 : 볼록을
지정하고 다음과 길이 지정한다.

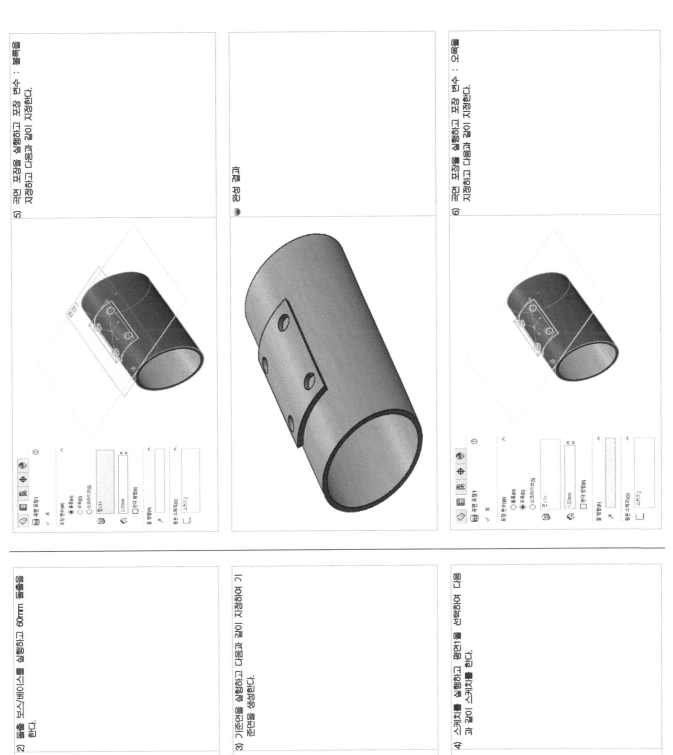

완성 결과

2) 돌출 보스/베이스를 실행하고 60mm 돌출을
한다.

3) 기준면을 실행하고 다음과 같이 지정하여 기
준면을 생성한다.

4) 스케치를 실행하고 평면1을 선택하여 다음
과 같이 스케치를 한다.

6) 곡면 포장을 실행하고 포장 변수 : 오목을
지정하고 다음과 길이 지정한다.

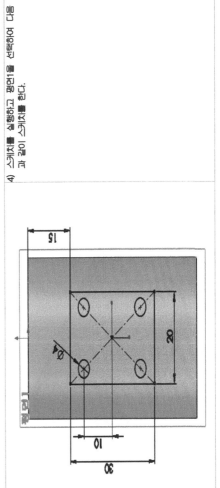

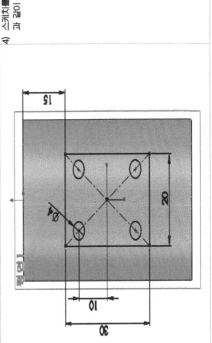

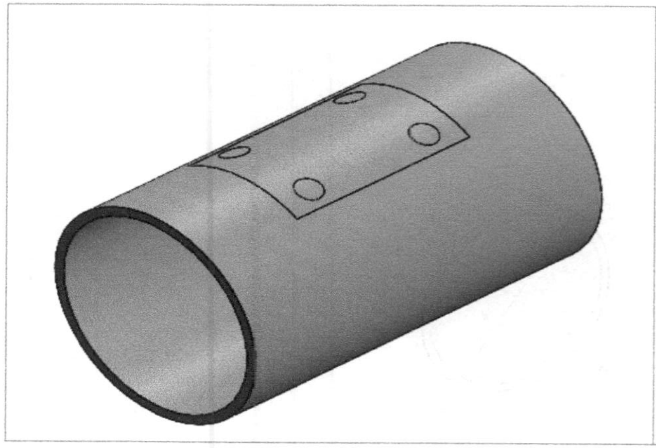

[Lecture 7-1]

1) 스케치를 실행하고 정면을 선택하여 다음
과 같이 스케치를 한다.

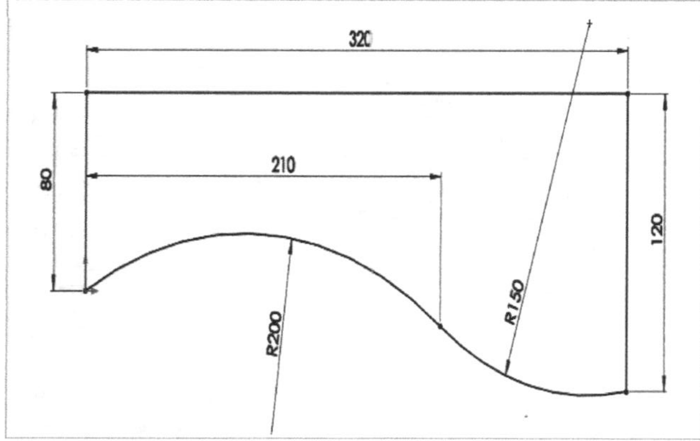

2) 회전 부스/베이스를 실행하고 다음과 같이
지정하여 회전을 한다.

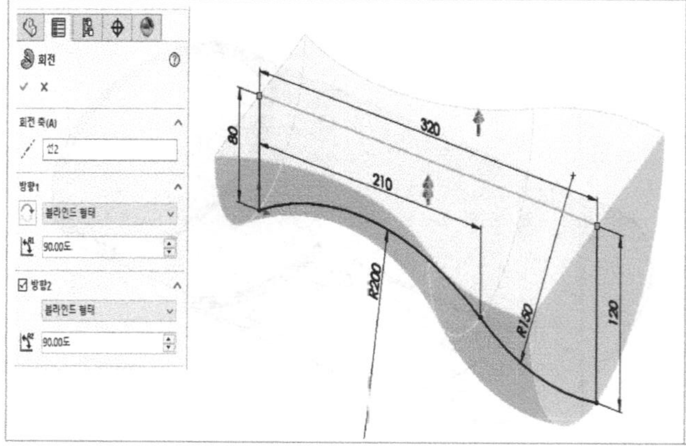

3) 스케치를 실행하고 정면을 선택하여 다음과
같이 스케치를 한다.

완성 결과

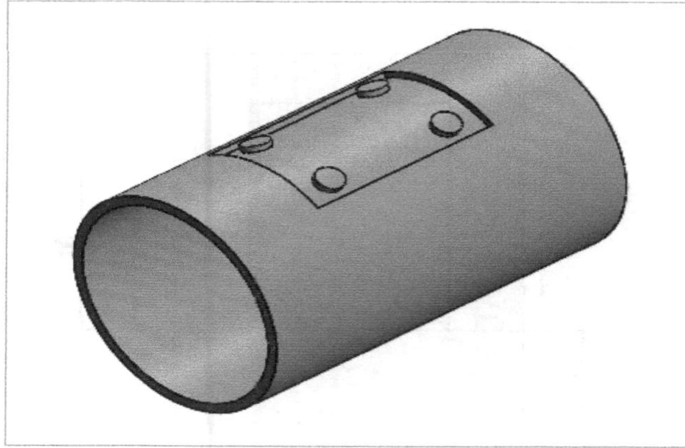

7) 곡면 포장을 실행하고 포장 변수 : 스크라이
브를 지정하고 다음과 같이 지정한다.

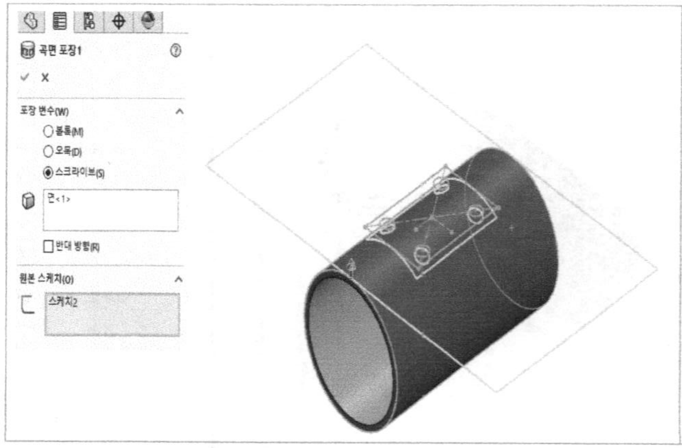

완성 결과

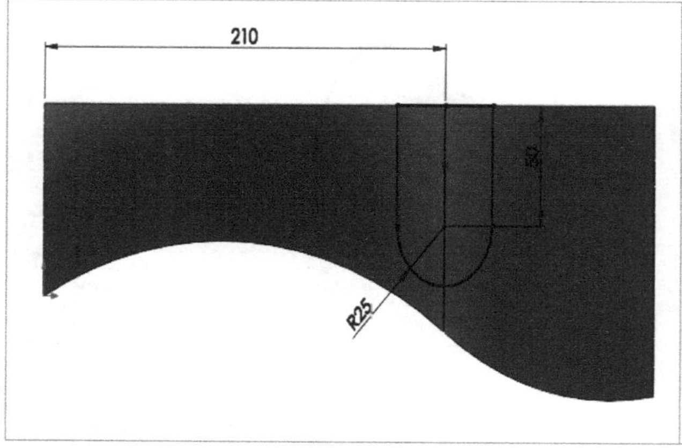

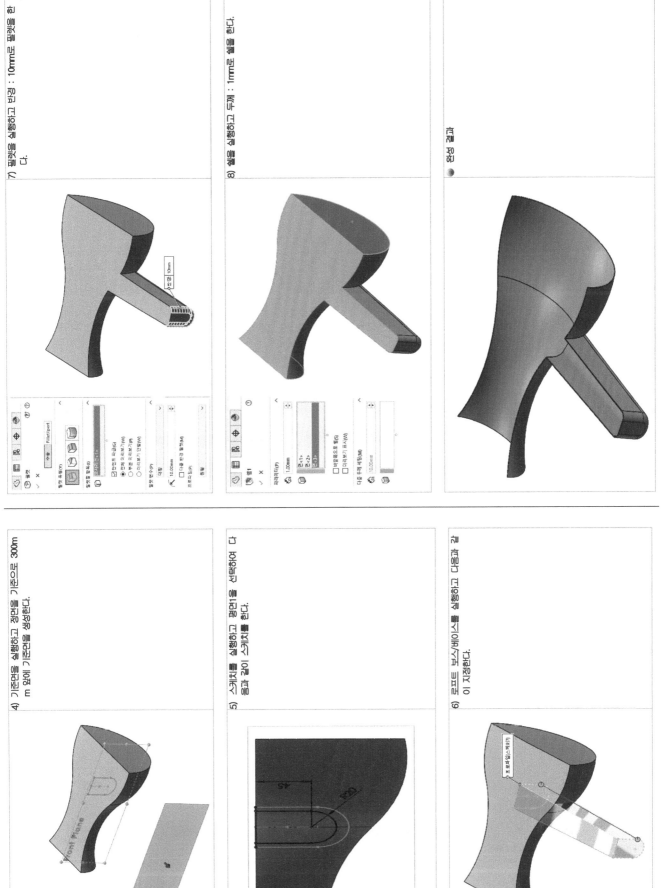

7) 필렛을 실행하고 반경 : 10mm로 필렛을 한다.

8) 쉘을 실행하고 두께 : 1mm로 쉘을 한다.

완성 결과

4) 기준면을 실행하고 정면을 기준으로 300m m 앞에 기준면을 생성한다.

5) 스케치를 실행하고 평면1을 선택하여 다음과 같이 스케치를 한다.

6) 로프트 보스/베이스를 실행하고 다음과 같이 지정한다.

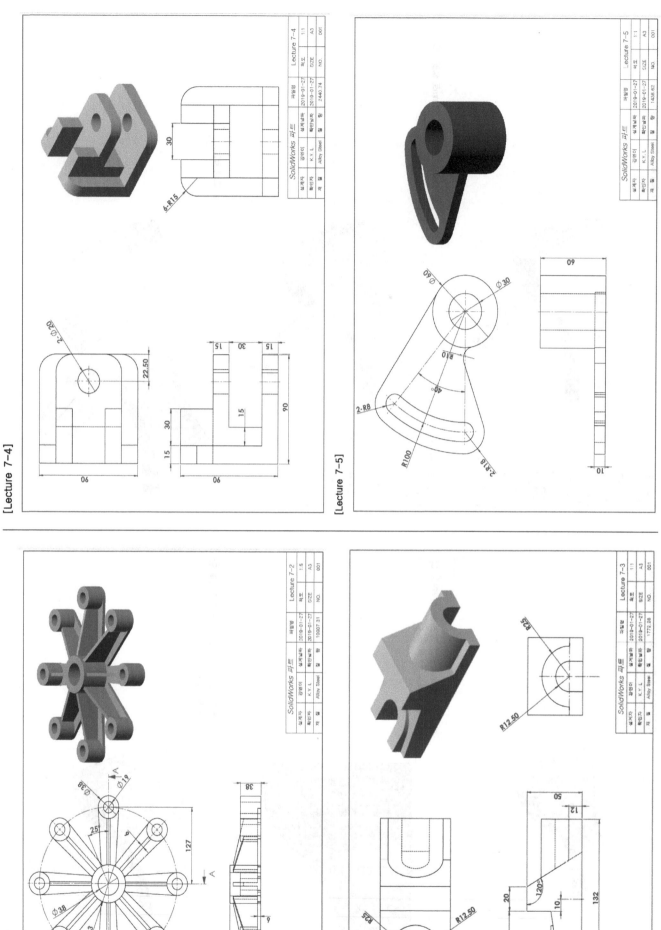

[Lecture 7-4]

[Lecture 7-5]

[Lecture 7-2]

[Lecture 7-3]

[Lecture 7-8]

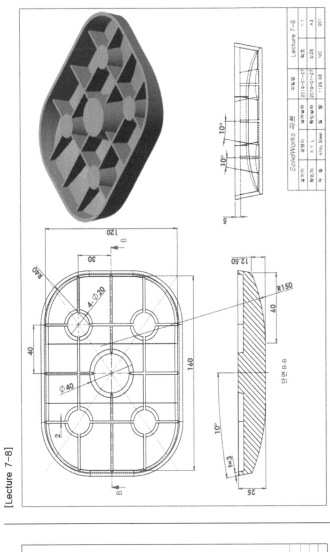

SolidWorks 파트			Lecture 7-8	
설계자	김현미	작성일	2019-01-27	척도 1:1
검도자	K.Y.L	확인날짜	2019-01-27	SIZE A3
확인자	정	질량	1126.68	NO 001
재 질	Alloy Steel			

[Lecture 7-9]

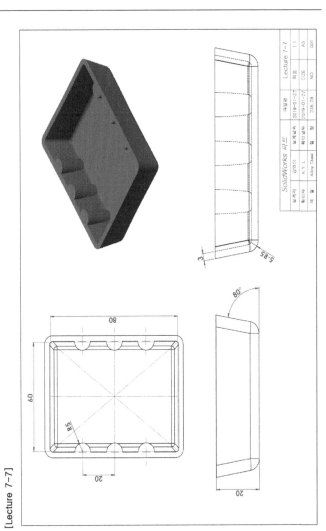

- 안쪽 필렛부 두께 : 2 오표삿

SolidWorks 파트			Lecture 7-9	
설계자	김현미	작성일	2019-01-27	척도 1:1
검도자	K.Y.L	확인날짜	2019-01-27	SIZE A3
확인자	정	질량	93.72	NO 001
재 질	Alloy Steel			

[Lecture 7-6]

SolidWorks 파트			Lecture 7-6	
설계자	김현미	작성일	2019-01-27	척도 1:1
검도자	K.Y.L	확인날짜	2019-01-27	SIZE A3
확인자	정	질량	316.11	NO 001
재 질	Alloy Steel			

[Lecture 7-7]

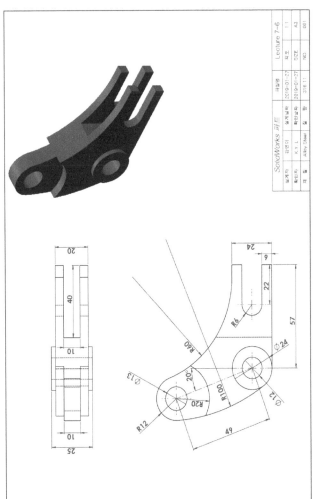

SolidWorks 파트			Lecture 7-7	
설계자	김현미	작성일	2019-01-27	척도 1:1
검도자	K.Y.L	확인날짜	2019-01-27	SIZE A3
확인자	정	질량	236.28	NO 001
재 질	Alloy Steel			

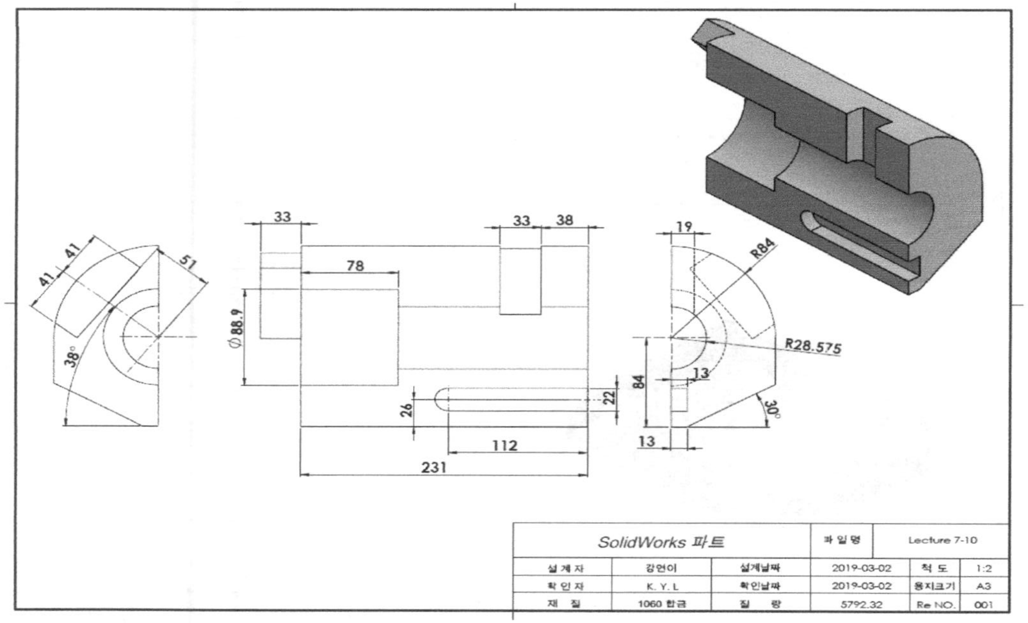

[Lecture 7-12-1]

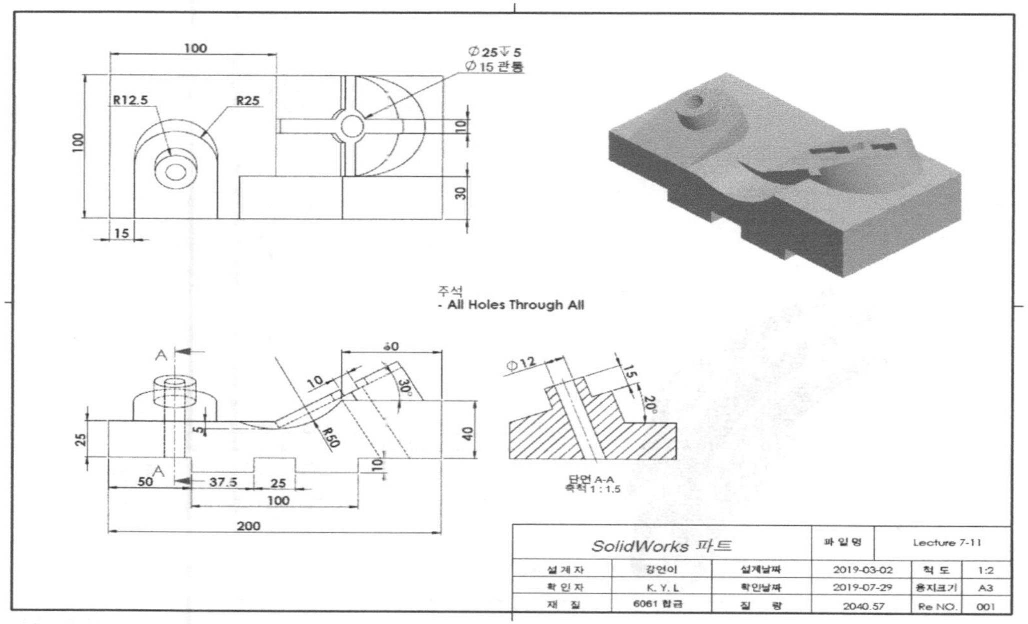

[Lecture 7-12-2]

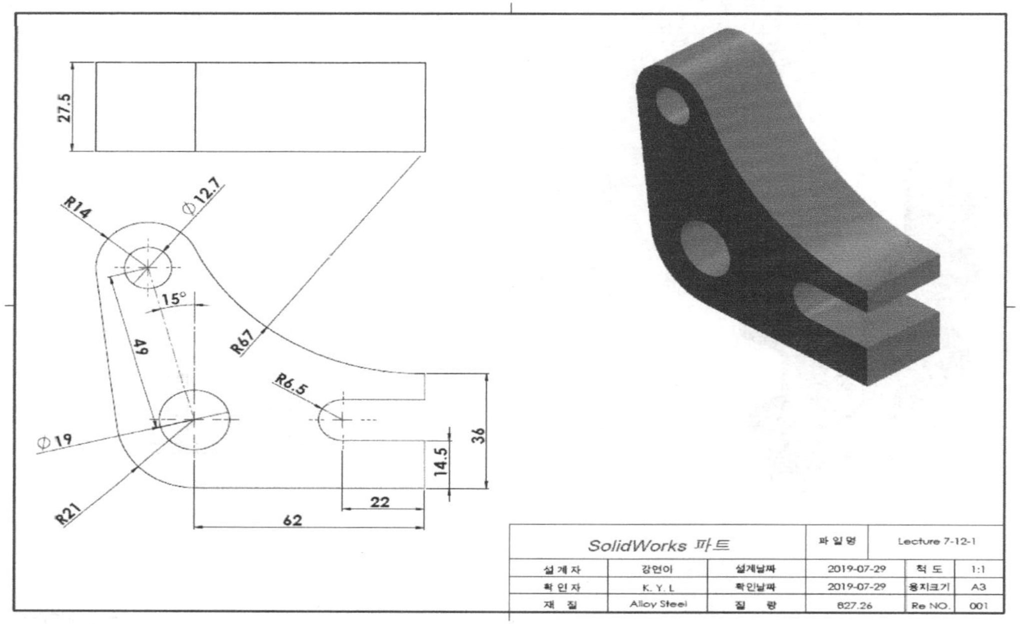

[Lecture 7-10]

[Lecture 7-11]

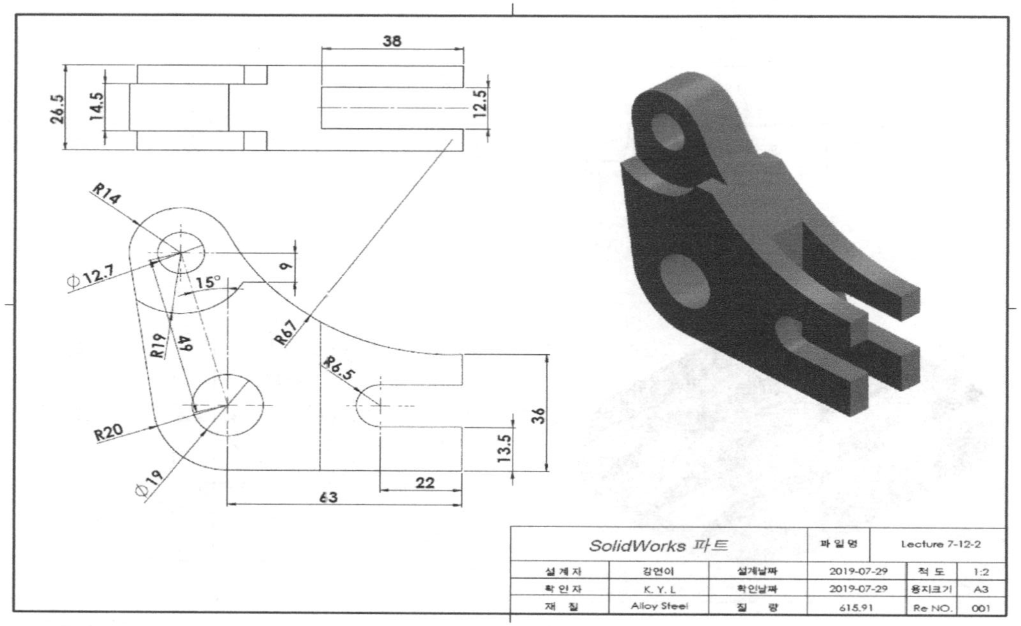

[Lecture 7-14]

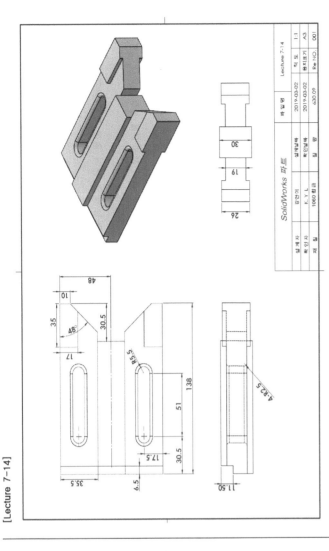

SolidWorks 파트				Lecture 7-14	
				척 도	1:1
설계자		강영이	2019-03-02	투영법	A3
확인자		K. Y. L	2019-03-02	용지크기	
재 질		1060 합금	630.09	Re NO.	001

[Lecture 7-12-3]

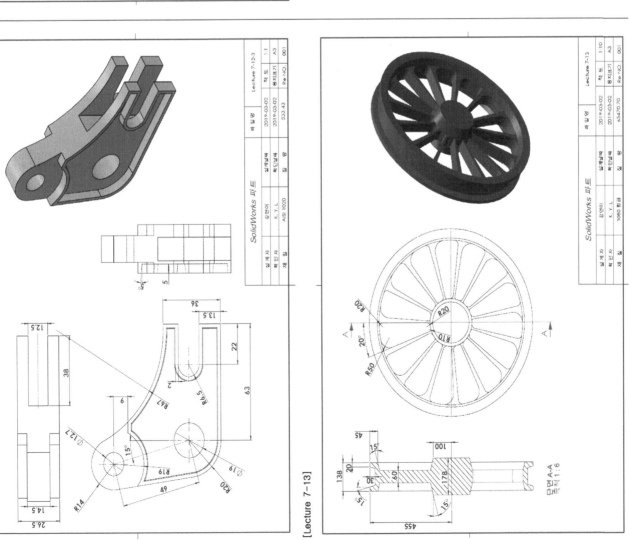

SolidWorks 파트				Lecture 7-12-3	
				척 도	1:1
설계자		강영이	2019-03-02	투영법	A3
확인자		K. Y. L	2019-03-02	용지크기	
재 질		AISI 1020	533.43	Re NO.	001

[Lecture 7-13]

SolidWorks 파트				Lecture 7-13	
				척 도	1:10
설계자		강영이	2019-03-02	투영법	A3
확인자		K. Y. L	2019-03-02	용지크기	
재 질		1060 합금	65470.70	Re NO.	001

1. 3D 스케치

1) 3D 스케치의 개요

SolidWorks는 임의의 평면에 2D 스케치를 생성할 수도 있지만 3D 스케치 도구를 이용하여 공간상에서 점과 점을 이은 선분을 작성한다거나 다른 요소를 작성하여 치수와 구속조건을 부여할 수 있다. 파이프나 스윕 경로의 중심선을 지정하기 위하여 3D 스케치를 사용한다. 3D 스케치 작업을 위하여 도구모음의 스케치 버튼에 확장 버튼을 누르고 3D 스케치를 클릭하여 실행하면 3D 스케치를 작성할 수가 있다.

작성도구와 작성 방법은 2D 스케치와 같은 방법으로 작성하면 된다. 2D 스케치에서 사용하는 치수 및 구속조건를 3D 스케치에서 그대로 사용할 수가 있다. 3D 스케치에서 치수와 구속 관계를 부가하는 방법은 2D 스케치에서 사용하는 방법과 같다.

3D 스케치를 스윕 경로, 로프트나 스윕의 안내 곡선, 로프트 중심선, 또는 배관 시스템의 주요 요소 중 하나로 사용할 수 있다.

2) 3D 스케치의 공간 핸들

3D 스케치 작성 중에 그래픽 공간 핸들이 여러 평면에 스케치하는 동안 방향을 유지할 수 있게 도와준다. 공간 핸들은 스케치 요소의 첫 번째 점이 선택한 평면에 지정될 때 나타난다.

3D 스케치를 시작하고 선을 작성하기 위하여 선 아이콘을 클릭하게 되면 원점 좌표가 아래 그림과 같이 변경된다.

기본 원점 좌표	참조 좌표계	3D 스케치 작업 중에 원점 좌표(공간 핸들)

마우스 커서 또한 다음과 같은 모양으로 나타나게 된다.

8장

3D 스케치와 참조 형상

학습 내용

1. 3D 스케치
2. 참조 형상
3. 3D 스케치 도구 사용하기
4. 참조 형상
5. 3D 스케치와 참조 형상 실습

Tab키로 위/아래 : XY, 좌우 : ZX, 앞/뒤 : YZ로 전환해 기준에 다음과 같이 스케치를 한다.

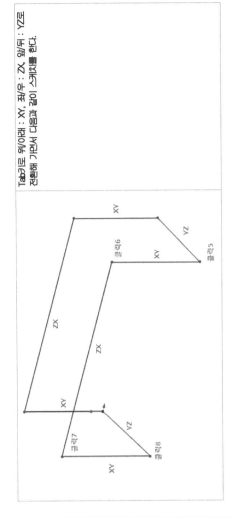

2) 구속조건 부가(⊥)를 선택하고 놀이에 해당하는 선분 4개를 선택하고 Y축에 따라 구속을 부가한다.

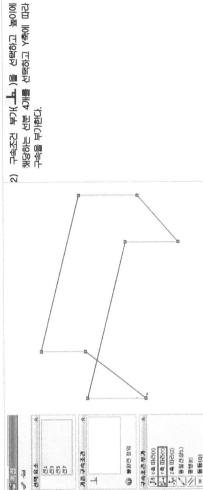

3) 구속조건 부가(⊥)를 선택하고 길이에 해당하는 선분 2개를 선택하고 X축에 따라 구속을 부가한다. 또는 동등 구속 조건을 준다.

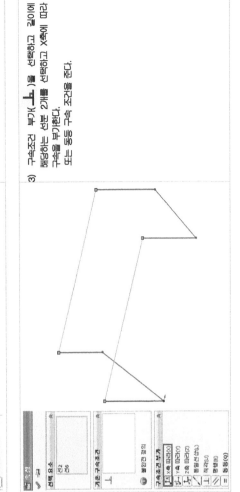

좌표 모양	커서 모양	작업 평면
		XY 평면과 동일한 평면에 스케치가 진행된다.
		YZ 평면과 동일한 평면에 스케치가 진행된다.
		ZX 평면과 동일한 평면에 스케치가 진행된다.

3D 스케치는 기본적으로 XY, YZ, ZX 평면 방향에 맞추어서 스케치가 진행된다. 평면을 바꾸고자할 때는 Tab 키를 누르면 세 개의 평면이 순서대로 바뀌게 된다.

3) 공간 핸들

3D 스케치 작업 시 여러 평면에 스케치하는 동안 방향을 유지할 수 있게 그래픽 보조 도구가 지원된다. 이 도구를 공간 핸들이라고 한다. 공간핸들은 선택한 평면에 선 또는 자유 곡선이 선택의 첫 번째 점을 지정할 때 나타난다. 공간 핸들을 사용하여 스케치하려는 기존 축을 선택할 수 있다. 두 개의 다른 평면 중 하나로 전환하려면 필요한 스케치 도구를 클릭하고 키보드의 Tab키를 클릭한다. 현재 스케치 평면의 원점이 나타난다.

[3D 스케치 실습 1]

1) 3D 스케치를 실행하고 다음과 같이 스케치를 한다.

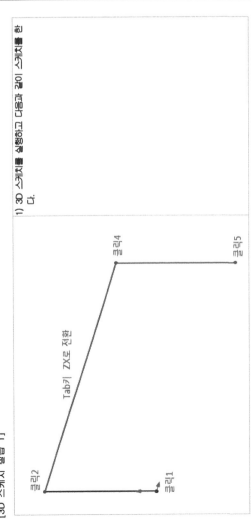

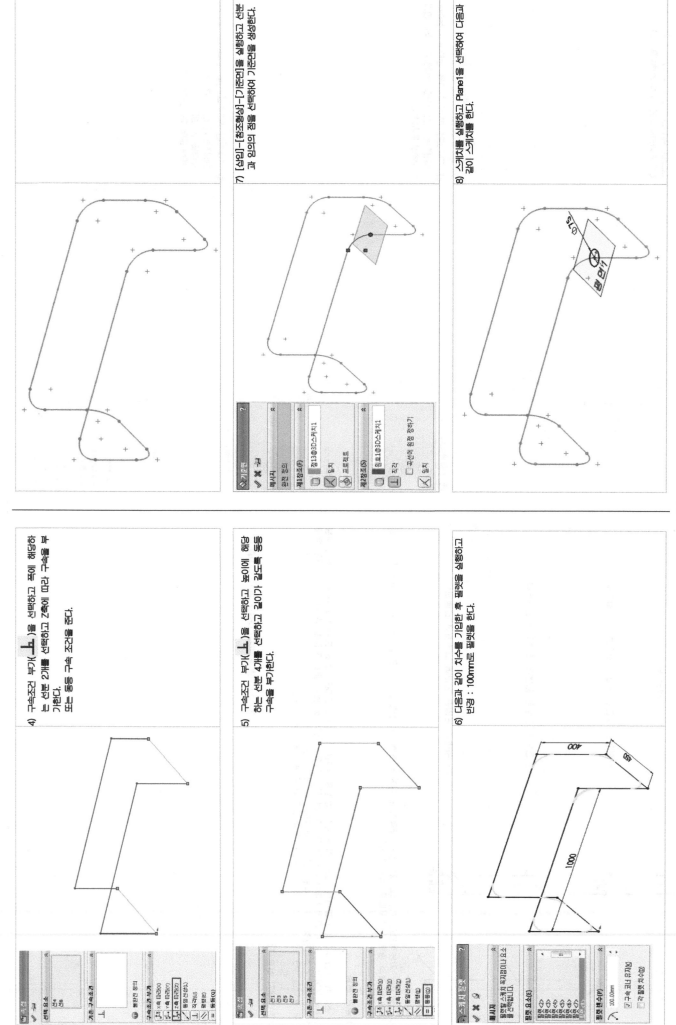

4) 구속조건 부가(⊥)를 선택하고 특에 해당하는 선분 2개를 선택하고 Z축에 따라 구속을 부가한다.
또는 동등 구속 조건을 준다.

5) 구속조건 부가(⊥)를 선택하고 높이에 해당하는 선분 4개를 선택하고 길이가 같도록 동등 구속을 부가한다.

6) 다음과 같이 길이 치수를 기입한 후 필렛을 실행하고 반경 : 100mm로 필렛을 한다.

7) [삽입]-[참조형상]-[기준면]을 실행하고 선분과 임의의 점을 선택하여 기준면을 생성한다.

8) 스케치를 실행하고 Plane1을 선택하여 다음과 같이 스케치를 한다.

2) [삽입]-[참조형상]-[기준면]을 실행하고 선분과 끝점을 지정하여 기준면을 생성한다.

3) 스케치를 실행하고 평면1을 선택하여 다음과 같이 스케치를 한다.

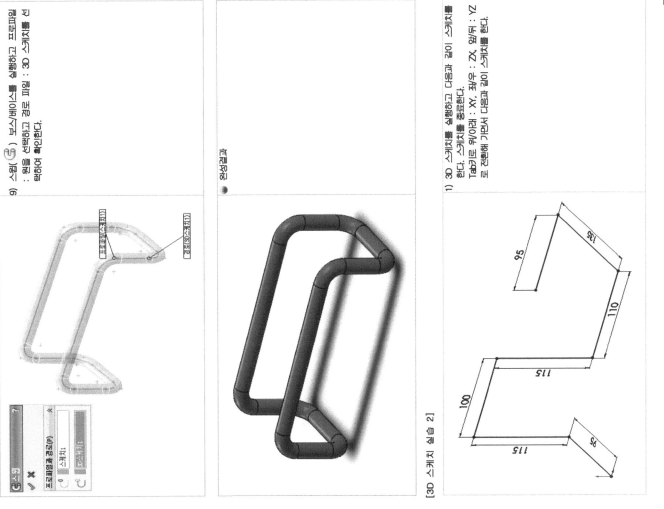

9) 스윕( ) 보스/베이스를 실행하고 프로파일 : 원을 선택하고 경로 파일 : 3D 스케치를 선택하여 확인한다.

● 완성결과

[3D 스케치 실습 2]

1) 3D 스케치를 실행하고 다음과 같이 스케치를 한다. 스케치를 종료한다.
Tab키로 위/아래 : ZX, 좌/우 : XY, 앞/뒤 : YZ 로 전환해 가면서 다음과 같이 스케치를 한다.

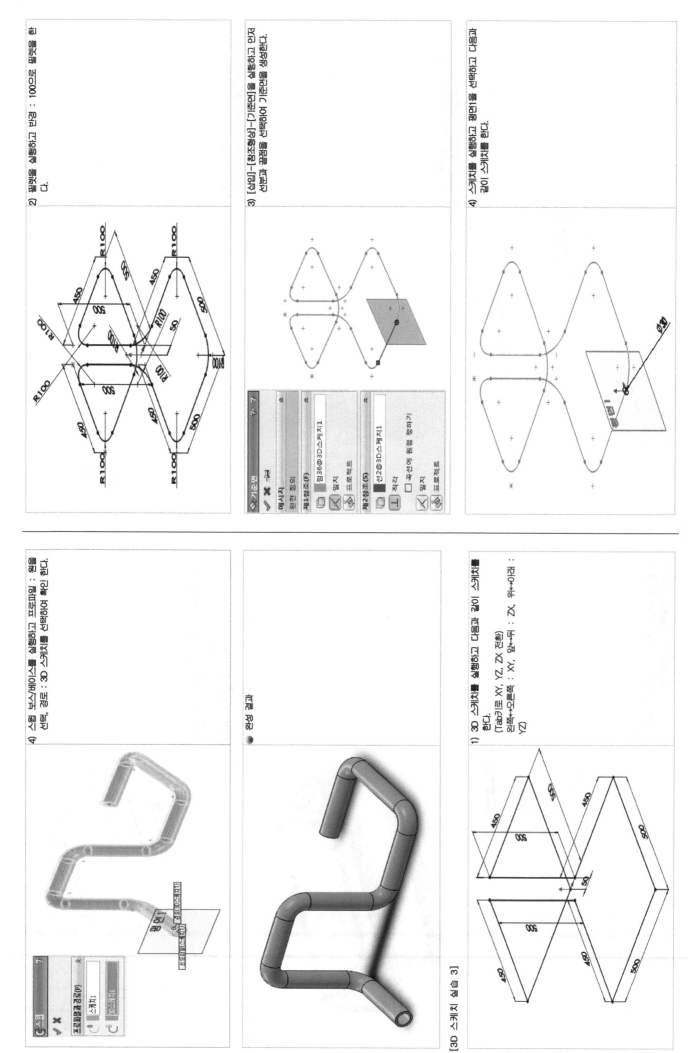

2) 필렛을 실행하고 반경 : 100으로 필렛을 한 다.

3) [삽입]-[참조형상]-[기준면]을 실행하고 먼저 선분과 끝점을 선택하여 기준면을 생성한다.

4) 스케치를 실행하고 평면1을 선택하고 다음과 길이 스케치를 한다.

제1참조(F)
점36@3D스케치1
일치
프로파일러
제2참조(S)
선2@3D스케치1
직각
□ 곡선에 원점 정하기
일치
프로파일러

— 180 —

4) 스윕 보스/베이스를 실행하고 프로파일 : 원을 선택, 경로 : 3D 스케치를 선택하여 확인 한다.

프로파일과 경로(P)
스케치1
평면과 곡선

완성 결과

[3D 스케치 실습 3]

1) 3D 스케치를 실행하고 다음과 길이 스케치를 한다.
(Tab키로 XY, YZ, ZX 전환)
왼쪽↔오른쪽 : XY, 앞↔뒤 : ZX, 위↔아래 : YZ

2)

2D 스케치를 실행하고 윗면을 선택하여 다음과 같이 스케치를 한다.

Φ70

3)

스윕 보스/베이스를 실행하고 다음과 같이 지정하여 생성한다.

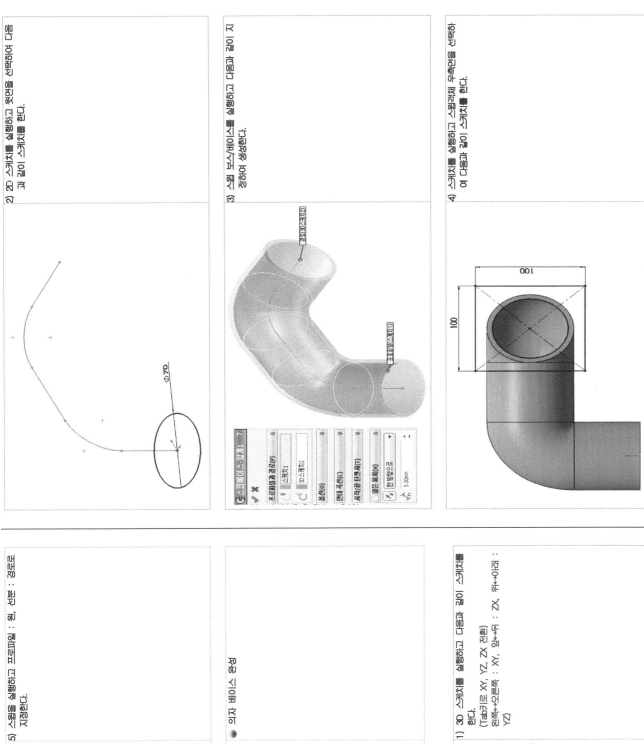

경로(3D스케치1)

프로파일(스케치1)

스윕(보스/베이스) ?

표로파일과 경로(P)
- 스케치1
- 3D 스케치2

옵션(O)
안내 곡선(C)
시작과 끝부분(T)
얇은 피처(N)
한 방향으로
5.00mm

4)

스케치를 실행하고 스윕러치제 우측면을 선택하여 다음과 같이 스케치를 한다.

100
100

5)

스윕을 실행하고 프로파일 : 원, 선분 : 경로로 지정한다.

프로파일과 경로(P)
- 스케치1
- 3D스케치1

경로(3D스케치1)

프로파일(스케치1)

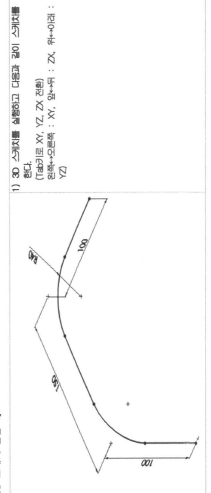

의자 베이스 완성

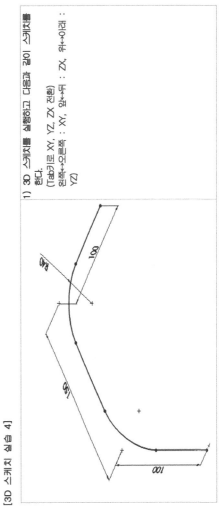

[3D 스케치 실습 4]

1) 3D 스케치를 실행하고 다음과 같이 스케치를 한다.

(Tab키로 XY, YZ, ZX 전환)

좌우↔오른쪽 : XY, 앞뒤 : ZX, 위↔아래 : YZ

R40
100
R40
100

8) 돌출 보스/베이스를 실행하고 10mm 돌출을 한다.

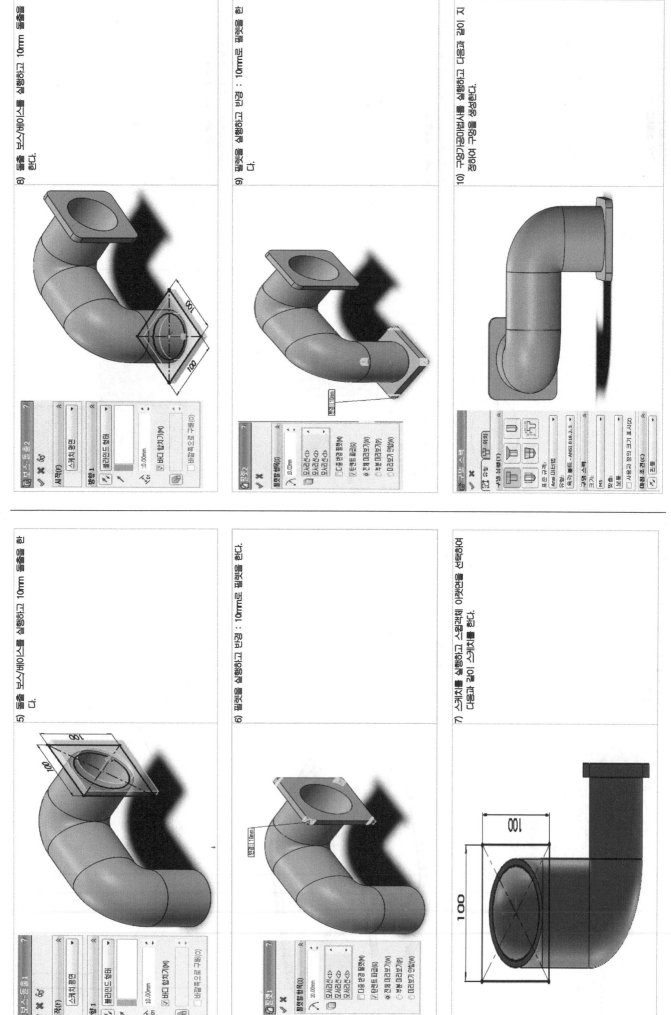

9) 필렛을 실행하고 반경 : 10mm로 필렛을 한다.

10) 구멍가공마법사를 실행하고 다음과 같이 지정하여 구멍을 생성한다.

5) 돌출 보스/베이스를 실행하고 10mm 돌출을 한다.

6) 필렛을 실행하고 반경 : 10mm로 필렛을 한다.

7) 스케치를 실행하고 스윕곡체 아랫면을 선택하여 다음과 같이 길이 스케치를 한다.

2) 스케치 반경 : 8mm로 필렛을 한다.

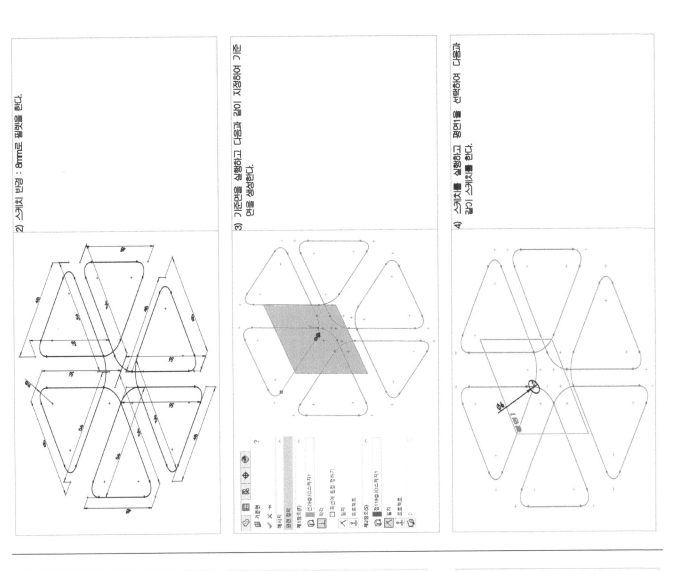

3) 기준면을 실행하고 다음과 같이 지정하여 기준 면을 생성한다.

4) 스케치를 실행하고 평면을 선택하여 다음과 같이 스케치를 한다.

11) [위치]탭을 선택하고 다음과 같이 구멍 위치를 지정한다.

완성 결과

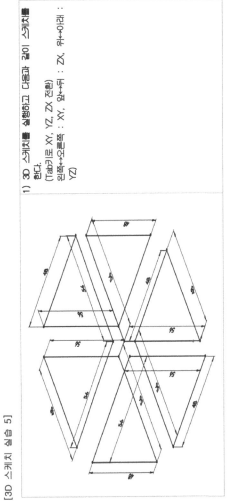
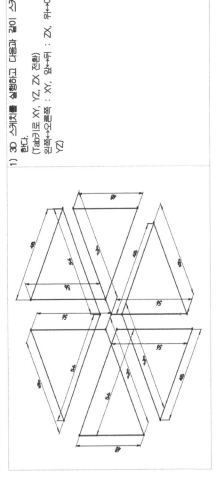

[3D 스케치 실습 5]

1) 3D 스케치를 실행하고 다음과 같이 스케치를 한다.
(Tab키로 XY, YZ, ZX 전환)
왼쪽+오른쪽 : XY, 앞+뒤 : ZX, 위+아래 : YZ

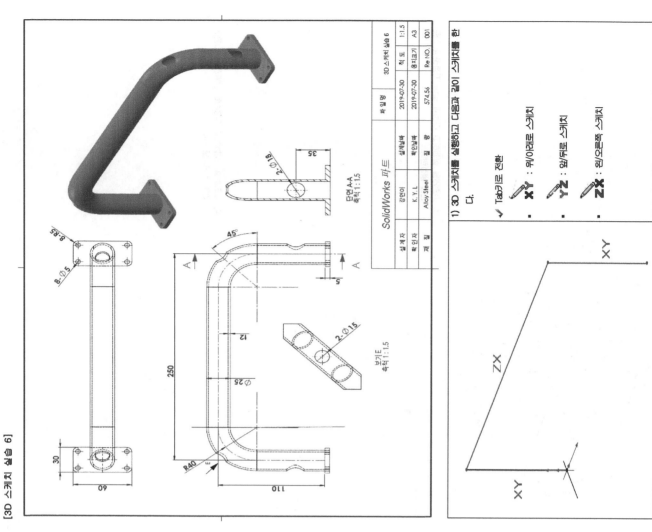

단면 A-A
축척 1:1.5

2×Ø18

35

8-R5

8-Ø5

30

60

250

45°

12

Ø25

R40

12

2×Ø15

보기 E
축척 1:1.5

110

A

A

5

E

SolidWorks 파트		파일명		3D 스케치 실습 6
설계자	강일매	2019-07-30	척 도	1:1.5
품인자	K. Y. L	확인일매	용지크기	A3
재 질	Alloy Steel	2019-07-30	질 량	001
		574.56	Re NO.	

1) 3D 스케치를 실행하고 다음과 같이 스케치를 한
다.

✔ Tab키로 전환:

- ✏XY : 위/아래로 스케치
- ✏YZ : 앞/뒤로 스케치
- ✏ZX : 왼/오른쪽 스케치

XY

ZX

XY

5) 스윕 보스/베이스를 실행하고 다음과 같이 지
정한다.

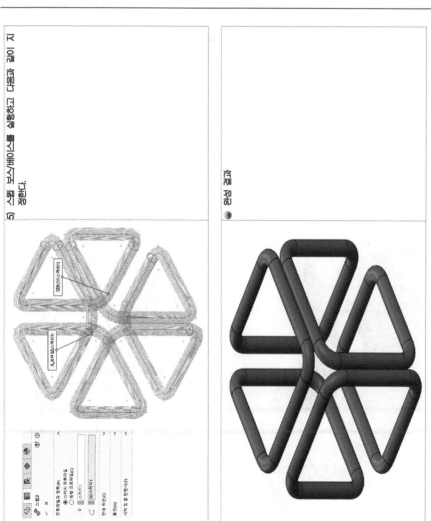

완성 결과

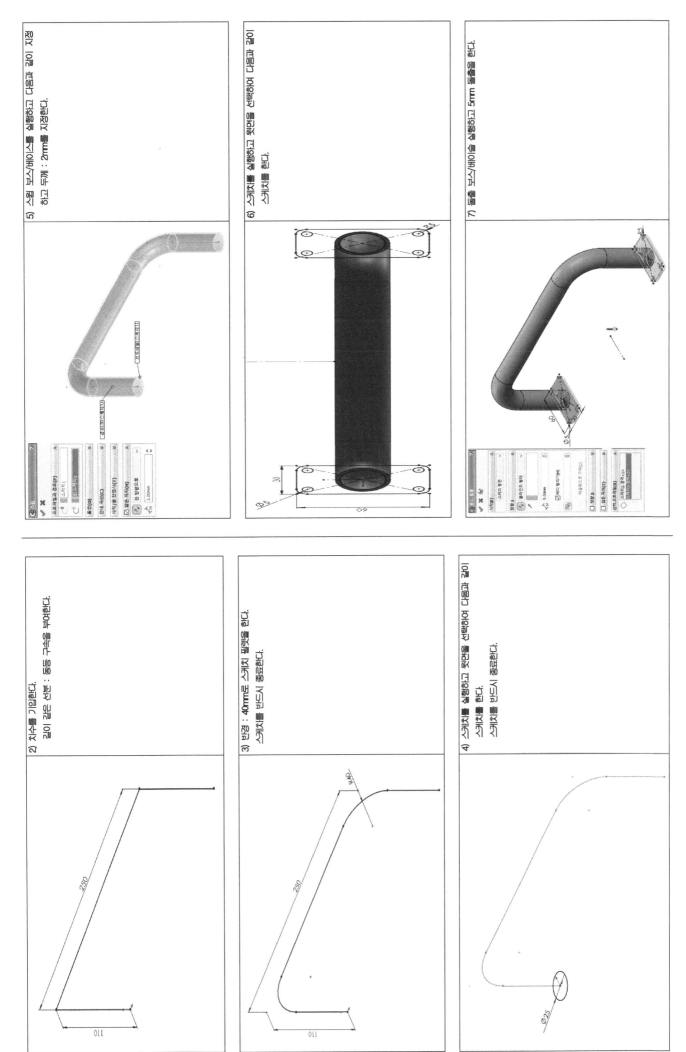

5) 스윕 보스베이스를 실행하고 다음과 같이 지정
하고 두께 : 2mm를 지정한다.

6) 스케치를 실행하고 윗면을 선택하여 다음과 같이
스케치를 한다.

7) 돌출 보스베이스을 실행하고 5mm 돌출을 한다.

2) 치수를 기입한다.
길이 같은 선분 : 동등 구속을 부여한다.

3) 반경 : 40mm로 스케치 팰럿을 한다.
스케치를 반드시 종료한다.

4) 스케치를 실행하고 윗면을 선택하여 다음과 같이
스케치를 한다.
스케치를 반드시 종료한다.

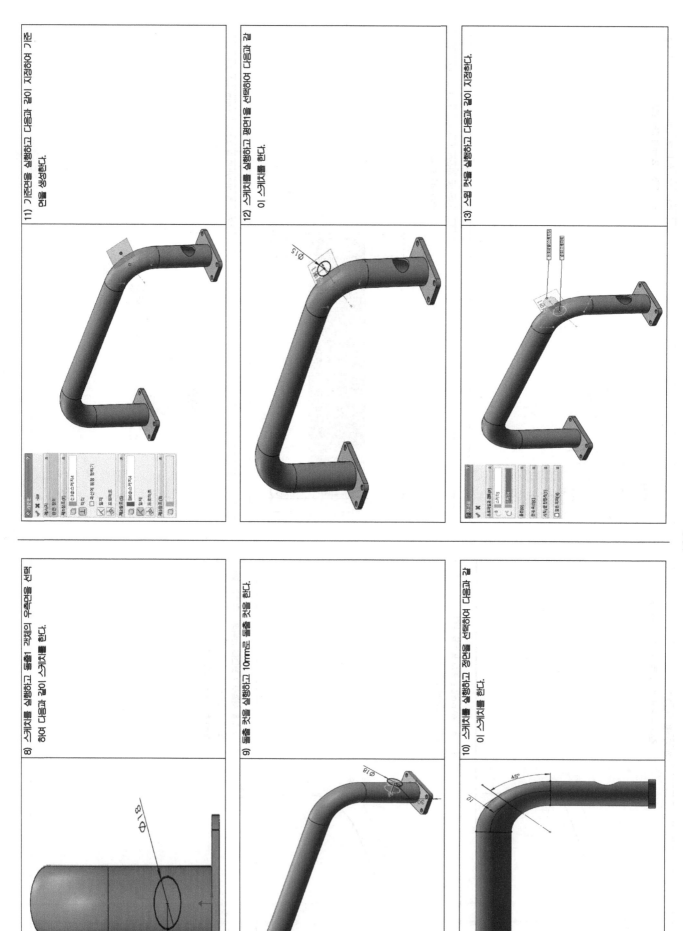

11) 기준면을 실행하고 다음과 같이 지정하여 기준
면을 생성한다.

12) 스케치를 실행하고 평면1을 선택하여 다음과 같
이 스케치를 한다.

13) 스윕 컷을 실행하고 다음과 같이 지정한다.

8) 스케치를 실행하고 돌출1 래피의 우측면을 선택
하여 다음과 같이 스케치를 한다.

9) 돌출 컷을 실행하고 10mm로 돌출 컷을 한다.

10) 스케치를 실행하고 정면을 선택하여 다음과 같
이 스케치를 한다.

[3D 스케치 실습 7]

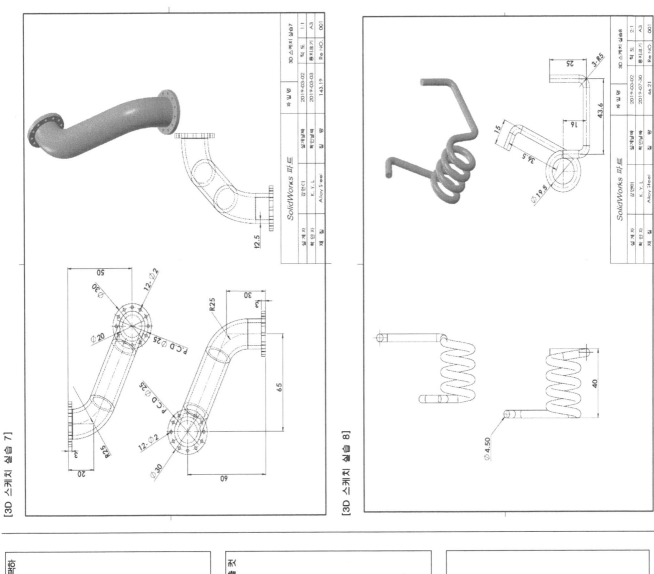

			파 일 명	3D 스케치 실습7	
설계자	강민디	실제날짜	2019-03-02	척 도	1:1
확인자	K. Y. L	확인날짜	2019-03-03	용지크기	A3
재 질	Alloy Steel		143.19	Re NO.	001

SolidWorks 파트

[3D 스케치 실습 8]

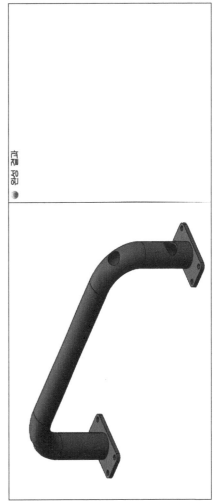

			파 일 명	3D 스케치 실습8	
설계자	강민디	실제날짜	2019-03-02	척 도	2:1
확인자	K. Y. L	확인날짜	2019-07-30	용지크기	A3
재 질	Alloy Steel		46.21	Re NO.	001

SolidWorks 파트

14) 기준면을 실행하고 다음과 같이 두 면을 선택하여 중간에 기준면을 생성한다.

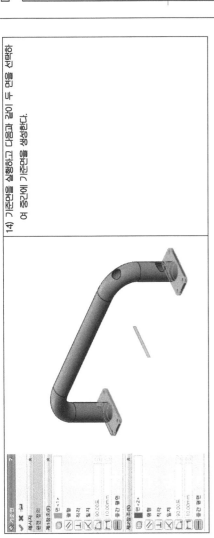

15) 대칭복사를 실행하고 평면2를 기준으로 돌출한 1과 스윕 컷을 대칭복사를 한다.

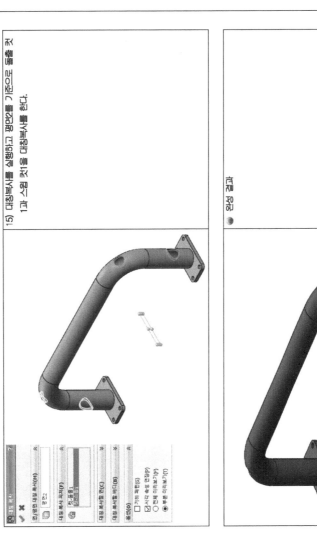

완성 결과

2. 참조 형상

1) 참조 형상의 개요

참조형상은 새 피처를 작성하고 배치하기에 형상이 충분하지 않을 때 사용되는 보조 구성 형상이다. 스케치 평면으로 사용하거나 조립품에서 구성요소를 배치할 때 사용할 수 있다. SolidWorks에서는 작성 방법이나 옵션을 주지 않고 요소를 선택하면 자동으로 환경에 맞게 작성방법이나 옵션이 지정이 된다.

● 참조형상의 종류

1> 작업평면 2> 작업 축 3> 좌표계 4> 참조 점 5> 보조선

☞ 기준면 속성 옵션

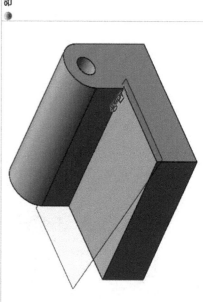

- 선택 : 평면 우형에 맞는 요소를 선택하면 이름이 표시된다.
- 선/점 통과 : 모서리선, 축 또는 스케치 선과 점을 통과하는 평면을 생성한다.
- 점에 평행면 : 평면이나 면에 평행하면서 점을 지나는 평면을 생성한다.
- 각도 : 면이나 평면이 모서리선, 축 또는 스케치선, 축 또는 스케치 선을 일정한 각도로 기울어진 평면을 작성한다.
- 오프셋 : 평면 또는 면에 평행하면서 지정된 거리를 두고 오프셋된 평면을 작성한다.
  - 방향을 바꾸기 : 2도 또는 오프셋 하는 방향을 뒤집는다.
  - 작성 할 평면 수 : 지정한 2도나 거리 값이 2이 누적되어 평면을 복사한다.
  - 곡선에 수직 : 모서리선 또는 곡선의 수직이면서 곡선을 지나는 평면을 작성한다.
  - 곡선위에 원점 정하기 : 맞물어지는 평면이 원점을 곡선의 원점으로 한다.
  - 곡면 상에 : 비평면면이나 2을 이루는 곡면 위에 평면을 작성한다.

2) 작업 평면

작업평면은 부품에 부착하는 무한 구성 평면으로 공간에서 어떤 방향으로도 배치할 수 있으며 스케치 평면으로 사용할 수 있다. 기존 면에서 간격 띄우기 하거나 축 또는 모서리를 중심으로 회전할 수 있다.

1> 기준면 생성

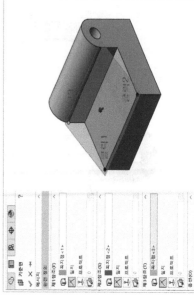

※ 세 점을 이용하여 기준면 만들기

기준면(⬚)을 실행하고 세 점을 클릭하여 기준면을 생성한다.

● 완성 결과

※ 모서리와 한 점을 통과하는 기준면 만들기

기준면(⬚)을 실행하고 한 점과 모서리를 클릭한다. 모서리가 미리보기가 되어 나타난다. 모서리 선분과 한 점을 지나는 평면이 생성된다.

● 완성 결과

완성 결과

점에 평행한 기준면 만들기

기준면(🔲)을 실행하고 면을 클릭하고 한 점을 클릭하면 기준면이 생성된다.

완성 결과

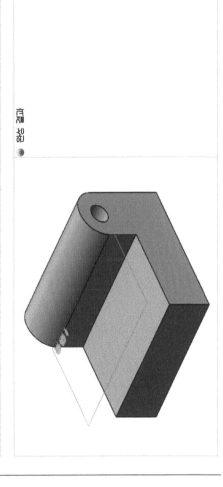

점과 수직선에 수직인 평면 만들기

기준면(🔲)을 실행하고 한 점을 클릭하려고 모서리 한 점을 클릭하면 평면이 미리보기 되어 나타난다.

완성 결과

평면에 21격 건물 2개 축을 갖는 기준면 만들기

기준면(🔲)을 실행하고 기준면을 클릭하고 간격 값(20)을 주면 20mm 위쪽에 기준면이 만들어진다.

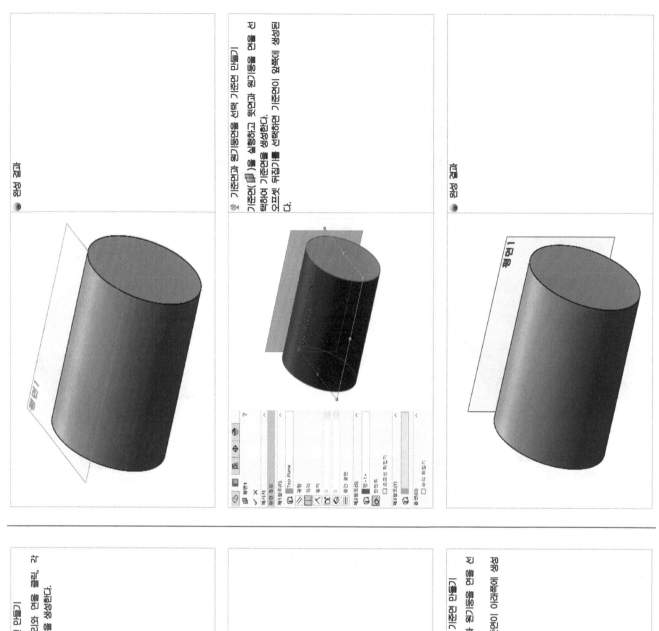

완성 결과

평면1

② 기준면(⬦)을 실행하고 윗면과 원기둥을 연결을 선택하여 기준면을 생성한다.
오프셋 뒤집기를 선택하면 기준면이 옆쪽에 생성된다.

Top Plane

완성 결과

평면1

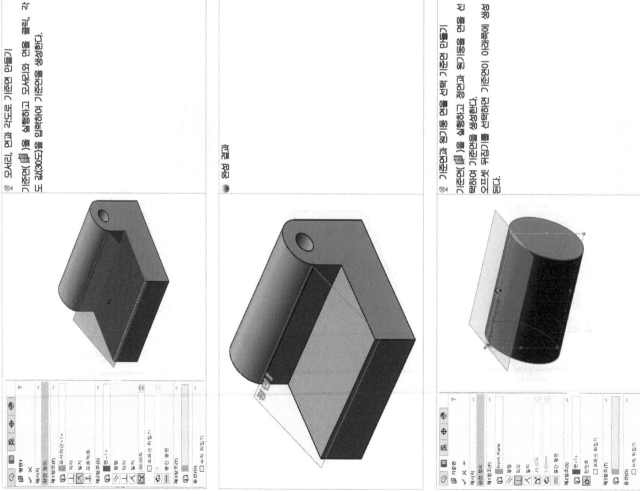

① 모서리, 면과 각도로 기준면 만들기

기준면(⬦)을 실행하고 모서리와 면을 클릭, 각도값(30도)을 입력하여 기준면을 생성한다.

모서리면<1>

30.00도

완성 결과

평면1

② 기준면과 원기둥을 연결을 선택 기준면 만들기

기준면(⬦)을 실행하고 정면과 원기둥을 연결을 선택하여 기준면을 생성한다.
오프셋 뒤집기를 선택하면 기준면이 아래쪽에 생성된다.

Front Plane

45.00도

5.00mm

면<1>

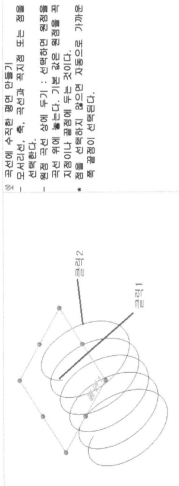
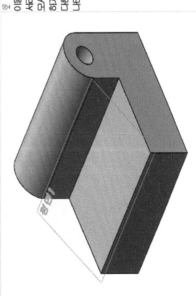
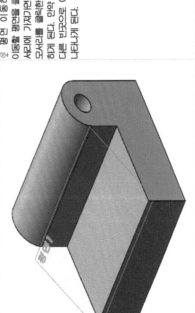
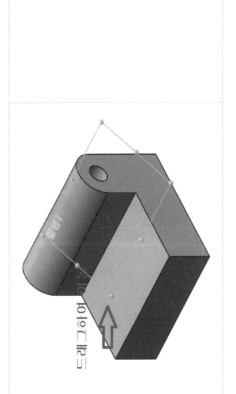

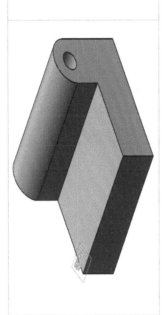
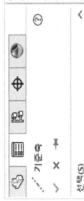

평면 크기 조절하기
크기 조절할 평면을 클릭하여 선택하고 커서를 평면의 둘레에 있는 포인트를 클릭하면 상태한 모서리 마우스 드래그하면 크기 조절이 이루어진다. 만약 크기가 나타나지 않으면 커서를 다른 빈 곳으로 이동 후에 다시 포인트에 가져가면 나타나게 된다.

2> 기준축

작업 축은 선 작업피처로 작성할 수 있고 피처 명령이 점, 선, 또는 평면을 선택하도록 요구할 때 작업 축을 작업 축을 작성할 수 있다. 작업 축을 회전축으로 사용할 수가 있다. 작업 축 작성 방법을 알아보자.
✎ 축이 보이지 않을 때는 [보기]-[임시축] 또는 [기준축]을 선택하면 축이 나타난다.

▧ 기준 축 옵션

- 선택 : 선택한 요소를 표시한다.
- 선/모서리/축 : 스케치 선, 모서리선, 기준 축을 선택하면 축을 생성한다.
- 두 평면 : 두 개의 평행한 면 또는 기준면의 교차선에 축을 생성한다.
- 점/중지점 : 두 개의 꼭지점 점, 중간점을 연결할 때 생기는 가상선에 축이 생성된다.
- 원통면/원추축 : 원통형 또는 연추형 곡면의 중심선에 축을 생성한다.
- 점과 면/평면 : 면과 평면에 꼭지점 또는 중간점을 선택한다.

선택(S)
선/모서리/축(O)
두 평면(T)
두 점/중지점(W)
원통면/원추면(C)
점과 면/평면(P)

국선에 수직한 평면 만들기
- 모서리선, 축, 국선과 꼭지점 또는 점을 선택한다.
- 원점 국선 상에 두기 : 선택하면 원점을 국선 위에 놓는다. 기본 값은 원점을 꼭지점이나 끝점에 두는 것이다.
* 점을 선택하지 않으면 자동으로 가까운 축 끝점이 선택된다.

평면 이동하기
이동할 평면을 클릭하여 선택하고 커서를 평면의 모서리에 가져가면 커서에 ⇕ 마이크가 나타난다. 이때 모서리를 클릭한 상태로 마우스를 드래그하면 이동하게 된다. 만약 ⇕ 마이크가 나타나지 않으면 커서를 다른 빈곳으로 이동 후에 다시 모서리에 가져가면 나타나게 된다.

작업평면의 위치 이동과 크기 조절하기
평면 핸들과 모서리 선을 사용하여 평면을 이동 및 크기 조절할 수 있다.

클릭2
클릭1

드래그하여

– 191 –

기준 축 생성

Front Plane
Top Plane
기준축1

두 점을 지나는 기준축 생성하기

기준축(　)을 실행하고 두 개의 꼭지점을 클릭하면 기준축이 미리보기 되어 나타난다. 두 점이나 꼭지점을 지나는 기준축이 생성된다.

1) 클릭
2) 클릭

기준 축 생성

기준축1

작업 축 만드는 방법

모서리 선을 선택하여 기준 축 생성하기

기준축(　)을 실행하고 모서리 선을 클릭하면 기준축이 생성된다.

기준축1

기준 축 생성

기준축1

평행하지 않는 두 평면을 이용한 기준축 생성하기

기준축을 실행하고 두 개의 평면을 클릭하면 기준축이 미리보기 되어 나타난다. 지정한 두 평면이 교차되는 선에 기준축이 생성된다.

Front Plane
Top Plane

3> 좌표계
파트나 어셈블리에 대한 좌표계를 정의할 수 있다. SolidWorks에서는 이 좌표계를 측정 및 물성치 도구와 함께 사용할 수가 있다.

☑ 좌표계의 옵션

- 원점 : 좌표계의 원점을 지정한다.
- X축, Y축, Z축 : 지정한 원점을 기준으로 각 축의 방향이 되는 선분을 지정한다. X축과 Y축이 지정되면 Z축은 자동으로 지정된다.
- 축 바꾸기 : 축의 방향을 바꾼다.

☑ 좌표계 작성 방법

좌표계(↳)를 실행하면 기본 좌표계가 보여진다.
새로 작성한 좌표계의 원점(선분의 중심점)을 지정한 후 X축과 Y축의 방향에 해당하는 모서리를 차례대로 클릭하여 지정하면 새로운 좌표계가 나타난다.

☑ 기준 축 생성

☑ 원통을 가로지르는 기준축 생성하기

기준축(╲)을 실행하고 원통면을 클릭하면 원통면을 가로지르는 기준축이 생성된다.

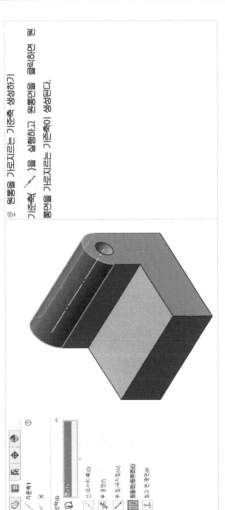

☑ 기준 축 생성

☑ 면에 수직인 기준 축 생성하기

기준축(╲)을 실행하고 한 면과 점을 클릭하면 기준축이 미리보기 되어 나타난다. 지정한 점을 지나고 지정한 면에 수직인 기준축이 생성된다.

● 좌표계의 활용

기본 좌표계와 새로 작성한 좌표계의 차이점을 알아보자.

도구 내에서 물성치 아이콘(重)을 클릭하면 물성치 대화상자가 나타난다. 출력 좌표계를 바꾸어 보면 솔리드의 무게 중심좌표가가 각 좌표계에 맞게 표시가 된다.

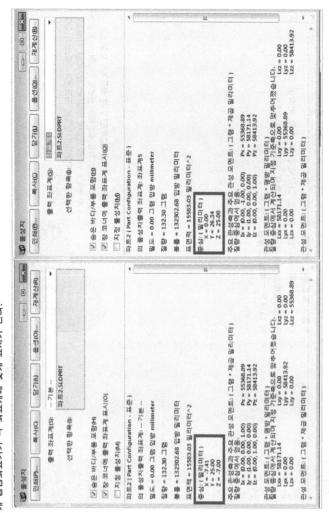

4> 참조 점

점(※)은 새 참조 점을 작성하거나 기존 점을 편집할 때 사용한다. 여러 가지 유형의 참조 점을 작성하여 보조 개체로 사용한다. 곡선에서 지정한 간격을 이루는 여러 개의 참조 점을 작성할 수 있다. 항목들을 선택하면, 프로그램이 적절한 점을 선택한다. SolidWorks 프로그램이 PropertyManager에서 먼 중심 작성 방법을 선택한다. 사용자가 다른 점 작성 방법을 선택할 수 있다.

■ 참조 점의 옵션

1> 호 중심 : 선택한 호나 원호의 중심에 참조 점을 작성한다.
2> 면 중심 : 선택한 면의 중심에 참조 점을 작성한다.
3> 교차 : 선택한 두 요소의 가상 교차점에 참조 점을 작성한다.
4> 투영식 : 선택한 요소에서 다른 요소로 투영하여 참조 점을 작성한다. 평면이나 면에 수직으로 점이 투영된다.
5> 거리 또는 비율 : 모서리선, 곡선, 스케치 선분을 따라 여러 개의 개의 참조 점을 작성한다. 요소를 선택하고 다음 옵션을 사용하여 점에 참조 점을 작성한다.
  - 거리 : 지정한 거리를 두고 떨어져 있는 참조 점의 수를 정한다. 첫 번째 참조 점이 시작점 끝점부터 거리에 작성된다.
  - 비율 : 지정한 비율을 두고 떨어져 있는 참조 점의 수를 정한다. 여기서 비율은 선택한 요소의 길이 비율을 의미한다.
  - 균등분포 : 지정한 참조 점의 수를 동일한 간격으로 나누어 작성한다.
  - 참조 점의 수 : 작성할 참조 점의 수를 입력한다.

■ 참조 점 익히기

● 좌표계 생성

● 좌표계 생성

모서리를 선택하고 좌표계가 뒤집어져 있으면 축 바꾸기 버튼을 클릭하여 방향을 바꾸어 준다.

[도구]-[물성치]를 실행하여 좌표 값을 알아볼 수 있다.

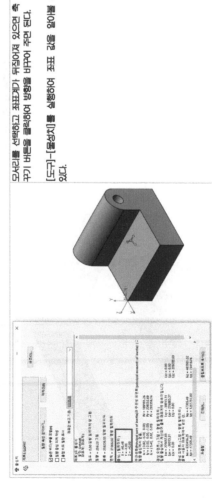

[실습] 다음과 같이 좌표를 설정해 보자.

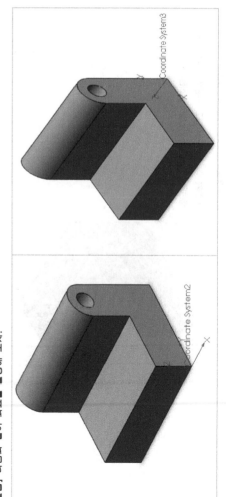

● 참조 점 생성

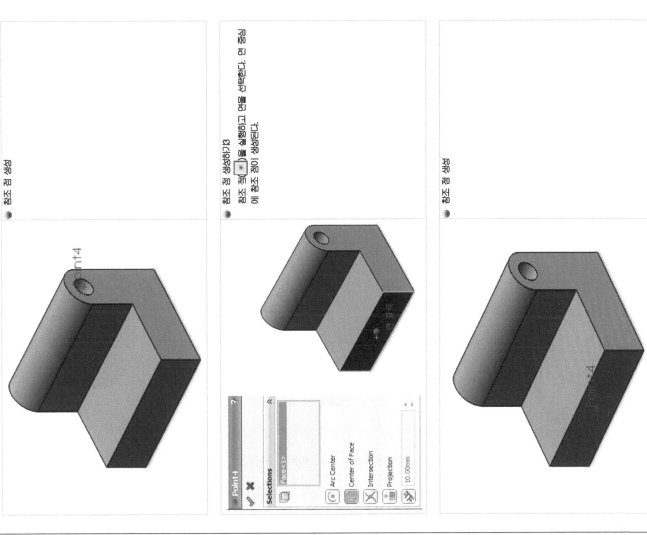

● 참조 점 생성하기3

참조 점(⊛)을 실행하고 면을 선택한다. 면 중심에 참조 점이 생성된다.

● 참조 점 생성

Point4

Point-4

Selections
Face<1>

Arc Center
Center of Face
Intersection
Projection
10.00mm

● 참조 점 생성하기1

참조 점(⊛)을 실행하고 모서리 선분을 선택한다. 옵션에 균등 분포를 선택하고 참조 점이 수를 3을 입력한다. 모서리 선분에 같은 간격으로 참조 점이 생성된다.

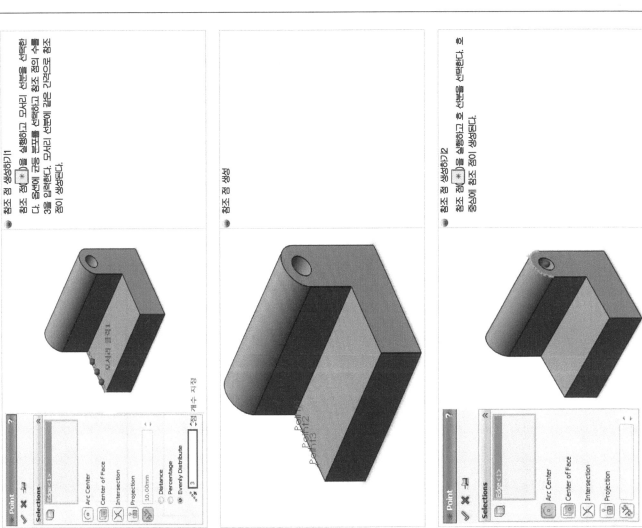

Point

Selections
모서리 긋기1

Arc Center
Center of Face
Intersection
Projection
10.00mm

Distance
Percentage
Evenly Distribute
점 개수 지정 3

● 참조 점 생성

Point11
Point12
Point13

● 참조 점 생성하기2

참조 점(⊛)을 실행하고 호 선분을 선택한다. 호 중심에 참조 점이 생성된다.

Point

Selections
Edge<1>

Arc Center
Center of Face
Intersection
Projection

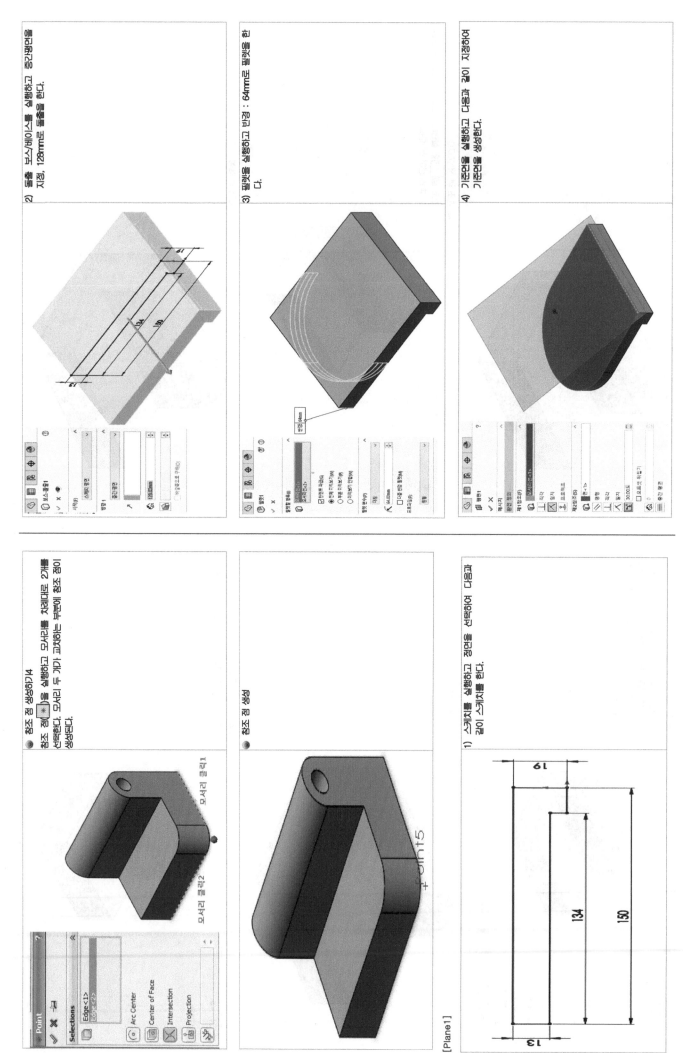

2) 돌출 보스/베이스를 실행하고 중간평면을 지정, 128mm로 돌출을 한다.

3) 필렛을 실행하고 반경 : 64mm로 필렛을 한다.

4) 기준면을 실행하고 다음과 같이 지정하여 기준면을 생성한다.

● 참조 점 생성하기4
참조 점을 실행하고 모서리를 차례대로 2개를 선택한다. 모서리 두 개가 교차하는 부분에 참조 점이 생성된다.

● 참조 점 생성

1) 스케치를 실행하고 정면을 선택하여 다음과 같이 스케치를 한다.

[Plane1]

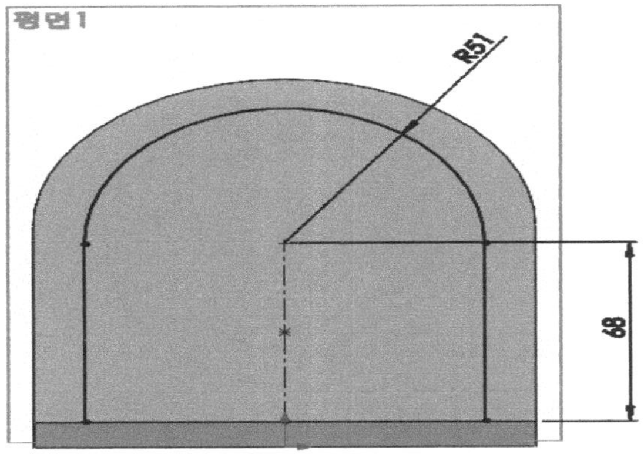

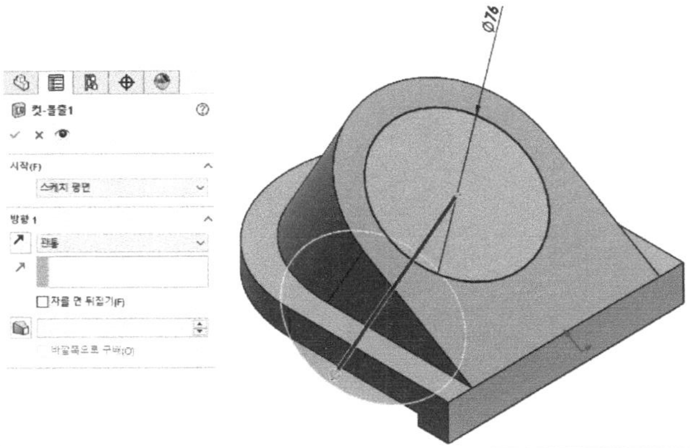

8) 돌출 컷을 실행하고 관통을 한다.

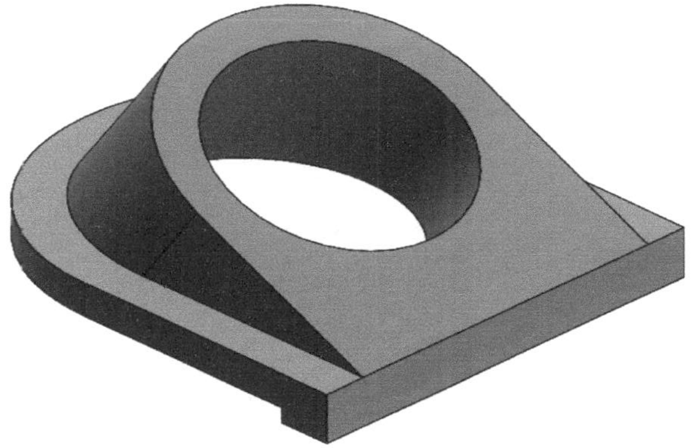

⌀76

9) 완성 결과

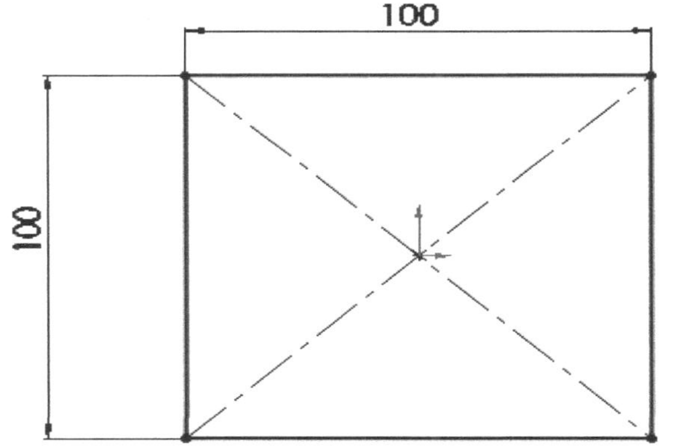

1) 스케치를 실행하고 윗면을 선택하여 다음과 같이 스케치를 한다.

100
100

[Plane2]

5) 스케치를 실행하고 평면1을 선택하여 다음과 같이 스케치를 한다.

평면1
R51
89

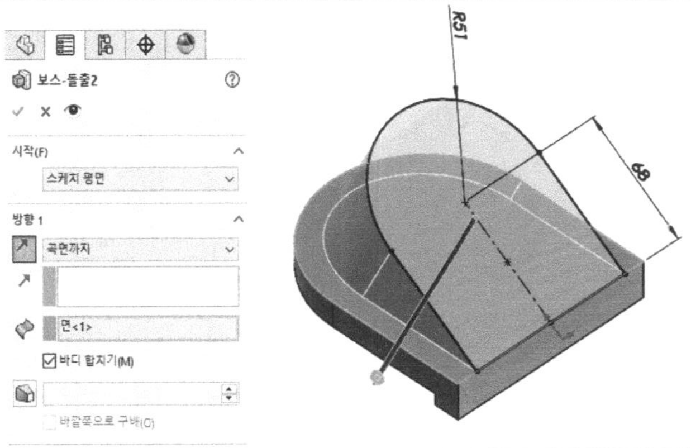

6) 돌출 보스/베이스를 실행하고 다음과 같이 지정하여 돌출을 한다.

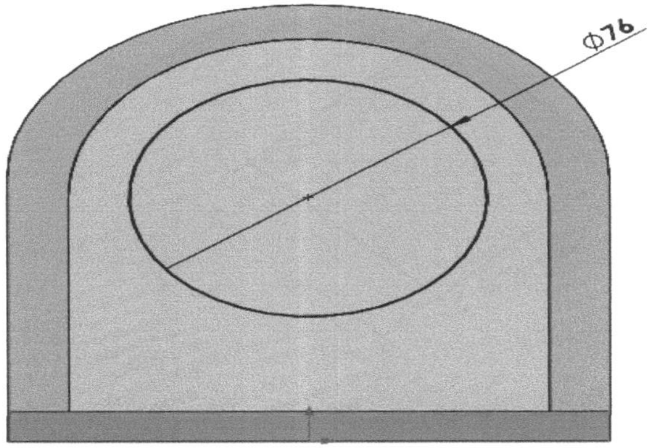

R51
68

7) 스케치를 실행하고 돌출2 래핑의 윗면을 선택하여 다음과 같이 스케치를 한다.

⌀74

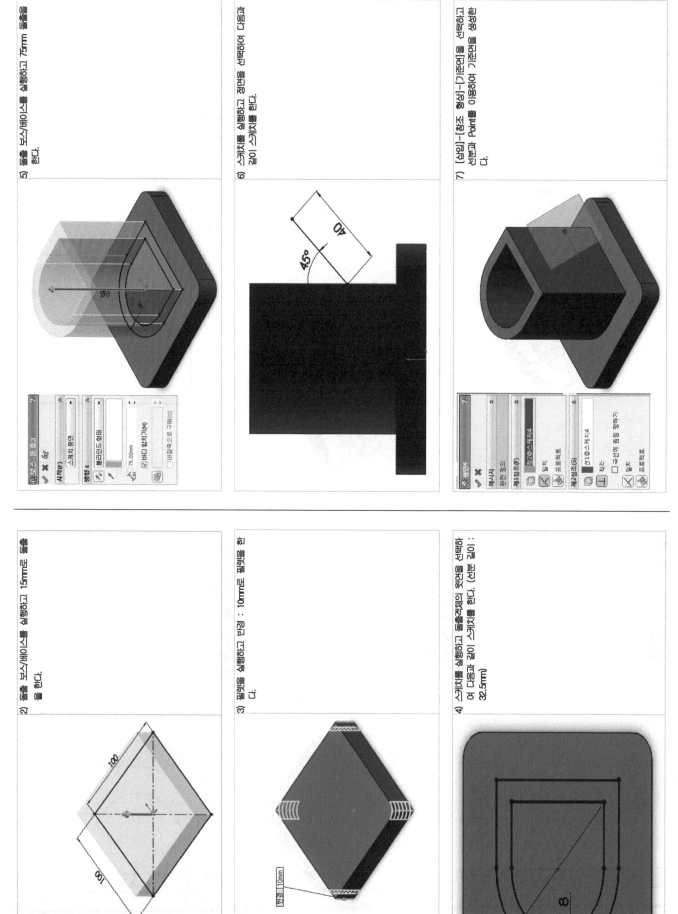

5) 돌출 보스/베이스를 실행하고 75mm 돌출을 한다.

6) 스케치를 실행하고 정면을 선택하여 다음과 같이 스케치를 한다.

7) [삽입]-[참조 형상]-[기준면]을 선택하고 선분과 Point를 이용하여 기준면을 생성한다.

2) 돌출 보스/베이스를 실행하고 15mm로 돌출을 한다.

3) 필렛을 실행하고 반경 : 10mm로 필렛을 한다.

4) 스케치를 실행하고 돌출곡체의 윗면을 선택하여 다음과 같이 스케치를 한다. (선분 길이 : 32.5mm)

11) 돌출 컷을 실행하고 다음까지를 지정하며 돌출 컷을 한다.

돌출-컷1
스케치 평면
방향1
다음까지
자를 연 뒤집기(F)
바깥쪽으로 구배(O)

12) 구멍기공피처를 실행하고 다음과 같이 지정한다.

구멍 스펙
유형 위치
구멍 유형
표준 규격: Ansi 미터법
유형: 육각볼트 - ANSI B.18.2.3.
구멍 스펙
크기: M5
맞춤: 보통
사용자 정의 크기 표시(Z)
마침 조건(C): 관통

13) [위치]탭을 선택하여 다음과 같이 구멍 위치를 선택한다.

구멍 위치
유형 위치
구멍 위치
구멍 중심점들을 배치하기 위해 면을 선택하십시오. 구멍 중심을 배치하기 위해 치수와 다른 스케치 도구를 사용하십시오.

8) 스케치를 실행하고 평면1을 선택하여 다음과 같이 스케치를 한다.

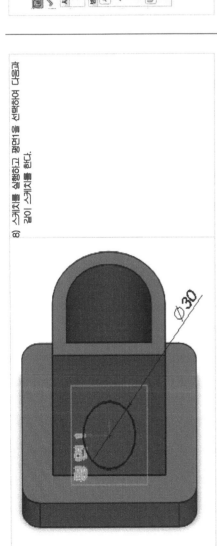

Ø30

9) 돌출 보스/베이스를 실행하고 곡면까지를 지정, 옆면을 선택하고 얇은 피처를 체크, 두께 : 6mm로 돌출을 한다.

Ø30

돌출 얇게2
스케치 평면
방향1
곡면까지
면<1>
바디 합치기(M)
방향2
얇은 피처(T)
한 방향으로
6.00mm

10) 스케치를 실행하고 원기둥 윗면을 선택하여 다음과 같이 원을 요소변환 한다.

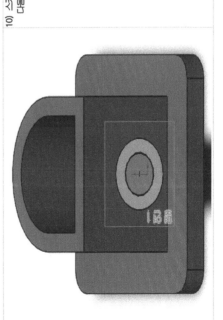

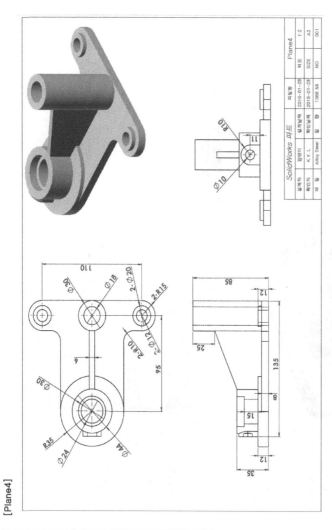

[Plane4]

SolidWorks 파트			Plane4		
설계자	강선유	척도	1:2		
제도자	2019-01-29				
설계제작	K. Y. L	SIZE	A3		
확인제작	2019-01-29	NO	DC1		
재 질	Alloy Steel	13.98.58			

현성 선반

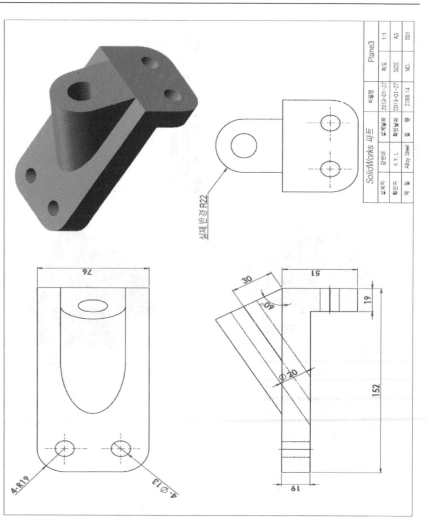

[Plane3]

SolidWorks 파트			Plane3		
설계자	강선유	척도	1:1		
제도자	2013-01-27				
설계제작	K. Y. L	SIZE	A3		
확인제작	2013-01-27	NO	001		
재 질	Alloy Steel	2268.14			

실제 반경 R22

곡면은 열린 스케치 2D 곡선을 곡선을 곡면 도구를 이용하여 만들어진 3D 표면(Surface) 형상을 말한다. 곡면 도구는 앞에서 설명한 3D 솔리드 작성도구와 옵션이 동일하다.

1 돌출 곡면 작성하기

돌출 곡면(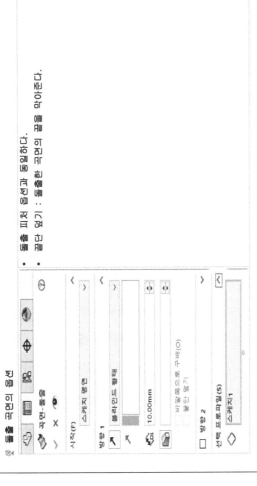)은 열린 스케치에 높이 값을 주어 표면 형상을 작성한다. 2D 또는 3D 스케치에 돌출 깊이를 지정해서 두께가 없는 면을 생성하는 도구이다.

- 돌출 피처 옵션과 동일하다.
- 끝단 닫기 : 돌출한 곡면의 끝을 막아준다.

[돌출 곡면 익히기 1]

1) 스케치를 실행하고 정면을 선택하여 자유 곡선을 스케치를 한다.

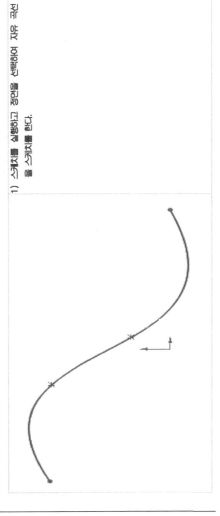

9장

SolidWorks의 곡면 피처 만들기

학습 내용

1. 돌출 곡면 작성하기
2. 회전 곡면 작성하기
3. 로프트 곡면 작성하기
4. 스윕 곡면 작성하기
5. 오프셋 곡면 작성하기

● 완성 결과

[돌출 곡면 익히기 2]

1) 스케치를 실행하고 정면을 선택하여 다음과 같이 스케치를 한다.

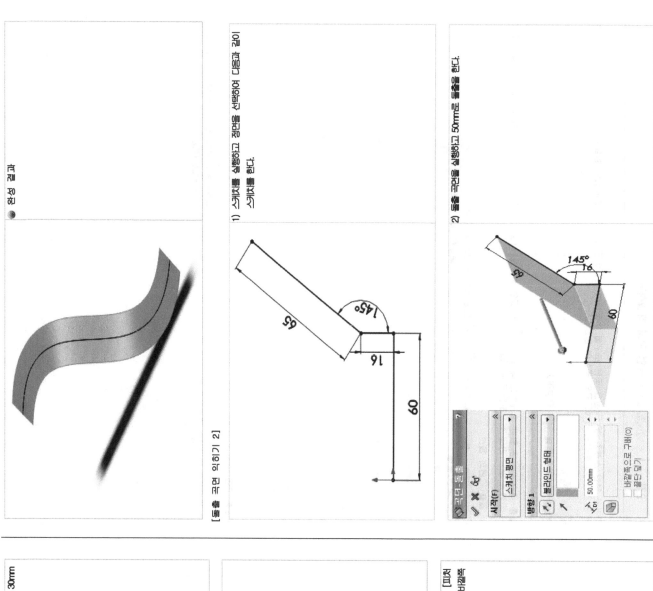

2) 돌출 곡면을 실행하고 50mm로 돌출을 한다.

곡면-돌출
시작(F)
스케치 평면
방향1
블라인드 형태
50.00mm
바깥쪽으로 구배(O)
끝단 닫기

2) 돌출 곡면을 실행하고 중간평면으로 지정, 30mm 돌출을 한다.

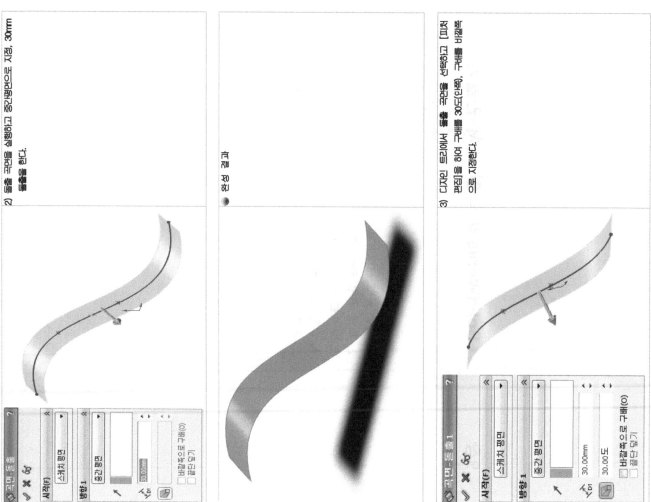

곡면-돌출
시작(F)
스케치 평면
방향1
중간 평면
30.00mm
바깥쪽으로 구배(O)
끝단 닫기

● 완성 결과

3) 디자인 트리에서 돌출 곡면을 선택하고 [피처 편집]을 하여 구배를 30도(안쪽), 구배를 바깥쪽으로 지정한다.

곡면-돌출1
시작(F)
스케치 평면
방향1
중간 평면
30.00mm
30.00도
바깥쪽으로 구배(O)
끝단 닫기

2) 회전 곡면을 실행하고 회전축을 직선을 지정, 프로파일은 자유 곡선을 선택, 회전 각도를 270도 지정하여 회전을 한다.

● 회전 곡면 결과

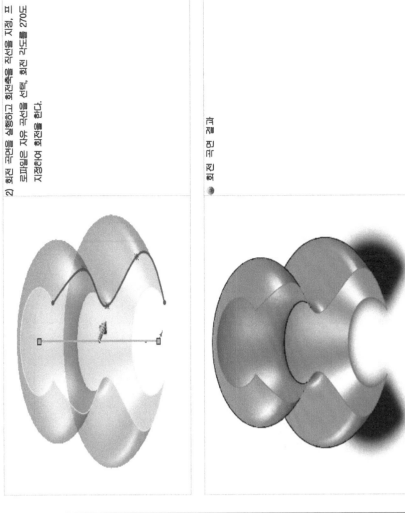

1) 스케치를 실행하고 정면을 선택하여 다음과 같이 스케치를 한다.

[회전 곡면 실습 2]

● 돌출 곡면 결과

2 회전 곡면 작성하기

회전 곡면(아이콘)은 중심선을 기준으로 지정한 각도만큼 회전하여 표면 형상을 생성한다.

※ 회전 곡면을 생성하는 방법
1> 돌출을 하기 위한 스케치를 생성한다.
2> 곡면 도구모음에서 회전 곡면(아이콘) 또는 [삽입]-[곡면]-[회전]을 클릭한다.
3> PropertyManager의 옵션사항을 아래와 같이 설정한다.
　- 회전축을 지정한다.
　- 회전 방향과 각도를 지정한다.
　- 다음 폐곡선의 경우에는 원하는 프로파일을 선택한다.
4> 확인 버튼을 누른다.

[회전 곡면 실습 1]

1) 스케치를 실행하고 정면을 선택하여 다음과 같이 스케치를 한다.

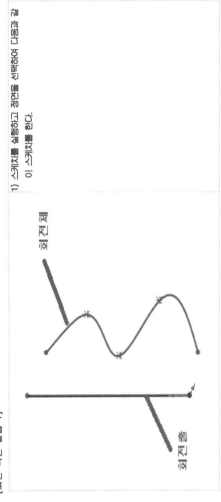

회전체

회전축

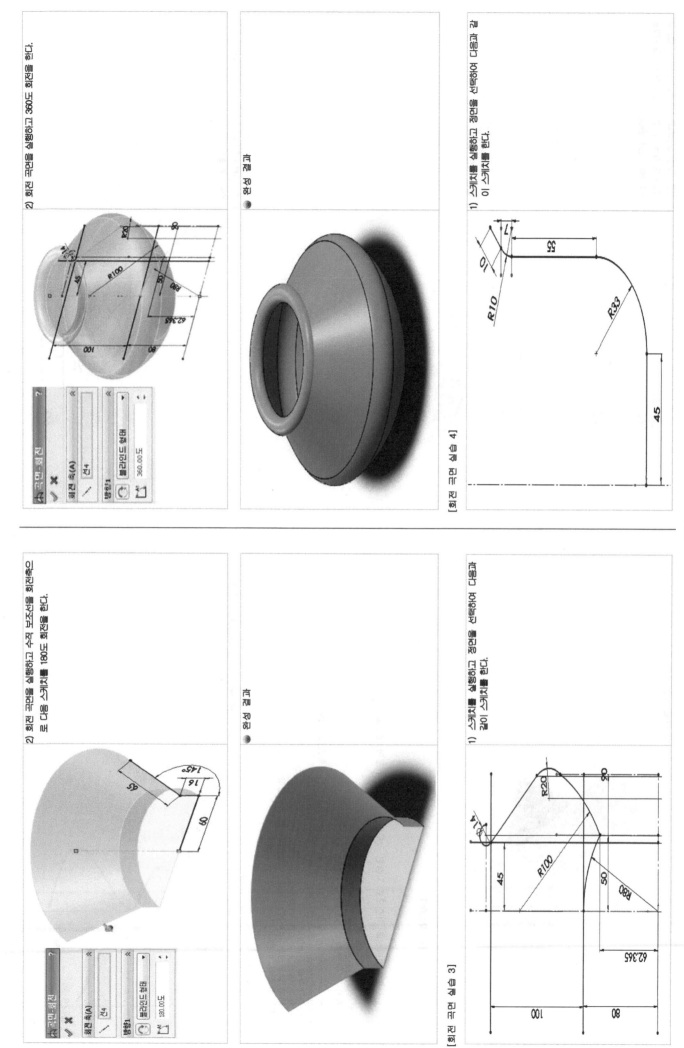

2) 회전 곡면을 실행하고 360도 회전을 한다.

참조 선택

[회전 곡면 실습 4]

1) 스케치를 실행하고 정면을 선택하여 다음과 같이 스케치를 한다.

2) 회전 곡면을 실행하고 수직 보조선을 회전축으로 다음 스케치를 180도 회전을 한다.

참조 선택

[회전 곡면 실습 3]

1) 스케치를 실행하고 정면을 선택하여 다음과 같이 스케치를 한다.

2) 회전 곡면을 실행하고 360도 회전을 한다.

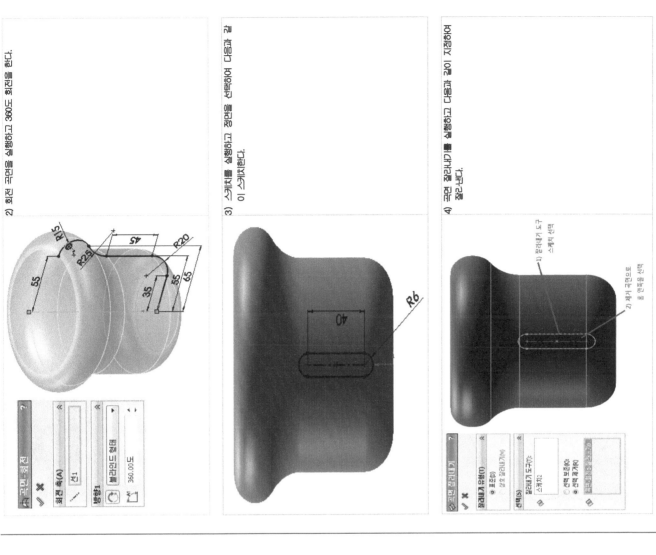

3) 스케치를 실행하고 정면을 선택하여 다음과 같이 스케치한다.

4) 곡면 잘라내기를 실행하고 다음과 같이 지정하여 잘라낸다.

2) 회전 곡면을 실행하고 360도 회전을 한다.

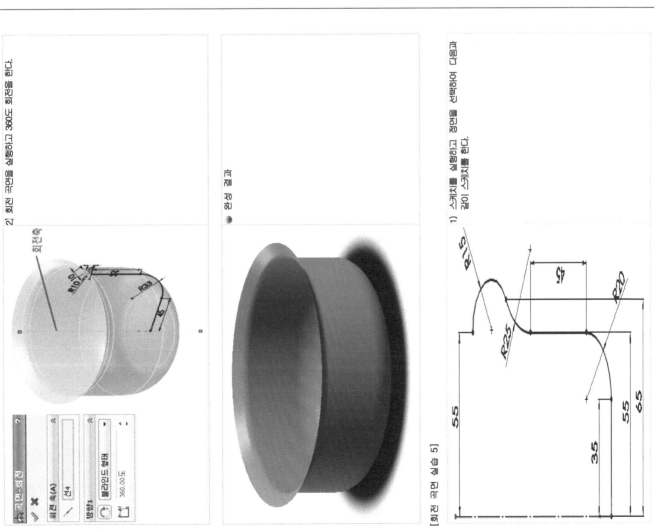

완성 결과

[회전 곡면 실습 5]

1) 스케치를 실행하고 정면을 선택하여 다음과 같이 스케치를 한다.

3) 스케치를 실행하고 우측면을 선택하여 다음과
같이 스케치를 한다.

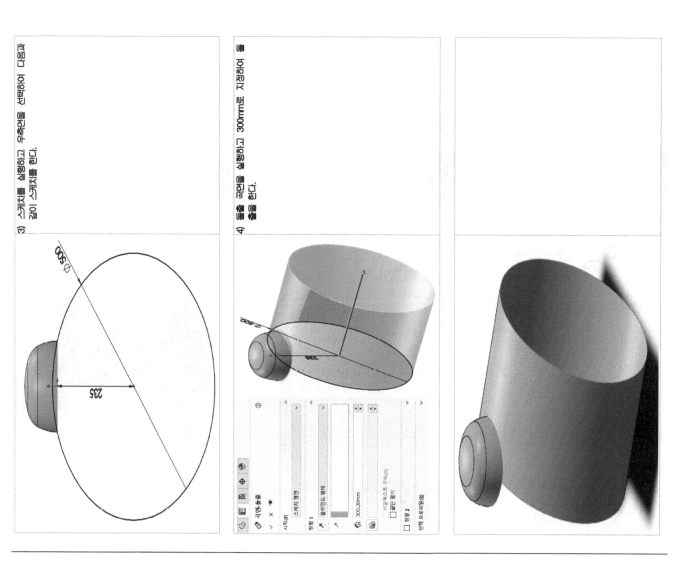

4) 돌출 곡면을 실행하고 300mm로 지정하여 돌
출을 한다.

[회전 곡면 실습 6]

완성 결과

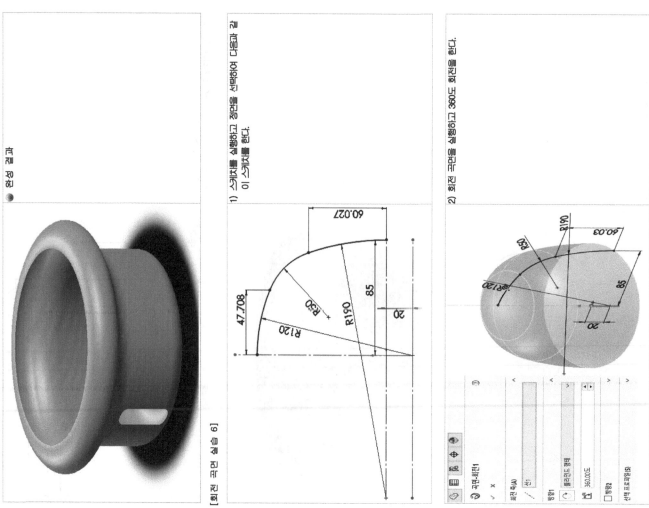

1) 스케치를 실행하고 정면을 선택하여 다음과 같
이 스케치를 한다.

2) 회전 곡면을 실행하고 360도 회전을 한다.

8) [곡면 잘라내기]를 실행하고 잘라내기 도구 : 수 캐3을 선택, 선택 보존을 체크, 곡면 돌출1-잘 라내기를 선택, 모자 윗부분이 남도록 잘라낸 다.

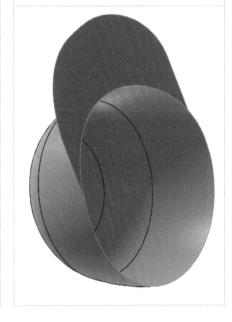

곡면-잘라내기2

잘라내기 유형(T)
● 표준(D)
○ 상호 잘라내기(M)

선택(S)
잘라내기 도구:
스케치3

● 선택 보존(K)
○ 선택 제거(R)
곡면 돌출:곡면잘라내기0

곡면 분할 옵션(O)
☑ 모두 분할(A)
○ 자연(N)
○ 직선형(L)

5) 곡면 잘라내기를 실행하고 잘라내기 도구 : 곡 면 돌출을 선택, 선택 보존을 체크, 곡면회전1- 을 선택한다.

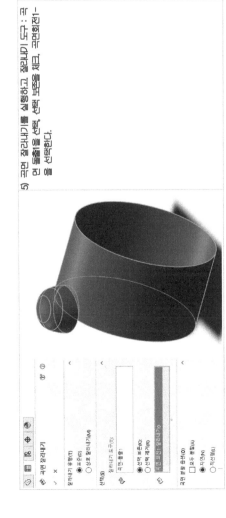

곡면-잘라내기

잘라내기 유형(T)
● 표준(D)
○ 상호 잘라내기(M)

선택(S)
잘라내기 도구:
곡면-돌출

● 선택 보존(K)
○ 선택 제거(R)
곡면 돌출:곡면잘라내기0

곡면 분할 옵션(O)
☐ 모두 분할(A)
○ 자연(N)
○ 직선형(L)

6) 부 화전으로 돌출 곡면의 아래 부분을 확인해 보면 돌출 곡면 안쪽이 잘려진 모습을 볼 수 있다.

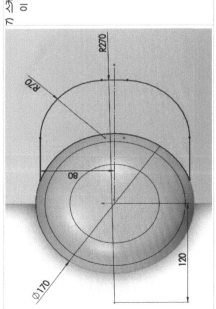

7) 스케치를 실행하고 윗면을 선택하여 다음과 같 이 스케치를 한다.

R270
R70
80
120
Ø170

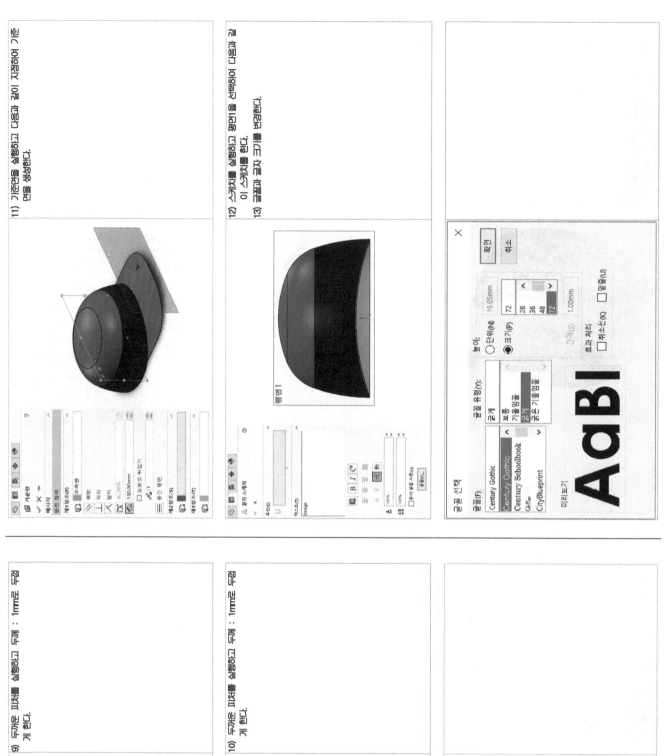

9) 두꺼운 피처를 실행하고 두께 : 1mm로 두껍게 한다.

10) 두꺼운 피처를 실행하고 두께 : 1mm로 두껍게 한다.

11) 기준면을 실행하고 다음과 같이 길이 지정하여 기준 면을 생성한다.

12) 스케치를 실행하고 평면을 선택하여 다음과 같이 스케치를 한다.

13) 글꼴과 글자 크기를 변경한다.

1) 스케치를 실행하고 정면을 선택하여 다음과 같이 스케치를 한다.

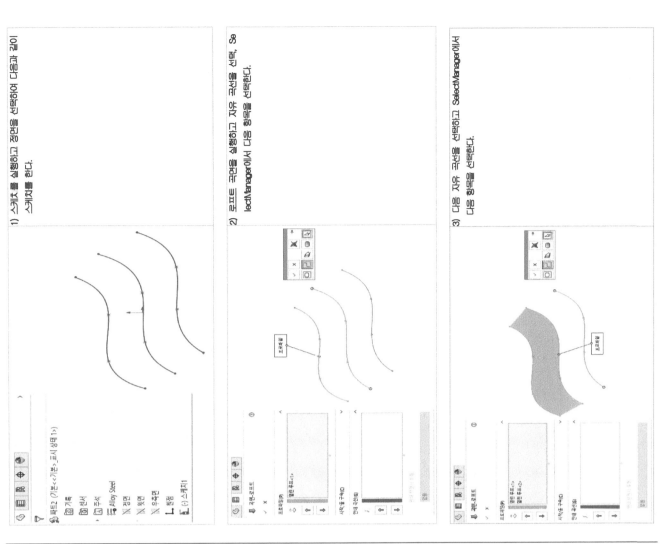

2) 로프트 곡면을 실행하고 자유 곡선을 선택, SelectManager에서 다음 항목을 선택한다.

3) 다음 자유 곡선을 선택하고 SelectManager에서 다음 항목을 선택한다.

14) 돌출 컷을 실행하고 다음과 같이 지정하여 돌출 컷을 한다.

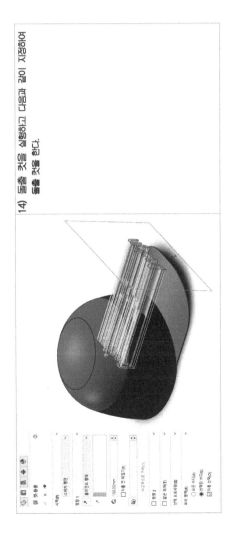

완성 결과

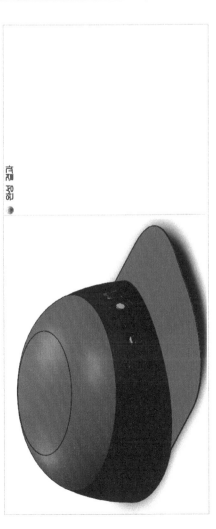

3 로프트 곡면 작성하기

※ 로프트 곡면(🪶)은 여러 개의 단면들과 경로 곡선들을 이용하여 복잡한 표면 형상을 생성한다.

1> 로프트를 하기 위한 프로파일과 안내곡선 스케치를 생성한다.

2> 곡면 도구모음에서 로프트 곡면(🪶) 또는 [삽입]-[곡면]-[로프트]를 클릭한다.

3> PropertyManager의 옵션사항을 아래와 같이 설정한다.
- 프로파일을 선택한다.
- 시작/끝 구속을 지정한다.
- 안내곡선이 있으면 안내곡선을 지정한다.
- 옵션 사항을 설정한다.

[로프트 곡면 사용 1]

1) 스케치를 실행하고 우측면을 선택하고 자유 곡선을 스케치 한다.

2) 기준면을 실행하고 자유곡선과 끝점을 이용하여 기준면을 생성한다.

3) 스케치를 실행하고 Plane1을 선택하여 다음과 같이 스케치를 한다.

평면1

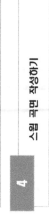

4) 다음과 같이 3개의 자유곡선을 모두 선택한다.

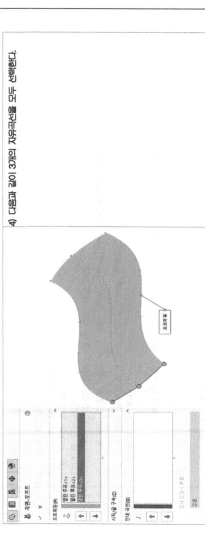

완성 결과

---

4 스윕 곡면 작성하기

스윕 곡면(G)은 프로파일(단면)을 선택한 경로를 따라 이동하며 표면 형상을 작성한다.

1> 스윕 곡면을 생성하는 방법
스윕 곡면을 생성하기 위한 프로파일과 경로 스케치를 생성한다.(프로파일과 경로 스케치 서로 다른 스케치에 존재해야 하며, 교차해야 한다. 예: 프로파일을 정면으로 스케치 했으면, 경로는 우측면을 선택하고 스케치 해야 한다.)

2> 곡면 도구모음에서 스윕 곡면(G) 또는 [삽입]-[곡면]-[스윕]을 클릭한다.

3> PropertyManager의 옵션사항을 아래와 같이 설정한다.
- 프로파일과 경로를 설정한다.
- 옵션 사항을 선택한다.
- 안내곡선이 있으면 안내곡선을 지정한다.
- 시작/끝 탄젠시 조건을 지정한다.

[스윕 곡면 1]

2) [삽입]-[곡선]-[나선형 곡선]을 실행하고 다음과 같이 지정한다.

피치: 20mm
회전: 9
높이: 160mm
지름: 50mm

피치: 20mm
회전: 0
높이: 50mm
지름: 50mm

Ø50

3) ㄱ 곡면을 실행하고 다음과 같이 지정하여 기존 면을 생성한다.

4) 스케치를 실행하고 평면을 선택하여 다음과 같이 스케치를 한다.

Tip. 곡선을 구속을 한다.

100

평면1

4) 스윕 곡면을 실행하고 프로파일을 스케치와 경로 스케치를 차례대로 선택한다.

경로(스케치1)

프로파일(스케치0)

완성 결과

경로와 프로파일은 서로 다른 스케치에 존재해 야 한다.

1) 스케치를 실행하고 윗면을 선택하여 다음과 같이 스케치를 한다.

Ø50

[스윕 곡면 실습 2]

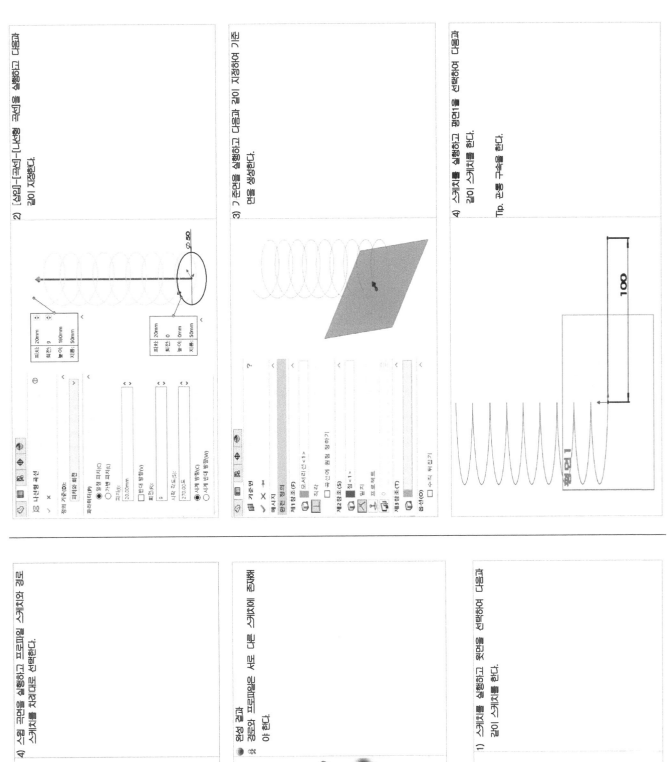

5) 스윕 곡면을 실행하고 다음과 같이 지정한다.

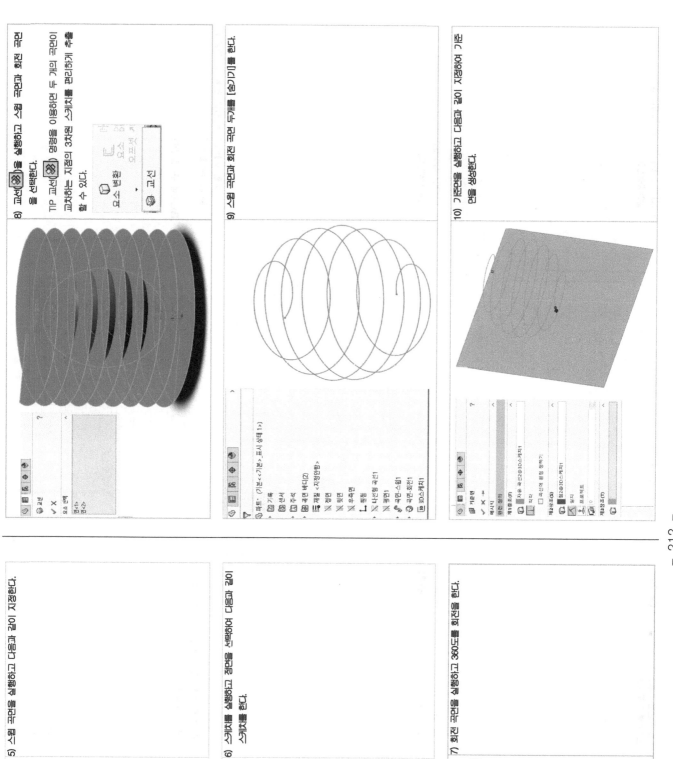

6) 스케치를 실행하고 정면을 선택하여 다음과 같이 스케치를 한다.

7) 회전 곡면을 실행하고 360도를 회전을 한다.

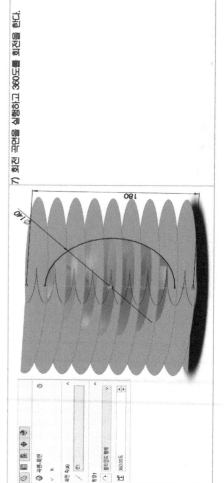

8) 교선(⊗)을 실행하고 스윕 곡면과 회전 곡면을 선택한다.

TIP 교선(⊗) 명령을 이용하면 두 개의 곡면이 교차하는 지점이 3차원 스케치를 편리하게 추출할 수 있다.

9) 스윕 곡면과 회전 곡면 두께를 [숨기기]를 한다.

10) 기준면을 실행하고 다음과 같이 지정하여 기준면을 생성한다.

완성 결과

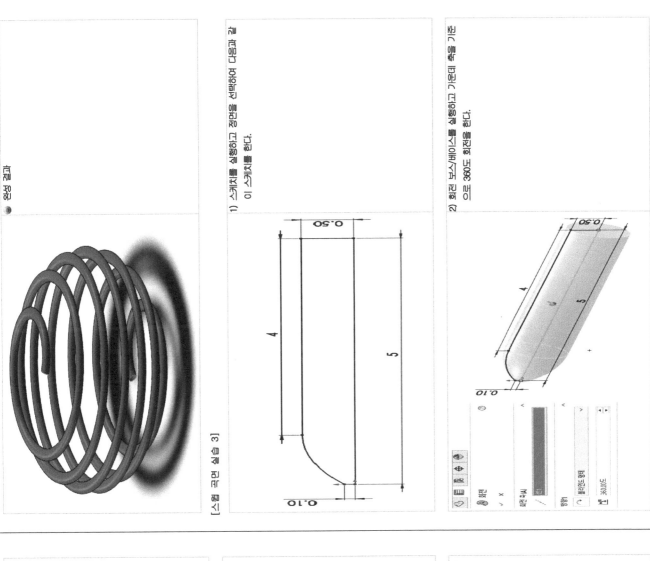

[스윕 곡면 실습 3]

1) 스케치를 실행하고 정면을 선택하여 다음과 같이 스케치를 한다.

0.50

4

5

0.10

2) 회전 보스/베이스를 실행하고 가운데 기준의 축을 기준으로 360도 회전을 한다.

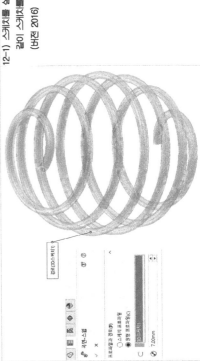

0.50

0.10

5

4

회전
회전 축(A)
방향1
블라인드 형태
360.00도

11) 스케치를 실행하고 평면2를 선택하여 다음과 같이 스케치를 한다.
(버전 2013)

평면 2

Φ7

12-1) 스윕 곡면을 실행하고 다음과 같이 지정하여 스윕 곡면을 생성한다.

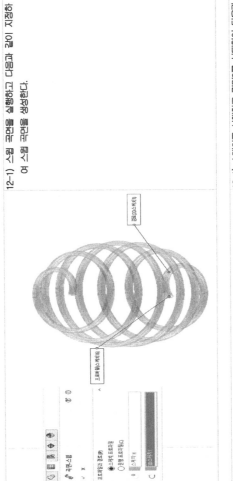

프로파일(스케치)

경로(나선스케치)

곡면-스윕
프로파일과 경로(P)
○스케치 프로파일
●원형 프로파일(C)
스케치

12-1) 스윕 곡면을 실행하고 평면2를 선택하여 다음과 같이 같이 스케치를 한다.
(버전 2016)

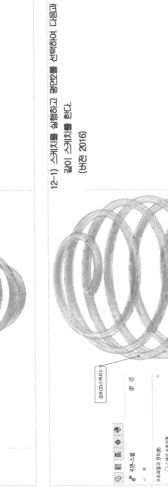

경로(나선스케치)

곡면-스윕
프로파일과 경로(P)
○스케치 프로파일
●원형 프로파일(C)
7.00mm

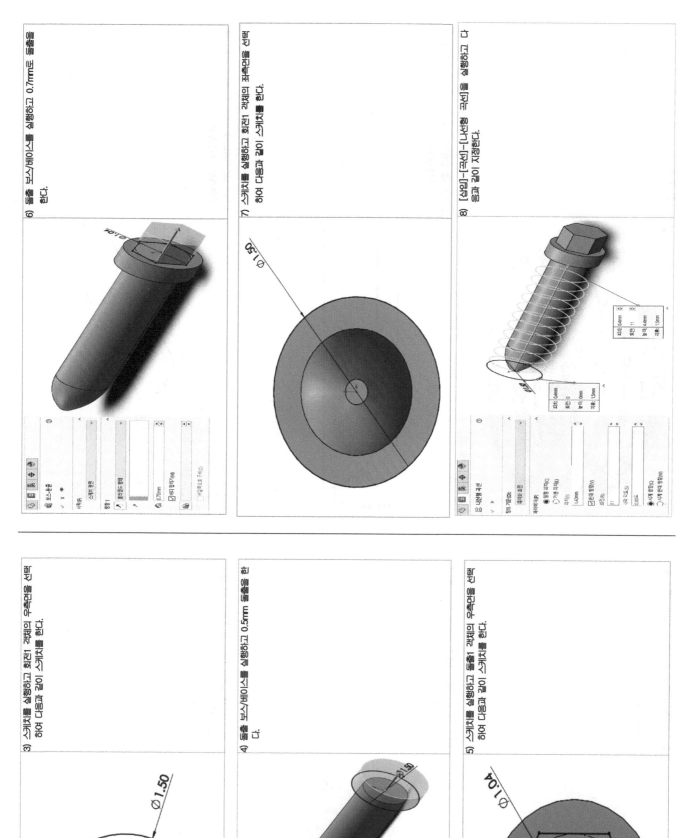

6) 돌출 보스/베이스를 실행하고 0.7mm로 돌출을 한다.

7) 스케치를 실행하고 회전1 객체의 좌측면을 선택하여 다음과 같이 스케치를 한다.

8) 다 ... 실행을 ... [삽입]-[곡선]-[나선형]... 음과 같이 지정한다.

3) 스케치를 실행하고 회전1 객체의 우측면을 선택하여 다음과 같이 스케치를 한다.

4) 돌출 보스/베이스를 실행하고 0.5mm 돌출을 한다.

5) 스케치를 실행하고 돌출1 객체1 래체의 우측면을 선택하여 다음과 같이 스케치를 한다.

11) 스윕 곡면을 실행하고 다음과 같이 스윕 곡면을 생성한다.

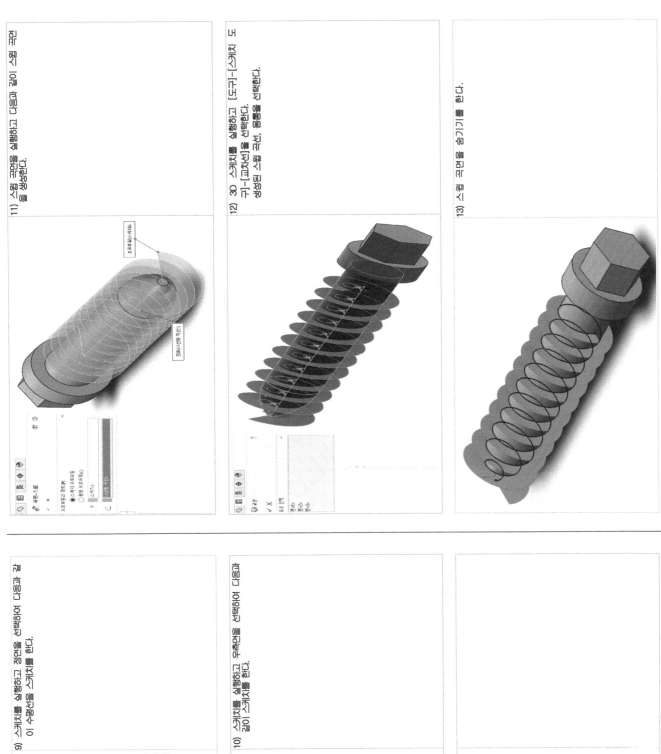

12) 3D 스케치를 실행하고 [도구]-[스케치 도구]-[교차선]을 선택한다. 생성된 스윕 곡선, 몸통을 선택한다.

13) 스윕 곡면을 숨기기를 한다.

9) 스케치를 실행하고 정면을 선택하여 다음과 같이 수평선을 스케치를 한다.

10) 스케치를 실행하고 우측면을 선택하여 다음과 같이 스케치를 한다.

17) 스윕 컷을 실행하고 프로파일로 원을, 교차선
    을 경로로 지정한다.

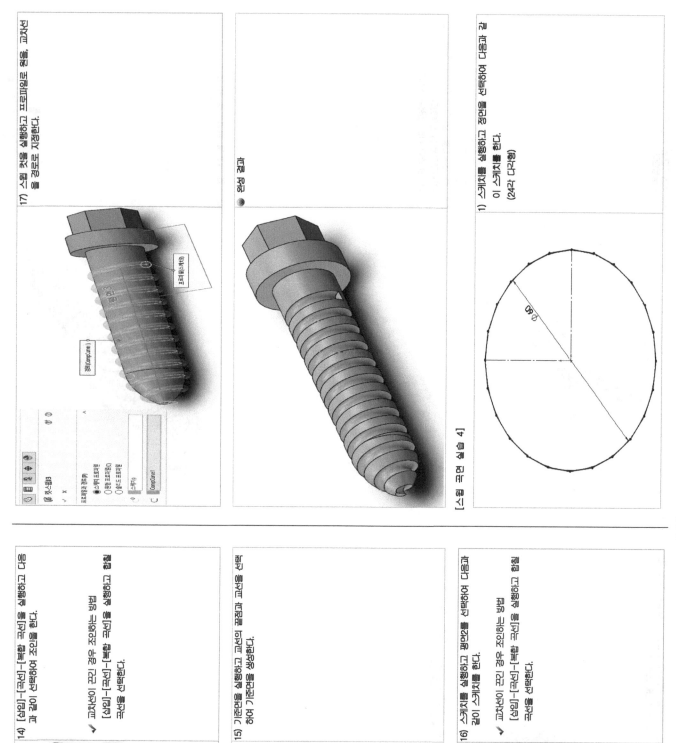

컷-스윕3

프로파일과 경로(P)
● 원형 프로파일
○ 원형 프로파일(O)
○ 솔리드 프로파일
스케치
CompCurve1

프로파일(스케치)

경로3

3D(CompCurve1)

완성 결과

[스윕 곡면 실습 4]

1) 스케치를 실행하고 정면을 선택하여 다음과 같
   이 스케치를 한다.
   (24각 다각형)

Ø80

14) [삽입]-[곡선]-[복합 곡선]을 실행하고 다음
    과 같이 선택하여 조립을 한다.

복합 곡선

형성 요소(E)
3D스케치1

    교차선이 끊긴 경우 조인하는 방법
    [삽입]-[곡선]-[복합 곡선]을 실행하고 형상
    곡선을 선택한다.

15) 기준면을 실행하고 교차선의 꼭짓점과 교차선을 선택
    하여 기준면을 생성한다.

평면3

메시지

제1참조(F)
일치
각도

□ 곡선 끝점 정렬하기

제2참조(S)
각도

프로젝트

16) 스케치를 실행하고 평면2를 선택하여 다음과
    같이 스케치를 실행하고 형상
    곡선을 선택한다.

Ø0.20

    교차선이 끊긴 경우 조인하는 방법
    [삽입]-[곡선]-[복합 곡선]을 실행하고 형상
    곡선을 선택한다.

5) [삽입]-[보스/베이스]-[두껍게]를 선택하고 두께 1mm로 지정한다.

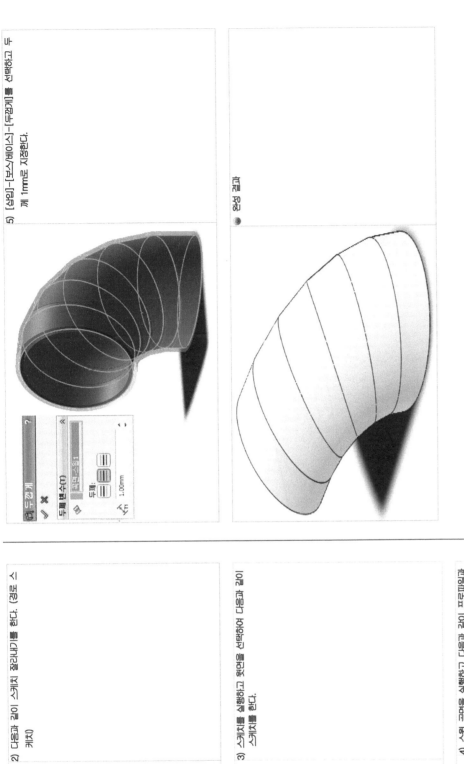

두껍게(T)

두께:

1.00mm

완성 결과

2) 다음과 같이 스케치 잘라내기를 한다. (경로 스케치)

30

30

3) 스케치를 실행하고 윗면을 선택하여 다음과 같이 스케치를 한다.

4) 스윕 곡면을 실행하고 다음과 같이 프로파일(스케치2)과 경로 스케치를 선택한다.

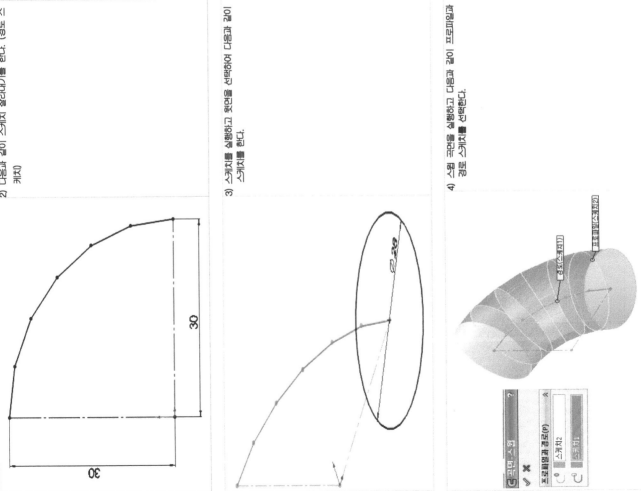

프로파일과 경로(P)

스케치2

스케치1

5 오프셋 곡면 작성하기

오프셋 곡면(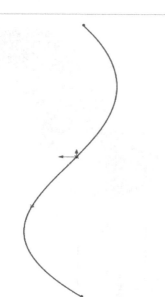)은 곡면의 수직 방향으로 지정한 거리만큼 복사하는 기능으로 아래 그림과 같이 복사와는 차이가 있다. 오프셋 곡면은 선택한 곡면이나 솔리드의 면들의 일정한 간격을 두고 표면을 생성한다.

오프셋 곡면의 옵션

- 프로파일( ) : 오프셋 하여 곡면을 작성할 곡면이나 솔리드의 면들 지정한다.
- 거리 값( ) : 오프셋 시킬 거리 값을 입력한다.

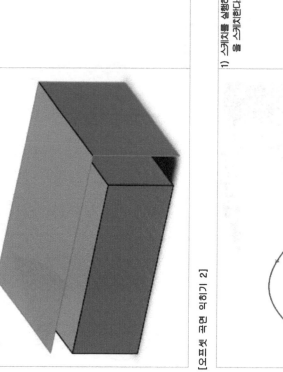

오프셋 곡면 생성하는 방법

- 곡면 도구모음에서 오프셋 곡면( ) 또는 [삽입]-[곡면]-[오프셋]을 클릭한다.
- PropertyManager의 옵션사항을 아래와 같이 설정한다.
  오프셋 할 곡면이나 평면들을 한 개 이상 선택한다.
  오프셋 값과 방향을 입력한다.

[오프셋 곡면 익히기 1]

1) 스케치를 실행하고 윗면을 선택하여 임의의 크기 사각형을 스케치 한다.
2) 돌출 보스/베이스를 실행하고 50mm 돌출을 한다.

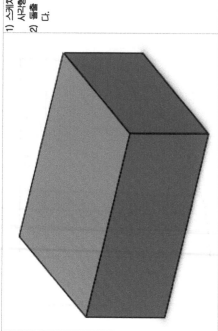

[오프셋 곡면 익히기 2]

1) 스케치를 실행하고 윗면을 선택하여 자유 곡선을 스케치한다.

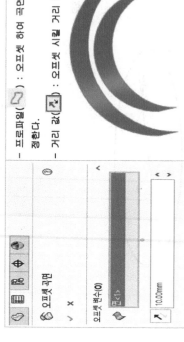

완성 결과

3) [삽입]-[곡면]-[오프셋]을 실행하고 다음과 같이 지정한다.

바운더리 곡면( )을 사용하여 양방향으로 접하거나 연속 곡률을 이루는 곡면을 작성할 수 있다. 대부분의 경우, 로프트 도구보다 고품질의 결과를 볼 수 있다.

바운더리 곡면의 옵션

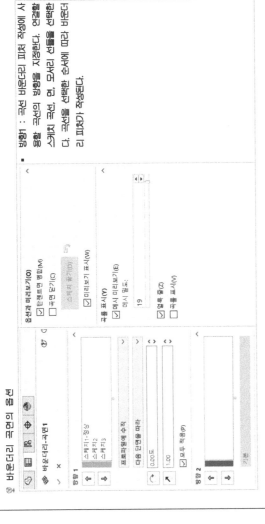

- 방향1 : 곡선 바운더리 피처 작성에 사용할 곡선의 방향을 지정한다. 연결할 스케치 곡선, 면, 모서리 선을을 선택한다. 곡선을 선택한 순서에 따라 바운더리 피처가 작성된다.

바운더리 곡면 생성하는 방법

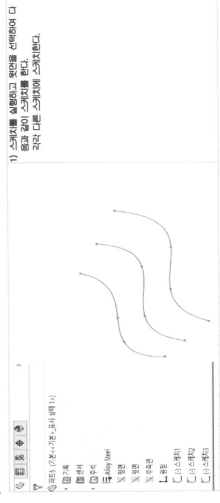

- 곡면 도구모음에서 바운더리 곡면( ) 또는 [삽입]-[곡면]-[바운더리 곡면]을 클릭한다.
방향1에 바운더리할 스케치를 한개 이상 선택한다.
방향2는 방향10에 지정한 스케치의 방향을 선택한다.

[바운더리 곡면 익히기 1]

1) 스케치를 실행하고 윗면을 선택하여 다음과 같이 스케치를 한다.
각각 다른 스케치에 스케치한다.

---

2) 돌출 곡면을 실행하고, 중간평면 지정: 40mm 돌출을 한다.

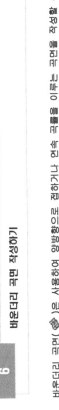

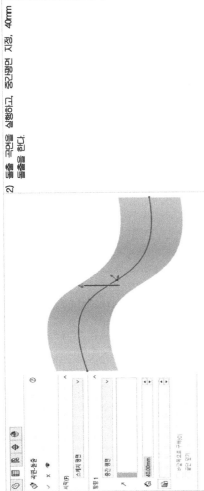

3) [삽입]-[곡면]-[오프셋( )]를 실행하고 오프셋 시킬 곡면을 선택, 거리 : 10mm를 지정한다.

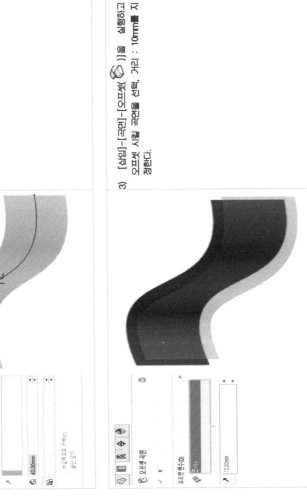

완성 결과

완성 결과

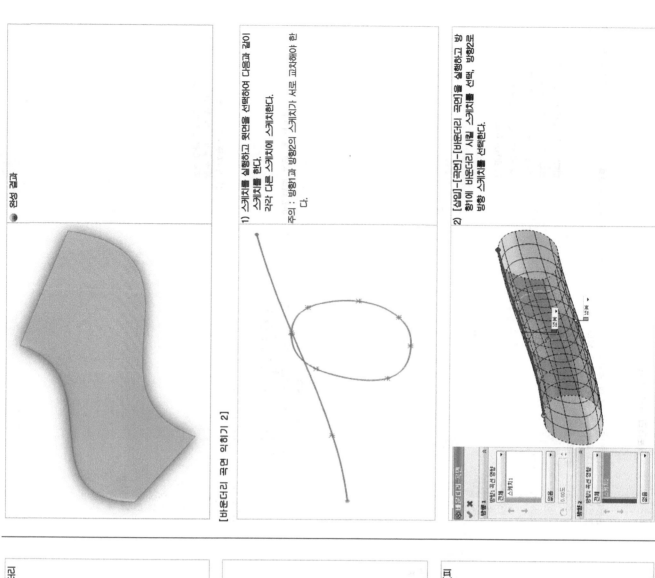

[바운더리 곡면 익히기 2]

1) 스케치를 실행하고 윗면을 선택하여 다음과 같이 스케치를 한다.
각각 다른 스케치에 스케치한다.

주의 : 방향1과 방향2의 스케치가 서로 교차해야 한다.

2) [삽입]-[곡면]-[바운더리 곡면]을 실행하고 방향1에 바운더리 시킬 스케치를 선택, 방향2로 방향 스케치를 선택한다.

2) 바운더리 곡면을 실행하고 방향1에 바운더리 시킬 스케치를 차례대로 선택한다.

3) 바운더리 곡면을 선택하고 우측버튼을 눌러 [피처 편집]에서 메시의 영록줄을 선택해 본다.

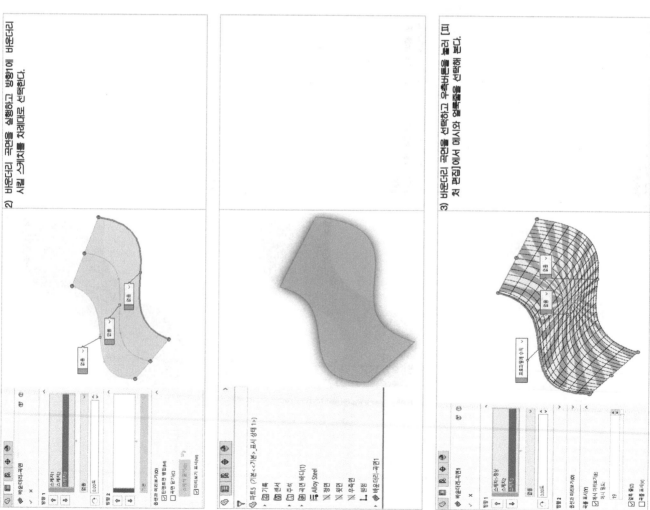

1) 스케치를 실행하고 정면을 선택하여 다음과 같이 스케치를 한다.

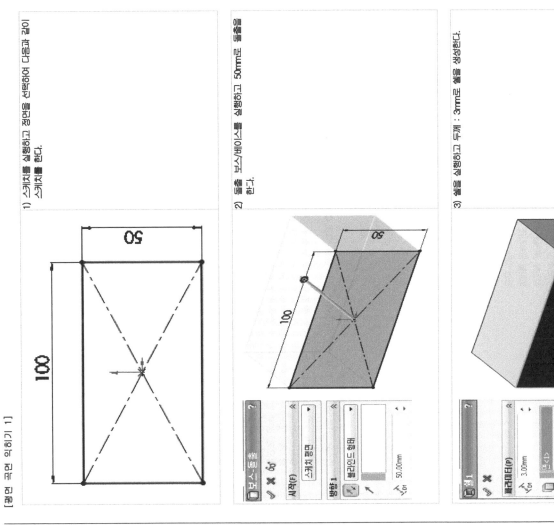

2) 돌출 보스/베이스를 실행하고 50mm로 돌출을 한다.

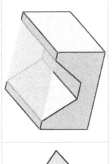
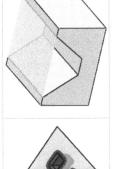

3) 쉘을 실행하고 두께 : 3mm로 쉘을 생성한다.

완성 결과

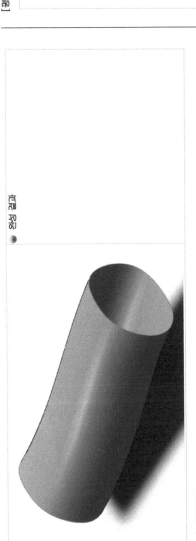

---

7 평면 곡면 작성하기

평면 곡면( )은 스케치를 사용하여 평면 곡면을 만들 수 있다.

▨ 평면 곡면을 작성할 수 있는 항목

1) 교차하지 않는 닫힌 스케치
2) 닫힌 모서리선 세트
3) 동일 평면상에 있는 여러 개의 분할선
4) 곡선이나 모서리선 같은 평면적 요소 한 쌍

▨ 평면 곡면의 옵션

- 경계 요소 : 평면을 생성할 모서리를 선택한다.

▨ 평면 곡면 생성하는 방법

- 서로 교차하지 않는 단일 폐곡선을 스케치한다.
- 곡면 도구모음에서 평면 곡면( ) 또는 [삽입]-[곡면]-[평면]을 클릭한다.
- PropertyManager에서, 경계 요소로 그래픽 영역이나 FeatureManager 디자인 트리에서 스케치를 선택한다.

방사면 곡면 만들기

방사면 곡면( )은 솔리드 모서리나 곡면의 모서리선이나 곡면을 선택한 평면 방향을 따라 방사형으로 곡면을 작성한다.

① 방사면 곡면의 옵션

곡면-방사1

방사 변수(P)

연결<1>

모서리<1>

☑ 접면따라 연장(O)

10.00mm

■ 방사 변수
 - 참조할 평면을 선택한다.
 - 방사할 모서리를 선택한다.
 - 평면 따라 연장을 지정하면 참조할 평면을 연장하여 방사형으로 곡면을 만들어 준다.
 - 연장할 길이를 지정한다.

② 방사면 곡면 생성하는 방법
■ PropertyManager의 방사 변수 아래에서 방사 방향 참조로 방사할 곡면 방향에 평행한 면이나 평면을 그 그래픽 영역에서 선택한다.
■ 방사할 모서리 로 그래픽 영역에서 모서리 한 개나 연속 모서리 선을 선택한다.
■ 필요한 경우 방사 방향 바꾸기를 클릭하여 반대 방향으로 곡면을 방사한다.
■ 모델에 곡면이 있고 파트를 따라 연속되는 곡면을 만들고자 하면, 접면 따라 연장 옵션을 선택한다.
■ 방사 거리를 지정하여 방사 곡면의 너비를 설정한다.

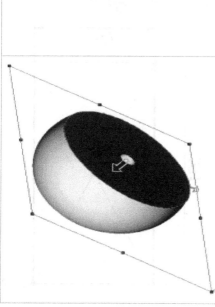

4) 평면 곡면을 선택하고 다음 모서리를 선택하여 평면 곡면을 생성한다.

평면

공제 요소(B)

모서리선<1>
모서리선<2>
모서리선<3>
모서리선<4>

연결성

4) [삽입]-[곡면]-[반사용]를 선택하고 다음과 같이 지정한다.

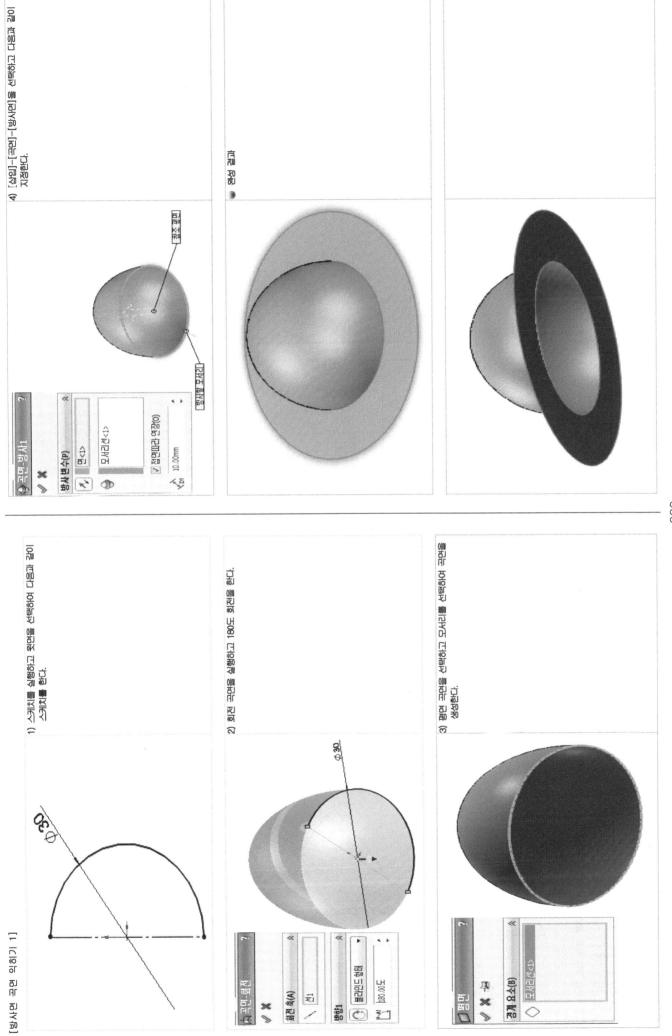

곡면-반사1

반사 변수(P)

면<1>

모서리선<1>

접면따라 연장(O)

10.00mm

곡면 평면

모따기 모서리

완성 결과

[반사용] 곡면 따라 익히기 1]

1) 스케치를 실행하고 윗면을 선택하여 다음과 같이 스케치를 한다.

Φ30

2) 회전 곡면을 실행하고 180도 회전을 한다.

곡면-회전

회전 축(A)

선1

방향1

블라인드 형태

180.00도

3) 평면 곡면을 선택하고 모서리를 선택하여 곡면을 생성한다.

평면

경계 요소(B)

모서리선<1>

1) 스케치를 실행하고 정면을 선택하여 다음과 같이 스케치를 한다.

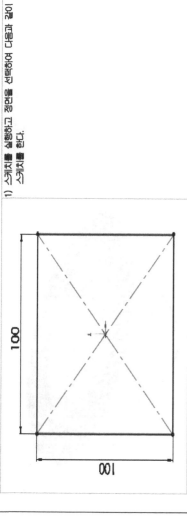

2) [삽입]-[곡면]-[평면]을 선택하여 곡면을 생성한다.

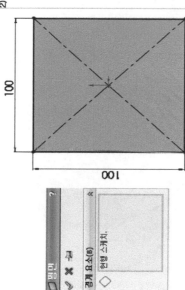

3) 스케치를 실행하고 평면 위를 선택하여 원을 스케치한다.

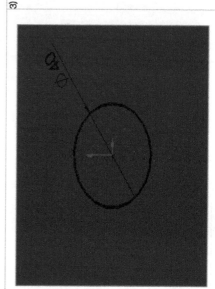

---

9 곡면 잘라내기

곡면 잘라내기( ) : [삽입]-[곡면]-[잘라내기]( ) : 곡면, 평면, 스케치를 잘라내기 도구로 사용하여 다른 곡면을 교차하는 위치에서 잘라낼 수 있다. 곡면을 다른 곡면과 결합하여 상호 잘라내기 도구로 사용할 수도 있다.

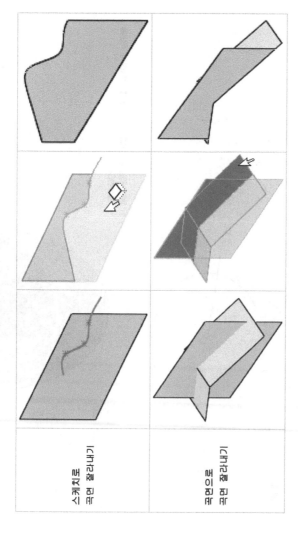

스케치로
곡면 잘라내기

곡면으로
곡면 잘라내기

곡면 잘라내기 방법
1> 교차하는 여러 개의 곡면을 작성하거나 평면과 교차하거나 면에 스케치를 가진 곡면을 작성한다.
2> 곡면 도구 모음에서 곡면 잘라내기를 클릭하거나, [삽입]-[곡면]-[잘라내기]를 클릭한다.
3> PropertyManager의 잘라내기 유형 아래에서 유형을 선택한다.
- 표준 : 곡면, 스케치 요소, 곡선, 평면 등을 사용하여 곡면을 잘라낸다.
- 상호 잘라내기 : 곡면 자체를 사용하여 곡면을 잘라낸다.
4> 선택 : 아래에서 옵션을 선택한다.
- 잘라내기 도구 : (잘라내기 유형으로 표준을 선택했을 때 사용 가능함). 다른 곡면을 잘라낼 도구로 그래픽 영역에서 곡면, 스케치 요소, 곡선, 평면을 선택한다.
- 곡면 : (잘라내기 유형으로 상호 잘라내기를 선택했을 때 사용 가능함). 곡면을 잘라낼 때 사용할 잘라내기 곡면으로 그래픽 영역에서 여러 개의 곡면을 선택한다.
- 선택 부분 보존 : 보존할 부분 아래 나열된 곡면들이 보존된다. 보존할 부분에 나열되지 않은 교차 곡면은 연결 제거된다.
- 선택 부분 제거 : 제거할 부분 아래 나열된 곡면들이 제거된다. 제거할 부분에 나열되지 않은 교차 곡면은 연결된다.
5> 곡면 분할 옵션 아래에서 제거할 부분 에 곡면을 선택한다.
- 보존할 부분 : 보존할 부분 아래에 곡면을 선택한다.
- 자유형 : 잘라 내기하고 경계 모서리선이 곡면의 형태를 따르도록 한다.
- 선형 : 잘라 내기하고 경계 모서리선의 잘라내기 지점에서부터 직선 방향을 따르도록 한다.
- 모두 분할 : 곡면에서 가능한 모든 분할을 표시한다.

※ 곡면 붙이기의 방법

1> 곡면 도구 모음에서 곡면 붙이기(圖)를 클릭하거나, [삽입]-[곡면]-[붙이기]를 클릭한다.

붙일 곡면과 연으로 연과 곡면을 선택한다.
약힌 곡면에서 솔리드 모델을 작성하려면, 솔리드 형성 시도를 선택한다.
요소 합치기를 선택하여 동일한 가져 지오메트리를 가진 연을 합친다.

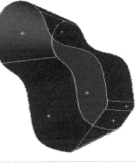	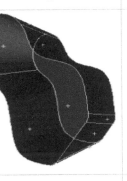	
인접, 교차하지 않는 곡면을 작성	붙일 연을 선택	하나로 붙은 결과

2> 틈을 제어하면 틈이 생길 수 있는 모서리를 보거나, 붙이기 공차 또는 틈 간격 범위를 표시하고 편집할 수 있다.

곡면 붙이기의 옵션

선택
- 붙일 평면이나 곡면을 선택한다.
- 쎄드 연 유선을 사용하여 솔리드 작성하려면 솔리드 작성을 선택한다.

붙이기 공차 : 붙이기 공차 이하이면 틈이 있는 채 연을 함께 채운다.
작은 붙이 공주 경우 붙이기이하여 단힌다.

범위 내 틈 표시 : 범위 내에 있는 틈만 표시한다. 붙이기 공차 범위 내의 틈을 끌어서 틈 범위를 변경한다.

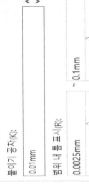

---

4) [삽입]-[곡면]-[잘라내기]를 선택하고 다음과 같이 지정한다.

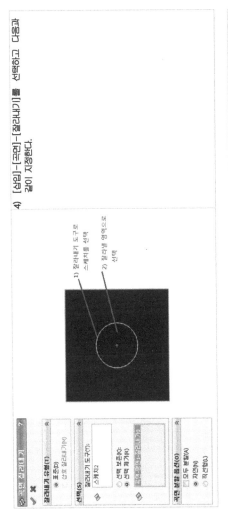

1) 잘라내기 도구로 스케치를 선택
2) 잘라낼 영역으로 선택

완성 결과

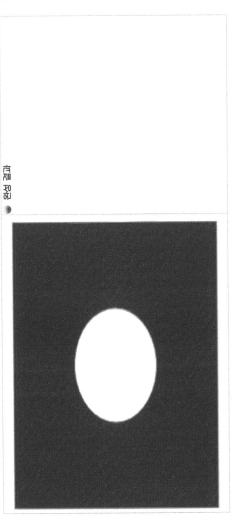

※ 곡면 붙이기 주의 사항

곡면이 태두리는 겹치지 않고 점해야 한다.
곡면이 같은 평면에 있지 않아도 된다.
전체 곡면 바디를 선택하거나, 여러 개의 인접 곡면 바디를 선택한다.
붙여진 곡면은 이름 만들기를 위해 사용된 곡면 바디를 흡수한다.
폐쇄 볼륨을 만드는 곡면 붙이기를 할 때, 솔리드 바디를 작성하거나 곡면 바디로 남겨 둔다.
요소 합치기를 선택하여 동일한 가져 지오메트리를 가진 붙이기 연을 합친다.
틈 제어를 선택하여 틈을 보거나 붙이기 공차를 수정한다.

10 곡면 붙이기

곡면 붙이기(圖)은 여러 개의 연이나 곡면을 한 개로 붙인다.

- 225 -

[곡면 붙이기 익히기 1]

1) 스케치를 실행하고 윗면을 선택하여 다음과 같이 스케치를 한다.

Ø60

2) 돌출 곡면을 선택하여 50mm로 돌출을 한다.

Ø60

곡면-돌출
스케치 평면
솔리드로 형태
500.0mm
관통으로 구멍(O)
끝단 닫기

3) 평면 곡면을 실행하고 모서리를 선택하여 곡면을 생성한다.

Ø60

평면
스케치
경계 요소(B)

4) [삽입]-[곡면]-[붙이기]를 선택하고 다음과 같이 값이 지정한다.

곡면 붙이기

선택(S)
곡면-평면2
곡면-돌출2
솔리드 작성(T)
요소 합치기(M)

틈 조정(A)
붙이기 공차(K)
0.01mm
범위 내 틈 표시(R):
0.0025mm ~ 0.1mm

5) 필렛을 실행하고 5mm로 필렛을 한다.

주의) 붙이기를 하기 전에는 필렛을 할 수 없다.

필렛
Fillet/round
수동

필렛 유형(Y)
고정 크기 필렛

필렛할 항목(I)
접하는 모서리(G)
전체 미리보기(W)
부분 미리보기(P)
미리보기 안함(N)

반경: 5mm

크기(D):
5.00mm
다중 반경 필렛(M)
접하는 면으로 연장(G)

완성 형상

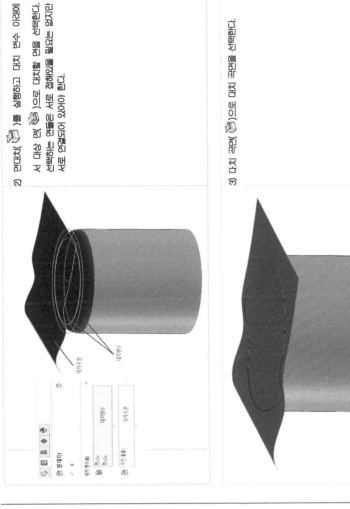

2) 면대치( ) 를 실행하고 대치 변수 아래에서 대상 면( )으로 대치할 면을 선택한다. 선택하는 면들은 서로 대치하는 연결을 필요로 없었으나 서로 연결되어 있어야 한다.

3) 대치 곡면( )으로 대치 곡면 곡면을 선택한다.

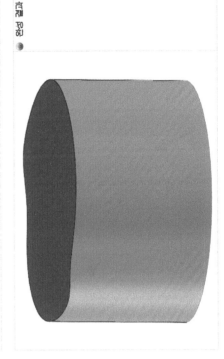

완료 상태

11 면 대치

면 대치( ) 도구를 사용해서 곡면이나 솔리드 바디에 있는 면을 새로운 곡면 바디로 바꿀 수 있다.

대치하는 곡면 바디는 이전 면과 같은 테두리를 갖지 않아도 된다. 면을 대치할 때는 원래 바디에 있던 인접 면들이 곡면 바디를 대치하고 새로운 곡면 바디로 연결을 잘라내기 위해 자동으로 잘라내고 잘라내기 된다.

◈ 면 대치의 기능
- 한 면이나 연결된 면들을 곡면 바디로 바꾼다.
- 한 번의 명령으로 여러 개의 연결된 면을 제외할 같은 수의 곡면 바디로 바꾸어준다.

이 때, 대상 면 과 의 연쌍을 대치 곡면 과 같은 같은 순서로 나열해야 한다. 면 대치(( )) 도구는 원래의 면과 대치할 면을 찾이 작업한다.
- 솔리드나 곡면 바디에서 면을 대치한다.

◈ 대치 곡면 바디의 유형
- 돌출, 로프트, 채우기 등과 같은 모든 곡면 유형
- 붙인 곡면이나 복잡한 붙어진 곡면 바디
- 보통 대치하는 면들보다 넓고 길이가 길다. 그러나, 대치 곡면 바디가 면보다 더 작은 경우가 있더라도 인접 면들과 만나도록 곡면이 자동으로 연장된다.

◈ 대치하는 면들의 조건
- 면들이 반드시 연결되어 있어야 한다.
- 탄젠트일 필요은 없다.

◈ 한 쌍의 면 대치
연결된 면들을 곡면 바디로 대치하는 방법
1) 대치 곡면 바디가 대치하는 면보다 넓고 길이가 길도록 한다.

3) 대치 곡면()으로 첫 번째 대치 대상면을 대치 곡면을 선택하고 대치 곡면()으로 두 번째 대치 대상 면을 선택한다. 반드시 대상 면을 대치할 순서대로 대치 곡면을 선택해야 한다.

4) 면이 대치되어지고 원래 바디의 이웃한 면들은 연결되어 연장된다. 새 면은 원래 바디의 이웃한 면들 맞게 맞추어 잘려진다.

● 완성 결과

1) 스케치를 실행하고 윗면을 선택하여 다음과 같이 스케치를 한다.

[면 대치 따라하기]

◎ 여러 쌍의 면 대치

여러 개의 연결된 면 쌍들을 곡면 바디로 대치하는 방법

1) 곡면 도구 모음에서 면대치(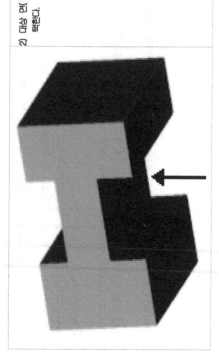)를 선택한다. PropertyManager의, 대치 변수 아래에서, 대상 면()으로 대치할 첫 번째 면들을 선택한다. 수직면을 포함하여 H의 윗면에 있는 다섯 개 면을 선택한다.

2) 대상 면 ()으로 대치할 두 번째 면들을 선택한다.

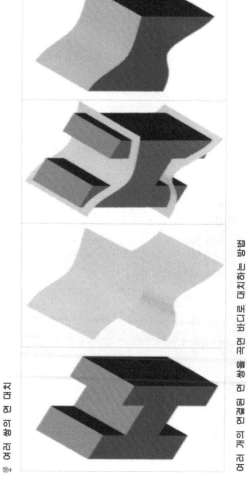

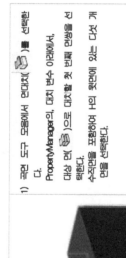

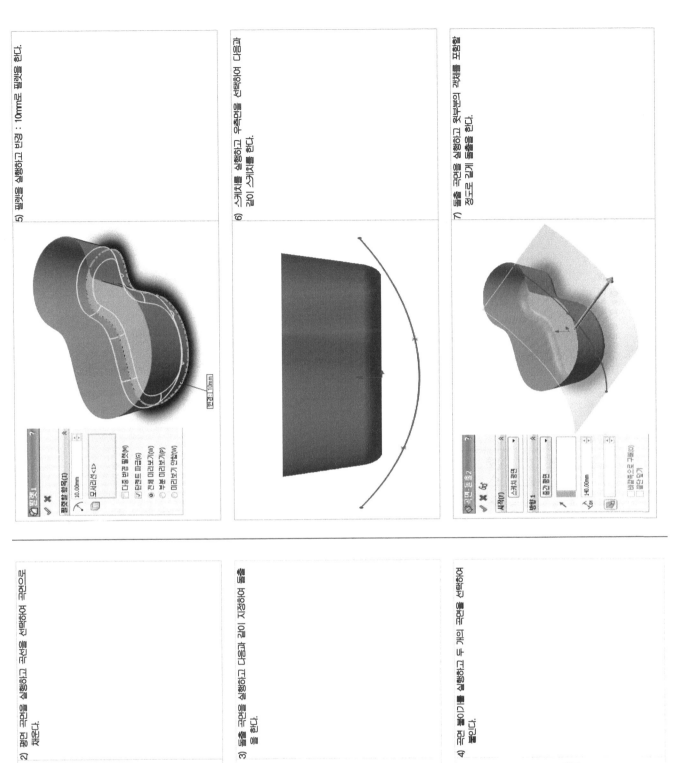

5) 필렛을 실행하고 반경 : 10mm로 필렛을 한다.

필렛1

반경:10mm

필렛할 항목(I)
10.00mm
모서리선<1>

□ 다중 반경 필렛(M)
☑ 탄젠트 파급(G)
◉ 전체 미리보기(W)
○ 새시 미리보기(P)
○ 미리보기 안함(W)

6) 스케치를 실행하고 우측면을 선택하여 다음과 같이 스케치를 한다.

7) 돌출 곡면을 실행하고 돌출을 한다. 정도로 길게 돌출을 하는데 윗부분의 객체를 포함할 정도로 길게 돌출을 한다.

곡면-돌출2

시작(F)
스케치 평면
방향1
중간 평면
140.00mm

□ 바깥쪽으로 구배(O)

2) 평면 곡면을 실행하고 곡선을 선택하여 곡면으로 채운다.

곡면-평면1

경계 요소(B)
스케치1

3) 돌출 곡면을 실행하고 다음과 같이 길이 지정하여 돌출을 한다.

곡면-돌출1

시작(F)
스케치 평면
방향1
블라인드 형태
40.00mm
15.00도

□ 바깥쪽으로 구배(O)
□ 곡면 닫기

4) 곡면 붙이기를 실행하고 두 개의 곡면을 선택하여 붙인다.

곡면-표면 붙이기

선택(S)
곡면-돌출1
곡면-평면1

□ 솔리드 형성 시도(T)
☑ 요소 합치기(M)

☑ 틈 조절(A)
붙이기 공차(C):
0.0025mm
범위 내 틈 표시(R):
0.0025mm   ~ 0.1mm

12 곡면 보존

곡면 보존(◇) 도구를 사용해서 기존 곡면을 경계를 따라 자연스럽게 연장해서 곡면 구멍과 외부 모서리를 패치할 수 있다. 특정 비율로 곡면 경계를 연장하거나 곡면을 채우는 곡점을 연결할 수 있다. 곡면 보존 도구를 불러온 곡면 또는 작성한 곡면과 함께 사용한다.

❖ 곡면을 보존하는 방법

1) 스케치를 실행하고 윗면을 선택하여 다음과 같이 스케치를 한다.

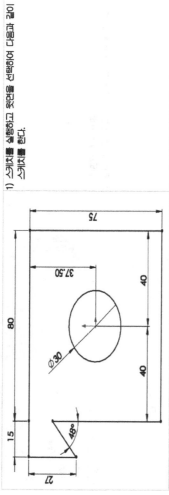

2) 평면 곡면을 실행하고 곡선을 선택하여 곡면으로 채운다.

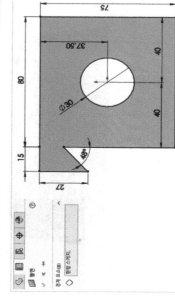

3) 면 보존(◇)을 실행하고 다음 모서리를 선택한다. 곡면 조절해서 자연스럽게 연장하면서 거리를 조절해서 연장한다.

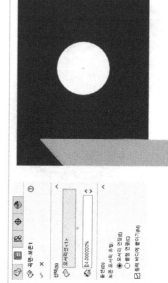

8) 면대칭(🗗)를 실행하고 2각의 항목에 대치할 면과 대치사킬 연을 구별해서 선택한다.

완성 결과

5) 면 보존( )를 실행하고 다음 두 개의 모서리를 선택한 후 공점 연결을 선택한다.

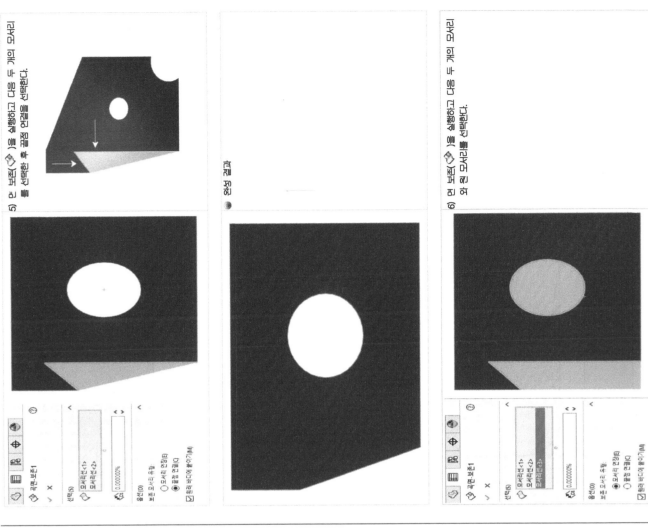

곡면 보존1
선택(S)
모서리선<1>
모서리선<2>
0.0000000%
옵션(O)
보존 모서리 유형
○ 모서리 연장(E)
● 공점 연결(C)
☑ 원래 바디에 붙이기(M)

● 완성 결과

6) 면 보존( )를 다시 실행하고 다음 두 모서리를 선택한다.

곡면 보존1
선택(S)
모서리선<1>
모서리선<2>
모서리선<3>
0.0000000%
옵션(O)
보존 모서리 유형
● 모서리 연장(E)
○ 공점 연결(C)
☑ 원래 바디에 붙이기(M)

● 완성 결과

4) 면 보존( )을 실행하고 다음 두 개의 모서리를 선택한다.

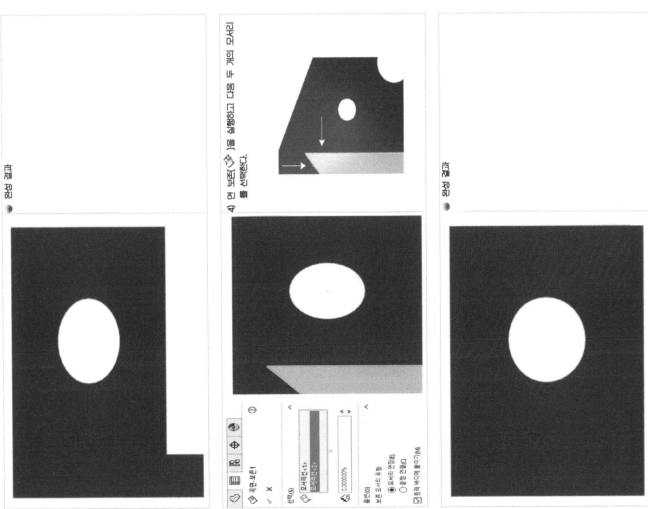

곡면 보존1
선택(S)
모서리선<1>
모서리선<2>
0.0000000%
옵션(O)
보존 모서리 유형
● 모서리 연장(E)
○ 공점 연결(C)
☑ 원래 바디에 붙이기(M)

● 바로 보기

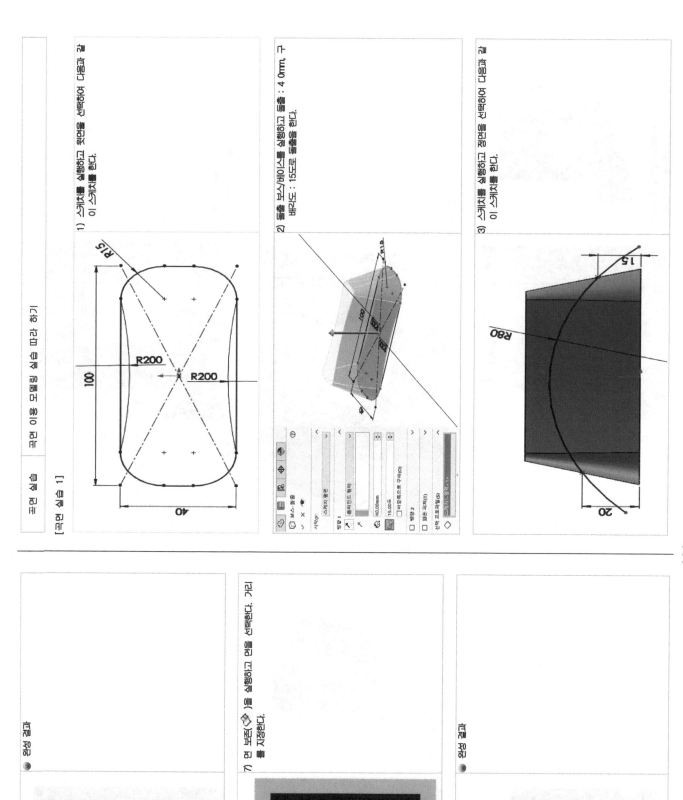

[곡면 실습 1]

1) 스케치를 실행하고 윗면을 선택하여 다음과 같 이 스케치를 한다.

2) 돌출 보스/베이스를 실행하고 돌출을 한다. 구
배각도 : 15도로 돌출을 한다.

3) 스케치를 실행하고 정면을 선택하여 다음과 같
이 스케치를 한다.

7) 면 보정( )을 실행하고 면을 선택한다. 거리
를 지정한다.

완성 결과

완성 결과

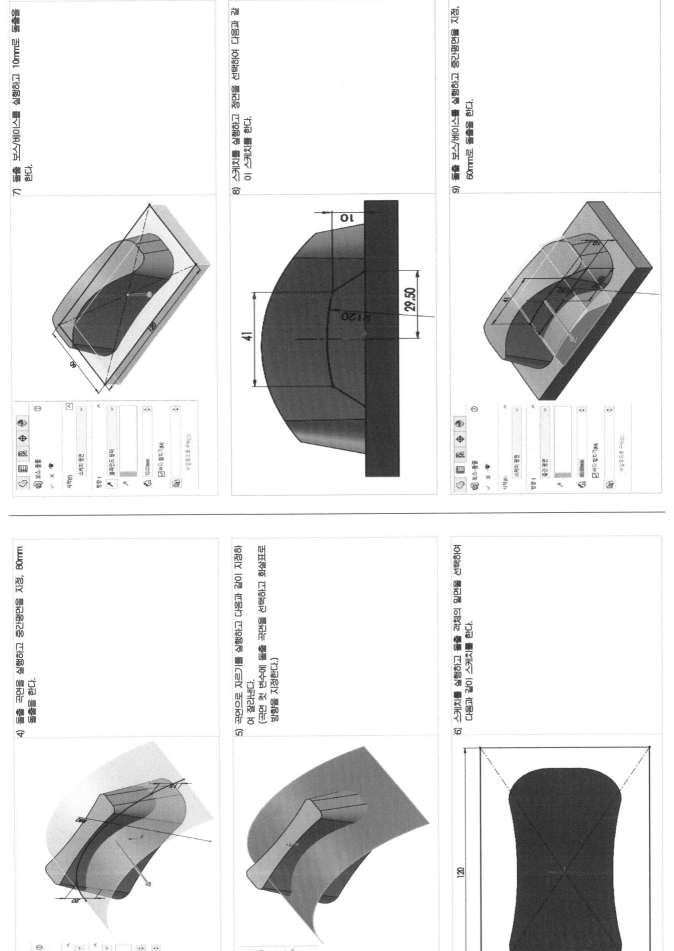

7) 돌출 보스/베이스를 실행하고 10mm로 돌출을 돌출을
한다.

8) 스케치를 실행하고 정면을 선택하여 다음과 같
이 스케치를 한다.

9) 돌출 보스/베이스를 실행하고 중간평면을 지정,
60mm로 돌출을 한다.

4) 돌출 곡면을 실행하고 중간평면을 지정, 80mm
돌출을 한다.

5) 곡면으로 자르기를 실행하고 다음과 같이 지정하
여 잘라낸다.
(곡면 첫 번수에 돌출 곡면을 선택하고 화살표로
방향을 지정한다.)

6) 스케치를 실행하고 돌출 객체의 밑면을 선택하여
다음과 같이 스케치를 한다.

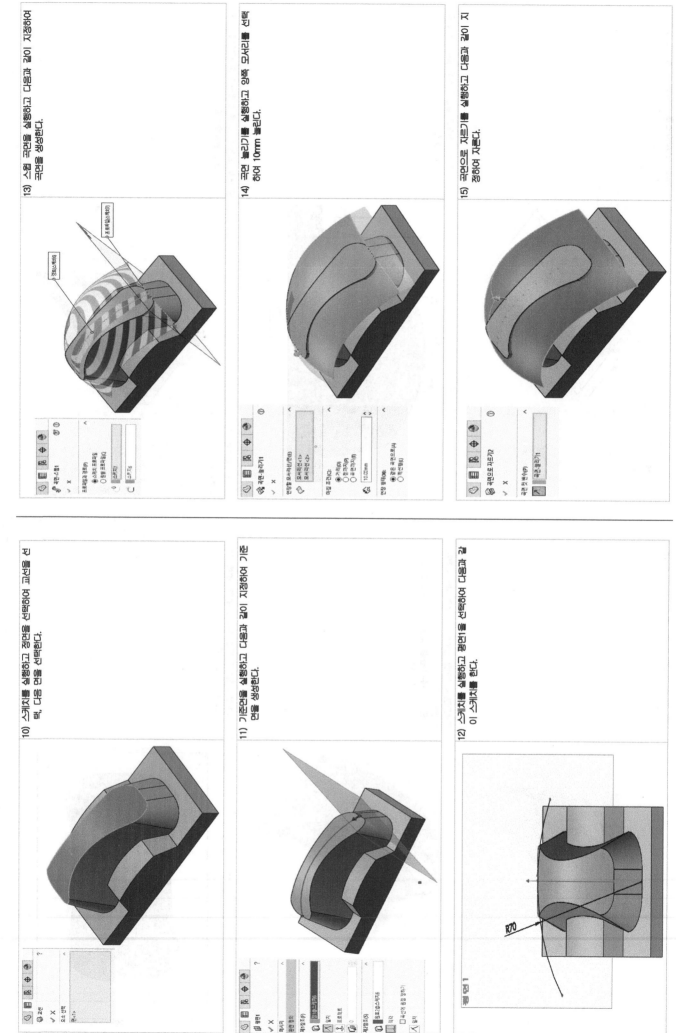

13) 스윕 곡면을 실행하고 다음과 같이 지정하여 곡면을 생성한다.

14) 곡면 늘리기를 실행하고 양쪽 모서리를 선택하여 10mm 늘린다.

15) 곡면으로 자르기를 실행하고 다음과 같이 지정하여 자른다.

10) 스케치를 실행하고 정면을 선택하여 교선을 선택한 뒤, 다음 연을 선택한다.

11) 기준면을 실행하고 다음과 같이 지정하여 기준연을 생성한다.

12) 스케치를 실행하고 평면1을 선택하여 다음과 같이 스케치를 한다.

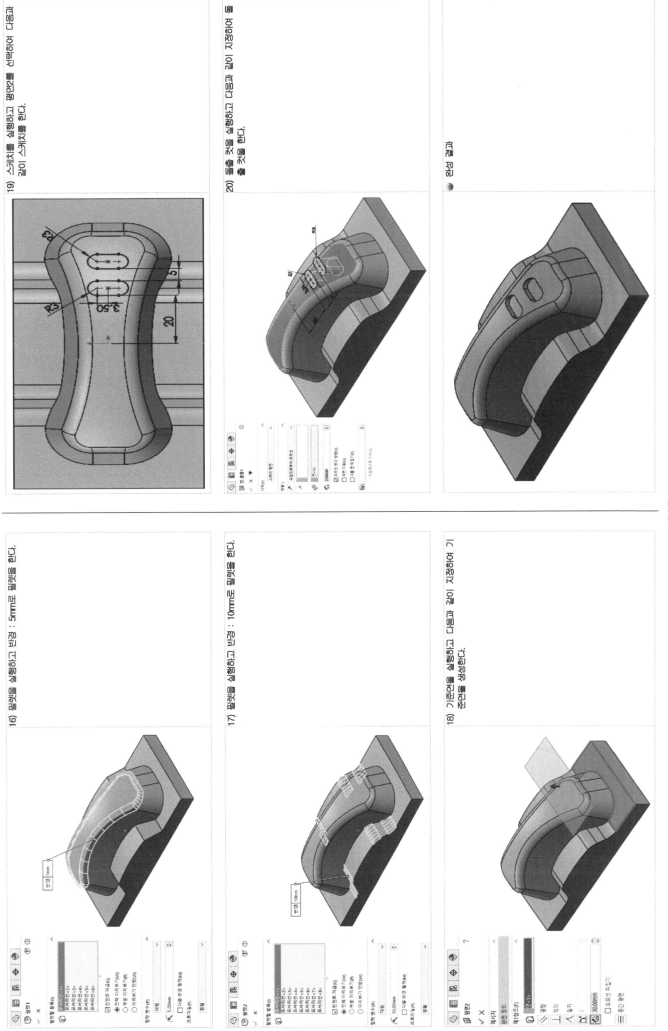

19) 스케치를 실행하고 평면을 선택하여 다음과 같이 스케치를 한다.

20) 돌출 컷을 실행하고 다음과 같이 지정하여 돌출 컷을 한다.

● 완성 결과

16) 필렛을 실행하고 반경 : 5mm로 필렛을 한다.

17) 필렛을 실행하고 반경 : 10mm로 필렛을 한다.

18) 기준면을 실행하고 다음과 같이 지정하여 기준면을 생성한다.

[곡면 실습 2]

1) 스케치를 실행하고 윗면을 선택하여 다음과 같이 스케치를 한다.

R150
R30
R28
57.500
57.500

2) 돌출 보스/베이스를 실행하고 38mm로 돌출을 한다.

돌출-보스/베이스1
시작(F)
스케치 평면
방향 1
블라인드 형태
38.00mm
바깥쪽으로 구배(O)

R150
Ø60
Ø50
Ø56

3) 필렛을 실행하고 반경 : 3mm로 필렛을 한다.

필렛1
필렛할항목(I)
3.00mm
모서리선<1>
다중 반경 필렛(M)
탄젠트 파급(G)
전체 미리보기(W)
부분 미리보기(P)
미리보기 없음(N)

반경 3mm

4) 스케치를 실행하고 정면을 선택하여 다음과 같이 이 스케치를 한다.
(자유 곡선 사용해도 됨)

35
20
14

5) 기준면을 실행하고 다음과 같이 길이 지정하여 기준 면을 생성한다.

평면
메시지
일치 표준
제1참조(f)
원호1@스케치2
일치
투영됨
제2참조(S)
원호1@스케치2
일치
각도
곡선에 대한 참조 설정하기

6) 스케치를 실행하고 평면1을 선택하여 다음과 같이 길이 스케치를 한다.

평면 1
43
43
R72
22

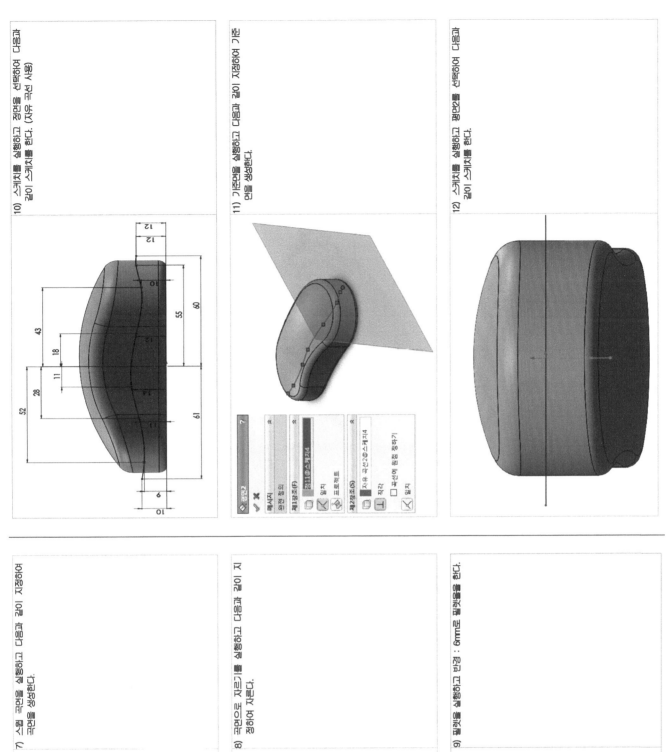

10) 스케치를 실행하고 정면을 선택하여 다음과
    같이 스케치를 한다. (자유 곡선 사용)

11) 기준면을 실행하고 다음과 같이 지정하여 기준
    면을 생성한다.

12) 스케치를 실행하고 평면2를 선택하여 다음과
    같이 스케치를 한다.

7) 스윕 곡면을 실행하고 다음과 같이 지정하여
   곡면을 생성한다.

8) 곡면으로 자르기를 실행하고 다음과 같이 지
   정하여 자른다.

9) 필렛을 실행하고 반경 : 6mm로 필렛을 한다.

13) 스윕 곡면을 실행하고 다음과 같이 지정하여 곡면을 생성한다.

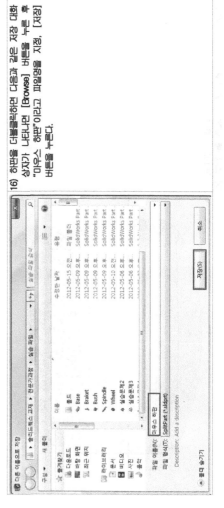

14) [삽입]-[피처]-[분할]을 실행하고 잘라내기 할 곡면을 선택, 파트 자르기(Cut Part) 버튼을 누른다.

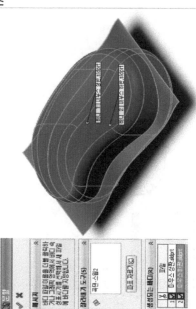

15) 상판과 하판을 따로 저장하기 위해 상판을 더블클릭하면 다음과 같은 저장 대화 상자가 나타나면 [Browse]버튼을 누른 후 "마우스 상판"이라고 파일명을 지정, [저장] 버튼을 누른다.

[힌트] 분할의 [파트 자르기] 버튼을 누르고 이래 파일이 없음에서 더블클릭하면 저장하는 대화상자가 열립니다.

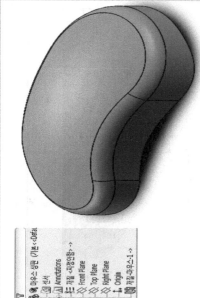

16) 하판을 더블클릭하면 다음과 같은 저장 대화 상자가 나타나면 [Browse] 버튼을 누른 후 "마우스 하판"이라고 파일명을 지정, [저장] 버튼을 누른다.

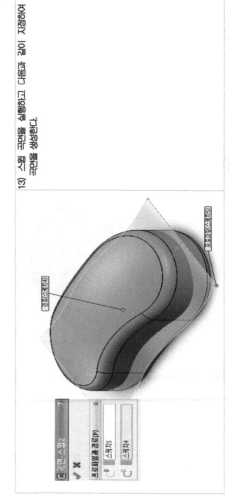

17) 분할되어 저장된 마우스의 상판과 하판이다.

18) [파일]-[열기]로 마우스의 상판을 연다.

21) 돌출 컷을 실행하고 아래쪽으로 11mm 돌출 컷을 한다.

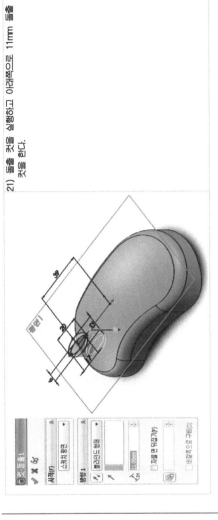

22) 돔(Dome)을 실행하고 3mm를 지정한다.

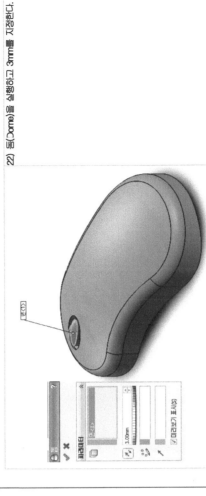

23) 쉘을 실행하고 마우스 상판의 아래 부분을 두께 : 3mm로 쉘을 생성한다.

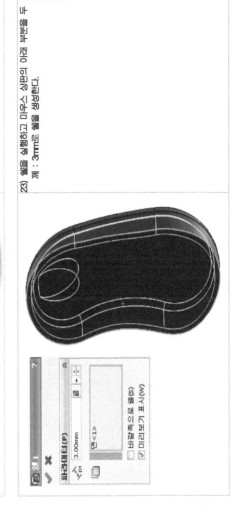

19) [파일]-[열기]로 마우스의 하판을 연다.

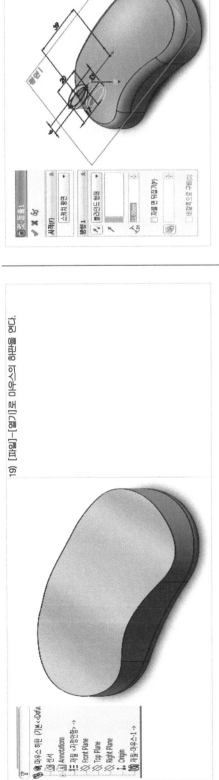

20) 기준면을 실행하고 윗면을 기준으로 32mm 위쪽에 기준면을 생성한다.

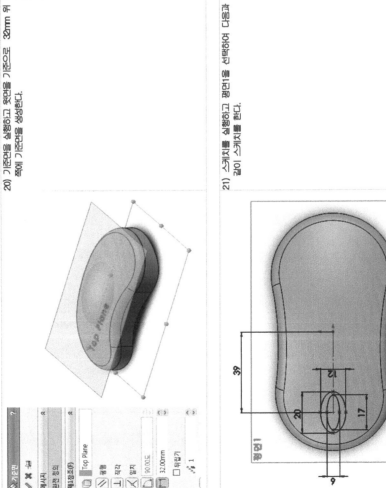

21) 스케치를 실행하고 평면1을 선택하여 다음과 같이 스케치를 한다.

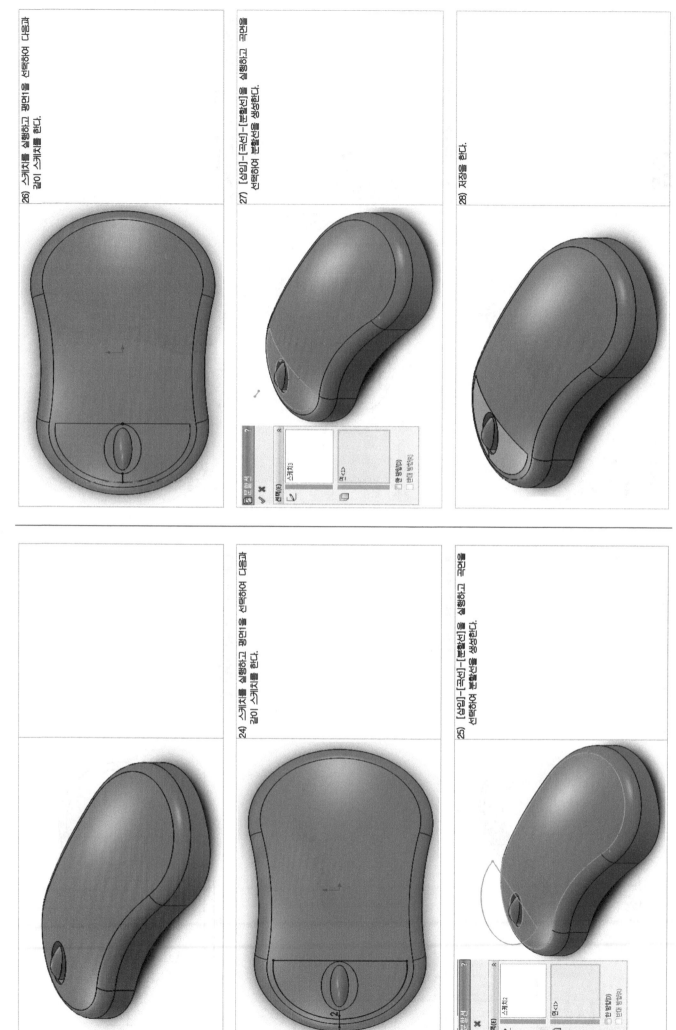

26) 스케치를 실행하고 평면1을 선택하여 다음과 같이 스케치를 한다.

27) [삽입]-[곡면]-[분할선]을 실행하고 곡면을 선택하여 분할선을 생성한다.

선택(R)

스케치3

면 <1>

□ 한 방향(D)
□ 반대 방향(R)

28) 저장을 한다.

24) 스케치를 실행하고 평면1을 선택하여 다음과 같이 스케치를 한다.

25) [삽입]-[곡면]-[분할선]을 실행하고 곡면을 선택하여 분할선을 생성한다.

선택(R)

스케치2

면 <1>

□ 한 방향(D)
□ 반대 방향(R)

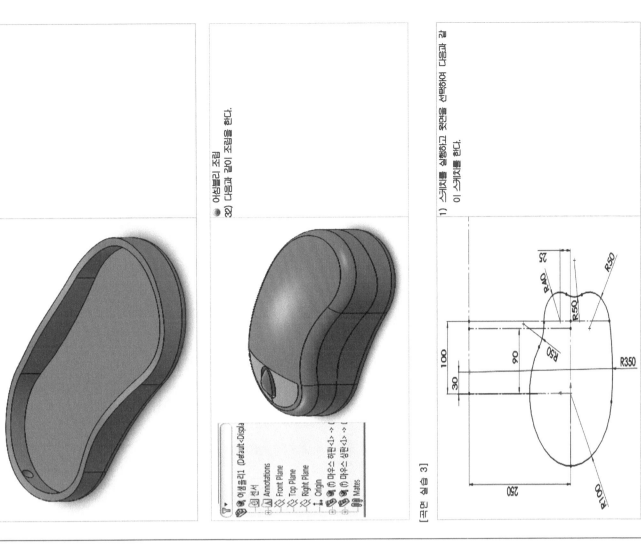

32) 다음과 같이 조립을 한다.
● 어셈블리 조립

1) 스케치를 실행하고 윗면을 선택하여 다음과 같
이 스케치를 한다.

[곡면 실습 3]

29) 쉘을 실행하고 다음과 같이 선택하여 쉘을 생
성한다.

30) 스케치를 실행하고 우측면을 선택하여 다음과
같이 스케치를 한다.

31) 돌출 컷을 실행하고 관통을 한다.

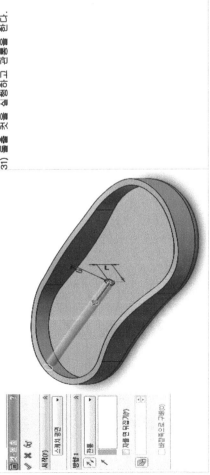

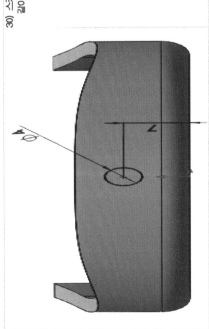

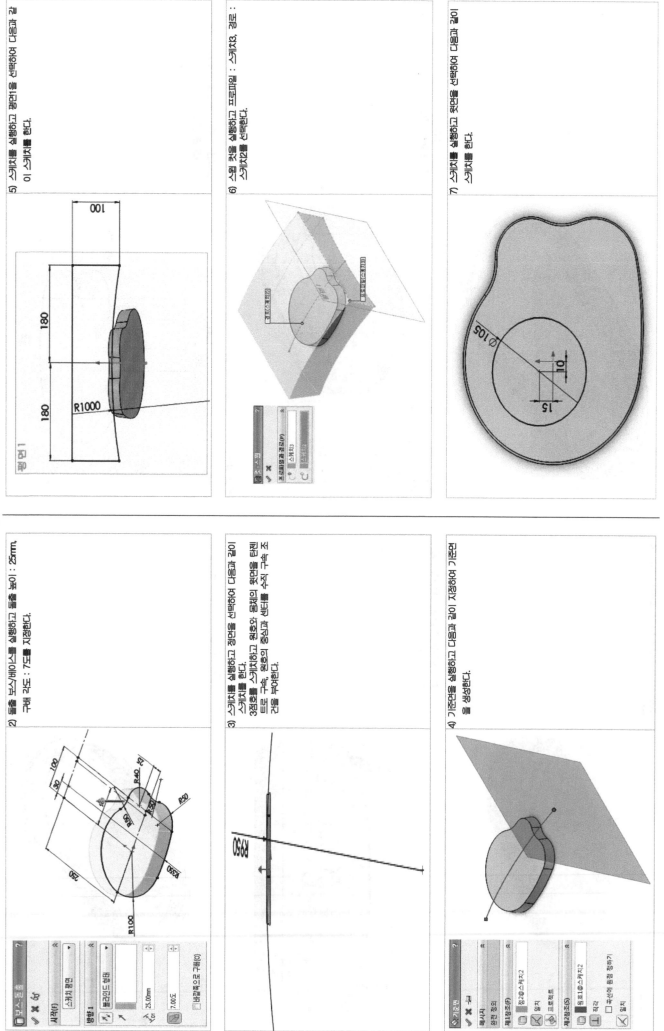

5) 스케치를 실행하고 평면을 선택하여 다음과 같이 스케치를 한다.

100
180
180
R1000
평면1

6) 쉘 첫 실행하고 프로파일 : 스케치, 경로 : 스케치2를 선택한다.

경로(스케치2)
프로파일(스케치1)
쉘-스윕
프로파일과 경로(P)
스케치3
스케치2

7) 스케치를 실행하고 윗면을 선택하여 다음과 같이 스케치를 한다.

Ø105
10
15

2) 돌출 보스/베이스를 실행하고 돌출 높이 : 25mm, 구배 각도 : 7도를 지정한다.

보스-돌출
시작(F)
스케치 평면
방향1
블라인드 형태
25.00mm
7.00도
바깥쪽으로 구배(O)

100
30
R40, 50
R50
250
R50
R50
250
R100

3) 스케치를 실행하고 평면을 선택하여 다음과 같이 스케치를 한다.
3점호를 스케치하고 윗면과 원호와 원호의 중심과 센터를 수직 구속 조건을 부여한다.

R950

4) 기준면을 실행하고 다음과 같이 지정하여 기준면을 생성한다.

기준면
메시지
완전 정의
제1참조
점2@스케치2
일치
프로젝트
제2참조
원호1@스케치2
일치
곡선에 법선 정하기
일치

– 242 –

11) 스케치를 실행하고 평면2를 선택하여 다음과
    같이 스케치를 한다.

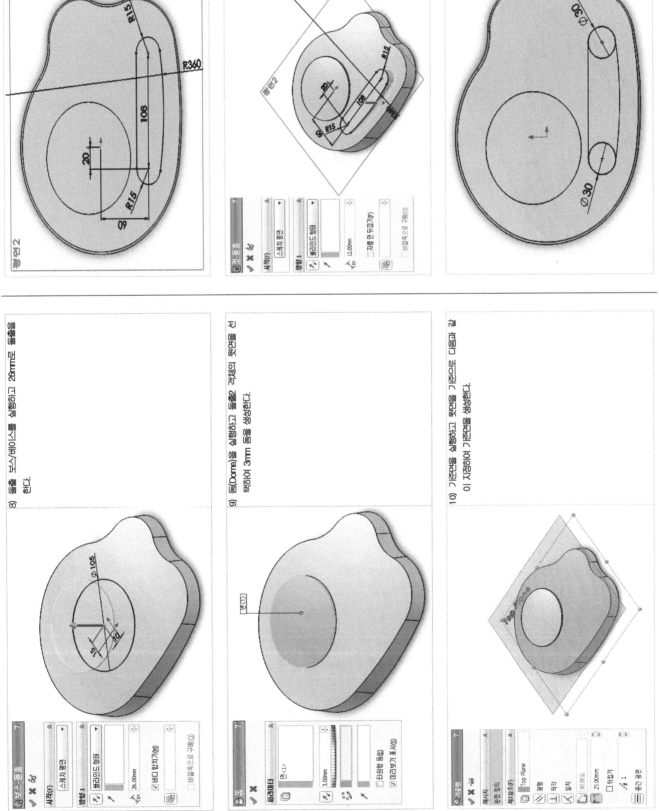

12) 돌출 컷을 실행하고 12mm로 돌출 컷을 한다.

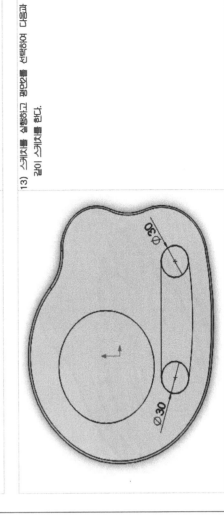

13) 스케치를 실행하고 평면2를 선택하여 다음과
    같이 스케치를 한다.

8) 돌출 보스/베이스를 실행하고 26mm로 돌출을
   한다.

9) 돔(Dome)을 실행하고 돌출한 객체의 윗면을 선
   택하여 3mm 돔을 생성한다.

10) 기준면을 실행하고 윗면을 기준으로 다음과 같
    이 지정하여 기준면을 생성한다.

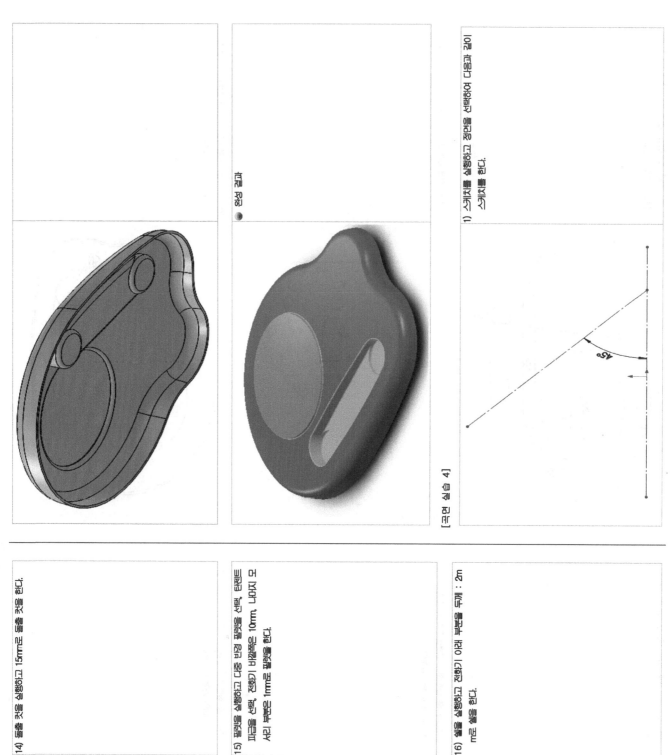

완성 결과

1) 스케치를 실행하고 정면을 선택하여 다음과 같이 스케치를 한다.

45°

[국연 실 유 4]

14) 돌출 컷을 실행하고 15mm로 돌출 컷을 한다.

Ø30 Ø30

15) 필렛을 실행하고 다음 반경 필렛을 선택 탄젠트 피크를 선택, 전환기 바깥쪽은 10mm, 나머지 모 서리 부분은 1mm로 필렛을 한다.

반경11mm 반경110mm

16) 쉘을 실행하고 전환기 아래 부분을 쉘을 한다. 두께 : 2m m로 쉘을 한다.

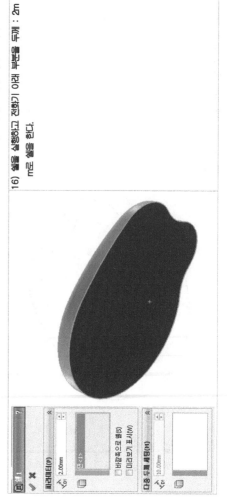

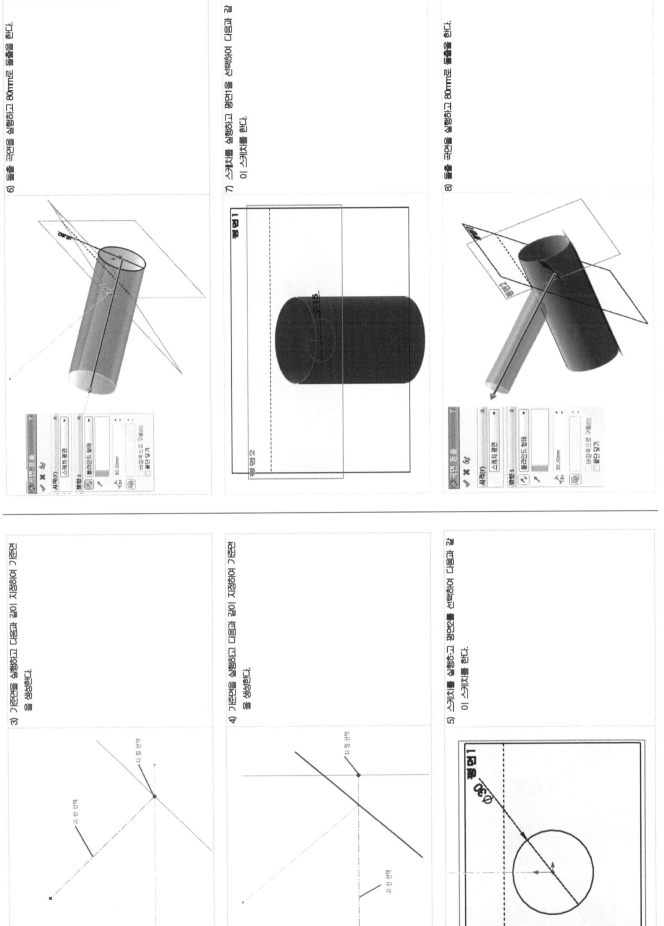

6) 돌출 곡면을 실행하고 80mm로 돌출을 한다.

7) 스케치를 실행하고 평면1을 선택하여 다음과 같
이 스케치를 한다.

평면1

평면2

8) 돌출 곡면을 실행하고 80mm로 돌출을 한다.

3) 기준면을 실행하고 다음과 같이 지정하여 기준면
을 생성한다.

1) 점 선택

2) 선 선택

4) 기준면을 실행하고 다음과 같이 지정하여 기준면
을 생성한다.

1) 점 선택

2) 선 선택

5) 스케치를 실행하고 평면을 선택하여 다음과 같이 한다.
이 스케치를 한다.

평면1

평면2

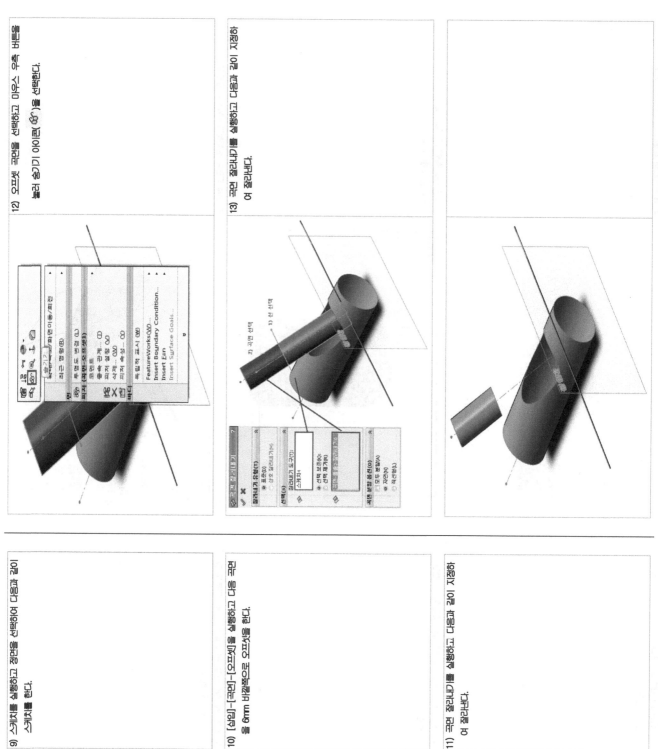

12) 오프셋 곡면을 선택하고 마우스 수 우측 버튼을 눌러 숨기기 아이콘( )을 선택한다.

13) 곡면 잘라내기를 실행하고 다음과 같이 지정하여 잘라낸다.

9) 스케치를 실행하고 정면을 선택하여 다음과 같이 스케치를 한다.

10) [삽입]-[곡면]-[오프셋]을 실행하고 다음 곡면을 6mm 바깥쪽으로 오프셋을 한다.

11) 곡면 잘라내기를 실행하고 다음과 같이 지정하여 잘라낸다.

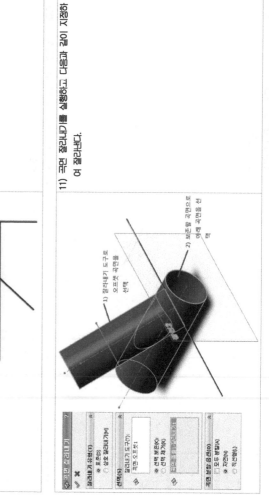

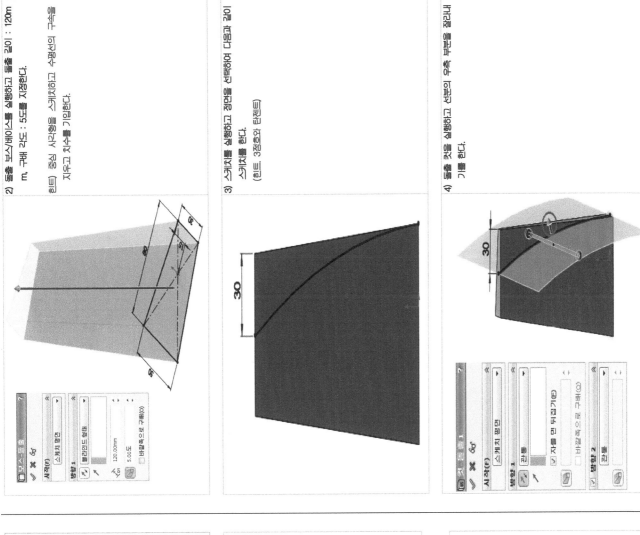

2) 돌출 보스/베이스를 실행하고 돌출 길이 : 120m
m, 구배 각도 : 5도를 지정한다.

힌트) 중심 사각형을 스케치하고 수평선의 구속을
지우고 치수를 기입한다.

스케치 평면
블라인드 형태
방향 1
120.00mm
5.00도
바깥쪽으로 구배(O)

3) 스케치를 실행하고 정면을 선택하여 다음과 같이
스케치를 한다.
(힌트 3점호와 탄젠트)

30

4) 돌출 컷을 실행하고 선분의 우측 부분을 잘라내
기를 한다.

컷-돌출 1
시작(F)
스케치 평면
방향 1
관통
자를 면 뒤집기(F)
바깥쪽으로 구배(O)
방향 2
관통

30

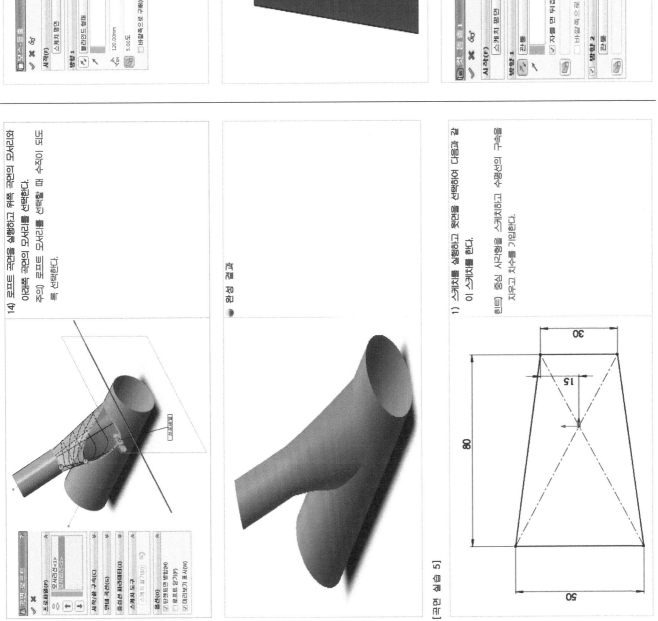

14) 로프트 곡면을 실행하고 위쪽 곡면의 모서리와
아래쪽 곡면의 모서리를 선택한다.
주의) 로프트 모서리를 선택할 때 수직이 되도
록 선택한다.

로프트 곡면
로프트파면
프로파일
모서리선<1>

시작/끝 구속(C)

연결 곡선(S)

스케치 도구

옵션(O)
단면도로 병합(M)
로프트 닫기(F)
미리보기 표시(W)

프로파일

완성 결과

1) 스케치를 실행하고 윗면을 선택하여 다음과 같 각
이 스케치를 한다.

힌트) 중심 사각형을 스케치하고 수평선의 구속을
지우고 치수를 기입한다.

[곡면 실습 5]

30
15
80
50

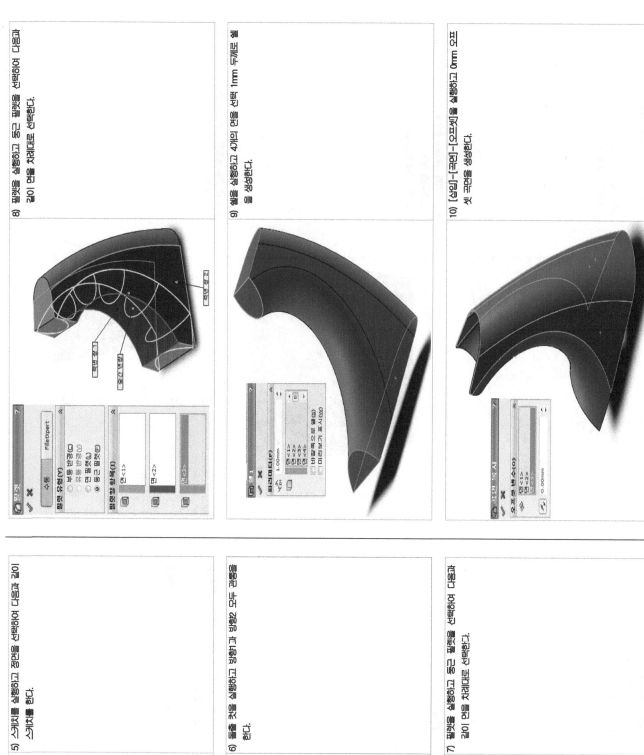

8) 필렛을 실행하고 둥근 필렛을 선택하여 다음과 같이 면을 차례대로 선택한다.

9) 쉘을 실행하고 4개의 면을 선택 1mm 두께로 쉘을 생성한다.

10) [삽입]-[곡면]-[오프셋]을 실행하고 0mm 오프셋 곡면을 생성한다.

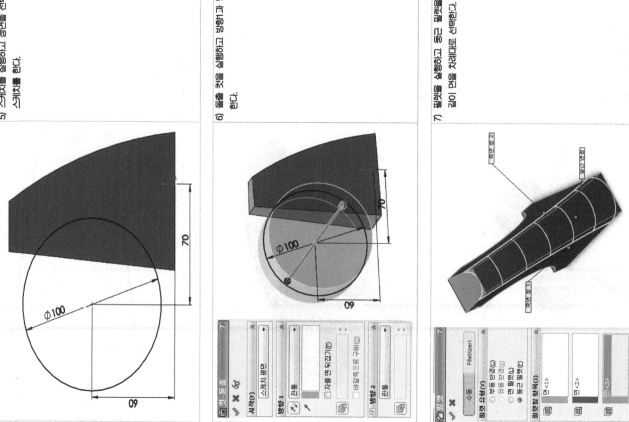

5) 스케치를 실행하고 정면을 선택하여 다음과 같이 스케치를 한다.

6) 돌출 컷을 실행하고 방향1과 방향2 모두 관통을 한다.

7) 필렛을 실행하고 둥근 필렛을 선택하여 다음과 같이 면을 차례대로 선택한다.

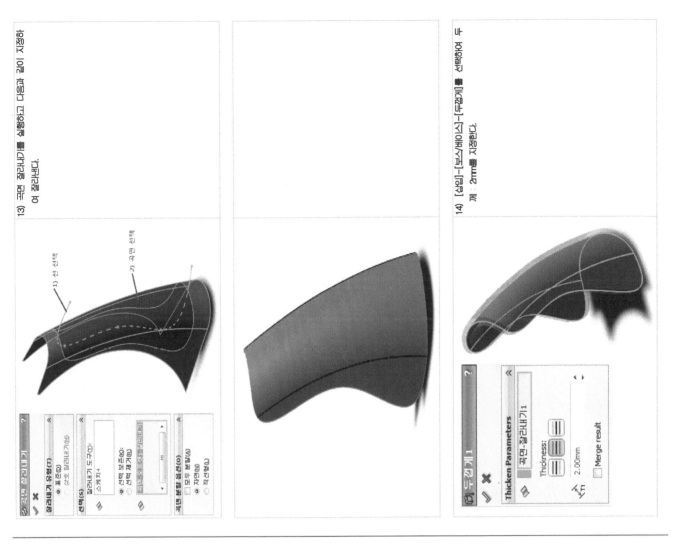

13) 곡면 잘라내기를 실행하고 다음과 같이 지정하여 잘라낸다.

1) 선 선택

2) 곡면 선택

14) [삽입]-[보스/베이스]-[두껍게]를 선택하여 두께 : 2mm를 지정한다.

두껍게 1

곡면-잘라내기1

Thickken Parameters

Thickness:

2.00mm

Merge result

11) 디자인 트리에서 솔리드 바디 안에 있는 쉘을 [숨기기]를 한다.

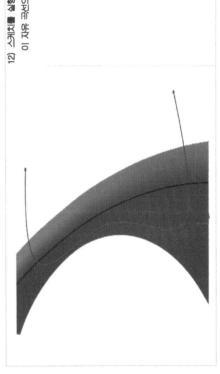

12) 스케치를 실행하고 정면을 선택하여 다음과 같이 자유 곡선으로 스케치를 한다.

17) 필릿을 실행하고 1.5mm로 필릿을 한다.

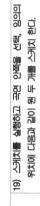

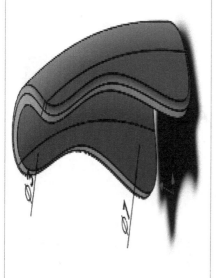

18) 디자인 트리에서 솔리드 바디에서 쉘을 선택 한 후 [숨기기]를 한다.

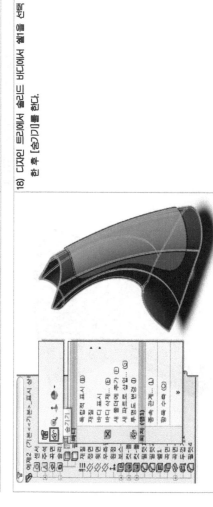

19) 스케치를 실행하고 곡면 안쪽을 선택, 입의의 위치에 다음과 같이 원 두 개를 스케치 한다.

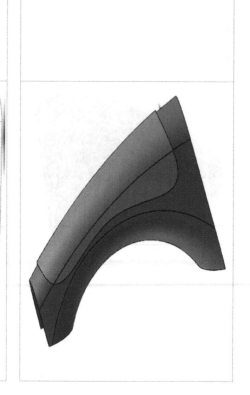

15) 디자인 트리에서 다음 객체를 선택하여 [표현] 을 선택하여 색상을 변경한다.

16) 디자인 트리에서 솔리드 바디를 선택 후 [숨기기]를 한다.

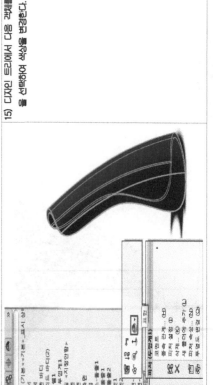

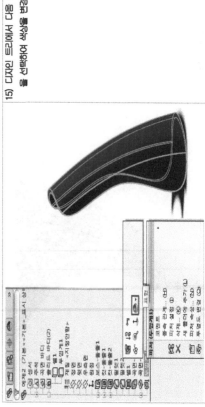

22) 디자인 트리에서 솔리드 솔리드 바디에 두 개의 객체를 모두 보이게 한다.

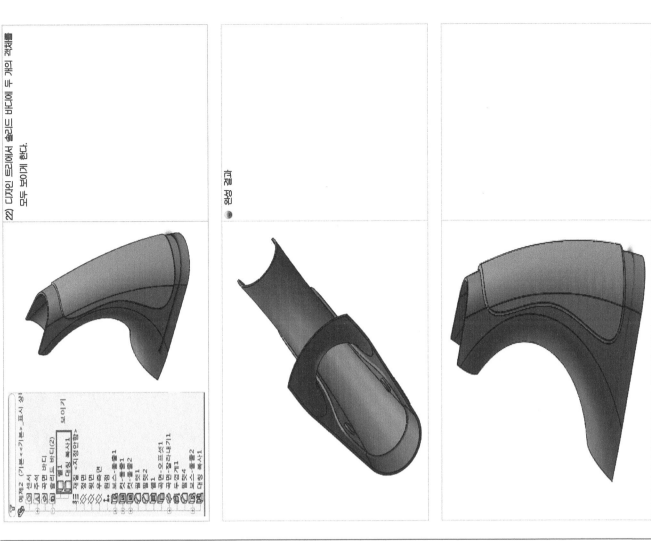

완성 결과

20) 돌출 보스/베이스를 실행하고 1mm로 돌출을 한다.

21) 대칭복사를 실행하고 정면을 기준으로 대칭복사를 한다.

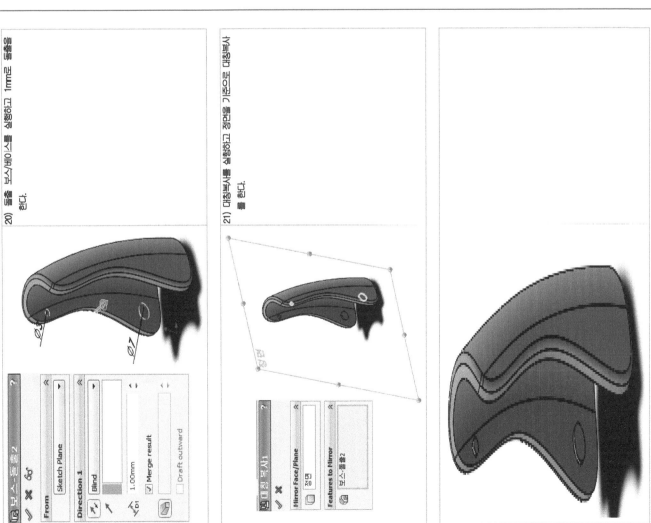

[곡면 실습 6]

1) 스케치를 실행하고 윗면을 선택하여 다음과 같이 스케치를 한다.

2) 돌출 곡면을 실행하고 60mm, 구배각도 : 12도로 돌출을 한다.

3) 평면 곡면을 실행하고 돌려 있는 아래면과 윗면을 선택하여 면으로 채워준다.

4) 스케치를 실행하고 정면을 선택하여 다음과 같이 스케치를 한다.

5) 기준면을 실행하고 다음과 같이 지정하여 기준면을 생성한다.

6) 스케치를 실행하고 윗면을 선택하여 다음과 같이 스케치를 한다.

10) 곡면 자르기를 실행하고 다음과 같이 지정하여 잘라낸다.

11) 오프셋 곡면을 숨기기 한다.

곡면 잘라내기1
- 잘라내기 유형(T)
  - 표준(D)
  - 상호 잘라내기(M)
- 선택(S)
- 잘라내기 도구(T):
  - 곡면-오프셋1
  - 선택 보존(K):
  - 선택 제거(R)
  - 곡면 물음1:잘라내기1

12) 스케치를 실행하고 정면을 선택하여 다음과 같이 스케치를 한다.

01 스케치를 한다.

70

13) 곡면 자르기를 실행하고 다음과 같이 지정하여 잘라낸다.

가) 보조끝 곡면 선택

나) 선 선택

곡면 자르기2
- 잘라내기 유형(T)
  - 표준(D)
  - 상호 잘라내기(M)
- 선택(S)
- 잘라내기 도구(T):
  - 스케치7
  - 선택 보존(K):
  - 선택 제거(R)
  - 곡면-로프트1잘라내기10

7) 스케치를 실행하고 평면1을 선택하여 다음과 같이 스케치를 한다.

01 스케치를 한다.

Ø15

평면1(1)

8) 로프트 곡면을 실행하고 2개의 원을 선택하여 로프트를 생성한다.

곡면-로프트1
- 프로파일(P)
  - 스케치5
  - 스케치4

프로파일(스케치4)

9) [삽입]-[곡면]-[오프셋]을 실행하고 5mm 바깥쪽으로 오프셋 한다.

곡면-오프셋1
- 오프셋 변수(O)
  - 곡면-로프트1
  - 5.00mm

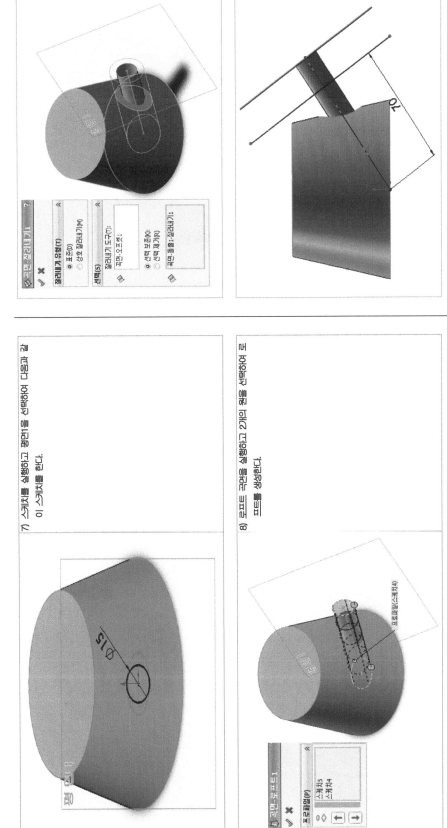
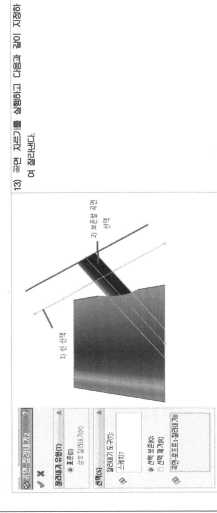

17) 스케치를 실행하고 정면을 선택하여 다음과 같이 스케치를 한다.

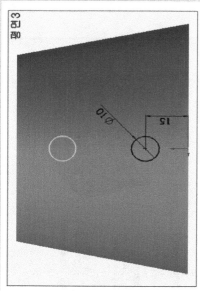

Ø30 10°

18) 기준면을 실행하고 다음과 같이 지정하여 기준면을 생성한다.

기준면
메시지
완전 정의
제1참조(F)
점18@스케치9
일치
프로필드
제2참조(S)
Right Plane
평행
직각
일치
45.00도
100.00mm
중간 평면

19) 스케치를 실행하고 평면을 선택하여 다음과 같이 길이 스케치를 한다.

평면 3

Ø10 15

14) 모프를 곡면을 실행하고 두 곡면의 모서리를 선택한다.

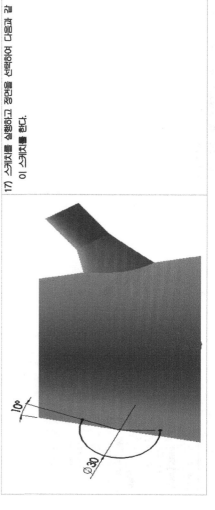

프로파일(P)
모서리선<1>
모서리선<2>
시작/끝 구속(G)
맨 목선(G)

15) 스케치를 실행하고 돌출 곡면 윗면을 선택하여 다음과 같이 길이 스케치를 한다.

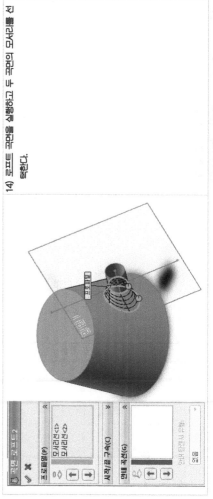

Ø60

16) 곡면 자르기를 실행하고 다음과 같이 길이 지정하여 잘라낸다.

1) 잘라내기 도구
: 원 선택

2) 제거를 곡면으로
원 안쪽 선택

곡면 잘라내기 3
잘라내기 유형(T)
표준(D)
상호 잘라내기(M)
선택(S)
잘라내기 도구:
스케치8
선택 보존(K)
선택 제거(R)
곡면-평면1-잘라내기0

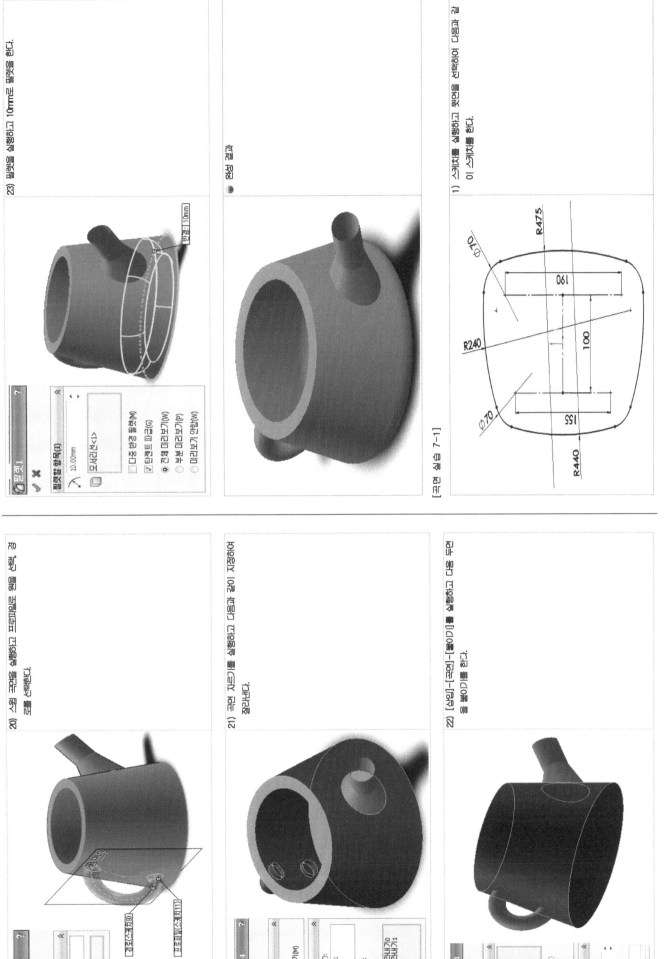

23) 필렛을 실행하고 10mm로 필렛을 한다.

반경 : 10mm

필렛1

필렛할 항목(I)

모서리선<1>

10.00mm

☐ 다중 반경 필렛(M)
☑ 탄젠트 파급(G)
◉ 전체 미리보기(W)
○ 부분 미리보기(P)
○ 미리보기 안함(W)

● 완성 결과

1) 스케치를 실행하고 윗면을 선택하여 다음과 같
이 스케치를 한다.

R475

Ø10

190

R240

100

R440

155

Ø70

[곡면 실습 7-1]

20) 스윕 곡면을 실행하고 프로파일로 윗면 선택, 경
로를 선택한다.

곡면-스윕

프로파일과 경로(P)

스케치11

스케치9

경로(스케치9)

프로파일(스케치11)

평면3

21) 곡면 잘라내기를 실행하고 다음과 같이 지정하여
잘라낸다.

곡면-잘라내기4

잘라내기 유형(T)

◉ 표준(D)
○ 상호 잘라내기(M)

선택(I)

잘라내기 도구(T) :
곡면-잘라내기1

○ 선택 보존(K)
◉ 선택 제거(R)

곡면-스윕3-잘라내기0
곡면-스윕3-잘라내기1

22) [삽입]-[곡면]-[붙이기]를 실행하고 다음 두 면
을 붙이기를 한다.

곡면-표면붙이기0

선택(S)

곡면-잘라내기1
곡면-평면10

☐ 솔리드 형성 시도(T)
☐ 요소 합치기(M)

틈 조정(A)

붙이기 공차(R) :
0.0025mm

범위 내 틈 표시(R) :
0.0025mm ~ 0.1mm

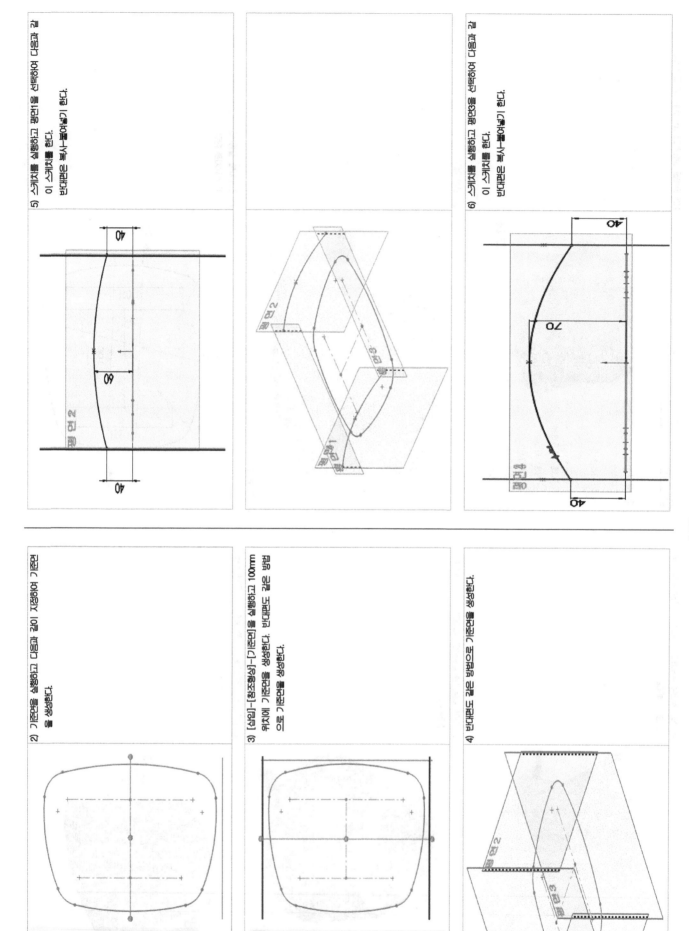

5) 스케치를 실행하고 평면1을 선택하여 다음과 같
이 스케치를 한다.
반대편은 수직으로 옮겨놓기를 한다.

2) 기준면을 실행하고 다음과 같이 지정하여 기준면
을 생성한다.

3) [삽입]-[참조형상]-[기준면]을 실행하고 100mm
위치에 기준면을 생성한다. 반대편으로 기준면
으로 기준면을 생성한다.

4) 반대편 곡면 곡률 도면에서 기준면을 생성한다.

6) 스케치를 실행하고 평면3을 선택하여 다음과 같
이 스케치를 한다.
반대편은 수직으로 옮겨놓기를 한다.

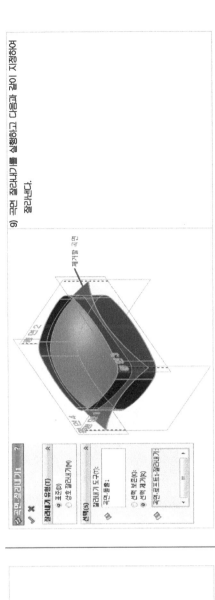

9) 면 잘라내기를 실행하고 다음과 같이 지정하여 곡면을 잘라낸다.

제거할 곡면
평면2
평면4

곡면-잘라내기1
유형(T)
● 표준(D)
○ 상호 잘라내기(M)
선택(S)
잘라낼 도구가:
곡면-돌출1
○ 선택 보존(K)
● 선택 제거(R)
곡면-돌출1-잘라내기1

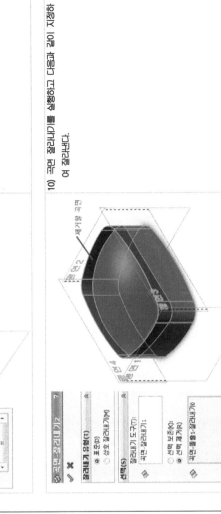

10) 곡면 잘라내기를 실행하고 다음과 같이 지정하여 잘라낸다.

제거할 곡면
평면2
평면4
평면1

곡면-잘라내기2
잘라내기 유형(T)
● 표준(D)
○ 상호 잘라내기(W)
선택(S)
잘라내기 도구가:
곡면 잘라내기
○ 선택 보존(K)
● 선택 제거(R)
곡면-돌출1-잘라내기2

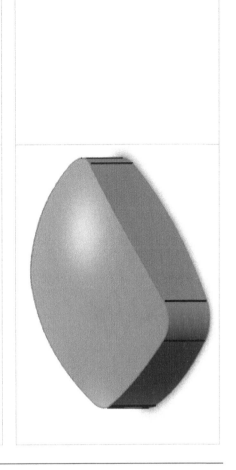

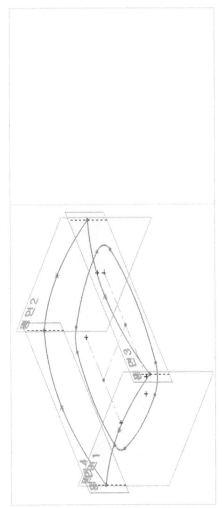

평면2
평면3
평면4

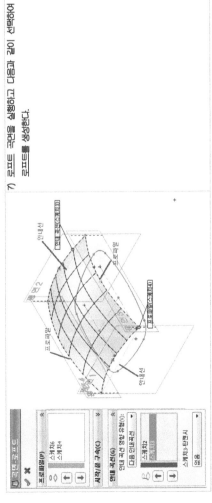

7) 로프트 곡면을 실행하고 다음과 같이 선택하여 로프트를 생성한다.

안내선
안내 곡선(스케치2)
표면파일
표면파일(스케치4)
평면2
안내선

곡면-로프트
프로파일(P)
스케치6
스케치4
시작과 끝 구속(C)
안내 곡선(G)
안내 곡선 영향 유형(I):
다음 안내곡선
스케치2
중심선
스케치3-타원체 시

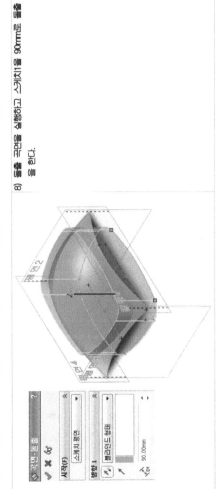

8) 돌출 곡면을 실행하고 스케치1을 90mm로 돌출을 한다.

평면2
평면4

곡면-돌출
시작(F)
스케치 평면
방향1
블라인드 형태
90.00mm

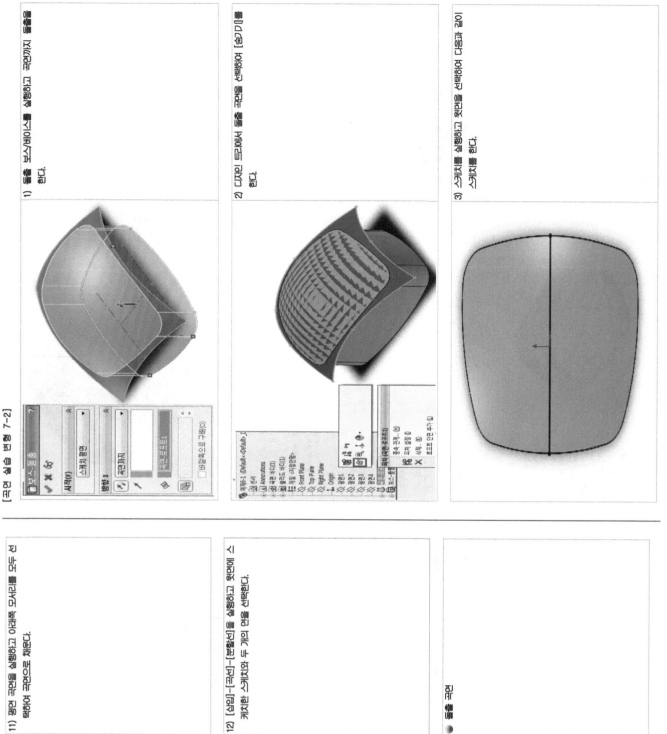

1) 돌출 보스/베이스를 실행하고 곡면까지 돌출을 한다.

2) 디자인 트리에서 돌출 곡면을 선택하여 [숨기기]를 한다.

3) 스케치를 실행하고 윗면을 선택하여 다음과 같이 스케치를 한다.

돌출 곡면

11) 평면 곡면을 실행하고 아래쪽 모서리를 모두 선택하여 곡면으로 채운다.

12) [삽입]-[곡선]-[분할선]을 실행하고 윗면에 스케치한 스케치와 두 개의 면을 연결한다.

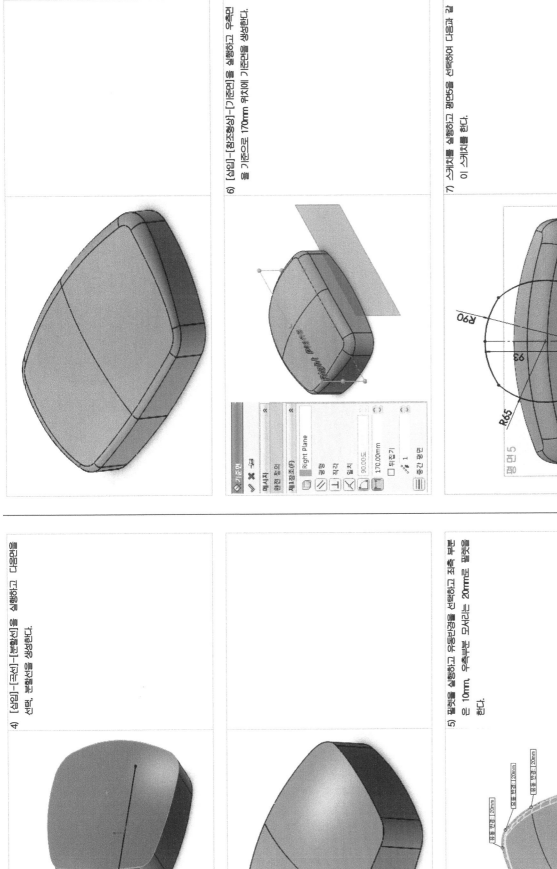

6) [삽입]-[참조형상]-[기준면]을 실행하고 우측면을 기준으로 170mm 위치에 기준면을 생성한다.

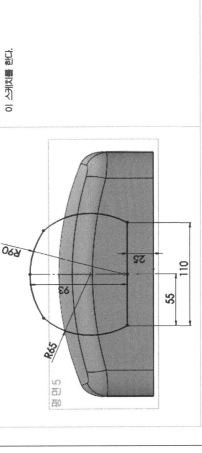

- 기준면
- 메시지
- 완전 정의
- 제1참조(F)
- Right Plane
- 평행
- 직각
- 일치
- 90.00도
- □ 뒤집기
- 170.00mm
- □ 1
- 중간 평면

7) 스케치를 실행하고 평면5를 선택하여 다음과 같이 스케치를 한다.
- 이 스케치를 한다.

R90
R65
93
25
55
110
평면 5

4) [삽입]-[곡선]-[분할선]을 실행하고 다음면을 선택, 분할선을 생성한다.

- 분할선
- 분할 유형(T)
  - ○ 실루엣형(S)
  - ◉ 투영식(P)
  - ○ 교차(O)
- 선택(E)
  - 현재 스케치.
  - 면<1>
  - 면<2>
- ○ 한 방향(D)
- □ 반대 방향(R)

5) 필렛을 실행하고 유동반경을 선택하고 좌측 부분은 10mm, 우측부분 모서리는 20mm로 필렛을 한다.

제어 반경[20mm]
제어 반경[10mm]
제어 반경[110mm]

- 다중 필렛3
- 필렛항목(O)
  - 모서리선<1>
  - 모서리선<2>
  - 모서리선<3>
- □ 탄젠트 파급(G)
- ◉ 전체 미리보기(W)
- ○ 부분 미리보기(P)
- ○ 미리보기 안함(V)
- 유동 변경 변수(P)
- 20.00mm
- V1: 20mm
- V2: 20mm
- 지정하지 않음(U)
- 모두 지정(A)
- ◉ 완만한 연결(G)
- ○ 직선 연결(R)

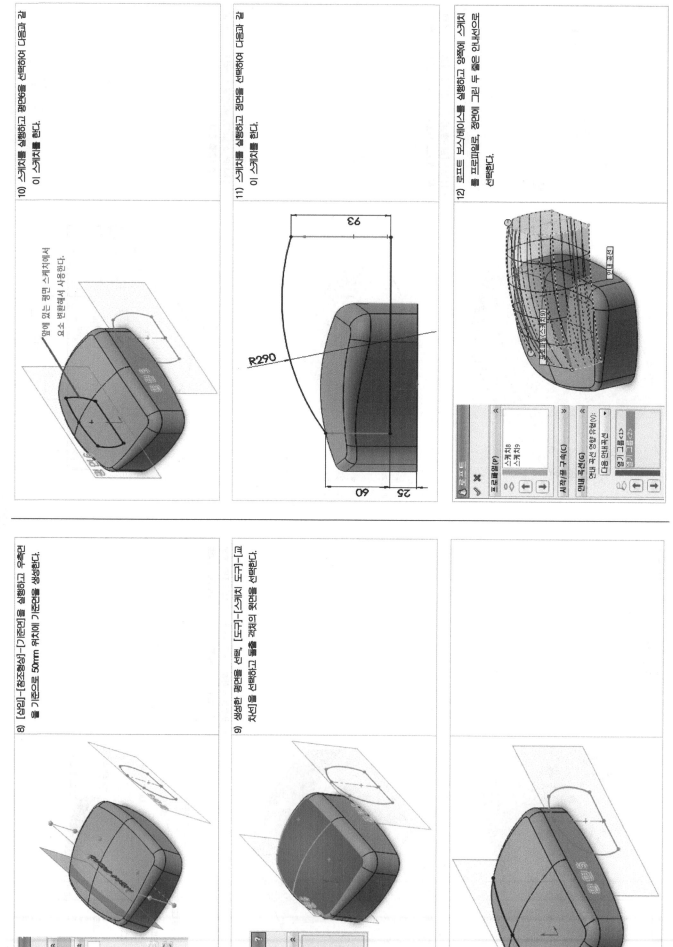

10) 스케치를 실행하고 평면6를 선택하여 다음과 같이 스케치를 한다.

앞에 있는 평면 스케치에서 요소 변환해서 사용한다.

11) 스케치를 실행하고 정면을 선택하여 다음과 같이 스케치를 한다.

R290
93
25
60

12) 로프트 보스/베이스를 실행하고 양쪽에 스케치를 프로파일로, 정면에 곡선 두 줄을 안내선으로 선택한다.

8) [삽입]-[참조형상]-[기준면]을 실행하고 우측면을 기준으로 50mm 위치에 기준면을 생성한다.

Right Plane
90.00도
50.00mm

9) 생성한 평면을 선택, [도구]-[스케치 도구]-[면 차선]을 선택하고 아래 곡재의 핫면을 선택한다.

요소 선택

15) 필릿을 실행하고 유동반경을 선택하고 0mm, 2mm, 5mm, 8mm로 필릿을 한다.

16) 쉘을 실행하고 두께 : 1mm 두면을 선택하여 쉘을 한다.

● 완성 결과

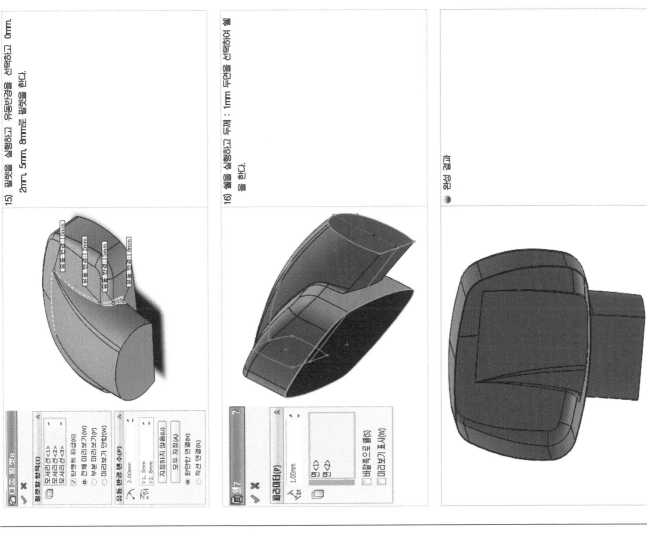

13) 필릿을 실행하고 유동반경을 선택하고 2mm, 5mm, 10mm, 15mm, 20mm로 필릿을 한다.

14) 필릿을 실행하고 유동반경을 선택하고 0mm, 2mm, 5mm, 8mm로 필릿을 한다.

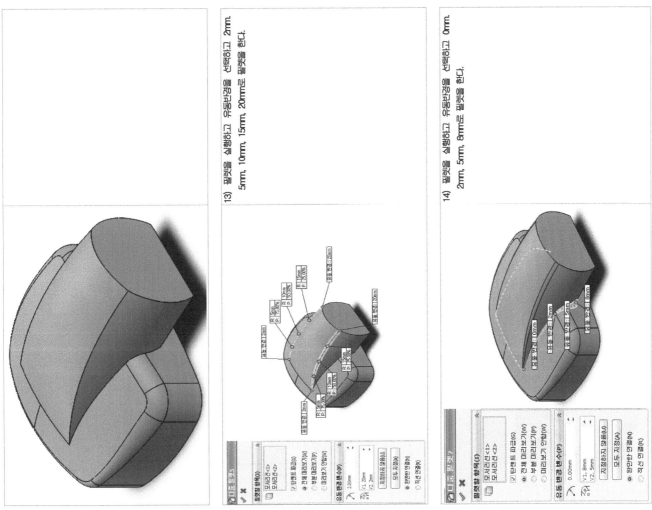

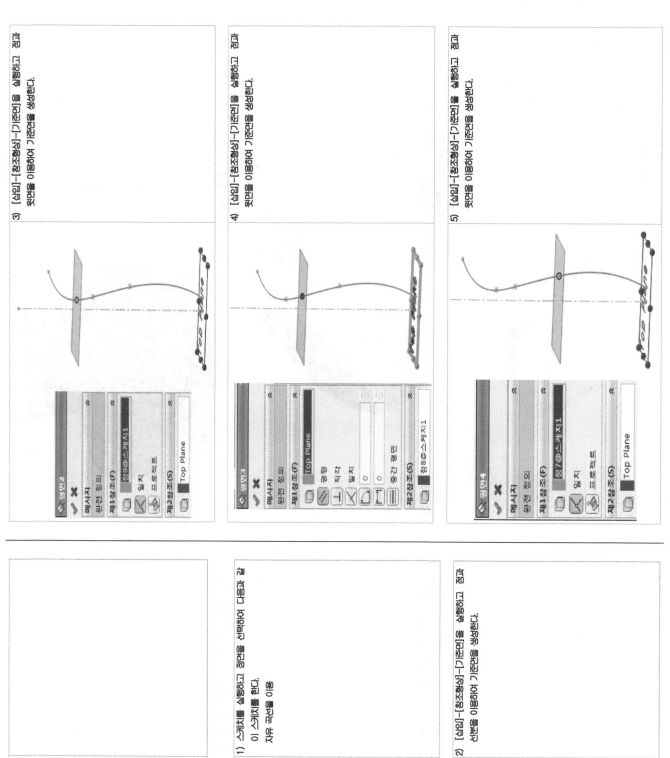

3) [삽입]-[참조형상]-[기준면]을 실행하고 점과
윗면을 이용하여 기준면을 생성한다.

평면2
메시지
완전 정의
제1참조(F)
점9@스케치1
일치
표준직교
제2참조(S)
Top Plane

4) [삽입]-[참조형상]-[기준면]을 실행하고 점과
윗면을 이용하여 기준면을 생성한다.

평면3
메시지
완전 정의
제1참조(F)
Top Plane
평행
직각
일치
중간 평면
제2참조(S)
점8@스케치1

5) [삽입]-[참조형상]-[기준면]을 실행하고 점과
윗면을 이용하여 기준면을 생성한다.

평면4
메시지
완전 정의
제1참조(F)
점7@스케치1
일치
표준직교
제2참조(S)
Top Plane

[곡면 실습 8]

1) 스케치를 실행하고 정면을 선택하여 다음과 같
이 스케치를 한다.
자유 곡선을 이용

65 16 22 86 22.600 40 43 172 295

2) [삽입]-[참조형상]-[기준면]을 실행하고 점과
선분을 이용하여 기준면을 생성한다.

평면1
메시지
완전 정의
제1참조(F)
점10@스케치1
일치
표준직교
제2참조(S)
자유 곡선1@스케치1
직각
□ 곡선상에 점을 정렬하기
일치

9) 스케치를 실행하고 평면4를 선택하여 다음과 같
이 스케치를 한다.

평면 5

84
47

10) 스케치를 실행하고 평면5를 선택하여 다음과 같
이 스케치를 한다.

평면 5

90
48

11) 로프트 보스/베이스를 실행하고 다음 2개의 스
케치를 선택하고 시작과 끝을 프로파일에 수직
으로 지정한다.

6) [삽입]-[참조형상]-[기준면]을 실행하고 평면3
을 기준으로 295mm 아래쪽에 기준면을 생성한
다.

295.00mm

7) 스케치를 실행하고 평면1을 선택하여 다음과 같
이 스케치를 한다.

평면 1

23
9

8) 스케치를 실행하고 평면2를 선택하여 다음과 같
이 스케치를 한다.

평면 2

53
32

15) 쉘을 실행하고 두께 : 1mm로 다음 면을 선택하여 쉘을 한다.

16) [삽입]-[곡면]-[오프셋]을 실행하고 다음 면을 실행하여 오프셋을 한다. 2mm 오프셋을 한다.

주의) 단면두께를 실행하여 오프셋을 한다.

17) 스케치를 실행하고 정면을 선택하여 다음과 같이 스케치를 한다.

12) 로프트 보스/베이스를 실행하고 다음 2개의 스케치를 선택하고 시작은 면에 탄젠트, 시작 탄젠트 길이 1.3mm와 끝을 프로파일에 수직으로 끝 탄젠트 길이 1.44로 지정한다.

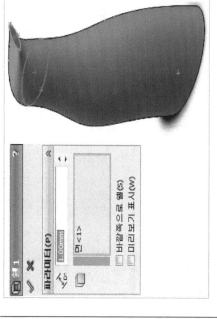

13) 스케치를 실행하고 밑면을 선택하여 안쪽으로 10mm 오프셋을 한다.

10

14) 돌출 컷을 실행하고 8mm, 구배 각도 30도를 지정하여 돌출 컷을 한다.

10

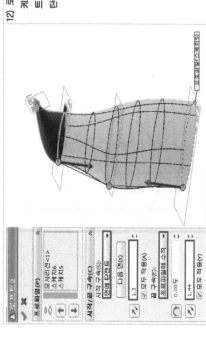

21) 필렛을 실행하고 다음 모서리를 2mm로 필렛을 한다.

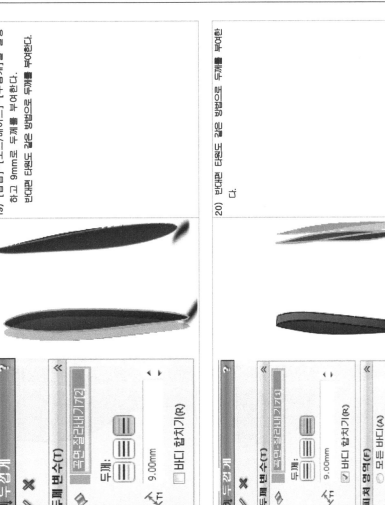

22) 반대편 타원도 같은 방법으로 필렛을 한다.

23) 디자인 트리에서 솔리드 바디에 있는 쉘을 보이 기를 한다.

18) 국면 잘라내기를 실행하고 잘라내기 도구로 단 면 스케치를 선택하고 제거할 영역으로 단면 바 깥쪽을 선택한다.

주의) 단면보기를 해제하고 수행한다.

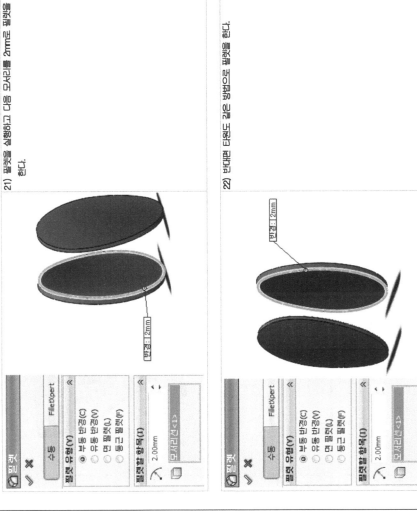

19) [삽입]-[보스/베이스]-[두껍게]를 실행 하고 9mm로 두께를 부여한다. 반대편 타원도 같은 방법으로 두께를 부여한다.

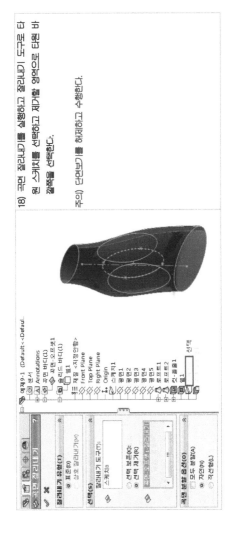

20) 반대편 타원도 같은 방향으로 두께를 부여한 다.

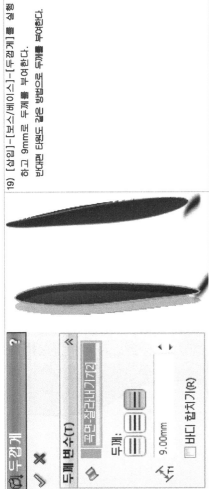

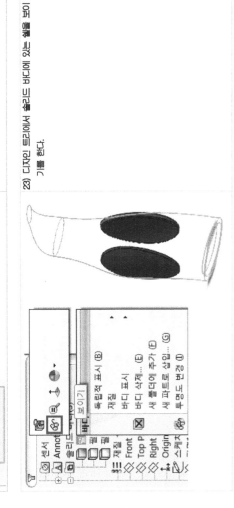

24) 디자인 트리에서 솔리드 바디에 있는 쉘을 보이기를 한다.

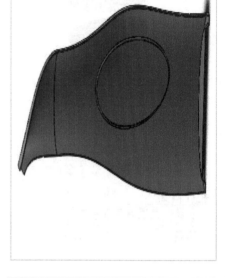

25) 평면을 선택하여 단면도를 실행한다.

26) [삽입]-[피처]-[인덴트]를 실행하고 대상 바디로 쉘 면을 선택, 도구바디 영역으로 타원을 선택, 두께 2mm, 길이 2mm를 지정한다.

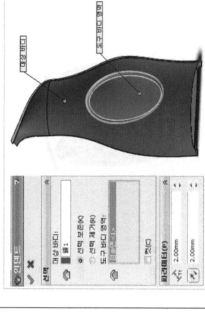

27) 평면을 선택하여 단면도를 실행한다. 반대편으로 전환

28) [삽입]-[피처]-[인덴트]를 실행하고 대상 바디로 쉘 면을 선택, 도구바디 영역으로 타원을 선택, 두께 2mm, 길이 2mm를 지정한다.

29) 두께를 부여한 타원을 숨기기 한다. 양쪽 모두

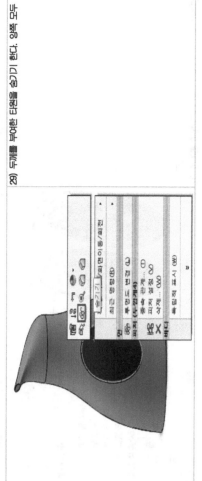

• 인덴트(⊙) : 인덴트 피처는 대상 바디 안쪽에 선택한 도구 바디의 윤곽선과 거의 일치하는 포켓을 만든다.

3) 화면 곡면을 실행하고 보조선을 회전축으로 360도 회전을 한다.

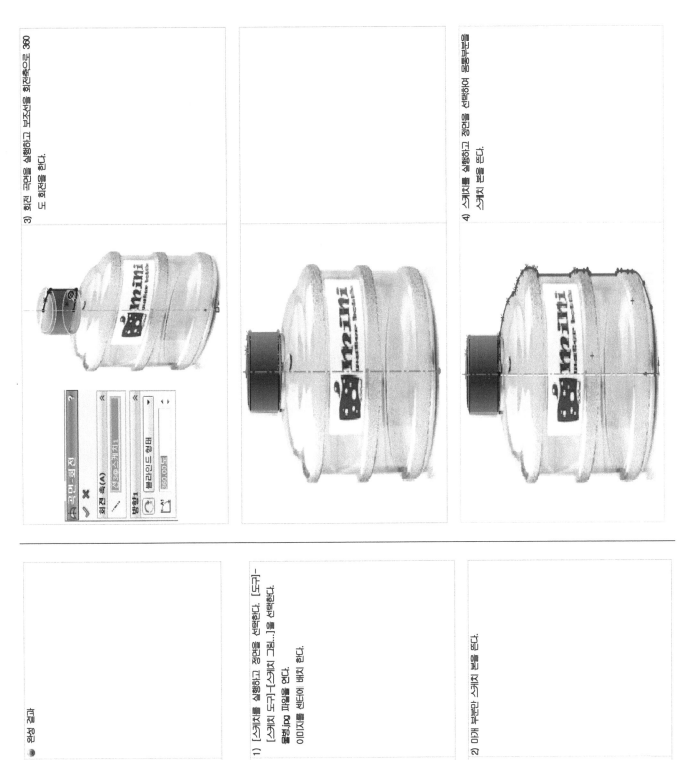

4) 스케치를 실행하고 정면을 선택하여 몸통부분을 스케치 본을 뜬다.

완성 결과

[곡면 실습 9] - 이미지에서 스케치(물병.jpg 이미지 준비)

1) [스케치를 실행하고 정면을 선택한다. [도구]-[스케치 도구]-[스케치 그림...]을 선택한다.
물병.jpg 파일을 연다.
이미지를 센터에 배치 한다.

스케치 그림

속성(P)

-103.3858028 1mm
-0.4245459 8mm
0.00도
208.00mm
278.00mm

☑ 종횡비 고정

2) 마개 부분만 스케치 본을 뜬다.

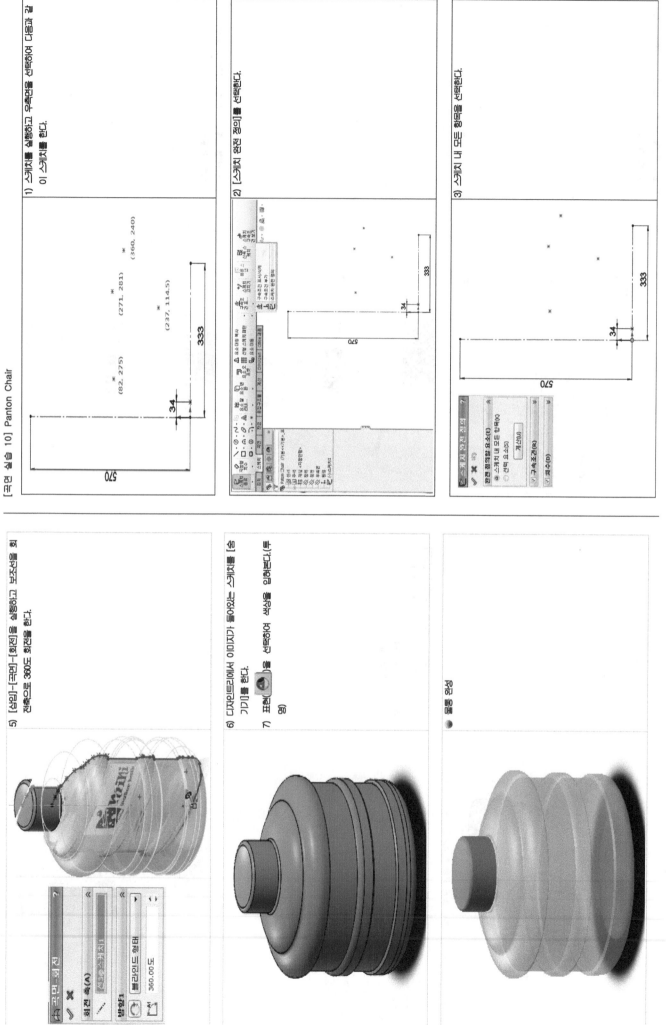

[곡면 실습 10] Panton Chair

1) 스케치를 실행하고 우측면을 선택하여 다음과 같이 스케치를 한다.
01 스케치를 한다.

(82, 275) (271, 281) (360, 240) (237, 114.5)

570 333 34

2) [스케치 원전 정의]를 선택한다.

3) 스케치 내 모든 형들을 선택한다.

스케치 연진 정의

570 333 34

5) [삽입]-[곡면]-[회전]을 실행하고 보조선을 회전축으로 360도 회전을 한다.

곡면 회전
회전 축(A)
방향1
블라인드 형태
360.00도

6) 디자인트리에서 이미지가 들어있는 스케치를 [숨기기]를 한다.

7) 표현(...)을 선택하여 색상을 입력한다.(투명)

물통 완성

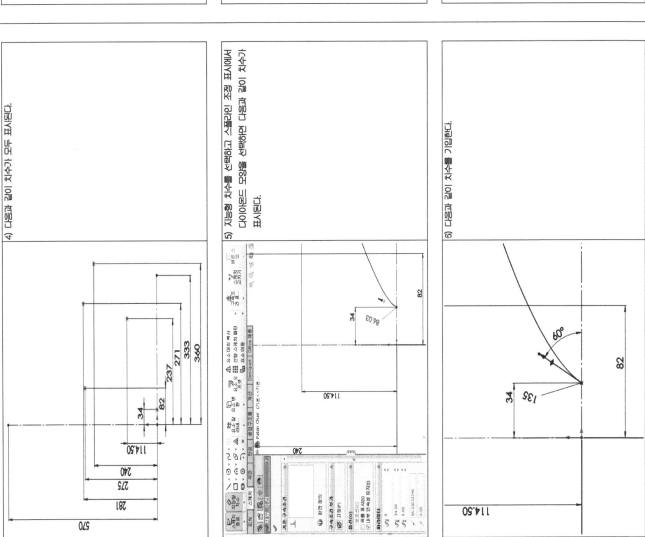

7) 다음과 같이 모든 치수를 기입한다.

8) 기준면을 실행하고 150mm 오른쪽으로 생성한다.

9) 스케치를 실행하고 평면1을 선택하여 다음과 같이 스케치를 한다.

4) 다음과 같이 치수가 모두 표시된다.

5) 지능형 치수를 선택하고 스폴라인 조정 표시에서 다이어먼드 모양을 선택하면 다음과 같이 치수가 표시된다.

6) 다음과 같이 치수를 기입한다.

12) 스케치를 실행하고 정면을 선택하여 다음과 같이 스케치를 한다.

340
600
280
570

13) [삽입]-[곡선]-[투영 곡선]을 실행하고 다음과 같이 스케치를 선택한다.

투영 곡선
선택(S)
투영 유형:
면에 스케치(X)
스케치에 스케치(E)
스케치3
스케치1과2

14) 스케치를 실행하고 윗면을 선택하여 다음과 같이 스케치를 한다.

수평 구속
수직 구속

10) 스케치 완전 정의를 선택하고 다음과 같이 지정한다.

완전 정의 스케치
완전 정의할 요소(E)
스케치 내 모든 항목(X)
선택 요소(S)
계산(C)
구속조건(R)
치수(D)
평면1

11) 다음과 같이 치수를 기입한다.

450
425
120
330
45
393
75
55
129
362.50
303.50
331.50
평면1

18) 스케치2를 [숨기기] 한다.

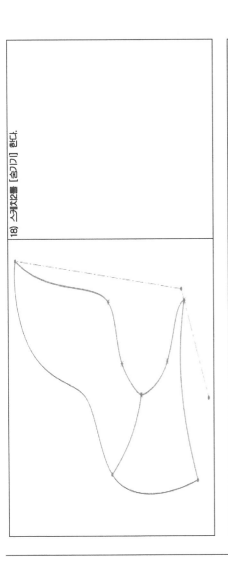

19) 로프트 곡면을 실행하고 다음과 같이 지정하여 곡면을 생성한다.

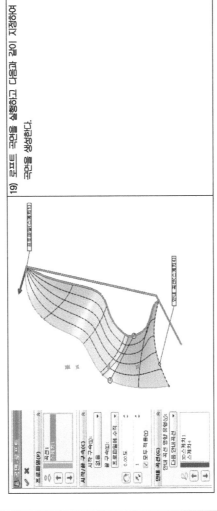

20) 다음과 같이 수정하여 곡면을 생성할 수 있다.

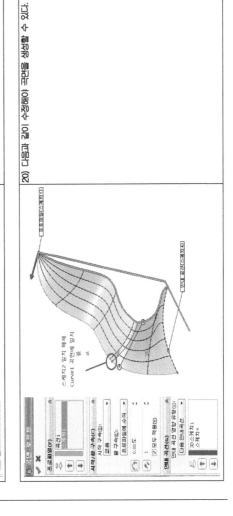

15) 다음과 같이 치수를 기입한다.

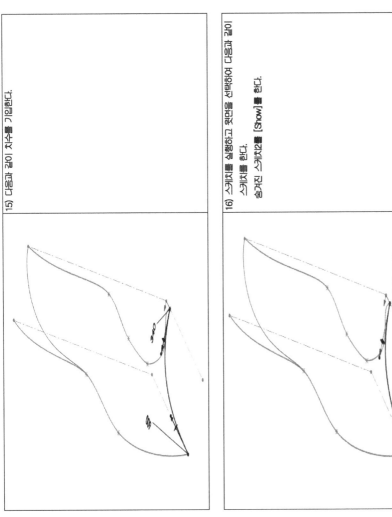

16) 스케치를 실행하고 윗면을 선택하여 다음과 같이 스케치를 한다.
숨겨진 스케치2를 [Show] 한다.

17) 3D 스케치를 실행하고 스플라인으로 다음과 같이 스케치 한다.

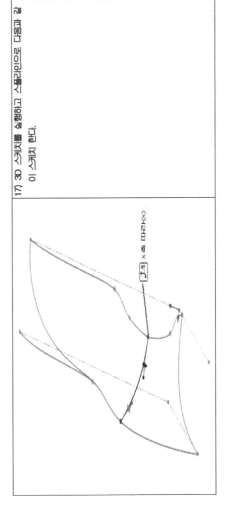

23) [삽입]-[곡선]-[투영 곡선]을 실행하고 다음과 같이 선택하여 투영 곡선을 생성한다.

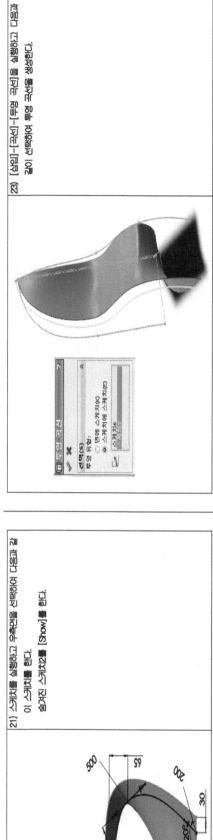

24) 스케치를 실행하고 우측면을 선택하여 다음과 같이 스케치를 한다.

25) 로프트 곡면을 실행하고 다음과 같이 지정하여 곡면을 생성한다.

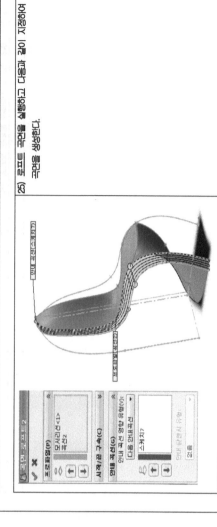

21) 스케치를 실행하고 우측면을 선택하여 다음과 같이 스케치를 한다.
숨겨진 스케치6를 [Show]를 한다.

22) 스케치를 실행하고 정면을 선택하여 다음과 같이 스케치를 한다.
숨겨진 스케치2를 [Show]를 한다.

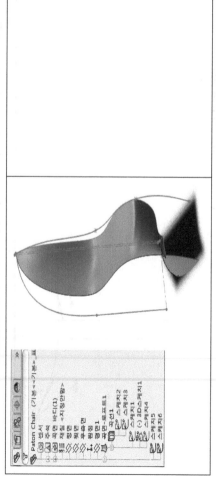

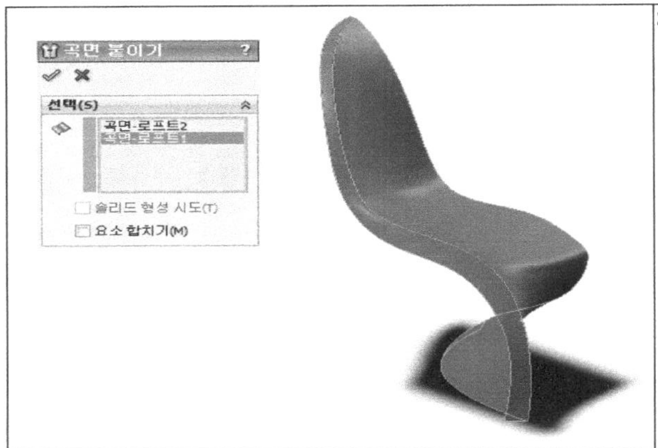

26) 곡면 붙이기를 실행하고 두 개의 곡면을 선택하여 붙인다.

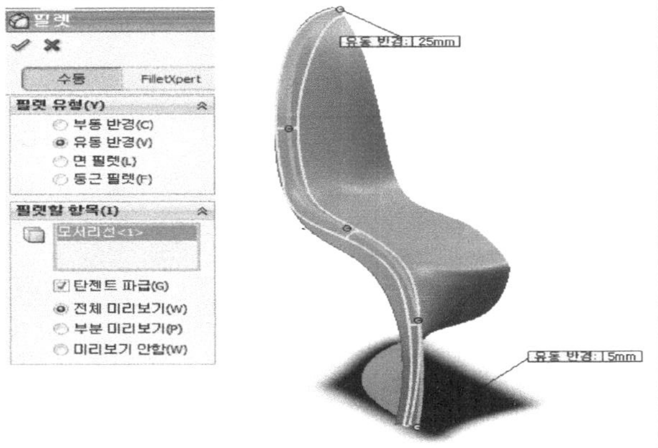

27) 필렛을 실행하고 유동 반경 필렛을 선택, 다음과 같이 R25, R5로 필렛을 한다.

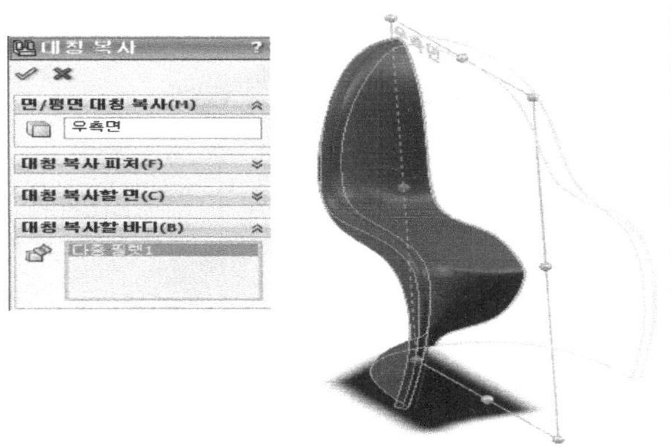

28) 대칭 복사를 실행하고 대칭면 : 우측면을 지정하여 대칭복사를 한다.

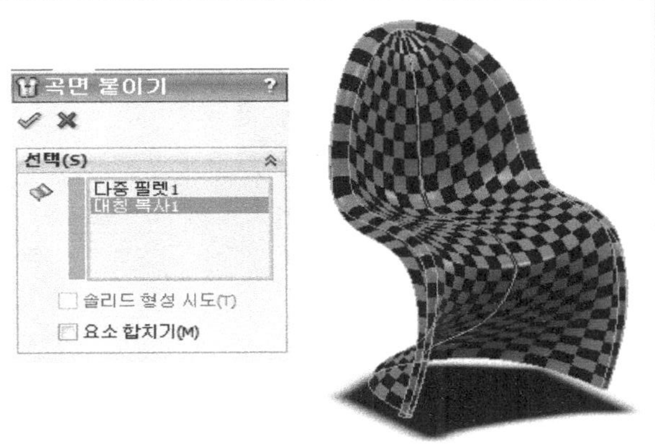

29) 곡면 붙이기를 실행하고 두 개의 곡면을 선택하여 붙인다.

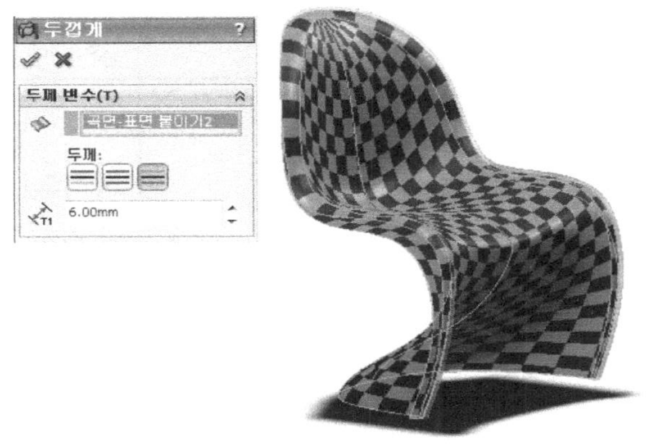

30) 두껍게를 실행하고 두께 : 6mm로 솔리드를 생성한다.

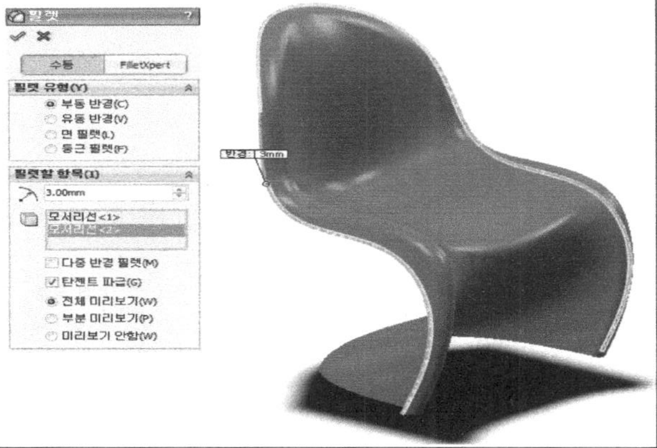

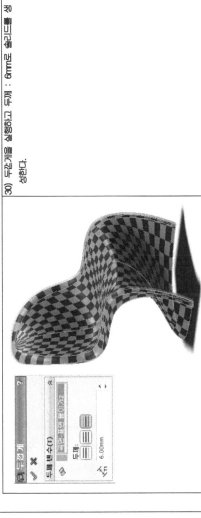

31) 필렛을 실행하고 반경 : 3mm로 필렛을 한다.

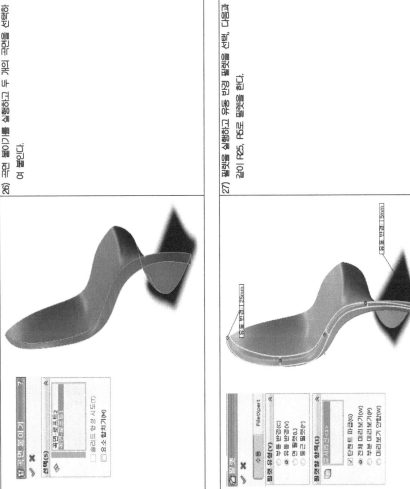

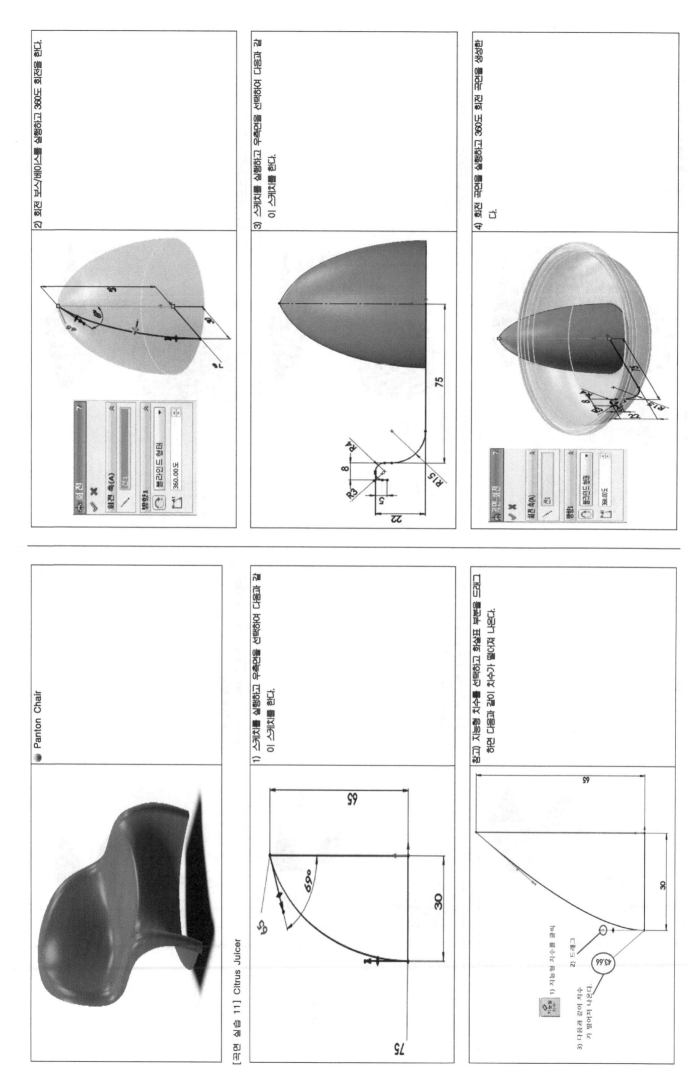

2) 회전 보스/베이스를 실행하고 360도 회전을 한다.

회전
회전 축(A)
선1
방향1
블라인드 형태
360.00도

3) 스케치를 실행하고 우측면을 선택하여 다음과 같이 스케치를 한다.

75
R15
R3
8
22
5
R4

4) 회전 곡면을 실행하고 360도 회전 곡면을 생성한다.

곡면-회전
회전 축(A)
선
방향1
블라인드 형태
360.00도

● Panton Chair

[곡면 실습 11] Citrus Juicer

1) 스케치를 실행하고 우측면을 선택하여 다음과 같이 스케치를 한다.

65
30
75
69°

참고 지능형 치수를 선택하고 화살표 부분을 드래그 하면 다음과 같이 치수가 떨어져 나온다.

1) 지능형 치수를 클릭
2) 드래그
3) 다음과 같이 치수가 떨어져 나온다.

43.66
65
30

8) 스케치를 실행하고 우측면을 선택하여 다음과 같
이 스케치를 한다.

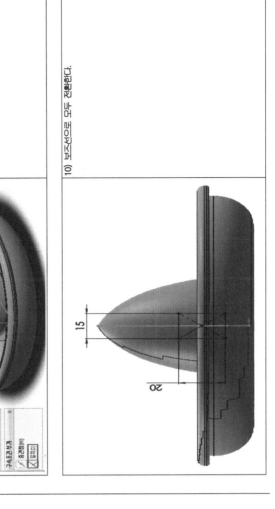

10

9) 스케치를 실행하고 정면을 선택하여 다음과 같이
스케치를 한다.

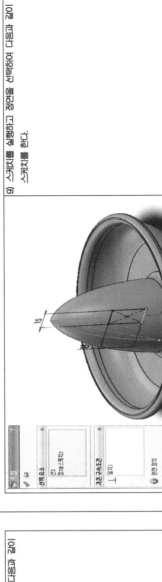

15

10) 보조선으로 모두 전환한다.

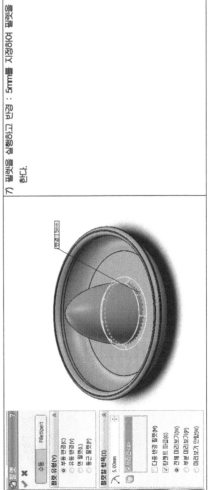

15

20

5) 두껍게를 실행하고 두께 : 2mm를 지정하여 솔리
드를 생성한다.

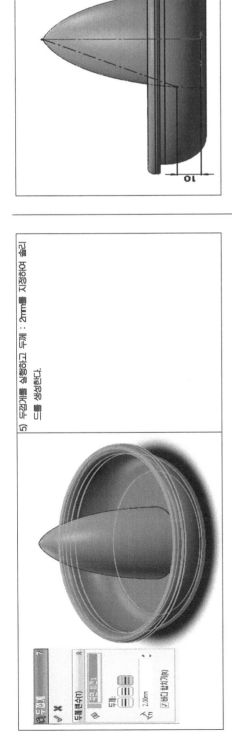

6) 필렛을 실행하고 둥근 필렛을 지정 다음과 같이
지정하여 필렛을 한다.

7) 필렛을 실행하고 반경 : 5mm를 지정하여 필렛을
한다.

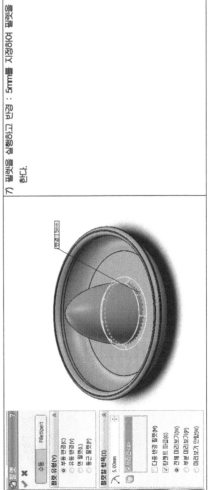

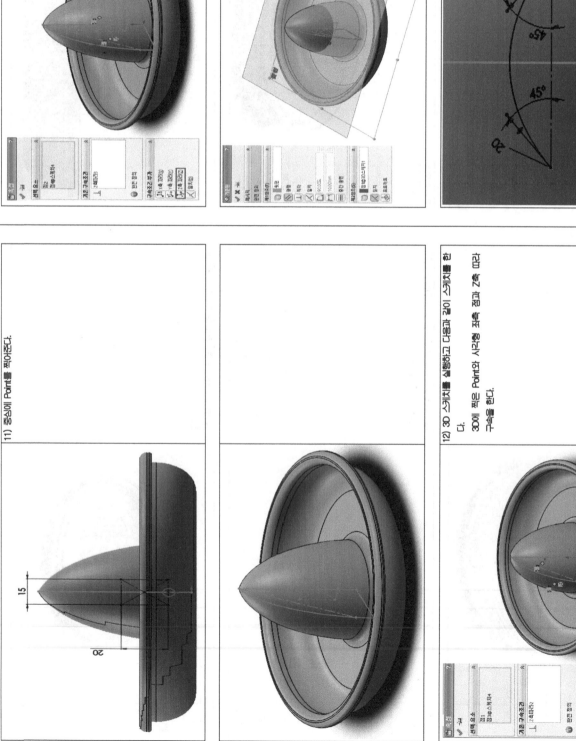
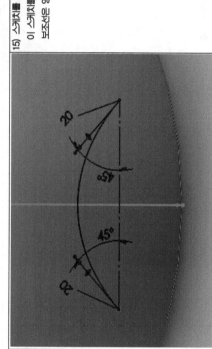

13) 3D 스케치를 실행하고 다음과 같이 스케치를 한다.
3D에 찍은 Point와 사각형 우측 정점과 Z축 따라 구속을 한다.

14) [참조형상]-[기준면]을 실행하고 윗면과 3D 스케치의 첫 번째 점을 선택하여 평면을 생성한다.

15) 스케치를 실행하고 평면을 선택하여 다음과 같이 스케치를 한다.
보조선은 양쪽 3D 스케치 Point와 일치를 한다.

11) 중심에 Point를 찍어준다.

12) 3D 스케치를 실행하고 다음과 같이 스케치를 한다.
3D에 찍은 Point와 사각형 좌측 정점과 Z축 따라 구속을 한다.

19) 아래쪽 스플라인의 형상표를 "X축 따라"를 선택
하여 구속을 한다.

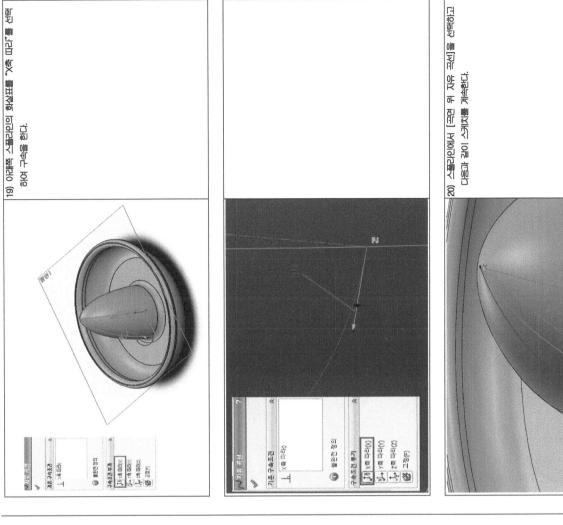

20) 스플라인의 [꼭짓점] 위 자유 곡선을 선택하고
다음과 같이 스케치를 계속한다.

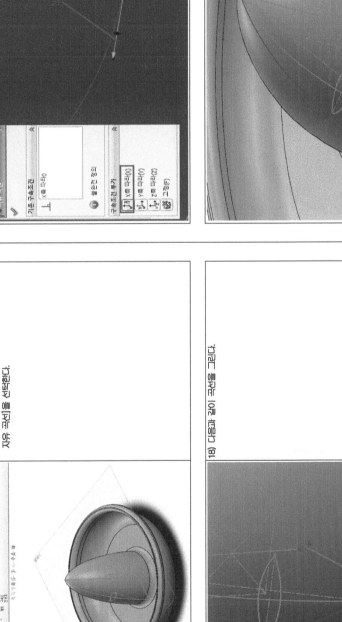

16) 스플라인을 보조선 아래쪽에 대칭복사를 한다.

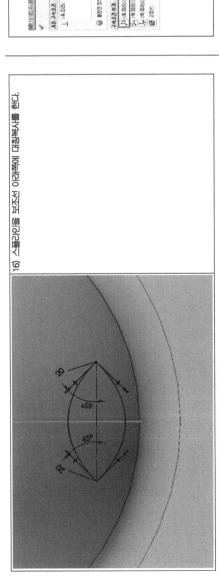

17) 3D 스케치를 실행하고 스플라인에서 [꼭면 위
자유 곡선]을 선택한다.

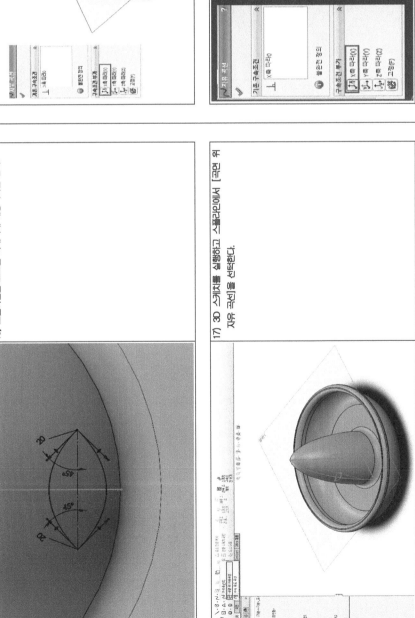

18) 다음과 같이 꼭짓점 위 자유 곡선을 선택하고
다음과 같이 스케치를 계속한다.

24) 3D 스케치를 종료한다.

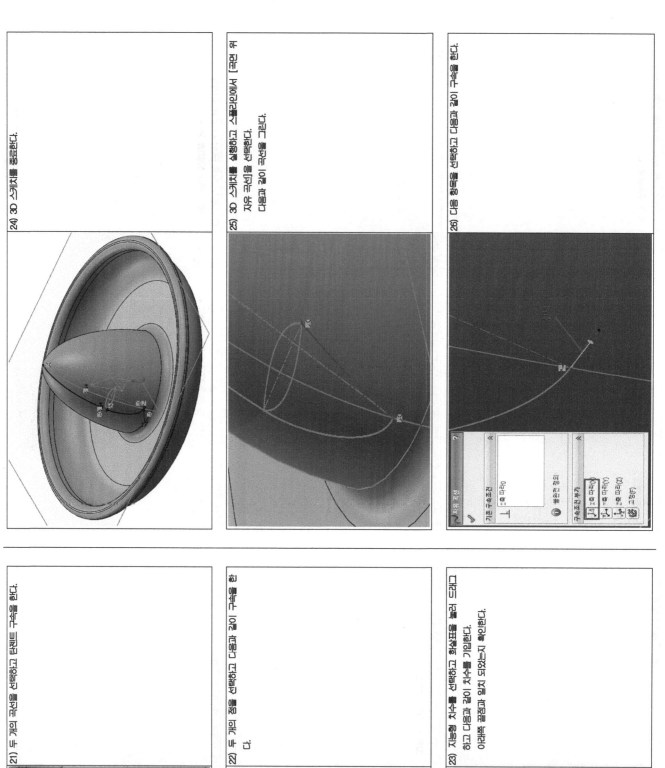

25) 3D 스케치를 실행하고 상황표시줄에서 [곡면 위 자유 곡선]을 선택한다.
다음과 같이 구속을 한다.
그리고 화살표는 자유 곡선의

26) 다음 항목을 선택하고 다음과 같이 구속을 한다.

21) 두 개의 곡선을 선택하고 탄젠트 구속을 한다.

22) 두 개의 점을 선택하고 다음과 같이 구속을 한다.

23) 지능형 치수를 선택하고 화살표를 눌러 드래그 하고 다음과 같이 치수를 기입한다.
아래쪽 끝점과 일치 되었는지 확인한다.

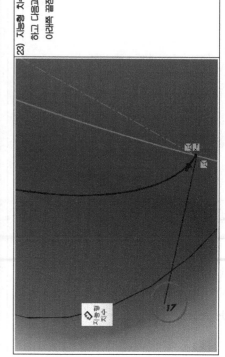

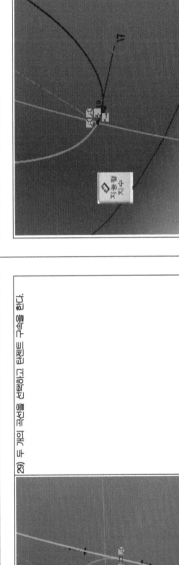

30) 두 개의 점을 선택하여 다음과 같이 구속을 한다.

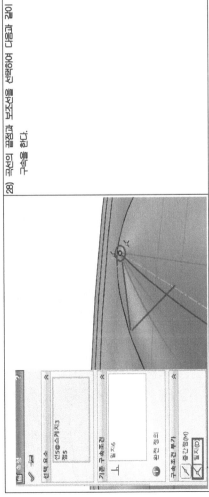

31) 아래쪽 끝점이 일치되었는지 확인하고 두 개의 점을 선택하여 다음과 같이 구속을 한다.

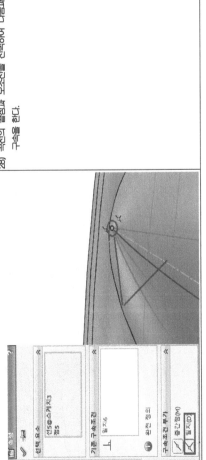

32) 지능형 치수를 선택하고 곡선에 붙어 있는 화살표를 눌러 드래그 하여 다음과 같이 치수를 기입한다.

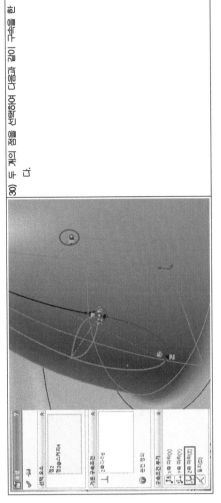

27) 스케치면에서 [곡면 위 자유 곡선]을 선택한다. 다음과 같이 곡선을 그린다.

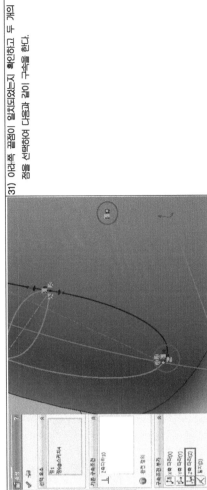

28) 곡선의 끝점과 보조선을 선택하여 다음과 같이 구속을 한다.

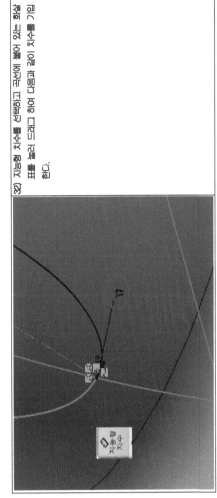

29) 두 개의 곡선을 선택하고 탄젠트 구속을 한다.

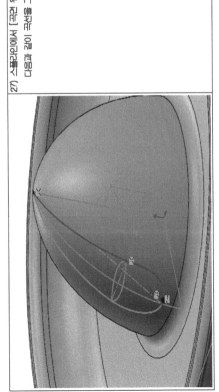

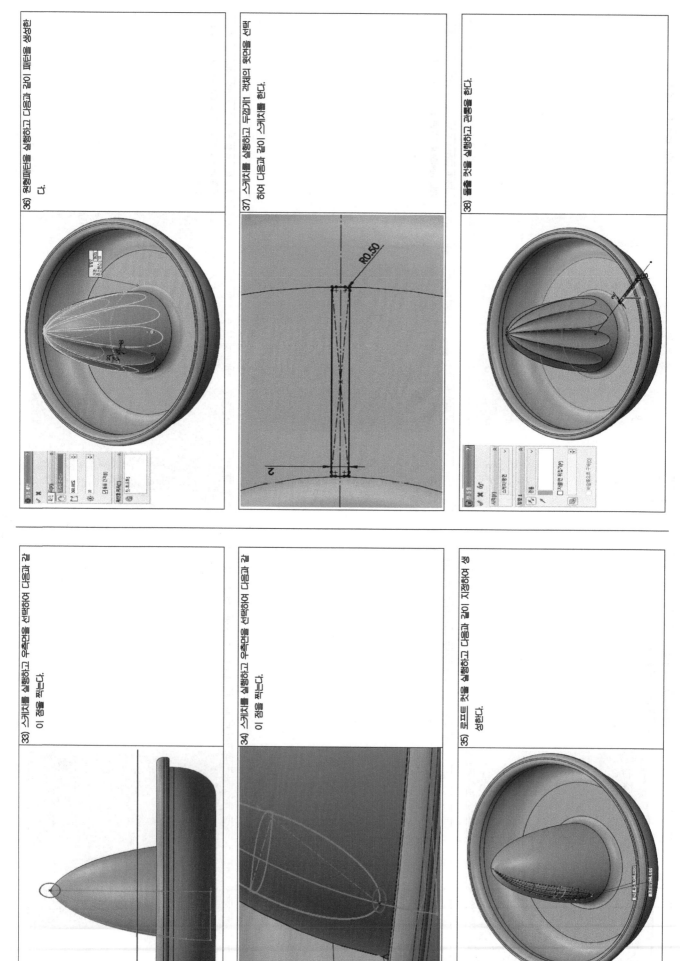

36) 원형패턴을 실행하고 다음과 같이 패턴을 생성한다.

37) 스케치를 실행하고 두껍게 재료의 윗면을 선택하여 다음과 같이 스케치를 한다.

38) 돌출 컷을 실행하고 편집을 한다.

33) 스케치를 실행하고 우측면을 선택하여 다음과 같이 점을 찍는다.

34) 스케치를 실행하고 우측면을 선택하여 다음과 같이 점을 찍는다.

35) 로프트 컷을 실행하고 다음과 같이 지정하여 성형한다.

1) 스케치를 실행하고 정면을 선택하여 다음과 같이
스케치를 한다.

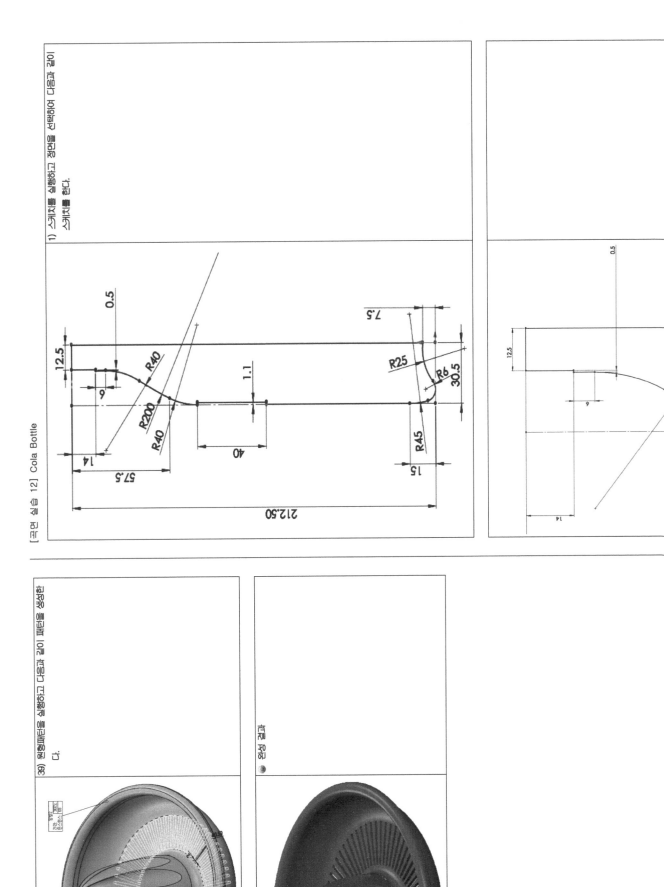

0.5

12.5

R40

9

R200

R40

14

57.5

1.1

40

212.50

7.5

R25

R6

30.5

R45

15

12.5

9

0.5

39) 원형패턴을 실행하고 다음과 같이 라인 패턴을 생성한
다.

360.00도

69

회전 완료

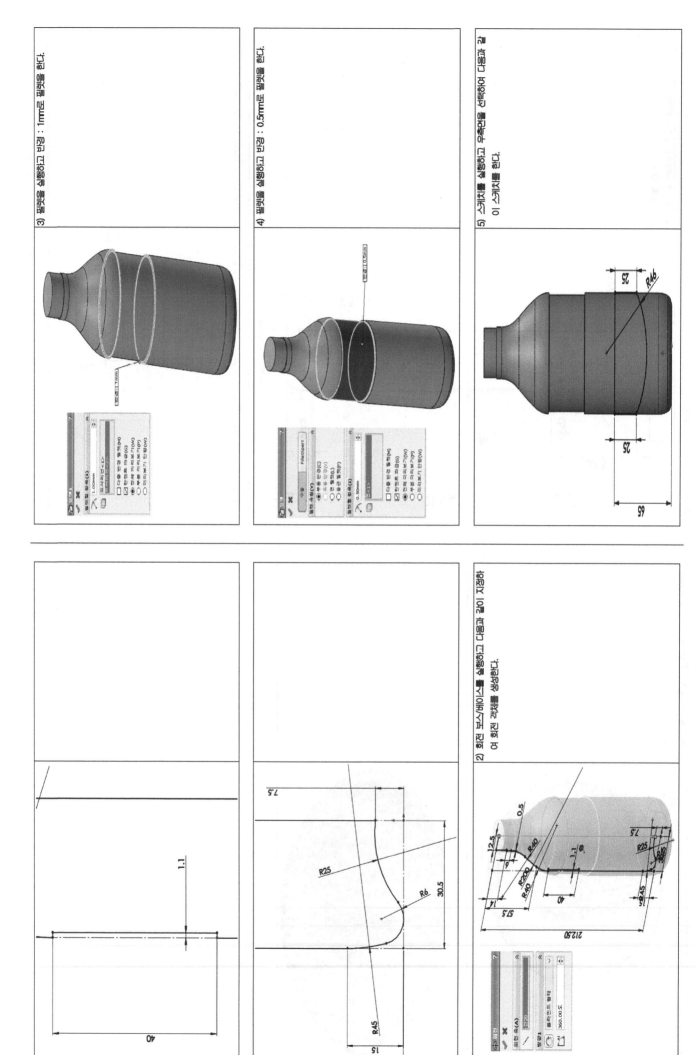

3) 필렛을 실행하고 반경 : 1mm로 필렛을 한다.

4) 필렛을 실행하고 반경 : 0.5mm로 필렛을 한다.

5) 스케치를 실행하고 우측면을 선택하여 다음과 같이 스케치를 한다.

2) 회전 보스/베이스를 실행하고 다음과 같이 지정하여 회전 객체를 생성한다.

10) 돌출 컷을 실행하고 다음과 같이 지정하여 돌출 컷을 한다.

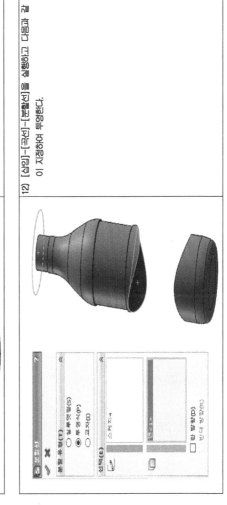

11) 스케치를 실행하고 회전체의 윗면을 선택하여 다음과 같이 스케치를 한다.

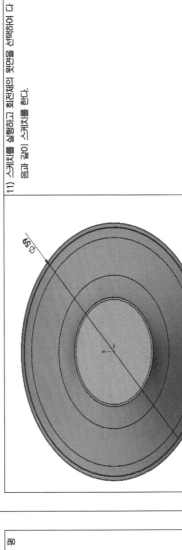

12) [삽입]-[곡선]-[분할선]을 실행하고 다음과 같이 지정하여 투영한다.

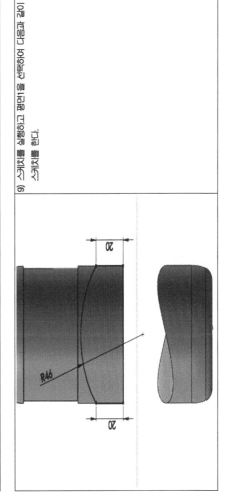

7) 돌출 컷을 실행하고 다음과 같이 지정하여 돌출 컷을 한다.

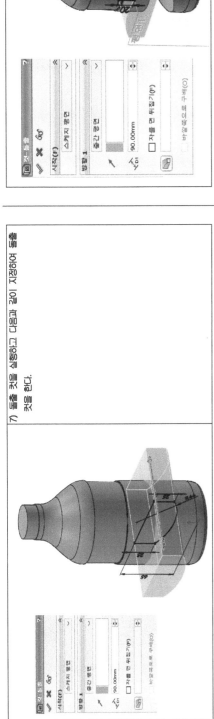

8) 기준면을 실행하고 정면과 우측면을 선택하여 평면을 생성한다.

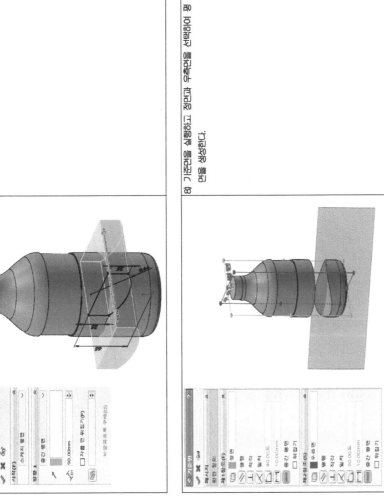

9) 스케치를 실행하고 평면을 선택하여 다음과 같이 스케치를 한다.

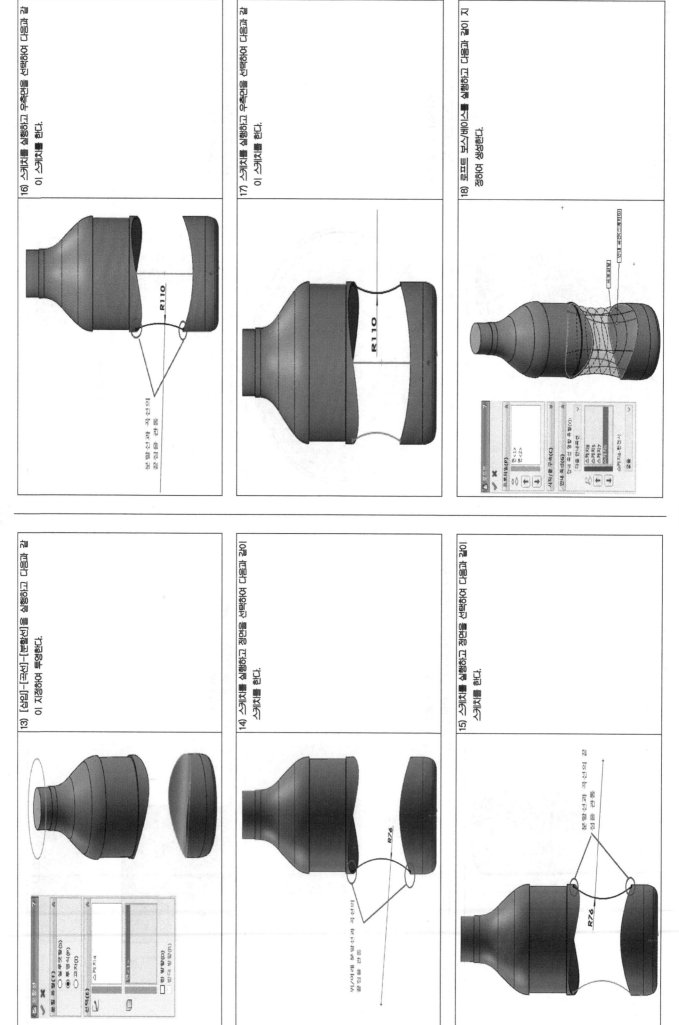

16) 스케치를 실행하고 우측면을 선택하여 다음과 같
이 스케치를 한다.

R110

분할선과 곡선의
끝점을 연동

17) 스케치를 실행하고 우측면을 선택하여 다음과 같
이 스케치를 한다.

R110

18) 로프트 표면/베이스를 실행하고 다음과 같이 지
정하여 생성한다.

프로파일
아내 유도 곡선(스케치)

프로파일(P)
곡선<1>
곡선<2>

시작/끝 구속(C)

안내 유도선(G)
다음 유도 유형(O):
스케치6
스케치5
스케치7
스케치6-현대서

스케치6-현대서

13) [삽입]-[곡선]-[분할선]을 실행하고 다음과 같
이 지정하여 투영한다.

실루엣(S)
투영식(P)
교차(I)

선택(E)

스케치4

단측 방향(R)

14) 스케치를 실행하고 우측면을 선택하여 다음과 같이
스케치를 한다.

R76

이어지는 분할선과 곡선의
끝점을 연동

15) 스케치를 실행하고 정면을 선택하여 다음과 같이
스케치를 한다.

분할선과 곡선의 끝
점을 연동

R76

22) 기준면을 실행하고 다음과 같이 지정하여 평면을 생성한다.

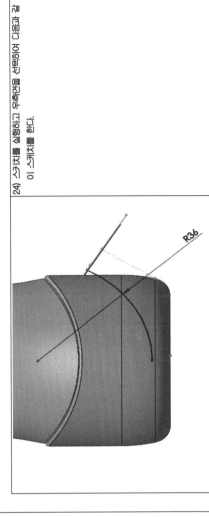

23) 스케치를 실행하고 평면2을 선택하여 다음과 같 이 스케치를 한다.

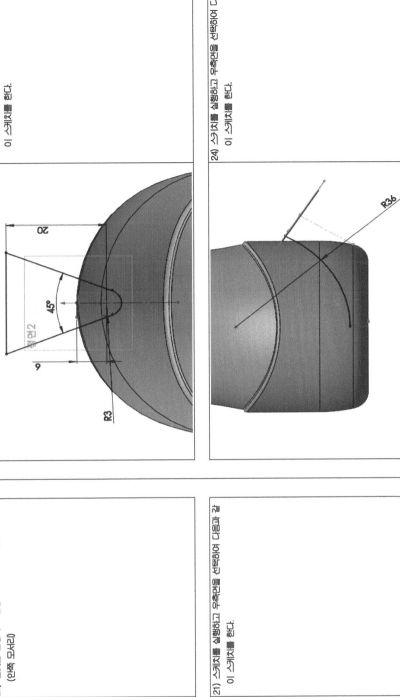

24) 스케치를 실행하고 우측면을 선택하여 다음과 같 이 스케치를 한다.

19) 필렛을 실행하고 반경 : 1mm로 필렛을 한다. (바깥쪽 모서리)

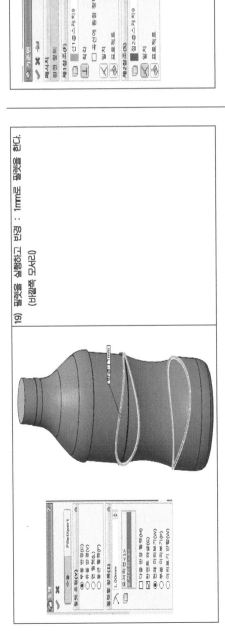

20) 필렛을 실행하고 반경 : 0.5mm로 필렛을 한다. (안쪽 모서리)

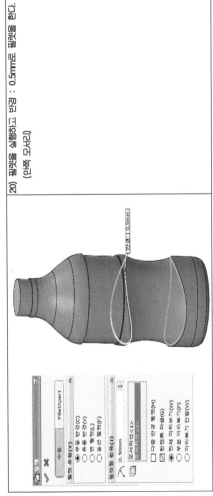

21) 스케치를 실행하고 우측면을 선택하여 다음과 같 이 스케치를 한다.

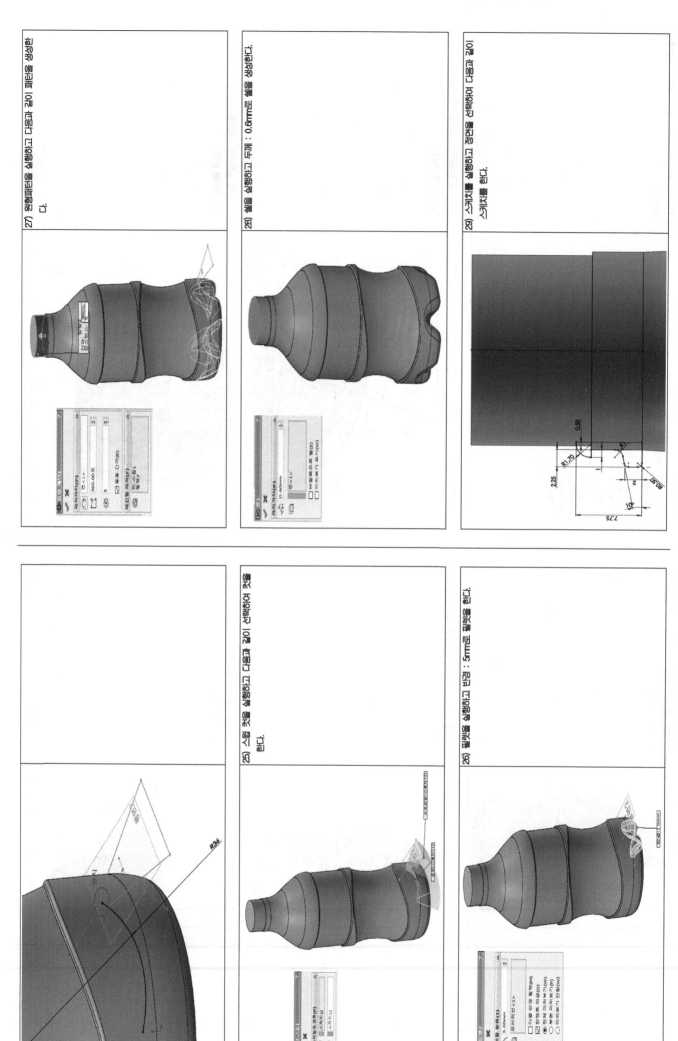

27) 원형패턴을 실행하고 다음과 같이 패턴을 생성한
다.

28) 쉘을 실행하고 두께 : 0.6mm로 쉘을 생성한다.

29) 스케치를 실행하고 정면을 선택하여 다음과 같이
스케치를 한다.

25) 스윕 컷을 실행하고 다음과 같이 선택하여 컷을
한다.

26) 필렛을 실행하고 반경 : 5mm로 필렛을 한다.

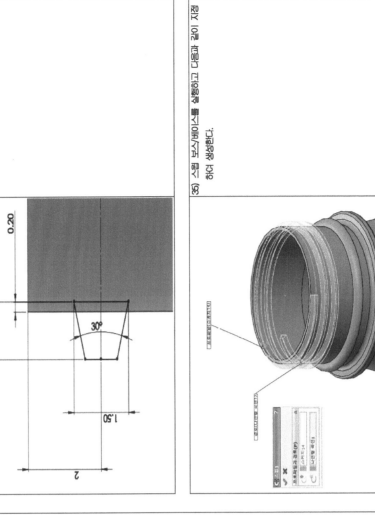

33) [삽입]-[곡선]-[나선형 곡선]을 실행하고 다음과 길이 지정한다.

34) 스케치를 실행하고 정면을 선택하여 다음과 같이 스케치를 한다.

35) ···을 실행하고 다음과 같이 지정하여 컷-스윕(베이스/주면) ··· 하여 생성한다.

30) 회전 보스/베이스를 실행하고 다음과 길이 지정하여 회전 곡재를 생성한다.

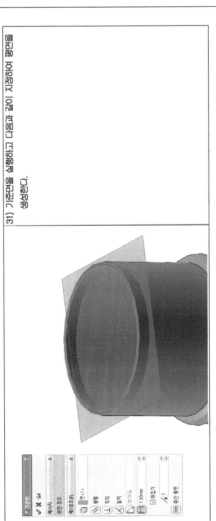

31) 기준면을 실행하고 다음과 같이 지정하여 평면을 생성한다.

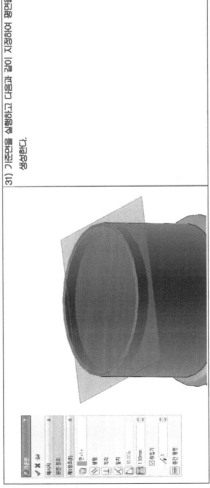

32) 스케치를 실행하고 평면3을 선택하여 다음과 같이 스케치를 한다. 바깥쪽 ··· 을 한다.

36) 모따기를 실행하고 거리 : 2mm, 10deg 모따기를 생성한다.

37) 필렛을 실행하고 반경 : 5mm로 필렛을 한다.

38) 필렛을 실행하고 반경 : 5mm로 필렛을 한다.

39) 필렛을 실행하고 반경 : 0.25mm로 필렛을 한다.

40) 필렛을 실행하고 반경 : 0.2mm로 필렛을 한다.

완성 결과

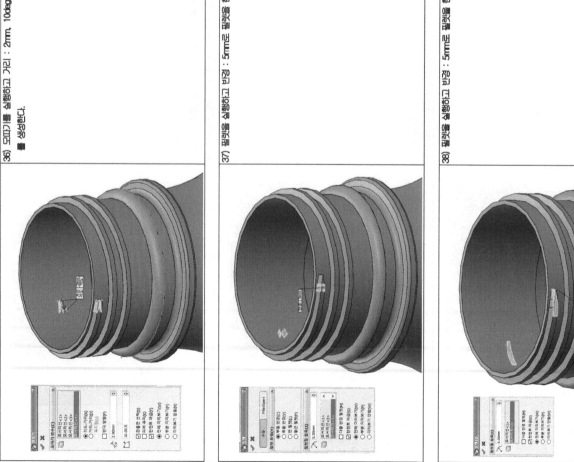

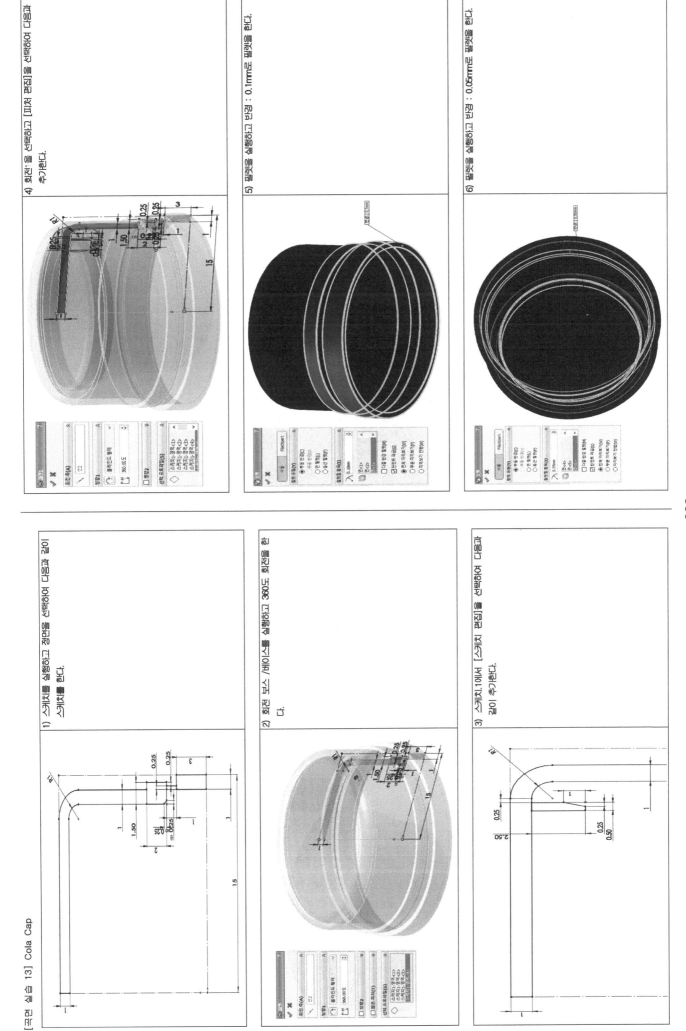

4) 회전1을 선택하고 [피처 편집]을 선택하여 다음과 추가한다.

5) 필렛을 실행하고 반경 : 0.1mm로 필렛을 한다.

6) 필렛을 실행하고 반경 : 0.05mm로 필렛을 한다.

[국면 실습 13] Cola Cap

1) 스케치를 실행하고 정면을 선택하여 다음과 같이 스케치를 한다.

2) 회전 보스/베이스를 실행하고 360도 회전을 한다.

3) 스케치1에서 [스케치 편집]을 선택하여 다음과 같이 추가한다.

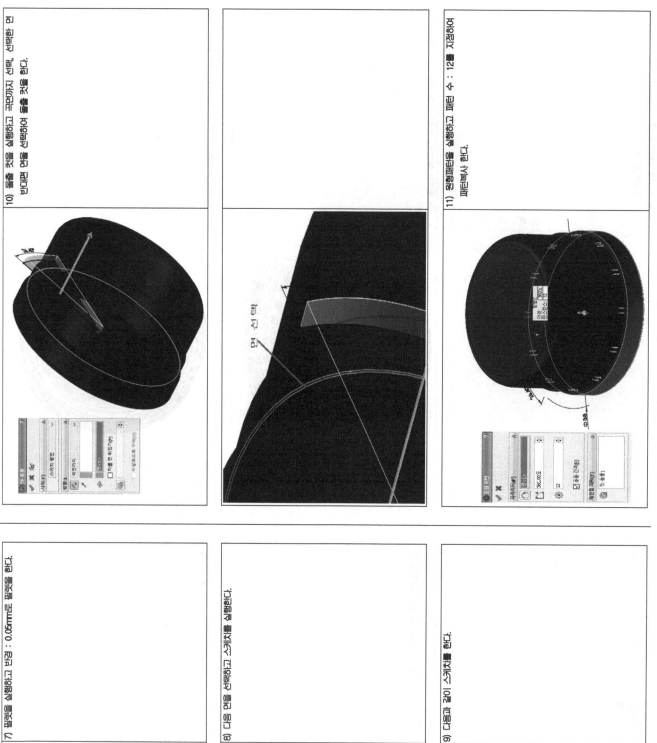

10) 돌출 컷을 실행하고 곡면까지 선택, 선택한 면 반대편 면을 선택하여 돌출 컷을 한다.

면 선택

11) 원형패턴을 실행하고 패턴 수 : 12를 지정하여 패턴복사를 한다.

7) 필렛을 실행하고 반경 : 0.05mm로 필렛을 한다.

8) 다음 면을 선택하고 스케치를 실행한다.

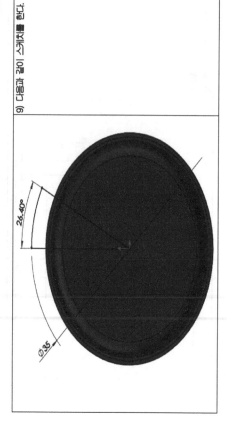

9) 다음과 같이 스케치를 한다.

26.40°

Φ35

14) 돌출 보스/베이스를 실행하고 7.01mm로 돌출을 한다.

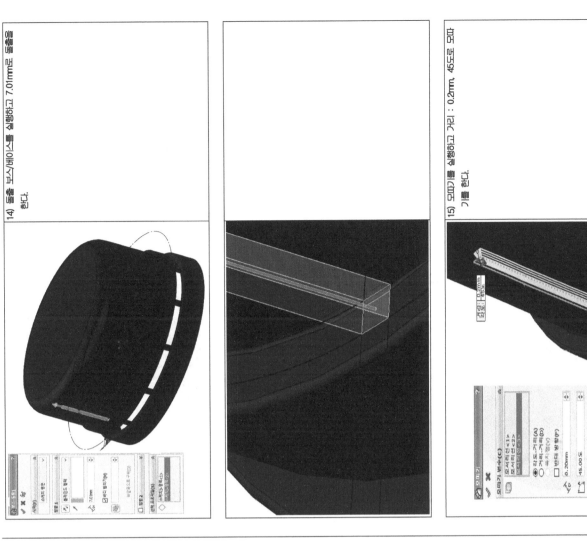

15) 모따기를 실행하고 거리 : 0.2mm, 45도로 모따기를 한다.

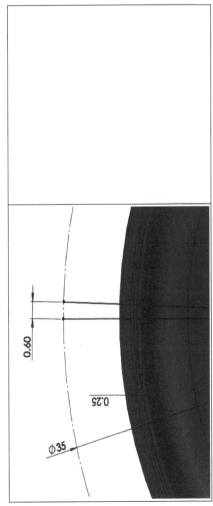

12) 다음 면을 선택하고 스케치를 실행한다.

13) 다음과 같이 스케치를 한다.

19) 다음과 같이 스케치를 한다.

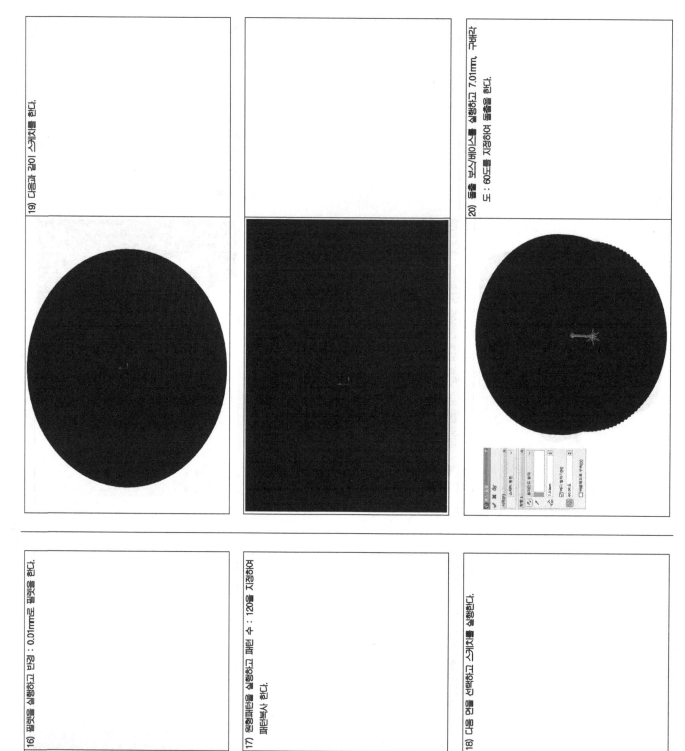

20) 돌출 보스/베이스를 실행하고 깊이 7.01mm, 구배각
도 : 60도를 지정하여 돌출을 한다.

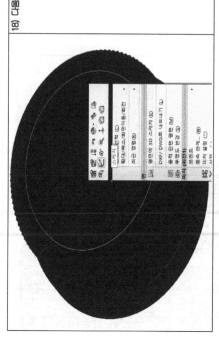

16) 필렛을 실행하고 반경 : 0.01mm로 필렛을 한다.

17) 원형패턴을 실행하고 패턴 수 : 120을 지정하여
패턴복사 한다.

18) 다음 면을 선택하고 스케치를 실행한다.

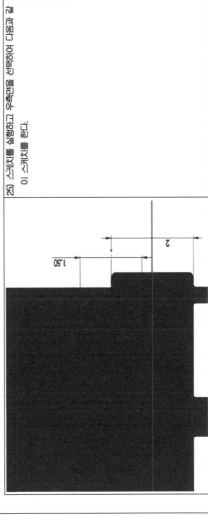

24) [삽입]-[곡선]-[나선형 곡선]을 선택하고 다음
과 같이 지정하여 생성한다.

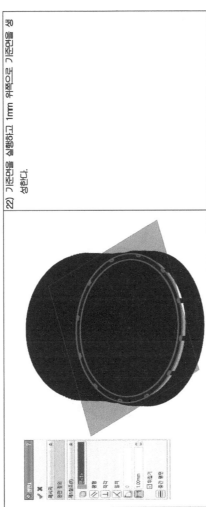

25) 스케치를 실행하고 우측면을 선택하여 다음과 같
이 스케치를 한다.

1.50

2

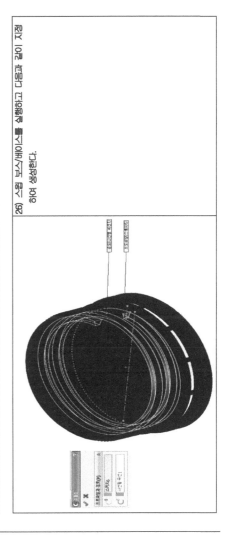

26) 스윕 보스/베이스를 실행하고 다음과 같이 지정
하여 생성한다.

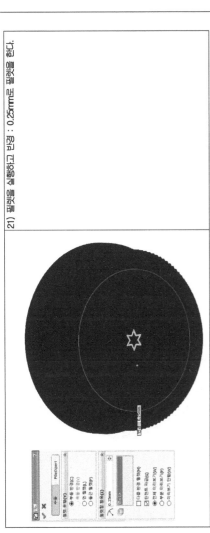

21) 필렛을 실행하고 반경 : 0.25mm로 필렛을 한다.

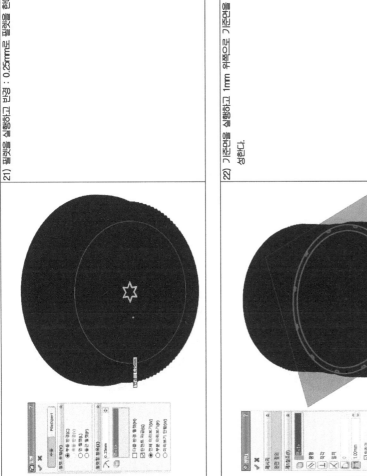

22) 기준면을 실행하고 1mm 위쪽으로 기준면을 생
성한다.

평면 1

23) 스케치를 실행하고 평면을 선택하여 다음과 같
이 스케치를 한다.

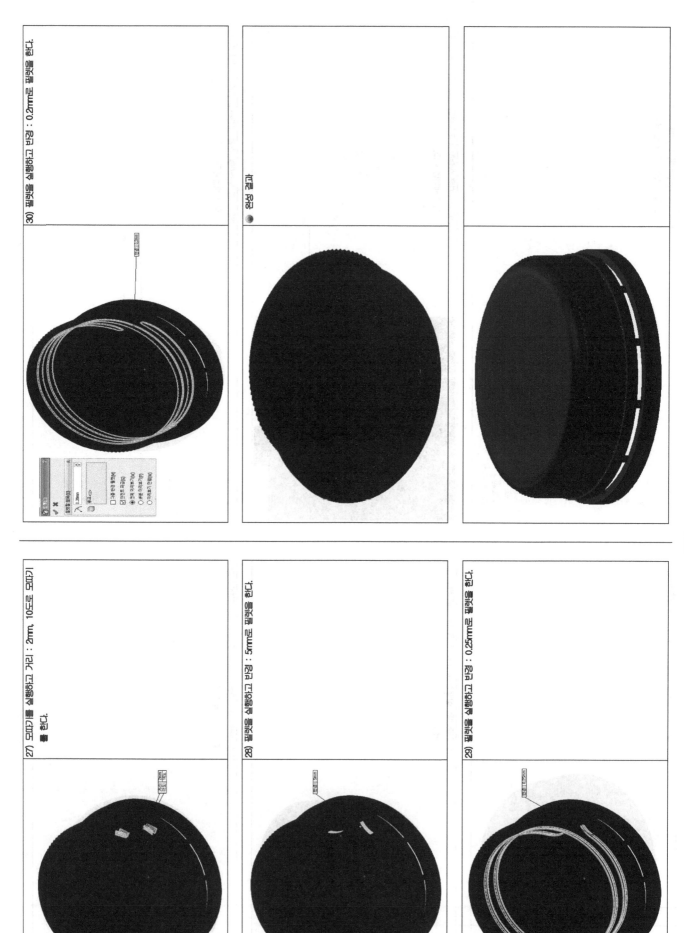

27) 모따기를 실행하고 거리 : 2mm, 10도로 모따기를 한다.

28) 필렛을 실행하고 반경 : 5mm로 필렛을 한다.

29) 필렛을 실행하고 반경 : 0.25mm로 필렛을 한다.

30) 필렛을 실행하고 반경 : 0.2mm로 필렛을 한다.

완성 결과

2) 회전 보스/베이스를 실행하고 360도 회전을 한다.

3) 기준 축을 실행하고 정면과 우측면을 선택하여 두 면이 교차하는 기준축을 생성한다.

4) 기준면을 실행하고 우측면과 기준축을 선택 150 도를 지정하여 기준면을 생성한다.

• 어셈블리 조립 결과

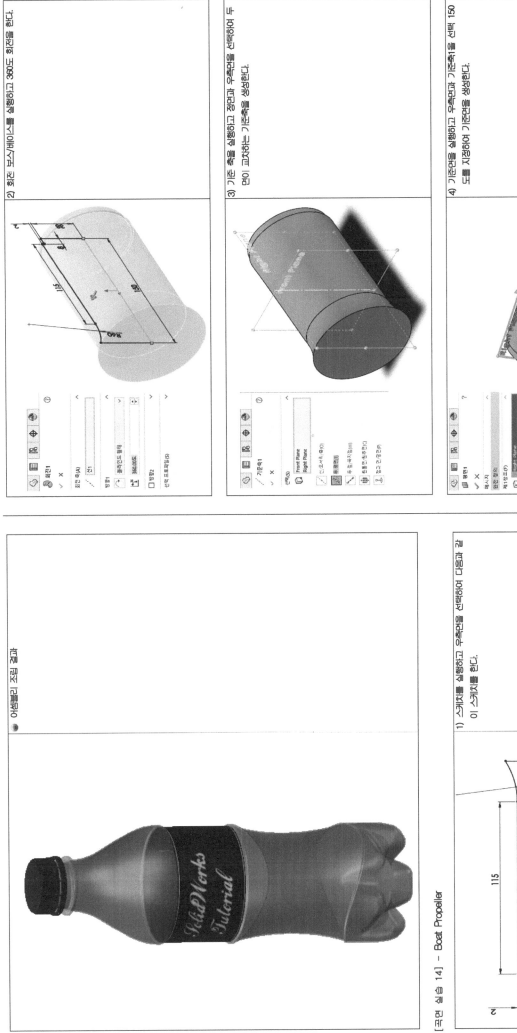

[국면 실습 14] – Boat Propeller

1) 스케치를 실행하고 우측면을 선택하여 다음과 같 이 스케치를 한다.

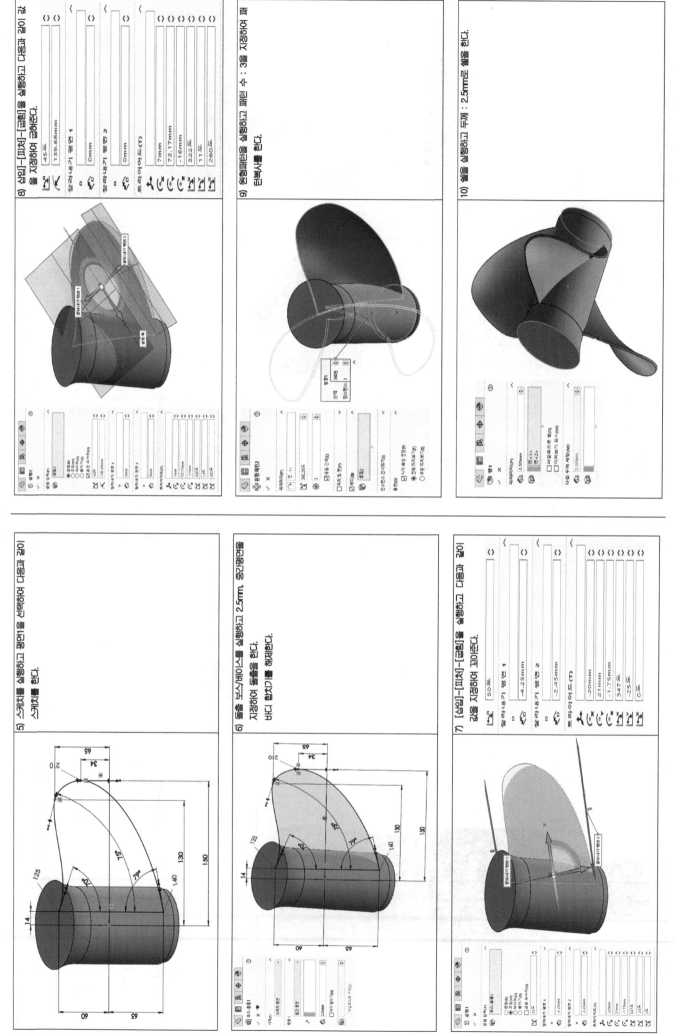

8) 실팅-[피처]-[곡형]을 실행하고 다음과 같이 값을 지정하여 곡해준다.

45도
139.68mm
끌라내기 평면 1
0mm
끌라내기 평면 2
0mm
트위이스트(T)
7mm
72.17mm
-16mm
3.22도
11도
260도

9) 원형패턴을 실행하고 패턴 수 : 3을 지정하여 패턴복사를 한다.

10) 쉘을 실행하고 두께 : 2.5mm로 쉘을 한다.

5) 스케치를 실행하고 평면을 선택하여 다음과 같이 스케치를 한다.

6) 돌출 보스/베이스를 실행하고 2.5mm, 중간평면을 지정하여 돌출을 한다. 바디 합치기를 해제한다.

7) [삽입]-[피처]-[곡형]을 실행하고 다음과 같이 값을 지정하여 꼬아준다.

50도
끌라내기 평면 1
-4.25mm
끌라내기 평면 2
-2.45mm
트위스트(T)
-20mm
21mm
-1.75mm
3.47도
-2.5도

14) 스케치를 실행하고 정면을 선택하여 다음과 같이
스케치를 한다.

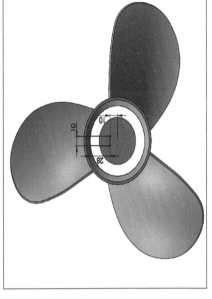

∅50

15) 돌출 보스/베이스를 실행하고 120mm, 중간평면
을 지정하여 돌출을 한다.

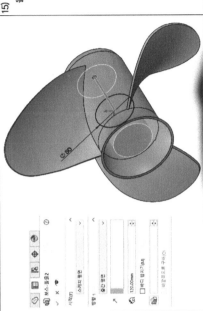

∅50

16) 스케치를 실행하고 정면을 선택하여 다음과 같이
스케치를 한다.

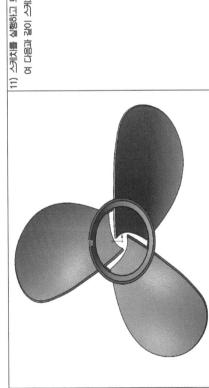

10 28

11) 스케치를 실행하고 화면1 객체의 뒷면을 선택하
여 다음과 같이 스케치를 한다.

12) 돌출 컷을 실행하고 관통을 한다.

13) [삽입]-[피처]-[합치기]를 실행하고 다음과 같
이 선택하여 합치기를 한다.

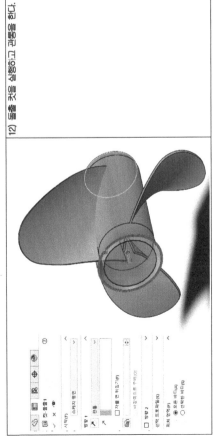

20) 돌출 컷을 실행하고 관통을 한다.

21) 모따기를 실행하고 거리 : 2.5mm, 각도 : 45도
로 모따기를 한다.

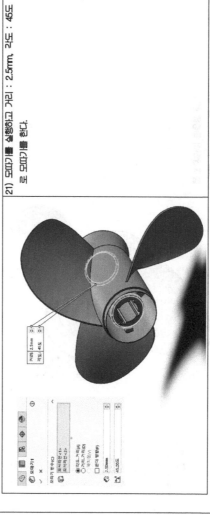

22) 필렛을 실행하고 반경 : 0.5mm로 필렛을 한다.

17) 돌출 보스/베이스를 실행하고 100mm, 중간평면
을 지정하여 돌출을 한다.

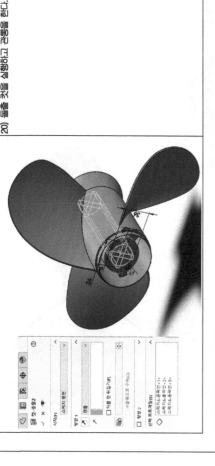

18) 원형패턴을 실행하고 패턴 수 : 3을 지정하여 패
턴복사를 한다.

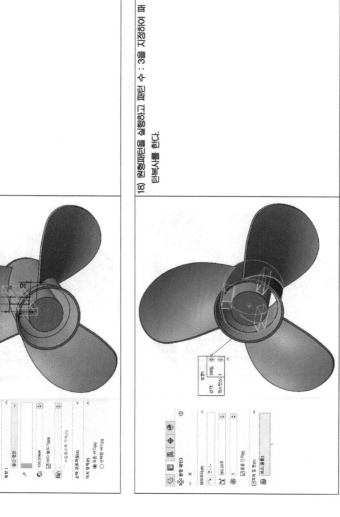

19) 스케치를 실행하고 돌출2 객체의 윗면을 선택하
여 다음과 같이 스케치를 한다.

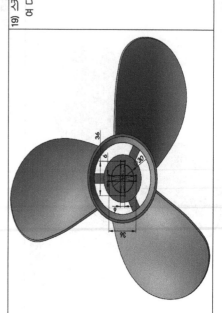

완성 결과

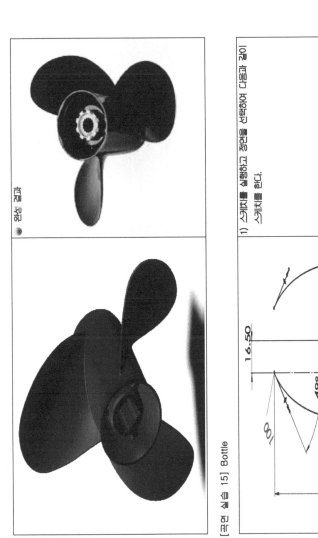

[곡면 실습 15] Bottle

1) 스케치를 실행하고 정면을 선택하여 다음과 같이 스케치를 한다.

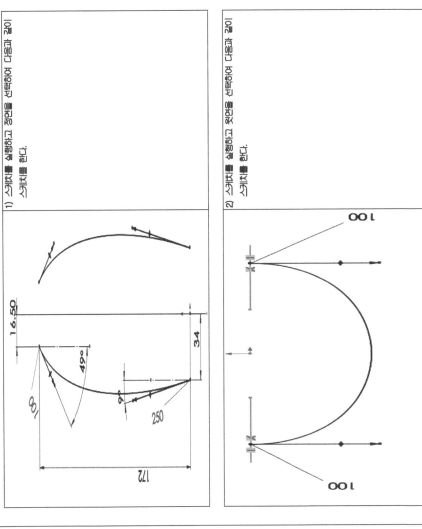

2) 스케치를 실행하고 윗면을 선택하여 다음과 같이 스케치를 한다.

23) 필렛을 실행하고 반경 : 3mm로 필렛을 한다.

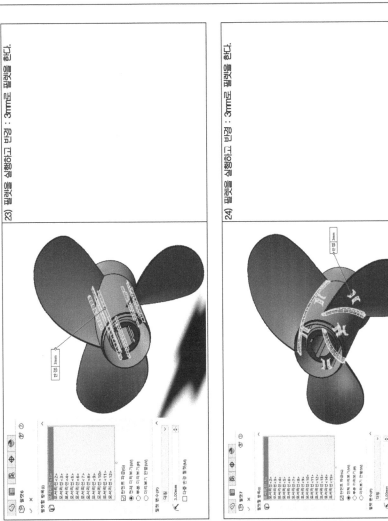

24) 필렛을 실행하고 반경 : 3mm로 필렛을 한다.

25) 모따기를 실행하고 거리 : 2.5mm, 각도 : 45도 로 모따기를 한다.

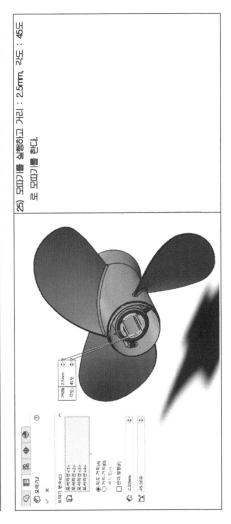

5) 스케치를 실행하고 우측면을 선택하여 다음과 같이 스케치를 한다.

6) 로프트 곡면을 실행하고 다음과 같이 지정하여 곡면을 생성한다.

3) 기준면을 실행하고 다음과 같이 지정하여 평면을 생성한다.

4) 스케치를 실행하고 평면1을 선택하여 다음과 같이 스케치를 한다.

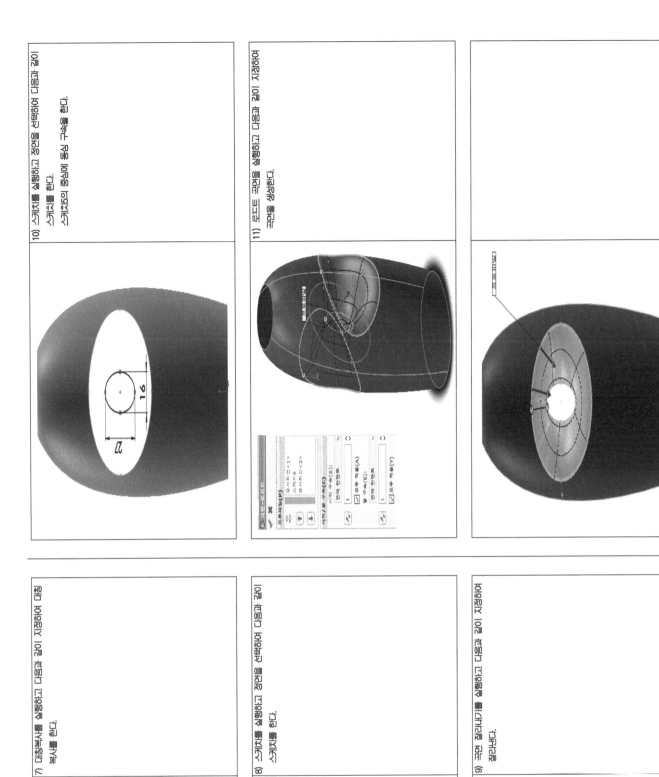

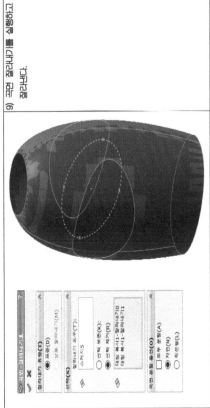

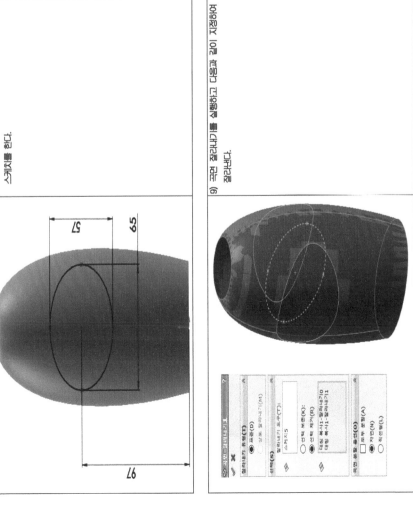

10) 스캐치를 실행하고 정면을 선택하여 다음과 같이 스캐치를 한다.
스캐치의 중심에 원통을 구속을 한다.

11) 로프트 곡면을 실행하고 다음과 같이 길이 지정하여 곡면을 생성한다.

7) 대칭복사를 실행하고 다음과 같이 길이 지정하여 대칭 복사를 한다.

8) 스캐치를 실행하고 정면을 선택하여 다음과 같이 스캐치를 한다.

9) 곡면 잘라내기를 실행하고 다음과 같이 지정하여 잘라낸다.

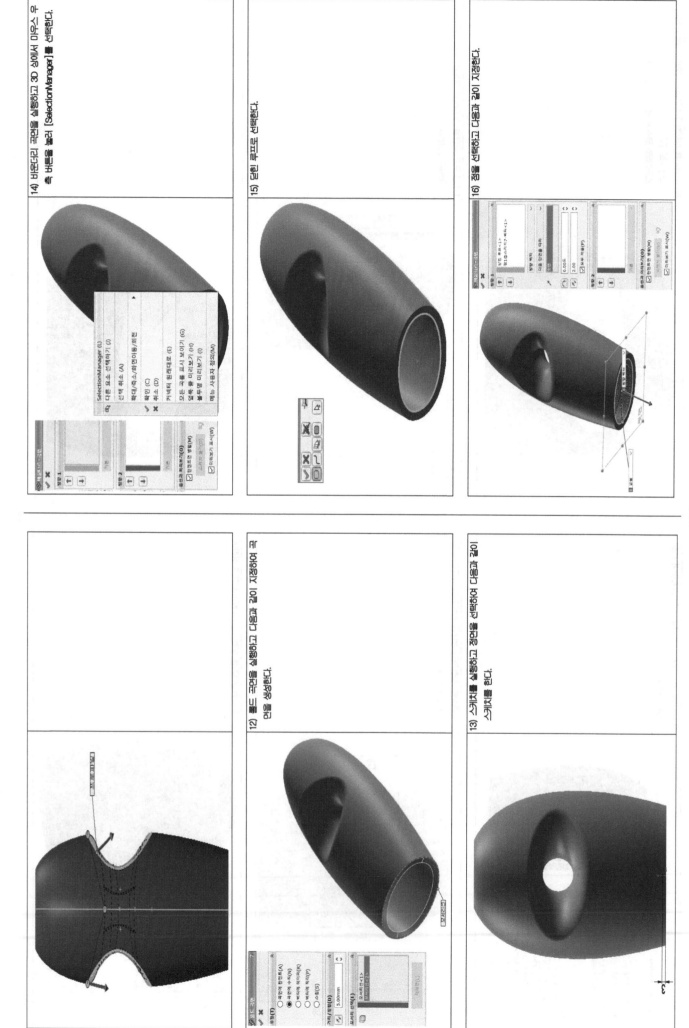

14) 바운더리 곡면을 실행하고 3D 상에서 마우스 우축 버튼을 눌러 [SelectionManager]를 선택한다.

SelectionManager (L)
다음 요소 선택하기 (J)
선택 취소 (A)
확대/축소/화면이동/회전
확인 (C)
취소 (D)
커서에 원래대로 (E)
모든 치수 표시 보이기 (G)
열린 끝 미리보기 (H)
블루명 미리보기 (I)
메뉴 사용자 정의(M)

15) 닫힌 루프로 선택한다.

16) 점을 선택하고 다음과 같이 지정한다.

12) 필드 곡면을 실행하고 다음과 같이 지정하여 곡면을 생성한다.

13) 스케치를 실행하고 정면을 선택하여 다음과 같이 스케치를 한다.

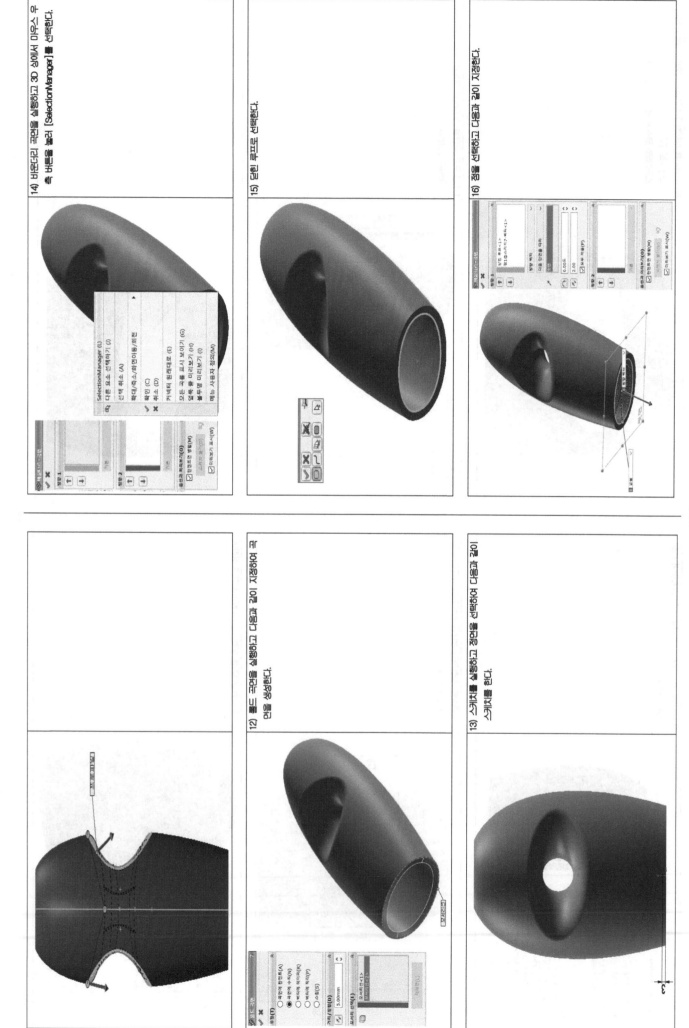

20) 필렛을 실행하고 반경 : 3mm로 필렛을 한다.

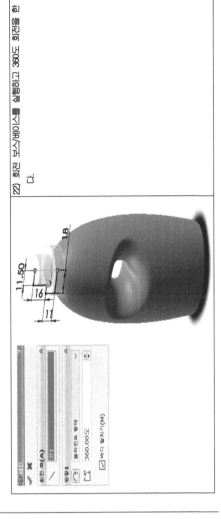

21) 스케치를 실행하고 정면을 선택하여 다음과 같이 스케치를 한다.

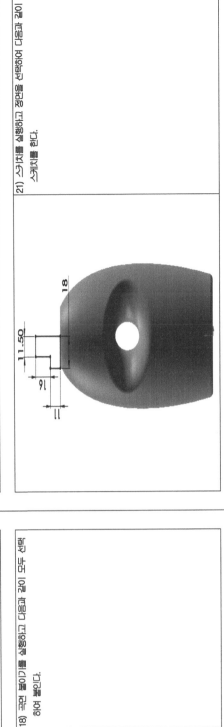

22) 회전 컷/베이스를 실행하고 360도 회전을 한다.

17) 곡면 채우기를 실행하고 다음과 같이 채운다.

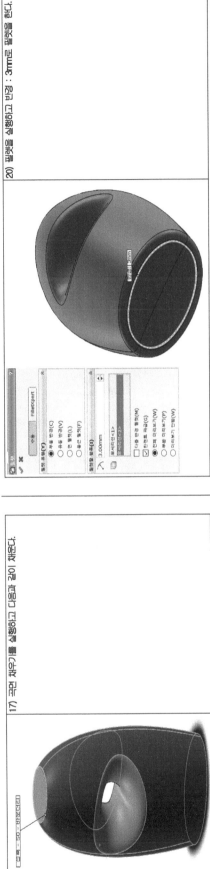

18) 곡면 붙이기를 실행하고 다음과 같이 모두 선택 하여 붙인다.

19) 필렛을 실행하고 반경 : 4mm로 필렛을 한다.

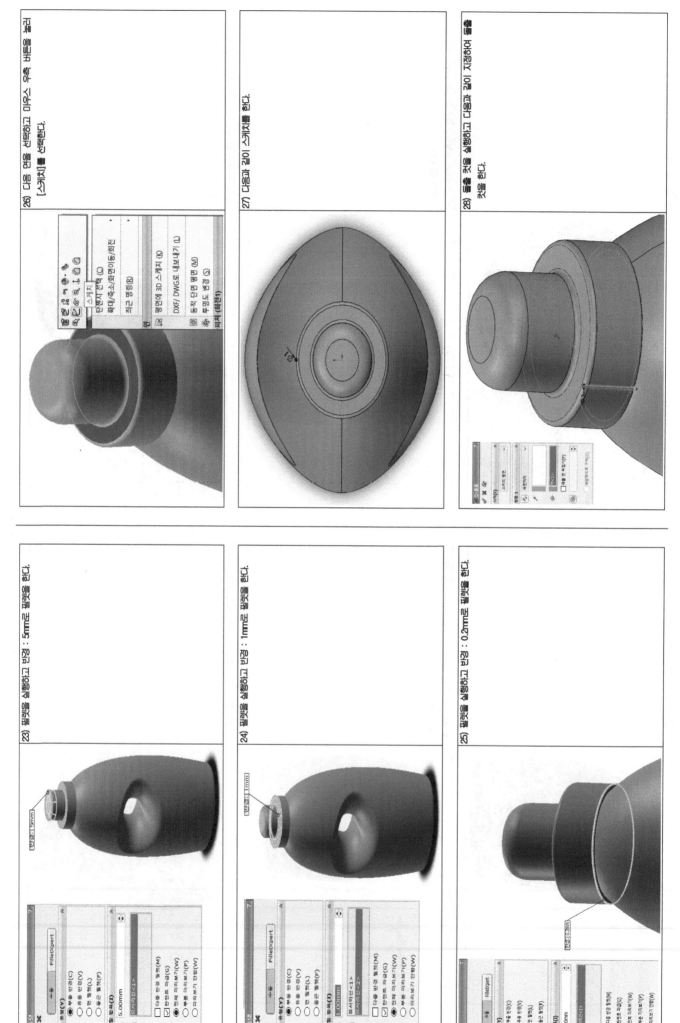

26) 다음 면을 선택하고 마우스 우측 버튼을 눌러 [스케치]를 선택한다.

27) 다음과 같이 스케치를 한다.

28) 돌출 컷을 실행하고 다음과 같이 깊이 지정하여 돌출 컷을 한다.

23) 필렛을 실행하고 반경 : 5mm로 필렛을 한다.

24) 필렛을 실행하고 반경 : 1mm로 필렛을 한다.

25) 필렛을 실행하고 반경 : 0.2mm로 필렛을 한다.

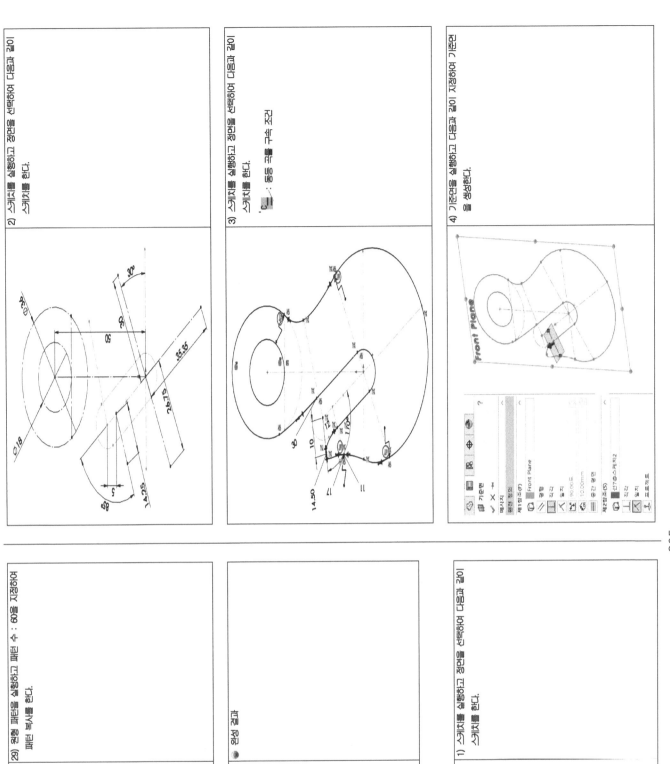

2) 스케치를 실행하고 정면을 선택하여 다음과 같이
   스케치를 한다.

3) 스케치를 실행하고 정면을 선택하여 다음과 같이
   스케치를 한다.

   : 동등 곡률 구속 조건

4) 기준면을 실행하고 다음과 같이 지정하여 기준면
   을 생성한다.

Front Plane

29) 원형 패턴을 실행하고 패턴 수 : 60을 지정하여
    패턴 복사를 한다.

완성 결과

1) 스케치를 실행하고 정면을 선택하여 다음과 같이
   스케치를 한다.

[곡면 실습 16] Hook

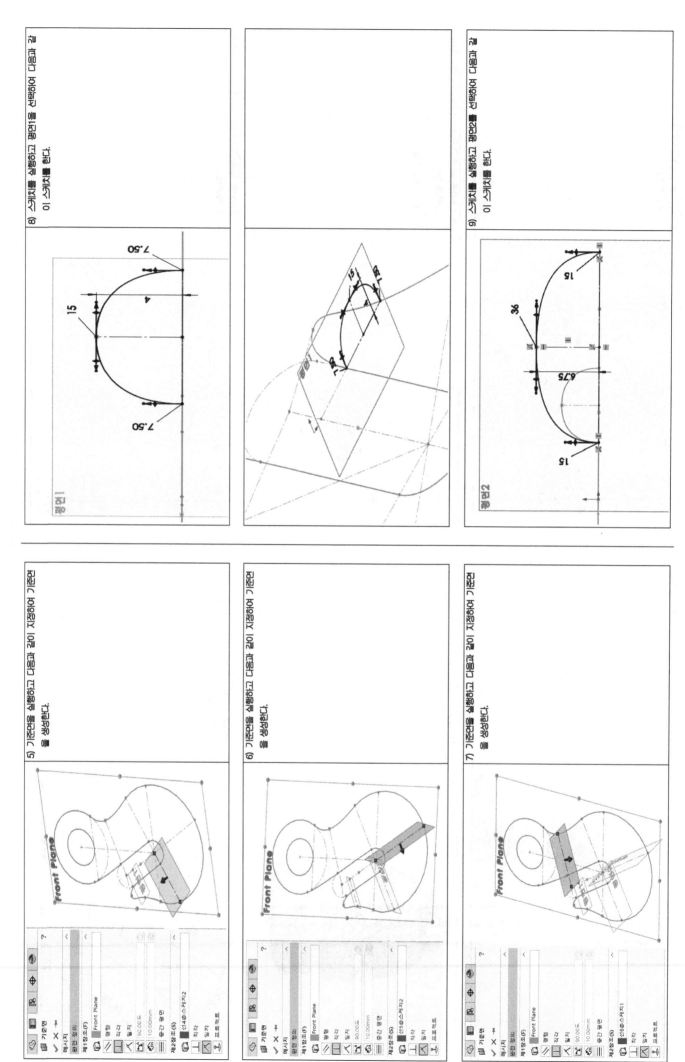

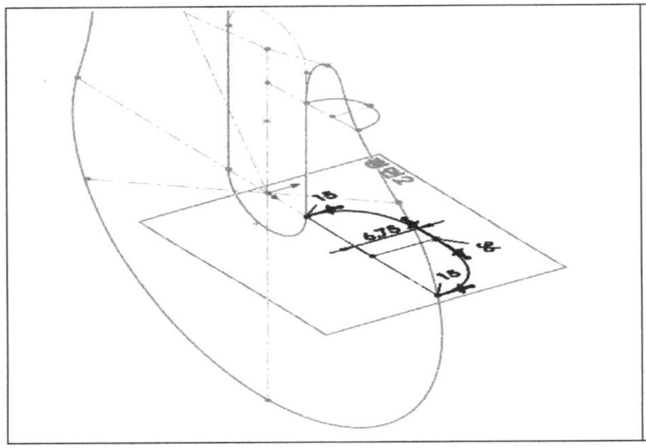

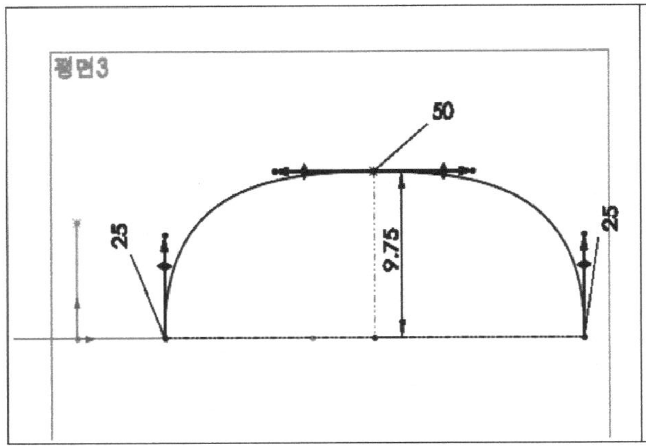

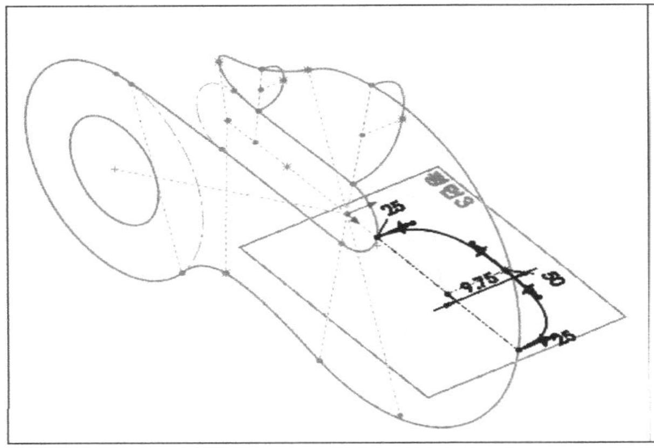

11) 스케치를 실행하고 평면2를 선택하여 다음과 같
이 스케치를 한다.

평면2

15
35
6.25
15

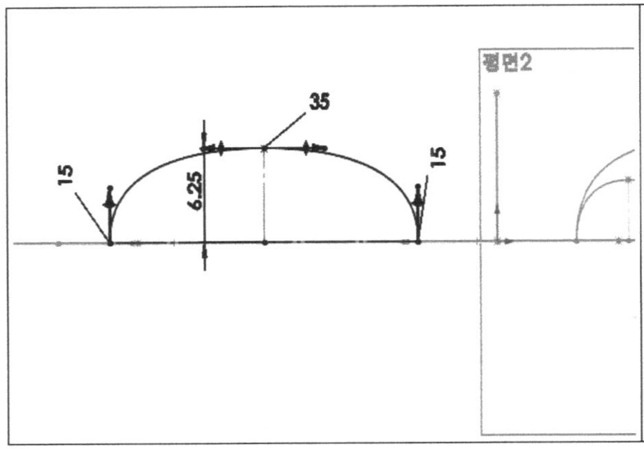

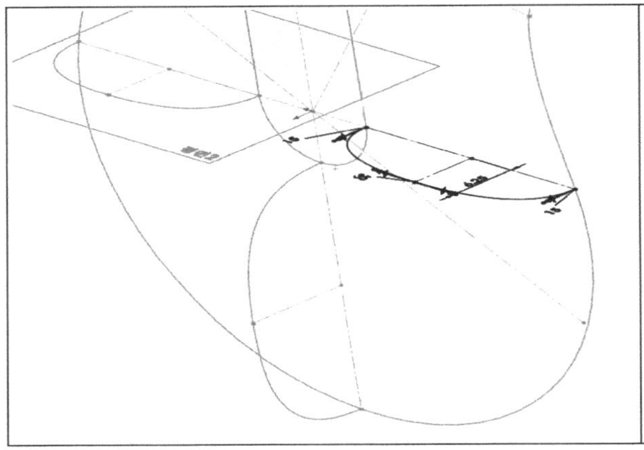

12) 스케치를 실행하고 평면4를 선택하여 다음과 같
이 스케치를 한다.

평면4

12.50
35
4.75
12.50

10) 스케치를 실행하고 평면3을 선택하여 다음과 같
이 스케치를 한다.

평면3

25
50
9.75
25

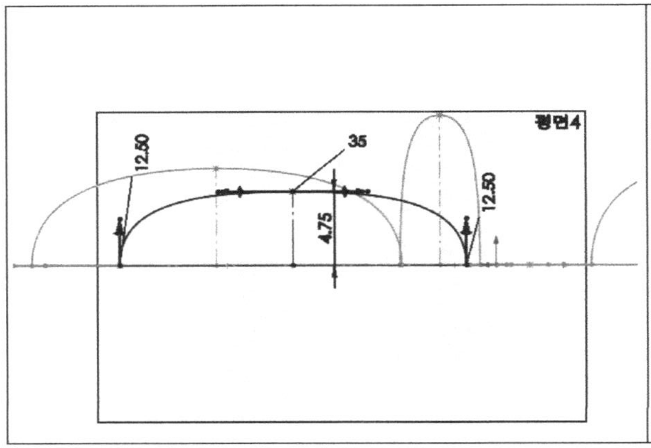

15) 스케치를 실행하고 우측면을 선택하여 다음과 같이 스케치를 한다.

16) 3D 스케치를 실행하고 다음과 같이 스케치를 한다.

17) [곡면]-[회전 곡면]을 실행하고 360도 회전을 한다.

13) 3D 스케치를 실행하고 다음과 같이 스케치를 한다.

14) [곡면]-[바운더리 곡면]을 실행하고 다음과 같이 선택하여 곡면을 생성한다. SelectManager를 사용한다.

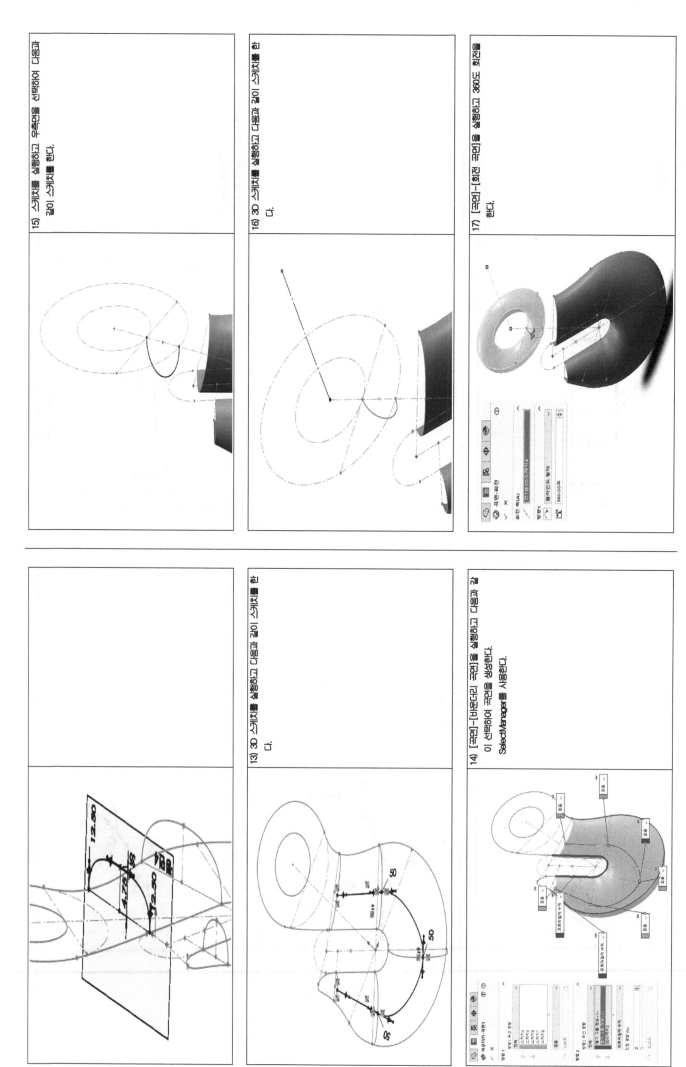

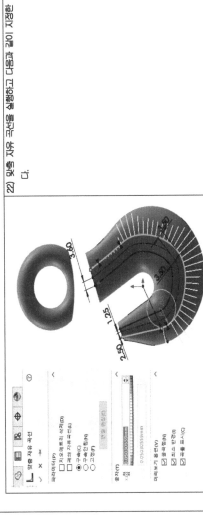

21) 맞춤 자유 곡선을 실행하고 다음과 같이 지정한다.

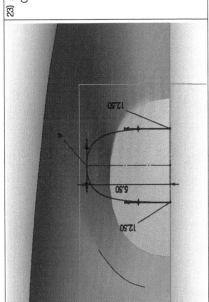
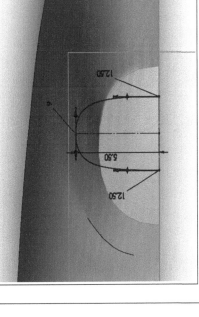

22) 맞춤 자유 곡선을 실행하고 다음과 같이 지정한다.

23) 스케치를 실행하고 평면1을 선택하여 다음과 같이 한다. 이 스케치를 한다.

18) 스케치를 실행하고 정면을 선택하여 다음과 같이 한다. 이 스케치를 한다.

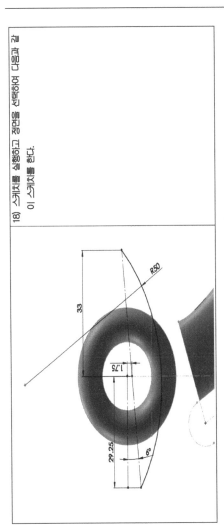

19) [곡면]-[곡면 잘라내기]를 실행하고 다음과 같이 한다. 이 지정하여 잘라낸다.

20) 스케치를 실행하고 정면을 선택하여 다음과 같이 한다. 이 스케치를 한다.

25) 스케치를 실행하고 평면3을 선택하여 다음과 같
이 스케치를 한다.

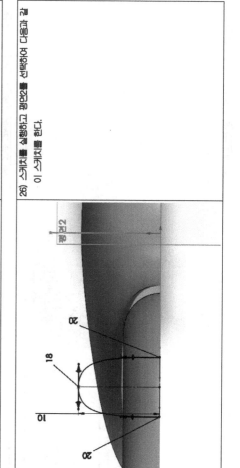

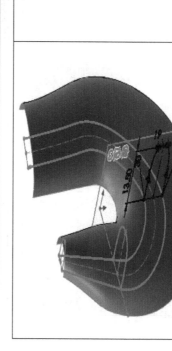

26) 스케치를 실행하고 평면2를 선택하여 다음과 같
이 스케치를 한다.

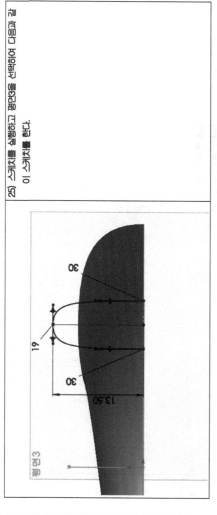

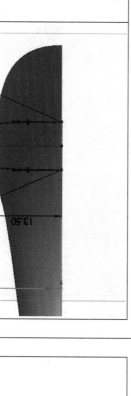

24) 스케치를 실행하고 평면2를 선택하여 다음과 같
이 스케치를 한다.

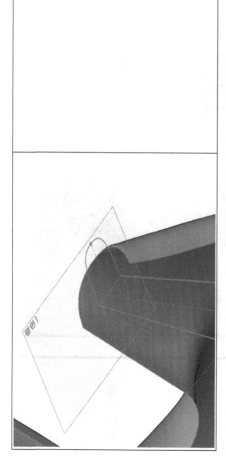

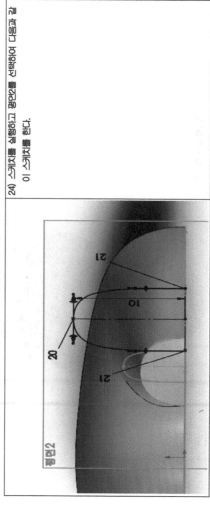

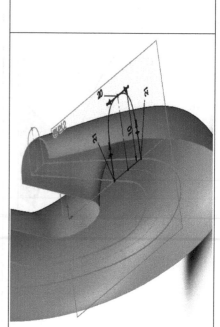

28) 3D 스케치를 실행하고 다음과 같이 스케치를 한다.

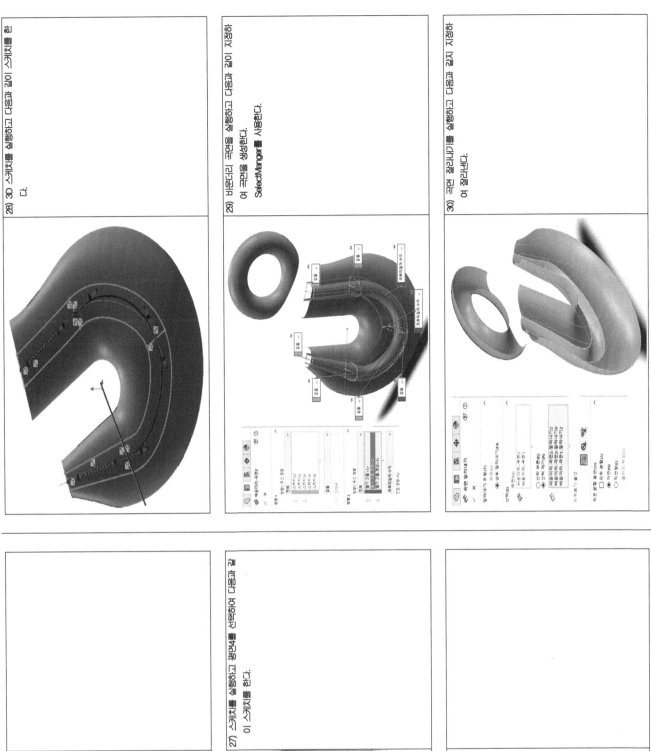

27) 스케치를 실행하고 평면4를 선택하여 다음과 같이 스케치를 한다.

29) 바운더리 곡면을 실행하고 다음과 같이 길이 지정하여 곡면을 생성한다. SelectManager를 사용한다.

30) 곡면 잘라내기를 실행하고 다음과 같이 값이 지정하여 곡면으로 잘라준다.

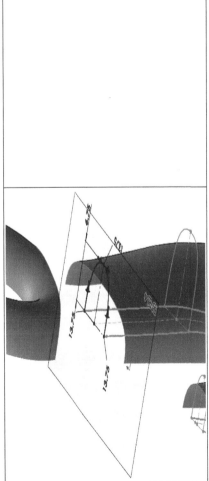

34) 돌출 곡면을 실행하고 10mm 돌출을 한다.

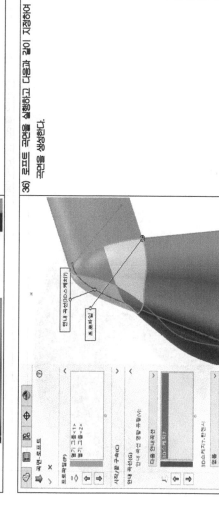

35) 3D 스케치를 실행하고 다음과 같이 스케치를 한다.

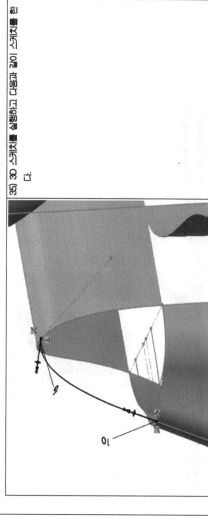

36) 로프트 곡면을 실행하고 다음과 같이 길이 지정하여 곡면을 생성한다.

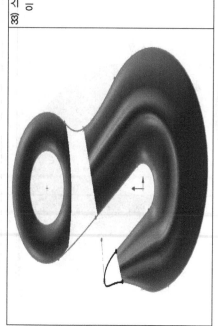
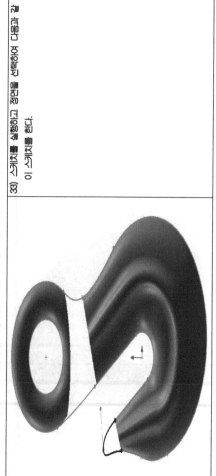
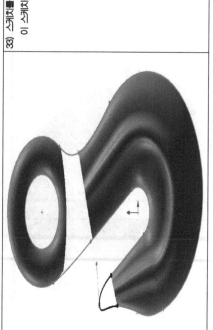

31) 필렛을 실행하고 반경 : 6mm로 필렛을 한다.

32) 필렛을 실행하고 정면 : 4mm 필렛을 한다.

33) 스케치를 실행하고 정면을 선택하여 다음과 같이 스케치를 한다.

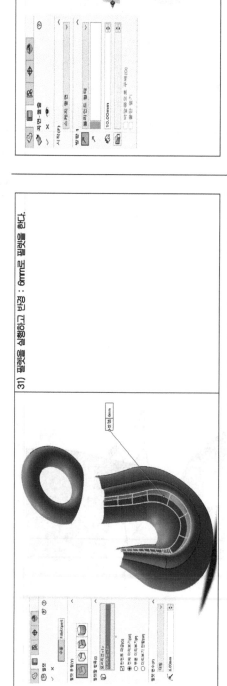

40) 곡면 붙이기를 실행하고 다음과 같이 선택하여 결합한다.

솔리드 작성을 선택한다. 곡면 안쪽이 솔리드로 채워진다.

➤ 곡면 붙이기 : 솔리드 작성을 선택하면 곡면 안 쪽이 솔리드로 채워진다.

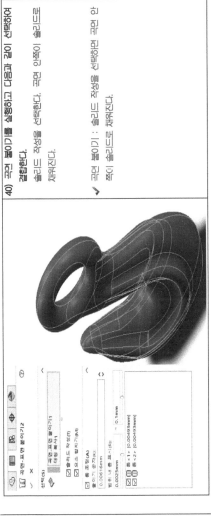

완성 결과

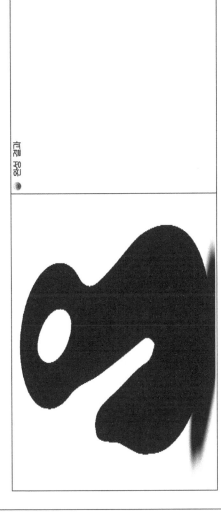

37) 바운더리 곡면을 실행하고 다음과 같이 지정하여 곡면을 생성한다.
SelectManger를 사용한다.

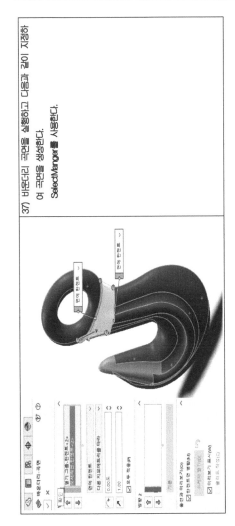

38) 곡면 붙이기를 실행하고 다음과 같이 선택하여 결합한다.

39) 대칭복사를 실행하고 정면을 선택하여 다음과 같이 대칭복사를 한다.

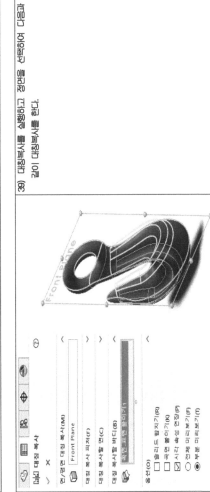

1. 수식사용(변수 생성, 수식 연결, 설계변수 테이블 생성)

단위 : MMGS(millimeter, gram, second)
재질 : Copper
재질 밀도 : 0.0089g/mm^3
구영 : Through All

[예재1]
A = 63mm   B = 50mm   C = 100mm

질량 : 1280.33g

[예재2]
A = 73mm   B = 60mm   C = 120mm

질량 : 2691.13g

2. 수식사용(변수 생성, 수식 연결, 설계변수 테이블 생성)

SolidWorks 파트

단위 : MMGS(millimeter, gram, second), 재질 : AISI 1020 Steel, 재질 밀도 : 0.0079g/mm^3, 구영 : Through All
[예재1]
A = 81mm   B = 57mm   C = 43mm

10장

수식사용과 설계 변수 테이블 연결

학습 내용

1. 변수명 생성
2. 수식 생성
3. 설계변수 테이블 생성

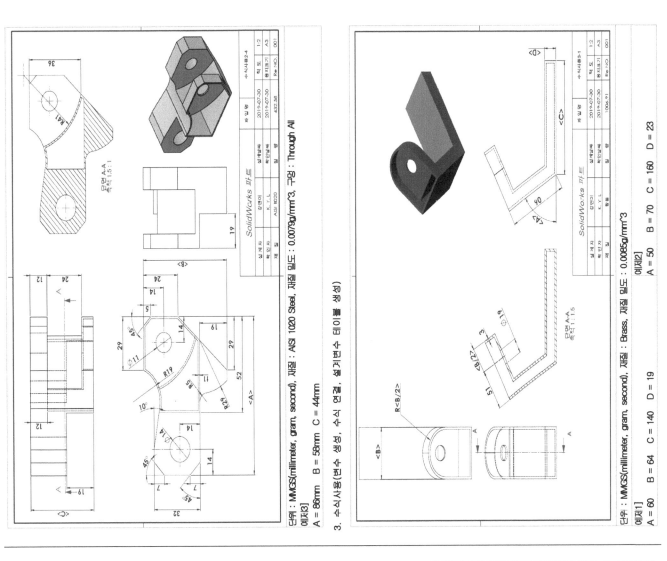

[예제4]

단위 : MMGS(millimeter, gram, second), 재질 : AISI 1020 Steel, 재질 밀도 : 0.0079g/mm^3, 구멍 : Through All

[예제3]

A = 86mm   B = 58mm   C = 44mm

3. 수식사용(변수 생성, 수식 연결, 설계변수 테이블 생성)

단위 : MMGS(millimeter, gram, second), 재질 : Brass, 재질 밀도 : 0.0085g/mm^3

[예제2]

A = 50   B = 70   C = 160   D = 23

단위 : MMGS(millimeter, gram, second), 재질 : Brass, 재질 밀도 : 0.0085g/mm^3

[예제1]

A = 60   B = 64   C = 140   D = 19

단위 : MMGS(millimeter, gram, second), 재질 : AISI 1020 Steel, 재질 밀도 : 0.0079g/mm^3, 구멍 : Through All

[예제2]

A = 84mm   B = 59mm   C = 45mm

단위 : MMGS(millimeter, gram, second), 재질 : AISI 1020 Steel, 재질 밀도 : 0.0079g/mm^3, 구멍 : Through All

[예제3]

A = 86mm   B = 58mm   C = 44mm

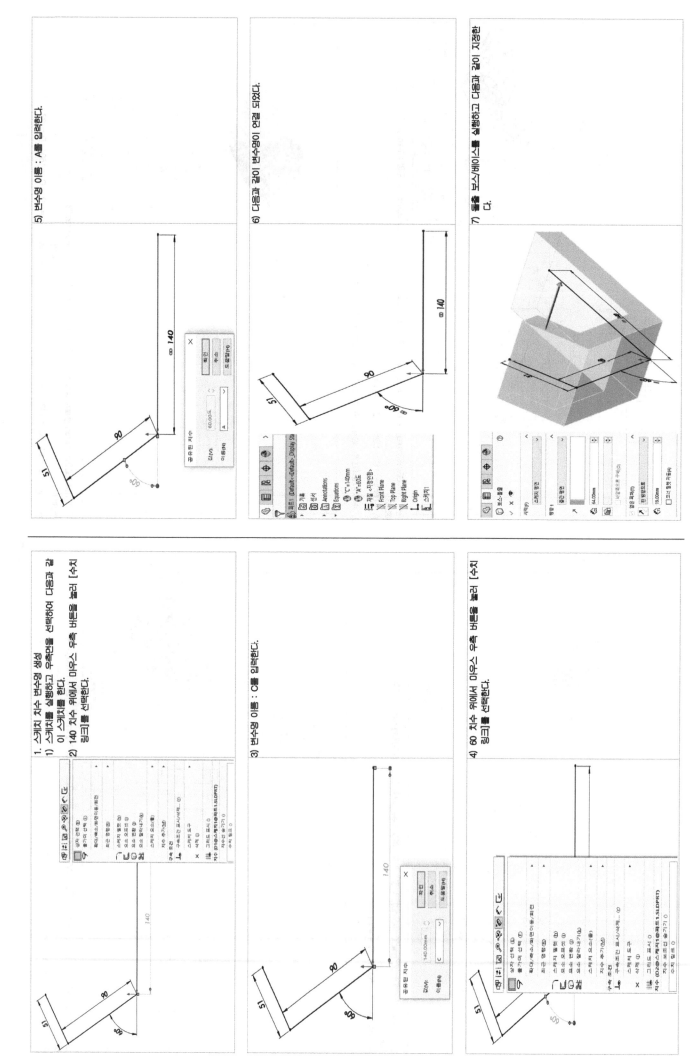

5) 변수명 이름 : A를 입력한다.

공유된 지수

값(V): 60.00도
이름(N): A

확인
취소
도움말(H)

6) 다음과 같이 변수명이 연결 되었다.

파트1 (Default<<Default_Display Sta
가로
선서
Annotations
Equations
°C=140mm
"A"=60도
평면 <지정안됨>
Front Plane
Top Plane
Right Plane
Origin
스케치1

7) 돌출 보스/베이스를 실행하고 다음과 같이 지정한 길이 지정한 다.

보스-돌출
X
시작(F)
스케치 평면
방향1
중간면
64.00mm
반대 방향으로 구배(O)
합쳐 표시로
19.00mm
코드 절단 자동(A)

---

1. 스케치 지수 변수명 생성
1) 스케치를 실행하고 우측면을 선택하여 다음과 같
이 스케치를 한다.
2) 140 지수 위에서 마우스 우측 버튼을 눌러 [수치
링크]를 선택한다.

선 선택 (E)
폴가미 선택 (F)
확대/축소/팬/회전
스케치 평면
요소 스냅샷 (U)
요소 변환 (I)
요소 잘라내기(M)
스케치 요소(M)
지수 추가(M)
구속 조건
그리드 표시 (I)
삭제 (D)
스케치 도구
수치 표시
지수 (D2@스케치1@파트1.SLDPRT) 0
수치 링크 0

3) 변수명 이름 : C를 입력한다.

공유된 지수
값(V): 140.00mm
이름(N): C

확인
취소
도움말(H)

4) 60 지수 위에서 마우스 우측 버튼을 눌러 [수치
링크]를 선택한다.

선 선택 (E)
폴가미 선택 (F)
확대/축소/팬/회전
스케치 평면
요소 스냅샷 (U)
요소 변환 (I)
요소 잘라내기(M)
스케치 요소(M)
지수 추가(M)
구속 조건
구속조건 표시/삭제... (D)
그리드 표시 (I)
삭제 (D)
스케치 도구
수치 표시
지수 (D2@스케치1@파트1.SLDPRT) 0
지수 보조선 숨기기 0
수치 링크 0

11) 19 치수 위에서 마우스 우측 버튼을 눌러 [수치 링크]를 선택한다.

12) 변수명 이름 : D를 입력한다.

3. 수식 연결
13) 51 치수를 더블클릭을 한다.
14) 다음과 같이 수식을 입력한다.
= 51 + ("B"/2)

8) [주석]위에서 마우스 우측 버튼을 눌러 [피처 치수 보이기]를 선택한다.

2. 피처 치수 변수명 생성
9) 64 치수 위에서 마우스 우측 버튼을 눌러 [수치 링크]를 선택한다.

10) 변수명 이름 : B를 입력한다.

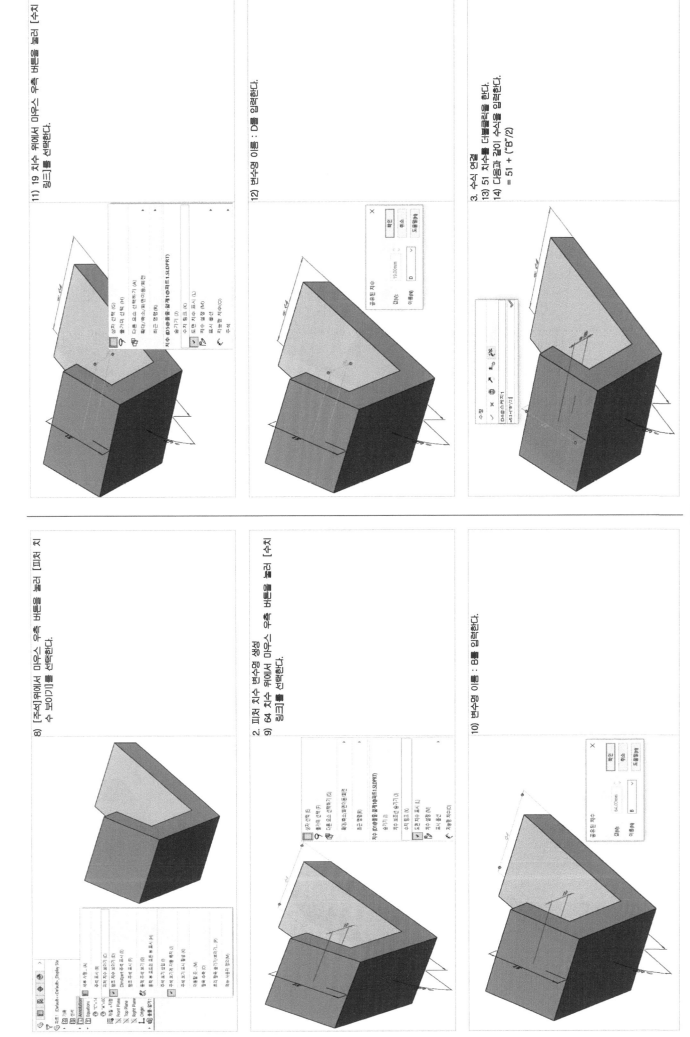

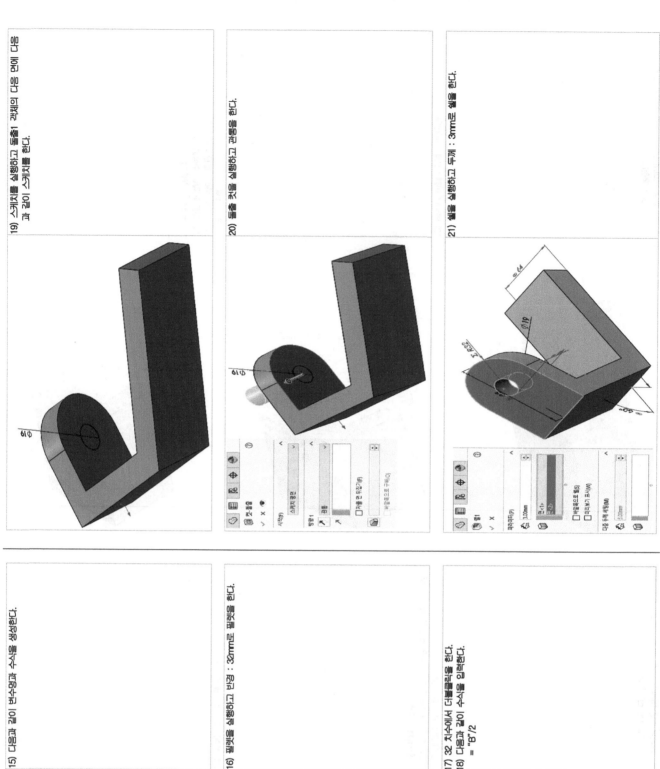

19) 스케치를 실행하고 돌출1 객체의 다음 면에 다음
과 같이 스케치를 한다.

20) 돌출 컷을 실행하고 편집을 한다.

21) 쉘을 실행하고 두께 : 3mm로 쉘을 한다.

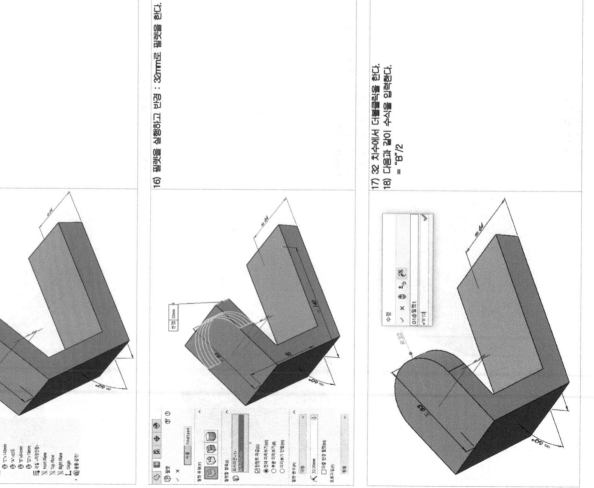

15) 다음과 같이 변수명과 수식을 생성한다.

16) 필렛을 실행하고 반경 : 32mm로 필렛을 한다.

17) 32 치수에서 더블클릭을 한다.
18) 다음과 같이 수식을 입력한다.
   = "B"/2

24) 자동 생성을 선택하고 [확인]을 한다.

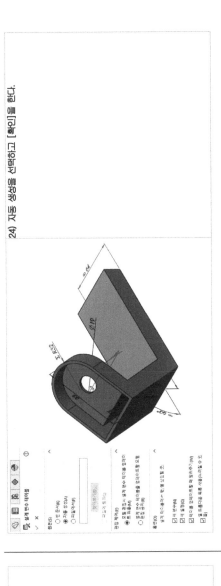

25) 다음 변수 4개를 선택한다.
[Ctrl]+클릭

26) 다음과 같이 범위를 지정하고 [숫자]를 선택한다.

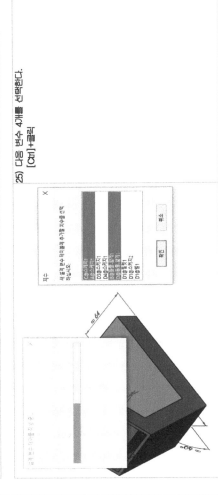

22) 재질 : Brass를 지정한다.

4. 설계변수 테이블 생성
23) [삽입]-[테이블]-[설계 변수 테이블]을 선택한
다.

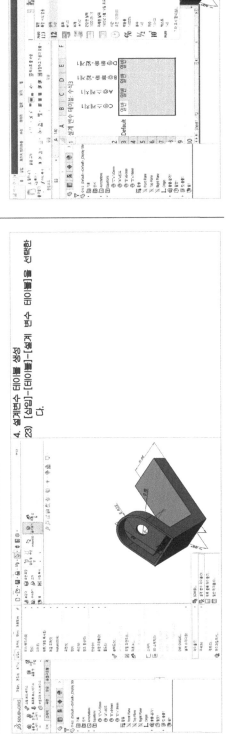

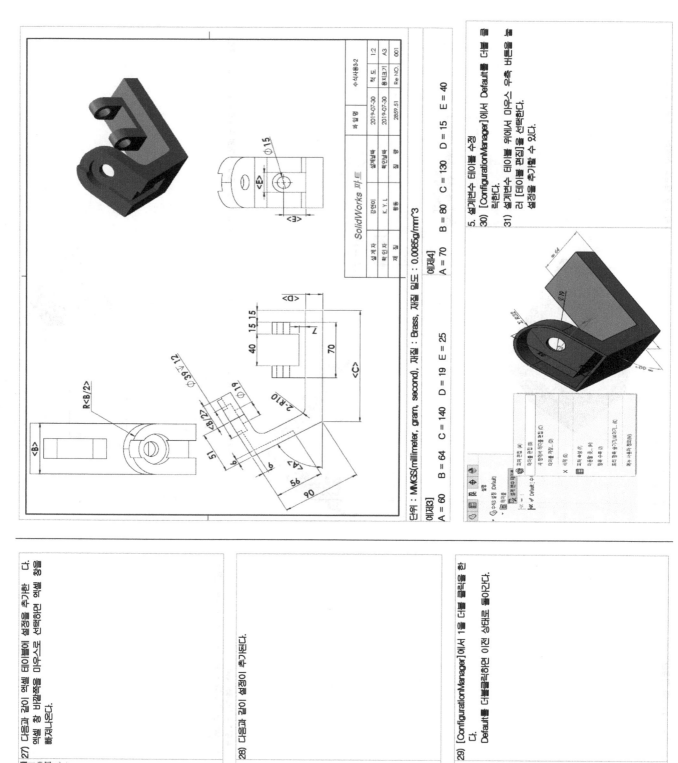

SolidWorks 파트					
설계자	강영일	설계일자		2019-07-30	
확인자	K.Y.L	확인일자		2019-07-30	
재질	질 량			2659.51	
척 도	1:2	용지크기	A3	Re NO.	001
수식사용3-2					

단위 : MMGS(millimeter, gram, second), 재질 : Brass, 재질 밀도 : 0.0085g/mm^3

[예제3]
A = 60   B = 64   C = 140   D = 19   E = 25

[예제4]
A = 70   B = 80   C = 130   D = 15   E = 40

R<B/2>

Φ39∇12

2-R10

Φ19

<B>

<A>

51

6

56

90

40   15 15

70

Z

<D>

<C>

Φ15

<E>

5. 설계변수 테이블 수정

30) [ConfigurationManager]에서 Default를 더블 클릭한다.

31) 설계변수 테이블 위에서 마우스 우측 버튼을 눌러 [테이블 편집]을 선택한다. 설정을 추가할 수 있다.

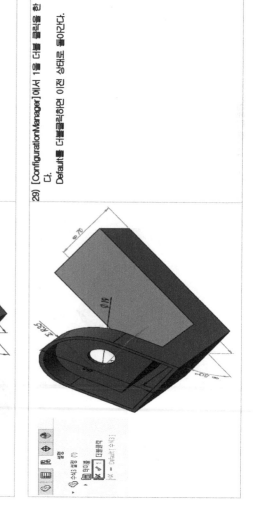

27) 다음과 같이 엑셀 테이블에 설정을 추가한다. 엑셀 창 바깥쪽을 마우스로 선택하면 엑셀 창을 빠져나온다.

28) 다음과 같이 설정이 추가된다.

29) [ConfigurationManager]에서 1을 더블 클릭을 한다.

Default를 더블클릭하면 이전 상태로 돌아간다.

35) 스케치를 실행하고 우측면을 선택하여 다음과 같이 스케치를 한다.

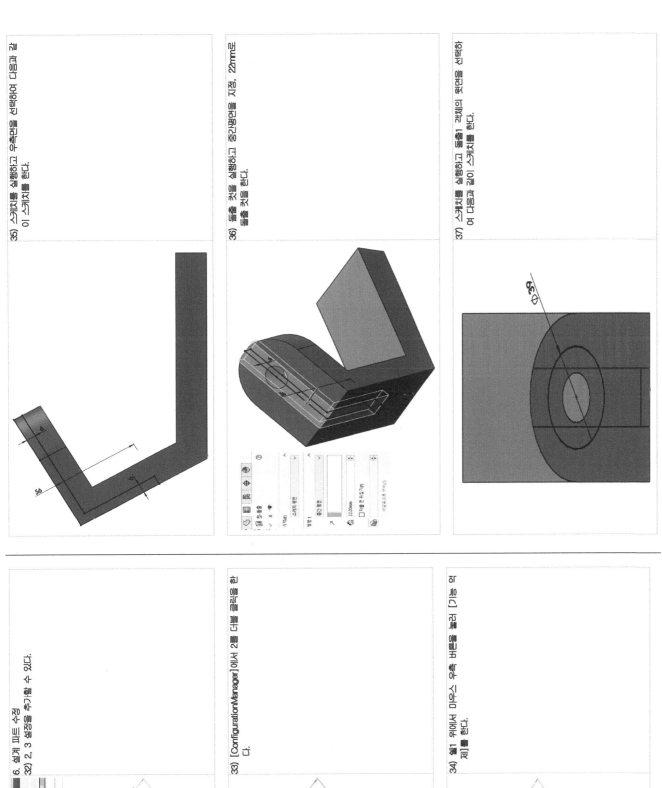

36) 돌출 컷을 실행하고 중간평면을 지정, 22mm로 돌출 컷을 한다.

37) 스케치를 실행하고 돌출 객체의 윗면을 선택하여 다음과 같이 스케치를 한다.

6. 설계 파트를 수정

32) 2, 3 설정을 추가할 수 있다.

33) [ConfigurationManager]에서 2를 더블 클릭을 한다.

34) 쉘1 위에서 마우스 우측 버튼을 눌러 [기능 억제를 한다.

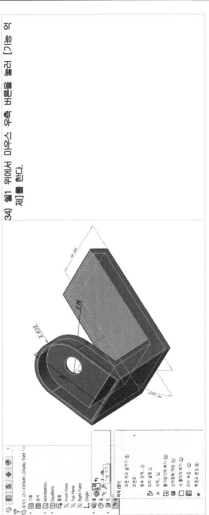

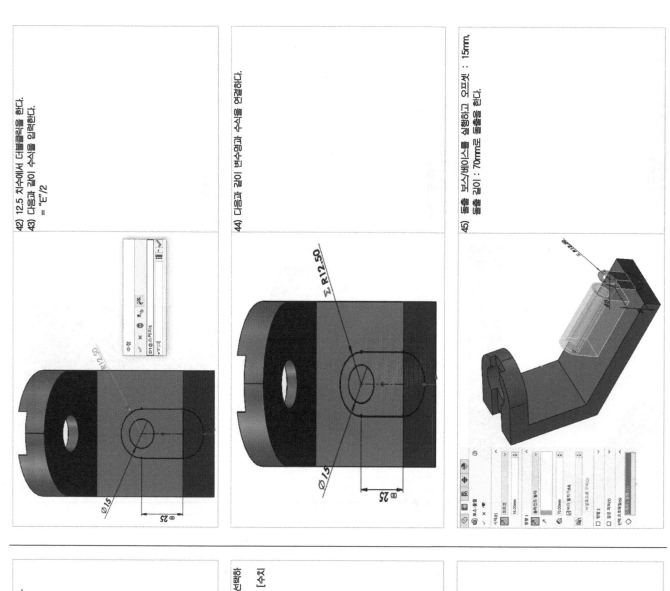

42) 12.5 치수에서 더블클릭을 한다.
43) 다음과 같이 수식을 입력한다.
$$= \text{"E"}/2$$

44) 다음과 같이 변수명과 수식을 연결한다.

45) 돌출 보스/베이스를 실행하고 오프셋 : 15mm,
돌출 길이 : 70mm로 돌출을 한다.

38) 돌출 컷을 실행하고 12mm 돌출 컷을 한다.

39) 스케치를 실행하고 돌출1 객체의 뒷면을 선택하여 다음과 같이 스케치를 한다.
40) 25 치수 위에서 마우스 우측버튼을 눌러 [수치 링크]를 선택한다.

41) 변수명 이름 : E를 입력한다.

49) 엑셀 창에서 다음 셀을 선택하고 3D 객체에서 25 치수를 더블클릭 한다. 그러면 엑셀 창안으로 추가된다. 나머지를 입력한다.

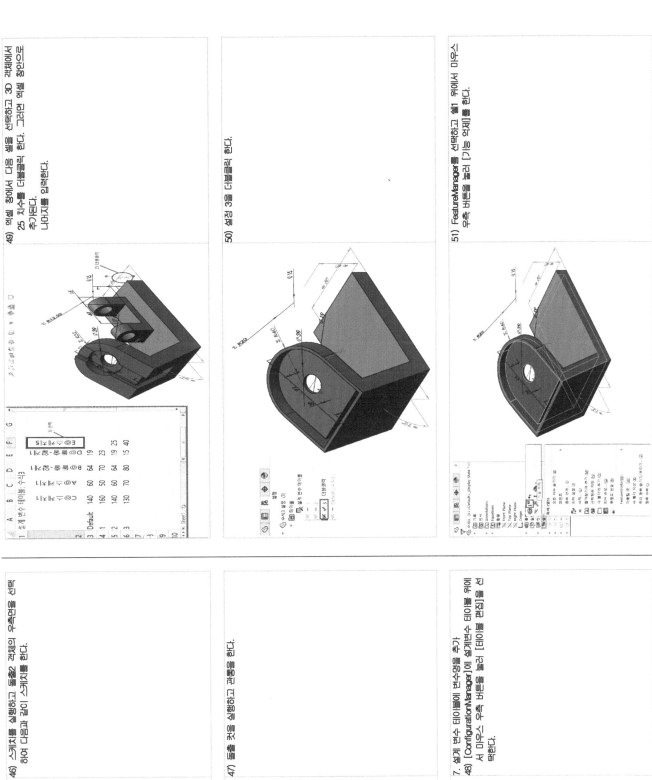

	A	B	C	D	E	F	G
1	설계 변수 테이블: 수치3						
2							
3	Default	140	60	60	19	19	
4	1	160	50	70	23	19	25
5	2	140	60	64	15	15	
6	3	130	70	80	40	40	

50) 설정 3을 더블클릭 한다.

51) FeatureManager를 선택하고 쉘1 위에서 마우스 우측 버튼을 눌러 [기능 억제]를 한다.

46) 스케치를 실행하고 돌출2 객체의 우측면을 선택 하여 다음과 같이 스케치를 한다.

15
7
40

47) 돌출 컷을 실행하고 관통을 한다.

7. 설계 변수 테이블에 변수영1을 추가

48) [ConfigurationManager]에 설계변수 테이블 위에 서 마우스 우측 버튼을 눌러 [테이블 편집]을 선택한다.

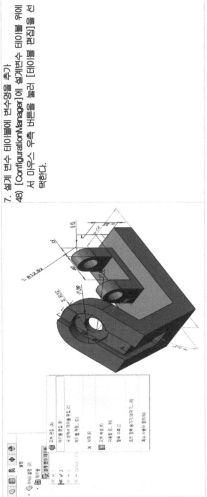

4-1. 수식사용(변수 생성, 수식 연결, 설계변수 테이블 생성)

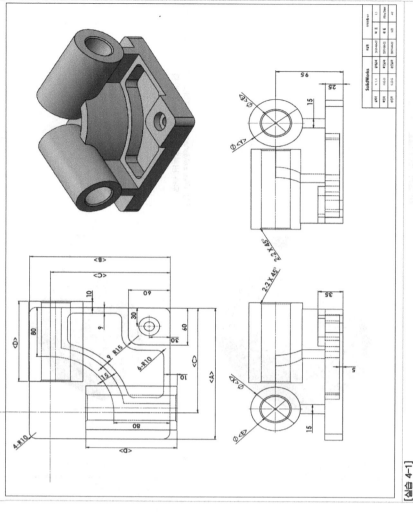

[실습 4-1]
단위계 : MMGS(Millimeter, gram, Second), 소수점 이하 자릿수 표기 : 2, 피트의 원점 : 임의 설정 가능
재질 설정 : Alloy Steel, 밀도 : 0.0077g/mm², 별도의 표기가 없으면 구멍은 관통
A = 213mm, B = 200mm, C = 170mm, D = 130mm, E = 41mm
F = Ansi Metric Counterbore, Type : Hex Bolt, Size : M8, Fit : Close
  Through Hole Diameter : 15mm, Counterbore Diameter : 30mm
  Counterbore Depth : 10mm, End Condition : Through All
X = A / 3
Y = B / 3 + 10mm

[실습 4-2]
단위계 : MMGS(Millimeter, gram, Second), 소수점 이하 자릿수 표기 : 2, 피트의 원점 : 임의 설정 가능
재질 설정 : Alloy Steel, 밀도 : 0.0077g/mm², 별도의 표기가 없으면 구멍은 관통
A = 225mm, B = 210mm, C = 176mm, D = 137mm, E = 39mm
F = Ansi Metric Counterbore, Type : Hex Bolt, Size : M8, Fit : Close
  Through Hole Diameter : 15mm, Counterbore Diameter : 30mm
  Counterbore Depth : 10mm, End Condition : Through All
X = A / 3
Y = B / 3 + 10mm

52) 다음 4개의 항목을 선택, 마우스 우측 버튼을 눌러 [기능 억제 해제]를 선택한다.

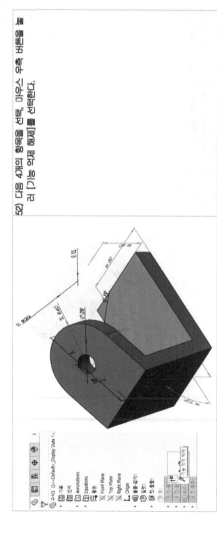

완성 결과

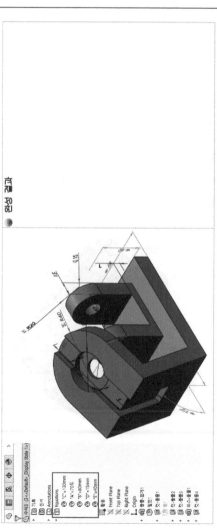

5-1. 수식사용(변수 생성, 수식 연결, 설계변수 테이블 생성)

재질 : 1060 Alloy

수처링크와 수식, 설계 변수 테이블 사용

Y = 1.5 * B + 10mm

	A	B	C	D
원본	135	58	180	26
1	143	58	186	26

5-2. 파트 설계 변경

4-2. 파트 설계 수정

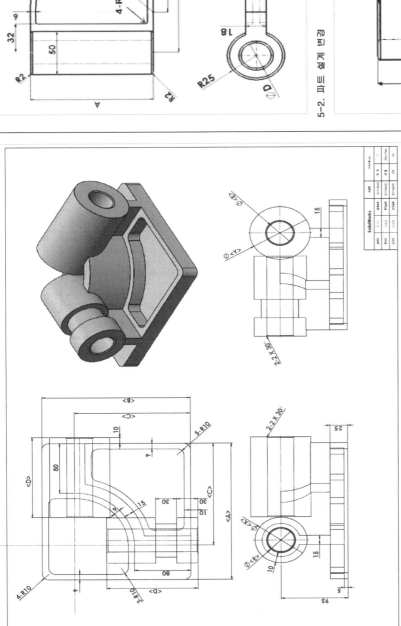

[실습 4-3]

단위계 : MMGS(Millimeter, gram, Second), 소수점 이하 자릿수 표기 : 2, 파트의 원점 : 임의 설정 가능

재질 설정 : Alloy Steel, 밀도 : 0.0077g/mm³, 별도의 표기가 없으면 구멍은 관통

A = 221mm, B = 211mm, C = 165mm, D = 121mm, E = 37mm

F = Ansi Metric Counterbore, Type : Hex Bolt, Size : M8, Fit : Close

Through Hole Diameter : 15mm, Counterbore Diameter : 30mm

Counterbore Depth : 10mm, End Condition : Through All

X = A / 3

Y = B / 3 + 15mm

[실습 4-4]

단위계 : MMGS(Millimeter, gram, Second), 소수점 이하 자릿수 표기 : 2, 파트의 원점 : 임의 설정 가능

재질 설정 : Alloy Steel, 밀도 : 0.0077g/mm³, 별도의 표기가 없으면 구멍은 관통

A = 229mm, B = 217mm, C = 163mm, D = 119mm, E = 34mm

F = Ansi Metric Counterbore, Type : Hex Bolt, Size : M8, Fit : Close

Through Hole Diameter : 15mm, Counterbore Diameter : 30mm

Counterbore Depth : 10mm, End Condition : Through All

X = A / 3

Y = B / 3 + 15mm

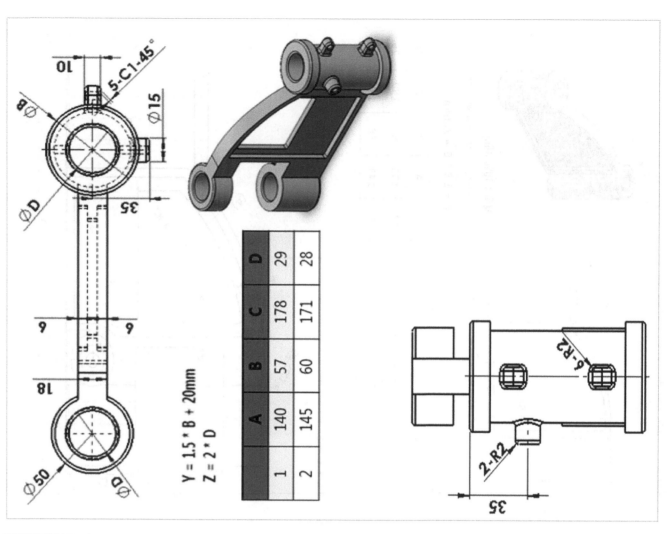

Y = 1.5 * B + 20mm
Z = 2 * D

	A	B	C	D
1	140	57	178	29
2	145	60	171	28

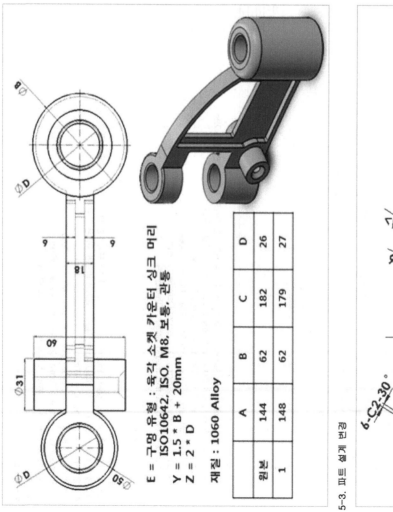

E = 구멍 유형 : 육각 소켓 카운터 싱크 머리
ISO10642, ISO, M8, 보통, 관통

Y = 1.5 * B + 20mm
Z = 2 * D

재질 : 1060 Alloy

	A	B	C	D
원본	144	62	182	26
1	148	62	179	27

5-3. 파트 설계 변경

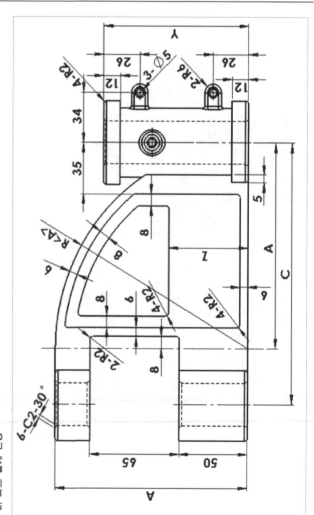

SolidWorks 종합 실습

3. 종합 실습(단품 플랜지)

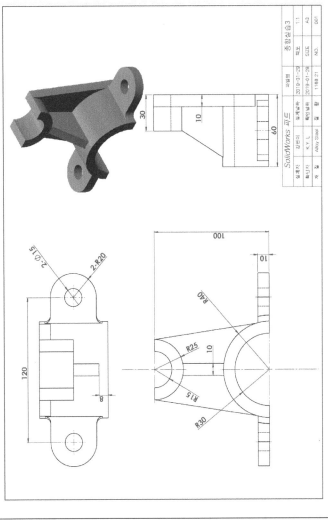

SolidWorks 파트		종합실습3		
	검도명	척도	1:1	
설계자	김영애	작성일자	2019-01-29	품번	SIZE	A3
작성자	K.Y.L	확인일자	2019-01-29		
확인자		질량	1189.21	NO.	001
재질	Alloy Steel				

4. 종합 실습

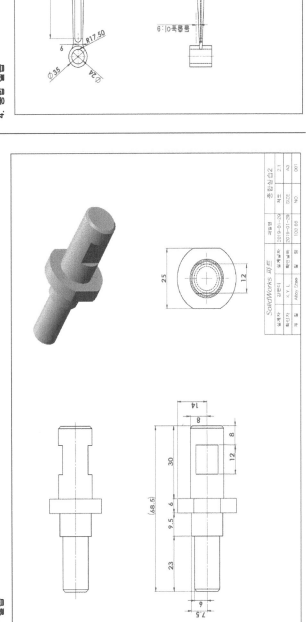

SolidWorks 파트		종합실습4		
	검도명	척도	1:2	
설계자	김영애	작성일자	2019-01-29	품번	SIZE	A3
작성자	K.Y.L	확인일자	2019-01-29		
확인자		질량	956.13	NO.	001
재질	Alloy Steel				

SolidWorks 종합 실습

1. 종합 실습(브라켓)

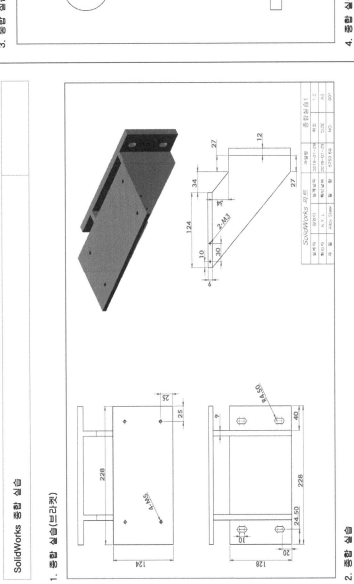

SolidWorks 파트		종합실습1		
	검도명	척도	1:2	
설계자	김영애	작성일자	2019-01-29	품번	SIZE	A3
작성자	K.Y.L	확인일자	2019-01-29		
확인자		질량	6750.69	NO.	001
재질	Alloy Steel				

2. 종합 실습

SolidWorks 파트		종합실습2		
	검도명	척도	2:1	
설계자	김영애	작성일자	2019-01-29	품번	SIZE	A3
작성자	K.Y.L	확인일자	2019-01-29		
확인자		질량	120.66	NO.	001
재질	Alloy Steel				

판금 파트는 일반적으로 부품이 인클로저(덮개 등)로 사용되거나 다른 부품을 지지하는 지지대 용도로 사용된다. 판금 파트는 포함될 파트를 참조하거나 포함 부품을 포함하는 어셈블리의 상황 내에서 파트를 설계할 수 있다. 판금 파트는 포함될 파트를 참조하지 않고 그 자체로 설계하거나 포함 부품을 포함하는 어셈블리의 상황 내에서 파트를 설계할 수 있다.

1. 판금 도구 모음

1) 판금 도구 모음 나타내기

● 판금 메뉴 표시 1
CommandManager에서 마우스 우측 버튼을 누르면 바로가기 메뉴에서 [판금] 메뉴를 선택한다.

[도구]-[사용자 정의]-사용자 정의 정의 [도구모음]에서 [편집]을 선택한다.

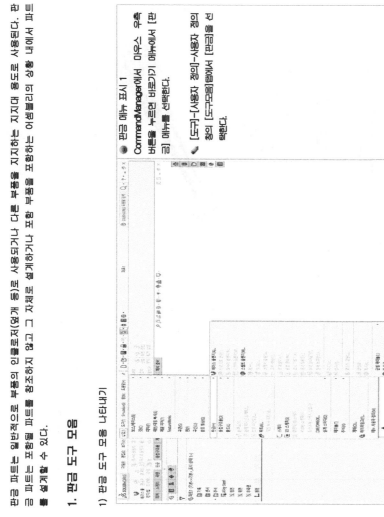

판금 처음에는 기본적으로 베이스 플랜지(만 활성화 되어 있다. 나머지 판금 영역은 베이스 플랜지가 준비가 되어 있어야 활성화 된다.

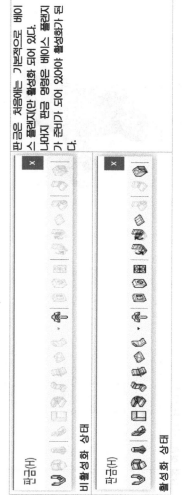

판금(H)
비활성화 상태

판금(H)
활성화 상태

11장

판 금

학습 내용

1. 판금 도구 모음
2. 판금 도구 이용하기
3. 판금 전개도 작성하기
4. 판금 따라 하기
5. 판금 파트의 도면 작성하기

2. 판금 도구 이용하기

1) FeatureManager 디자인 트리 확인하기

베이스 플랜지(Base Flange) 피처로 새 개의 새 피처가 FeatureManager 디자인 트리에 만들어 진다.

<1> 판금 : 기본 밴드(굴힘) 변수가 포함된다. 다룰는 굴힘 반경, 굴힘 허용 또는 굴힘 차감, 다룰는 릴리프 유형을 편집하려면 판금 위에서 마우스 오른쪽 버튼을 선택하여 [피처 편집]을 선택한다.

<2> 베이스-플랜지 : 판금 피처의 첫 번째 솔리드 피처이다.

<3> 전개도 : 판금 피처를 전개한 것이다. 이 피처는 기본으로 파트가 굴힘 상태일 때 기능 억제된다. 아이콘을 클릭하면 피처의 기능 억제를 해제하여 판금 파트를 펼쳐서 평평하게 만들게 된다.

2) 판금 메뉴 CommandManager 나타내기

CommandManager에서 마우스 우측 버튼을 누르면 바로가기 메뉴에서 [판금]을 선택한다. 판금 도구 모음이 나타나게 된다.

판금 매뉴 표시 2

판금 매뉴 표시 1

---

3. 판금 명령

1) 베이스 플랜지(Base Flange)

베이스 플랜지(Base Flange)는 새 판금 파트의 첫 번째 피처이다. 베이스 플랜지(Base Flange)가 SolidWorks 파트에 추가되면 파트가 판금 파트로 표시된다.

적절할 경우 굴힘이 추가되며 판금 관련 피처가 FeatureManager 디자인 트리에 추가된다.

🔲 베이스 플랜지(Base Flange)는 스케치에서 작성된다. 이 때 스케치의 유형은 단일 개루프, 단일 페루프, 다중 페루프 선 프로파일일 수 있다.

🔲 베이스 플랜지(Base Flange) 피처가 하나만 허용된다.

🔲 베이스 플랜지(Base Flange) 피처의 두께와 굴힘 반경은 다른 판금 피처의 다툴트값이 된다.

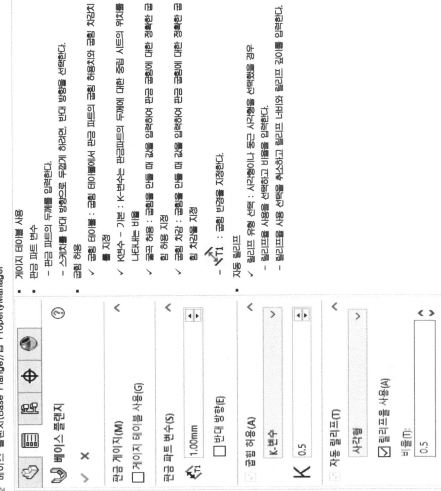

📙 베이스 플랜지(Base Flange)/탭 PropertyManager

■ ✓ 게이지 테이블 사용
■ 판금 파드 변수
  - 판금 파드의 두께를 입력한다.
  - 스케치를 반대 방향으로 두껍게 하려면, 반대 방향을 선택한다.
■ 굴힘 허용
  ✓ 굴힘 테이블 : 굴힘 테이블에서 판금 파트의 굴힘 허용치와 하용치와 굴힘 차감치
  ✓ K팩수 - 기본 : K-팩수는 편금파트의 두께에 대한 중립 시트의 위치
    나타내는 비율
  ✓ 굴곡 하용 : 굴힘을 만들 때 값을 입력하여하여 판금 굴힘에 대한 굴힘 정확한 굴
    힘 하용 지정
  ✓ 굴힘 차감 : 굴힘을 만들 때 값을 입력하여하여 특정 굴힘에 대한 정확한 굴
    힘 차감을 지정
  - ✓T1 : 굴힘 반경을 지정한다.
■ 자동 릴리프
  - 릴리프 유형 선택 : 사각형이나 수근 Y근 등의 시각형이나를 선택하였을
    유형
  - 릴리프를 사용을 선택하하고 고 비율을 선택한다.
  - 릴리프를 사용을 선택을 취소하면 릴리프가 없는 프로필의 코너에 재료를 입력한다.

[베이스 플랜지 익히기]

1) 스케치를 실행하고 윗면을 선택하여 다음과 같이 스케치를 한다.

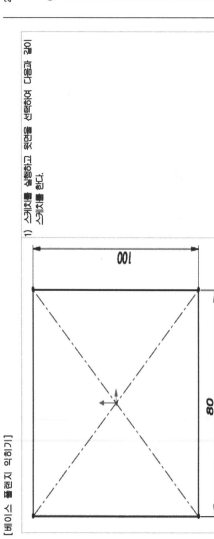

2) 베이스 플랜지를 실행하고 두께 : 1mm로 판금을 생성한다.

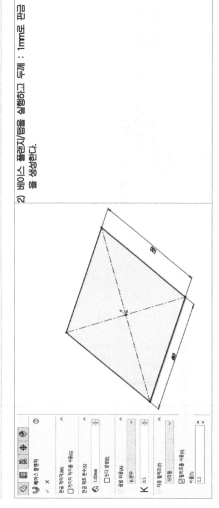

● 완성 결과

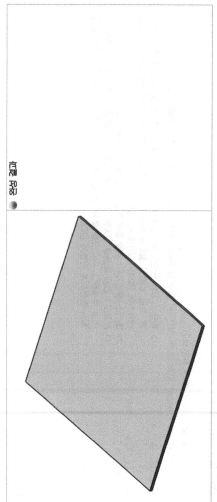

---

2) 모서리 플랜지(Edge Flange)

한 개 또는 여러 개의 모서리 선에 모서리 플랜지를 추가한다.

■ 모서리 플랜지 PropertyManager의 옵션

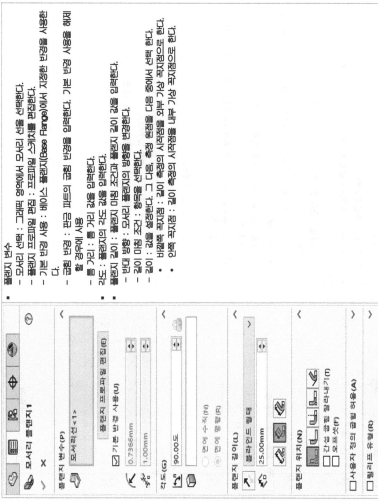

■ 플랜지 변수
- 모서리 선택 : 그래픽 영역에서 모서리 선을 선택한다.
- 플랜지 프로파일 편집 : 프로파일 스케치를 편집한다.
- 기본 반경 사용 : 베이스 플랜지(Base Flange)에서 지정한 반경을 사용한
  다.
- 굽힘 반경 : 판금 파트의 굽힘 반경을 입력한다. 기본 반경 사용을 해지
  할 경우에 사용
- 틈새 거리 : 틈 거리 값을 입력한다.
■ 각도
- 각도 : 플랜지의 각도 값을 입력한다.
■ 플랜지 길이 : 모서리 플랜지의 길이 값을 입력한다.
- 반대 방향 : 모서리 플랜지의 방향을 변경한다.
- 길이 마침 조건 : 항목을 선택한다.
  - 길이 : 값을 설정하고 그 다음, 측정 원점을 다음 중에서 선택 한다.
    • 바깥쪽 꼭지점 : 길이 측정의 외부 가상 꼭지점으로 한다.
    • 안쪽 꼭지점 : 길이 측정의 내부 가상 꼭지점으로 한다.

■ 플랜지 위치 : 굽힘 위치를 설정

	재질 안쪽	재질 바깥쪽	전체 바깥쪽	가상 꼭지점에서 굽힘
아이콘				
미리보기				

- 간섭 굽힘 잘라내기 : 남은 재질을 삭제할 때 선택한다.

2) 베이스 플랜지/텝을 실행하고 두께 : 1mm로 플랜지를 생성한다.

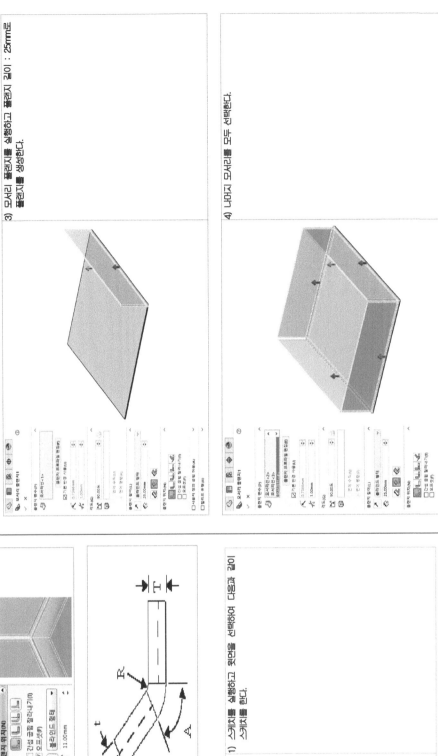

3) 모서리 플랜지를 실행하고 플랜지 길이 : 25mm로 플랜지를 생성한다.

4) 나머지 모서리를 모두 선택한다.

다음은 모서리 플랜지 피처의 미리보기이다. 파랑색으로 표시된 굽힘 영역이 l.자형의 베이스 플랜지(Base Flange)의 굽힘에 닿는다.

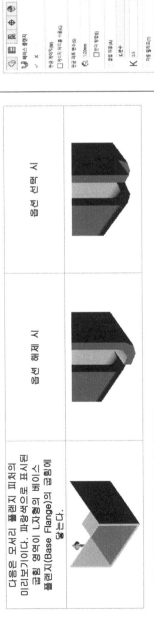

옵션 선택 시   옵션 해제 시

― 오프셋 : 플랜지를 오프셋 시킬 때 사용한다.

오프셋 없는 경우   오프셋을 추가한 경우(깊이 : 11mm)

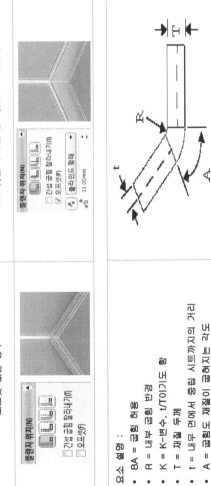

요소 설명 :

- BA = 굽힘 허용
- R = 내부 굽힘 반경
- K = K-변수, t/T이기도 함
- T = 재질 두께
- t = 내부 연에서 중립 시트까지의 거리
- A = 굽힘도 재질이 굽혀지는 각도

[모서리 플랜지 익히기]

1) 스케치를 실행하고 윗면을 선택하여 다음과 같이 스케치를 한다.

3) 마이터 플랜지(Miter Flange)

스케치에 선이나 원호를 이용하여 플랜지를 작성한다.

마이터 플랜지 PropertyManager의 옵션

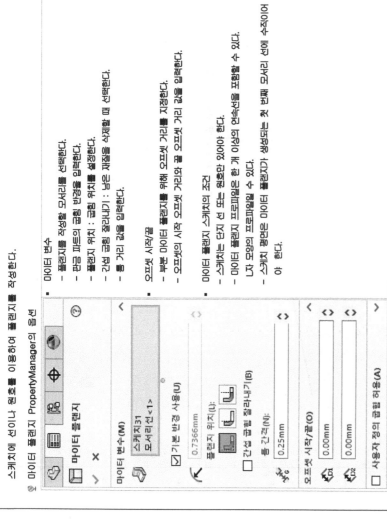

■ 마이터 변수
- 플랜지를 작성할 모서리를 선택한다.
- 판금 파트의 굴힘 반경을 입력한다.
- 플랜지 위치 : 굴힘 위치를 설정한다.
- 간섭 굴힘 잘라내기 : 남은 재질을 삭제할 때 선택한다.
- 틈 거리 값을 입력한다.

오프셋 시작/끝
- 부분 마이터 플랜지를 위해 오프셋 거리를 지정한다.
- 오프셋의 시작 오프셋 거리와 끝 오프셋 거리 값을 입력한다.

■ 마이터 플랜지 스케치의 조건
- 스케치는 단지 선 또는 원호만 있어야 한다.
- 마이터 플랜지 프로파일은 한 개 이상의 연속선을 포함할 수 있다.
- L자 모양의 프로파일일 수 있다.
- 스케치 평면은 마이터 플랜지가 생성되는 첫 번째 모서리 선에 수직이어야 한다.

[마이터 플랜지 익히기]

1) 스케치를 실행하고 윗면을 선택하여 다음과 같이 이 스케치를 한다.

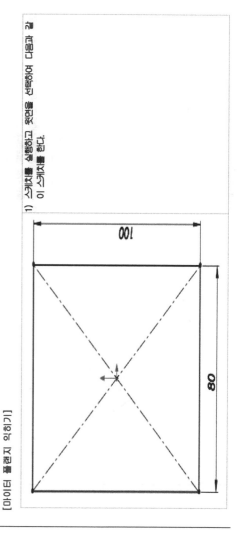

5) 모서리 플랜지를 실행하고 플랜지 길이 : 15mm로 플랜지를 생성한다.

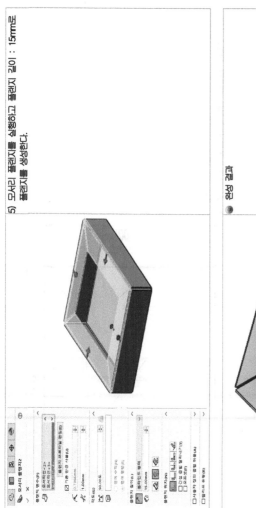

● 완성 결과

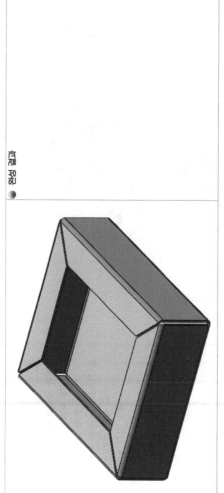

5) 마이터 플랜지를 실행하고 모서리를 선택한다. 자동으로 스케치로 들어간다.

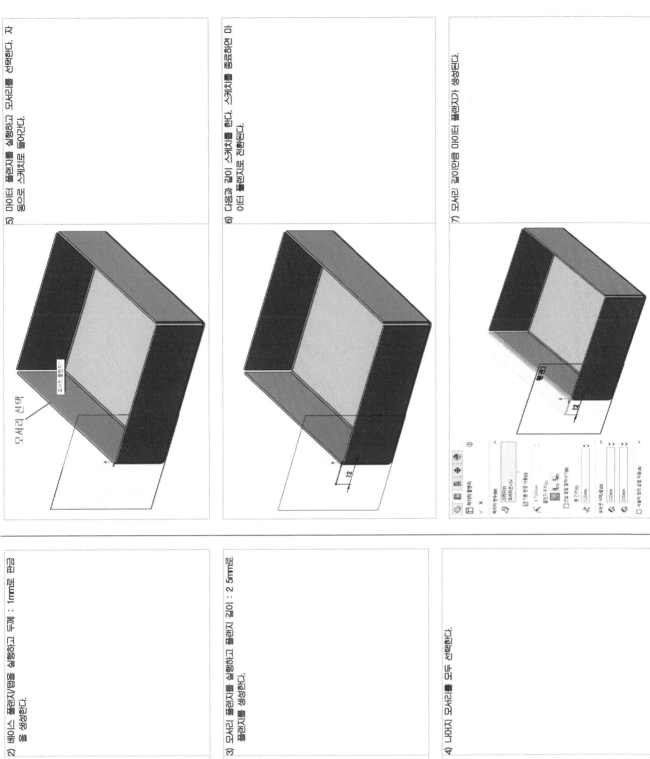

6) 다음과 같이 스케치를 한다. 스케치를 종료하면 마이터 플랜지로 전환된다.

7) 모서리 길이만큼 마이터 플랜지가 생성된다.

2) 베이스 플랜지/탭을 실행하고 두께 두께 : 1mm로 판금을 생성한다.

3) 모서리 플랜지를 실행하고 플랜지 길이 : 2.5mm로 플랜지를 생성한다.

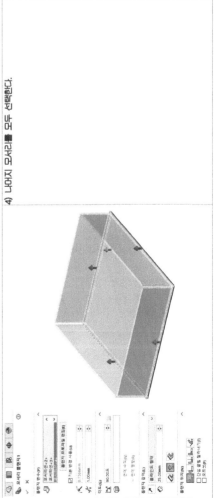

4) 나머지 모서리를 모두 선택한다.

⊙ 마이터 플랜지

1. 위의 요구 조건에 맞는 스케치를 작성한다. 스케치를 작성하기 전에 마이터 플랜지 피처를 선택할 수 있다. 마이터 플랜지 피처를 선택하면, 평면에 스케치가 열린다.

2. 스케치를 선택한 상태에서 마이터 플랜지( ) 를 선택하거나 [삽입]-[판금]-[마이터 플랜지]를 선택한다.

3. 마이터 플랜지 PropertyManager에서 스케치한 모서리가 태두리 따라 ( ) 를 위해 그래픽 영역 안에 마이터 플랜지의 미리보기와 함께 표시된다.
   - 선택한 모서리선에 접한 모든 모서리선을 선택하려면 선택한 모서리의 중간점에 나타난 파급( )을 클릭한다.

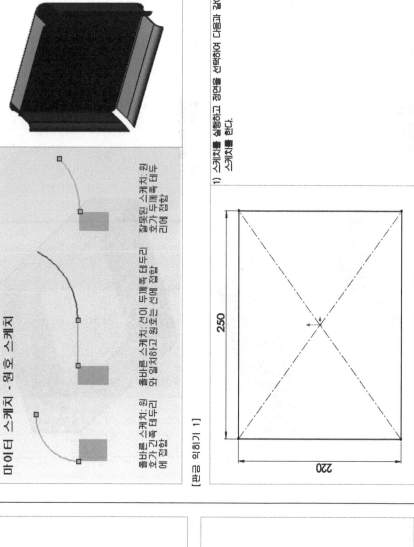

마이터 스케치 - 윈호 스케치

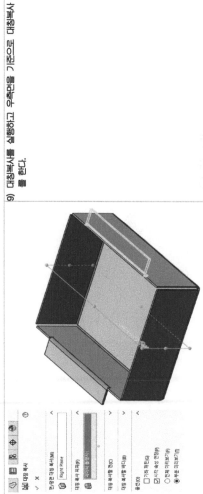

올바른 스케치: 원 호 증가 두께쪽 태두리 예 접함

올바른 스케치: 선이 두께쪽 태두리 앞 일직선의 원 또는 선에 접함

잘못된 스케치: 원 호 증가 두께 태두리 선에 접함

[판금 익히기 1]

1) 스케치를 실행하고 정면을 선택하여 다음과 같이 스케치를 한다.

250

220

---

8) 오프셋 시작/끝 : 15mm를 지정한다. 마이터 플랜지 길이가 조절된다.

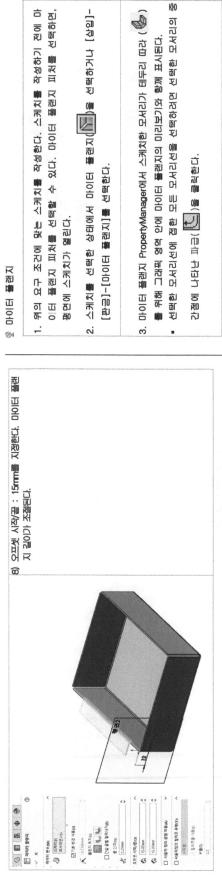

9) 대칭복사를 실행하고 우측면을 기준으로 대칭복사를 한다.

● 완성 결과

2) 베이스 플랜지/탭을 실행하고 판금 편의 파트 변의 두께 : 1mm를 지정한다.

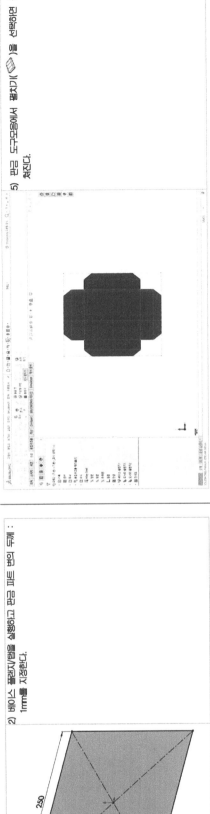

3) 모서리 플랜지를 실행하고 4개의 모서리를 선택한다. 기본 반경을 해제하고 굽힘 반경 : 1mm, 틈 간격 : 0.001mm, 플랜지 길이 : 51mm, 바깥쪽 또는 지정, 재질 안쪽 선택한다.

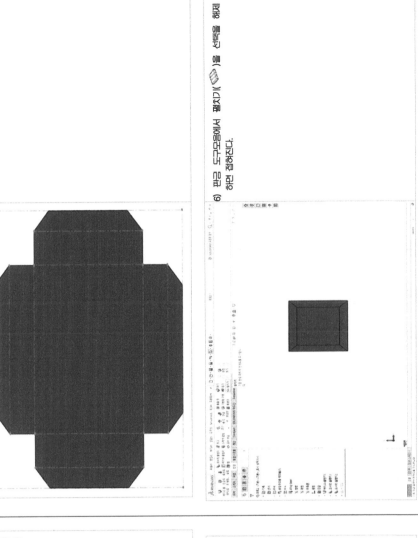

4) 모서리 플랜지를 실행하고 4개의 모서리를 선택한다. 기본 반경을 해제하고 굽힘 반경 : 1mm, 틈 간격 : 0.001mm, 길이 : 31mm, 바깥쪽 또는 지정, 재질 안쪽 선택한다.

5) 판금 도구모음에서 펼치기( )를 선택하면 펼쳐진다.

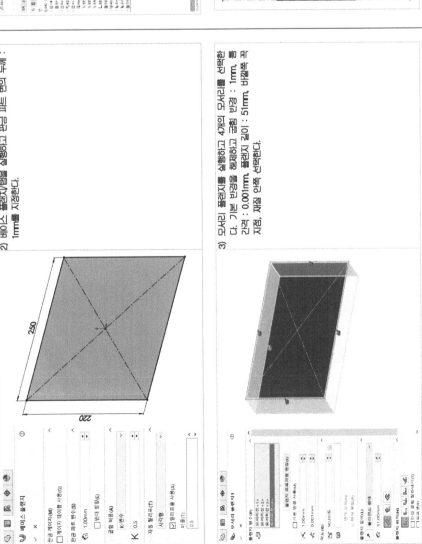

6) 판금 도구모음에서 펼치기( )를 선택을 해제하면 접힌다.

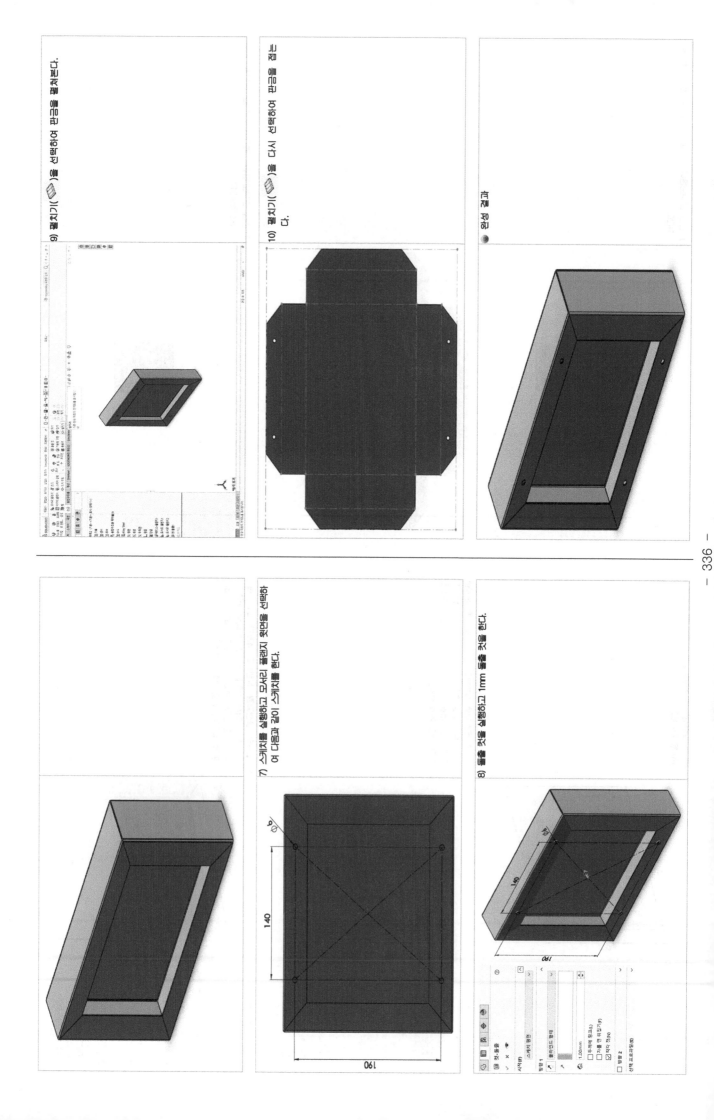

9) 펼치기( )를 선택하여 판금을 펼쳐본다.

10) 펼치기( )를 다시 선택하여 판금을 접는다.

● 완성 결과

7) 스케치를 실행하고 모서리 플랜지 윗면을 선택하여 다음과 같이 스케치를 한다.

8) 돌출 컷을 실행하고 1mm 돌출 컷을 한다.

140

190

190

140

■ 헴 추가 시 유의사항

- 헴을 추가할 때 선택하는 모서리 선은 직선이어야 한다.
- 마이터 코너는 교차하는 헴에 자동으로 추가된다.
- 헴을 추가할 모서리를 여러 개 선택할 경우에는 모서리가 같은 모서리가 같은 면에 있어야 한다.

아이콘	닫힌 헴	열린 헴	눈물 방울형 헴	말린 헴
미리보기				

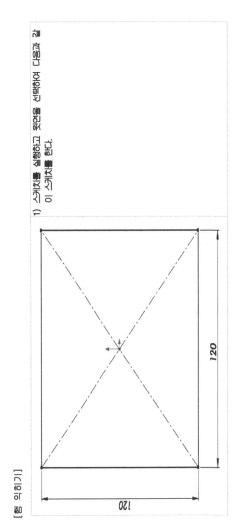
헴 예시

■ 헴의 크기를 설정

길이	닫힌 헴과 열린 헴에만 해당
틈 간격	열린 헴에만 해당
각도	눈물 방울형 헴과 말린 헴에만 해당
반경	눈물 방울형 헴과 말린 헴에만 해당

[헴 익히기]

1) 스케치를 실행하고 윗면을 선택하여 다음과 같
이 스케치를 한다.

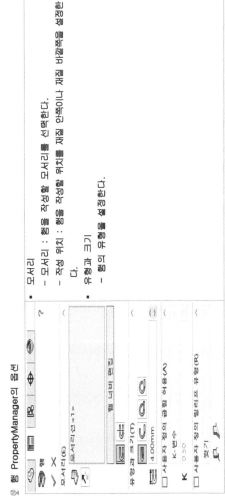

120
120

4) 헴 ( )

편금 파트의 모서리에 헴을 추가한다.

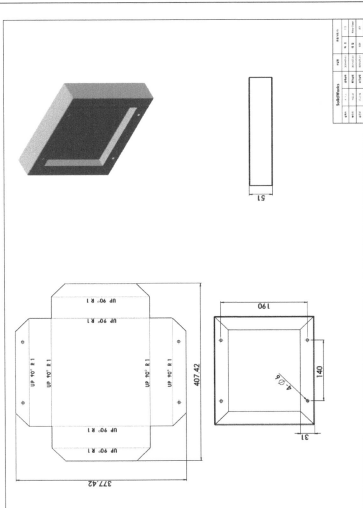

UP 90° R 1
407.42
377.42

190
140
4,⌀6
31
51

❊ 헴 PropertyManager의 옵션

■ 모서리
 - 모서리 : 헴을 작성할 모서리를 선택한다.
 - 작성 위치 : 헴을 작성할 위치를 재질 안쪽이나 재질 바깥쪽을 설정한
   다.

■ 유형과 크기
 - 헴의 유형을 설정한다.

5) 조그 (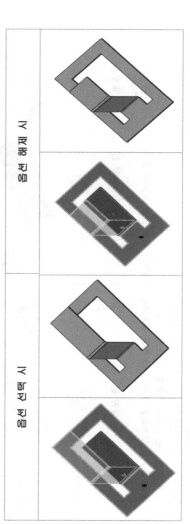)

조그 도구는 스케치 선으로 두 개의 굽힘을 생성하여 계단 형상의 피처를 생성한다. 스케치에는 하나의 선을 포함할 수 있다.

조그 PropertyManager의 옵션

- 선택
  - 고정면 : 조그 피처를 생성할 때 고정시킬 면을 선택한다.
  - 반경 반경 사용 : 벤딩 파트의 굽힘 반경을 입력한다.

- 조그 오프셋
  - 마침 조건을 선택한다.
  - 오프셋 거리를 입력한다.
  - 치수 위치를 선택한다.

선택(S)
고정면(F): 면<1>
☑ 기본 반경 사용(U)
0.7366mm

조그 오프셋(O):
블라인드 형태
치수 위치: 10.00mm
☐ 투영 길이 고정(X)

조그 위치(P):

조그 각도(A): 90.00도
☐ 사용자 정의 굽힘 허용(A)

바깥쪽 오프셋	안쪽 오프셋	전체 치수

- 투영 길이 고정 : 조그 면의 길이가 같도록 하려면 이 옵션을 선택해 준다.

옵션 선택 시	옵션 해제 시

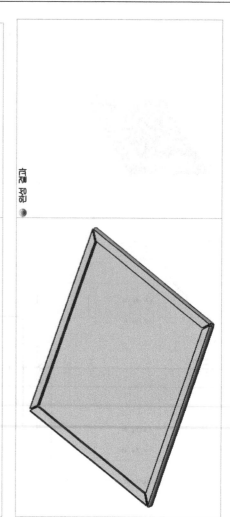

---

2) 베이스 플랜지(Base Flange)를 실행하고 두께 : 1mm로 플랜지를 생성한다.

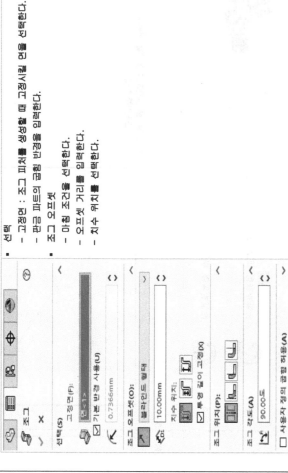

3) 헴( )을 실행하고 닫힌 헴, 크기 : 6mm, 틈 간격 : 1mm을 입력하고 모서리를 선택하여 헴을 생성한다.

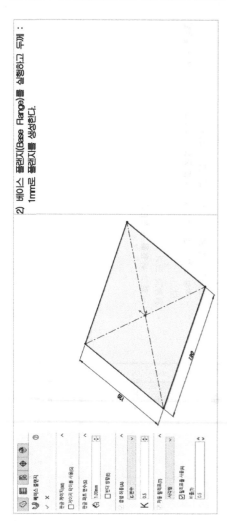

완성 결과

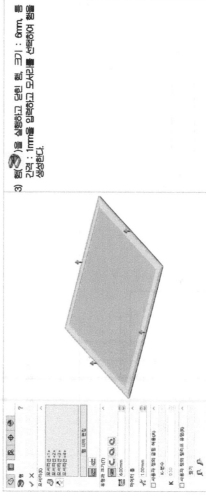

2) 베이스 플랜지를 실행하고 두께 : 1mm로 플랜지를 생성한다.

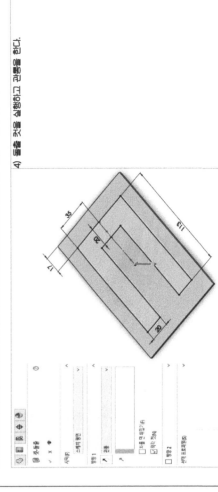

3) 스케치를 실행하고 플랜지의 윗면을 선택하여 다음과 같이 스케치를 한다.

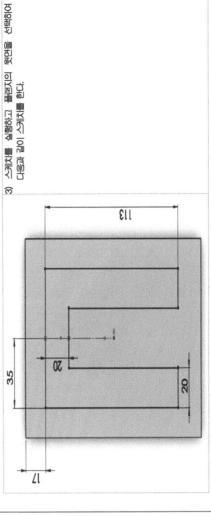

4) 돌출 컷을 실행하고 관통을 한다.

[판금 파트에 조그 만드는 방법]

1. 조그를 만들고자 하는 판금 파트의 면에 선을 스케치를 작성한다. 스케치를 작성하기 전에 조그 피처를 선택할 수도 있다. 조그 피처를 선택하면, 평면에 스케치가 열린다.

2. 판금 도구 모음에서 조그( )를 클릭하거나, 삽입, 판금, 조그를 선택한다.

3. 그래픽 영역에서 고정면( )에 대한 면을 선택한다.

4. 굽힘 반경을 편집하려면, 선택 아래에서 기본 반경 사용 선택을 지우고 굽힘 반경( )에 새 값을 입력한다.

5. 조그 오프셋 아래에서: 마침 조건을 선택하고, 오프셋 거리를 지정한다. 조그 오프셋 바깥쪽, 오프셋 안쪽, 전체 치수. 치수 위치를 선택 한다 : 오프셋 바깥쪽, 오프셋 안쪽, 전체 치수. 조그 면의 길이가 같도록 하려면, 고정 투영 길이를 선택한다.

6. 조그 위치 아래에서, 다음을 선택한다. : 중심선 굽힘, 재질 안쪽, 재질 바깥쪽, 전체 바깥쪽. 조그 각도를 입력한다.

7. 기본 굽힘 허용치가 아닌 다른 값을 사용하려면, 사용자 정의 굽힘 허용을 선택하고 굽힘 허용 유형과 수치를 지정한다. 확인을 클릭한다.

고정면

[조그 익히기]

1) 스케치를 실행하고 윗면을 선택하여 다음과 같이 스케치를 한다.

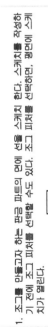

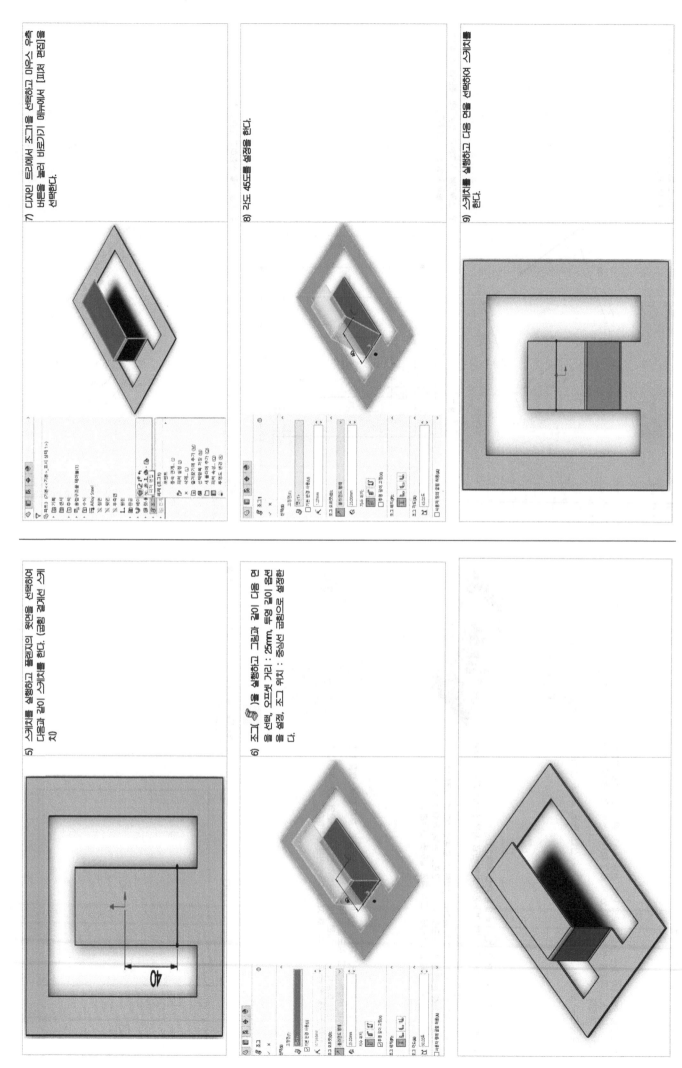

7) 디자인 트리에서 조그를 선택하고 마우스 우측 버튼을 눌러 바로가기 메뉴에서 [피처 편집]을 선택한다.

8) 각도 45도를 설정을 한다.

9) 스케치를 실행하고 다음 연을 선택하여 스케치를 한다.

5) 스케치를 실행하고 플랜지의 윗면을 선택하여 다음과 같이 스케치를 한다. (굽힘 결계선 설계선 치)

6) 조그 ( )를 실행하고 그림과 같이 다음 연을 선택, 오프셋 거리 : 25mm, 틱닝 길이 옵션을 설정, 조그 위치 : 중심선 균형으로 설정한다.

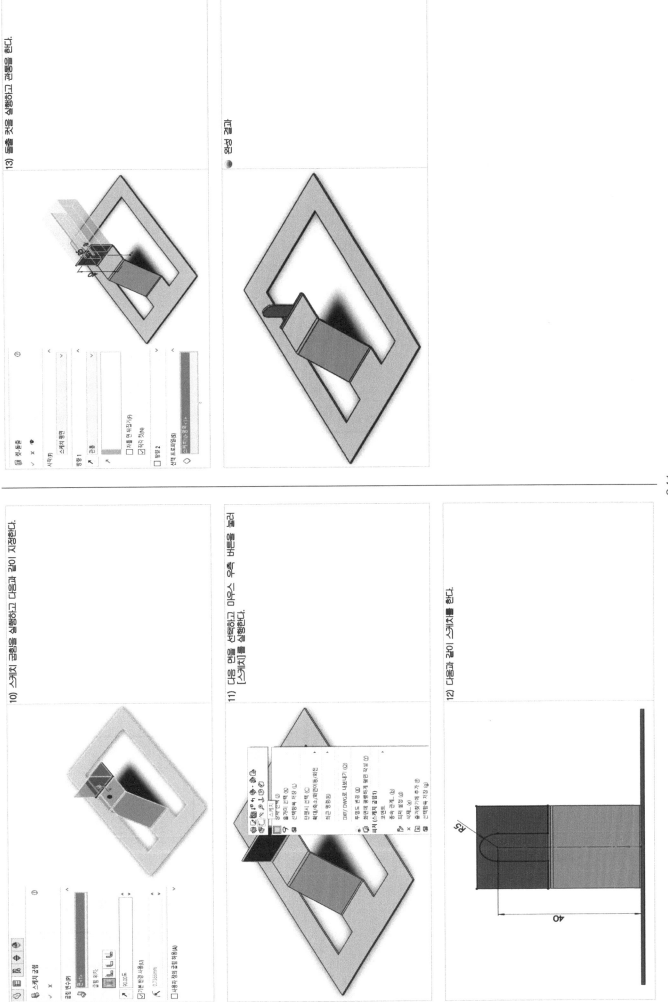

13) 돌출 컷을 실행하고 관통을 한다.

완성 결과

10) 스케치 균열을 실행하고 다음과 같이 지정한다.

11) 다음 면을 선택하고 마우스 우측 버튼을 눌러 [스케치]를 실행한다.

12) 다음과 같이 스케치를 한다.

2) 베이스 플랜지를 실행하고 두께 : 1mm로 플랜지를 생성한다.

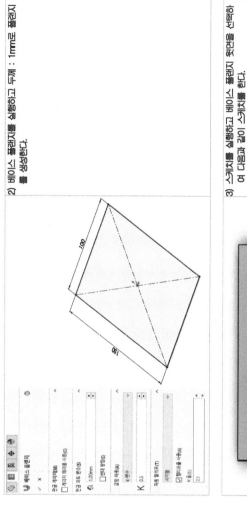

3) 스케치를 실행하고 베이스 플랜지 윗면을 선택하여 다음과 같이 스케치를 한다.

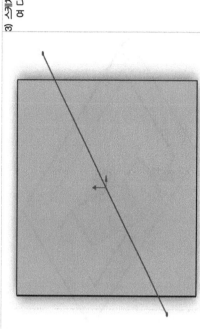

4) 스케치 굽힘( )를 실행하고 고정선을 연결 선택한다. 스케치 굽힘 피처가 작성된다.

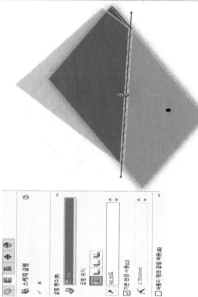

6) 스케치 굽힘( )

스케치된 선을 이용하여 굽힘 피처를 작성한다. 스케치에는 선만 사용할 수 있다. 스케치별로 하나 이상의 선을 추가할 수 있다.

◎ 스케치 굽힘 PropertyManager의 옵션

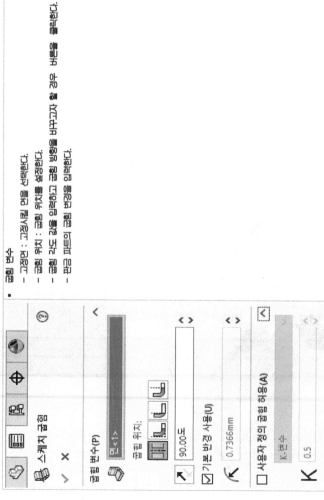

■ 굽힘 변수
- 고정면 : 고정시킬 연을 선택한다.
- 굽힘 위치 : 굽힘 위치를 설정한다.
- 굽힘 각도 값을 입력하고 굽힘 방향을 바꾸고자 할 경우 버튼을 클릭한다.
- 판금 피처의 굽힘 변경을 입력한다.

[스케치 굽힘 익히기]

1) 스케치를 실행하고 윗면을 선택하여 다음과 같이 스케치를 한다.

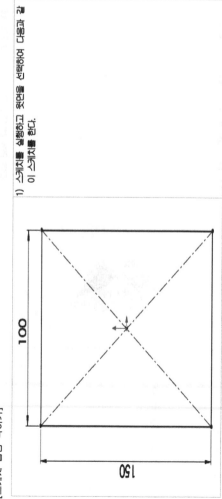

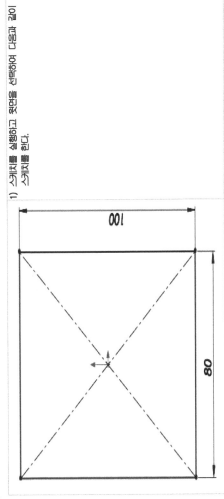
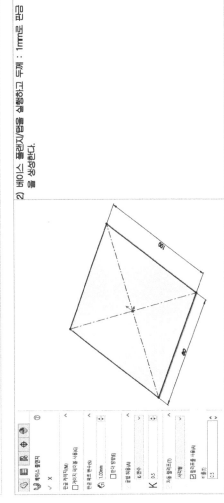

아이콘	맞대기형	겹치기형	부분 겹치기형

[코너 닫기 익히기]

1) 스케치를 실행하고 윗면을 선택하여 다음과 같이 스케치를 한다.

100

80

2) 베이스 플랜지/탭을 실행하고 두께 : 1mm로 판금을 생성한다.

100

80

베이스 플랜지
□ 케이지 치수를 사용(U)
판금 게이지 수(S)
1.00mm
□ 반대 방향(E)
굽힘 계수(A)
K
자동 릴리프(T)
사각형
□ 릴리프 비율 사용(R)
비율(T)
0.5

● 완성 결과

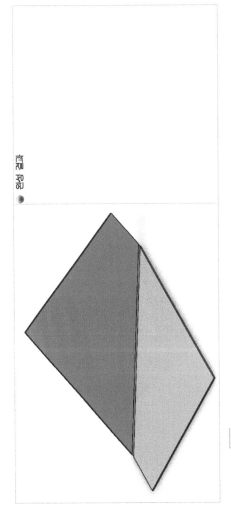

7) 코너 닫기( )

코너 닫기 피처를 사용해서 인접한 각진 모서리 플랜지 사이의 열린 영역을 닫는다.
코너 닫기 편금 플랜지 사이에 추가할 수 있다. 코너 닫기 피처는 판금 피처 사이에 재질을 추가하고 다음의 기능이 있다.

● 닫고자 하는 모든 코너의 면을 선택해서 여러 코너를 닫는다.
● 직각이 아닌 코너를 닫는다.
● 90° 각도 이외의 굽힘이 있는 돌출부에 코너 닫기를 적용한다.
● 틈 거리를 조절한다. 코너 닫기 피처로 추가되는 영역의 재질의 두 부분 사이의 거리.
● 중복/일부 중복 비율을 조절한다. 중복하는 재질과 일부 중복이 비율. 1은 중복과 일부 중복이 같음을 나타낸다.

◎ 코너 닫기 PropertyManager의 옵션

● 연장할 면 : 연장할 면을 선택한다.
● 일치시킬 면 : 일치시킬 면을 선택한다.

● 코너 유형 : 맞대기형, 겹치기형, 부분 겹치기형을 선택할 수 있다.
● 틈 거리 값을 입력한다.
● 중복 비율 값을 입력한다.
● 균형 부존 열기 : 선택하지 않을 경우 미리보기가 표시되지 않는다.
● 동일 평면상의 면 : 선택 해제하면 모든 동일평면상의 면이 자동으로 선택된다.

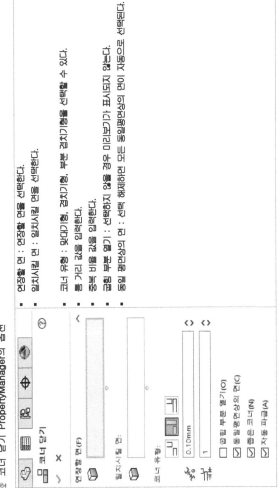

코너 닫기
연장할 면:
일치시킬 면:
코너 유형:
0.10mm
1
□ 균형 부존 열기(O)
☑ 동일 평면상의 면(C)
□ 틈은 코너(N)
☑ 자동 파급(A)

6) 코너 닫기(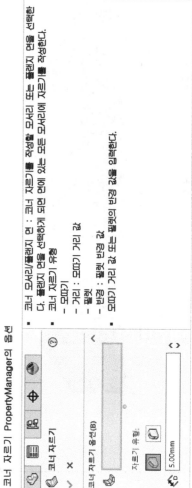)를 실행하고 연장하여 단을 연을 선택한다. 코너 유형을 겹치기형으로 설정하면 코너 닫기 피처가 작성된다.

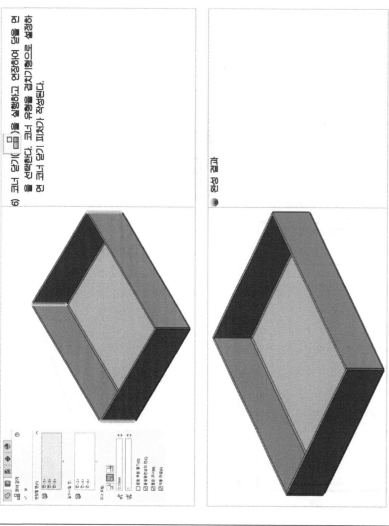

완성 결과

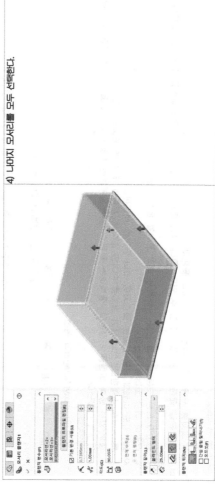

8) 코너 자르기( )

접힌 판금 파트에서 모서리에 모따기 또는 필릿 처리를 한다.

■ 코너 자르기 PropertyManager의 옵션

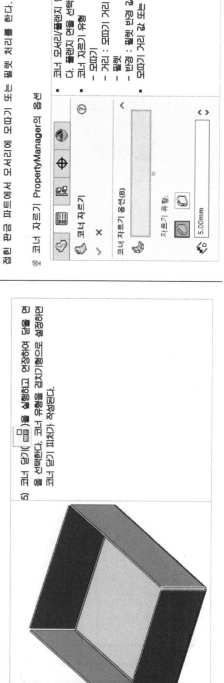

- 코너 모서리/플랜지 연 : 코너 자르기를 작성할 모서리 또는 플랜지 연을 선택한다. 플랜지 연을 선택하게 되면 연에 연결되어 있는 모든 모서리에 자르기를 작성한다.
- 코너 자르기 유형
  - 모따기
    - 거리 : 모따기 거리 값
  - 필릿
    - 반경 : 필릿 반경 값
  - 모따기 거리 값 또는 필릿의 반경 값을 입력한다.

3) 모서리 플랜지를 실행하고 플랜지 길이 : 2.5mm로 플랜지를 생성한다.

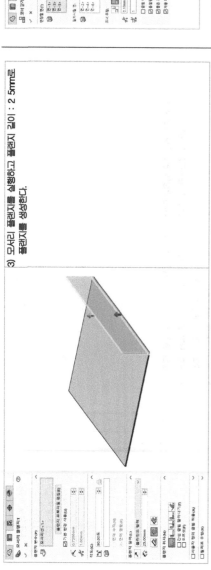

4) 나머지 모서리를 모두 선택한다.

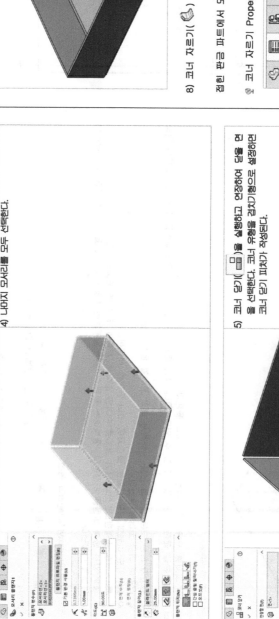

5) 코너 닫기(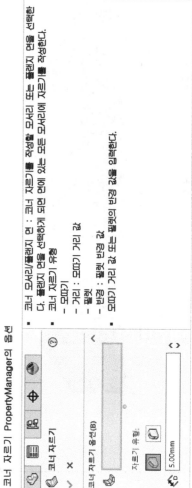)를 실행하고 연장하여 단을 연을 선택한다. 코너 유형을 겹치기형으로 설정하면 코너 닫기 피처가 작성된다.

3) 모서리 플랜지를 실행하고 30mm로 플랜지를 생성한다.

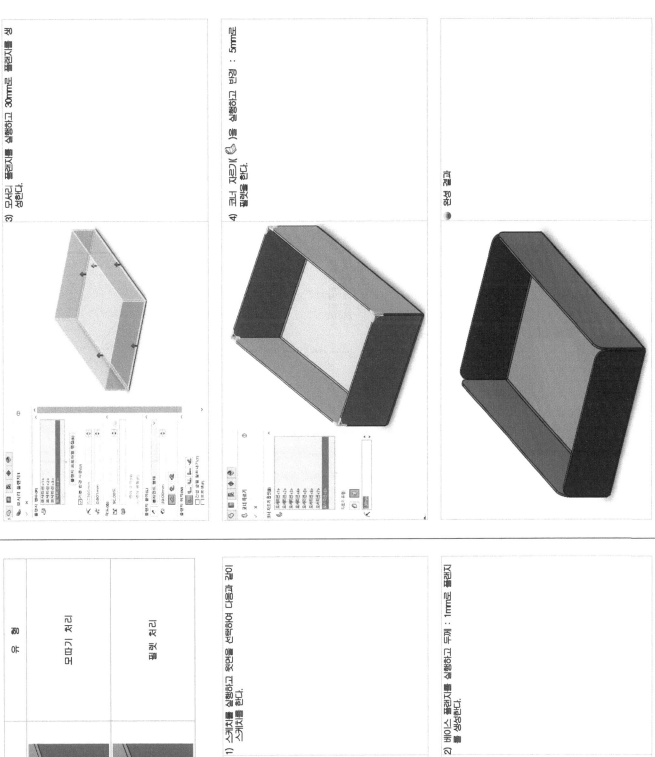

모서리 실행 변경치1

4) 코너 자르기( )을 실행하고 반경 : 5mm로
필렛을 한다.

코너 자르기

완성 결과

유 형	아이콘	미리보기
모따기 처리		
필렛 처리		

[코너 자르기 익히기 1]

1) 스케치를 실행하고 윗면을 선택하여 다음과 같이
스케치를 한다.

80

120

2) 베이스 플랜지를 실행하고 두께 : 1mm로 플랜지
를 생성한다.

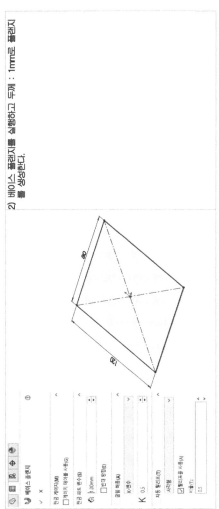

80

120

베이스 플랜지

K 0.5

[코너 자르기 익히기 2]

1) 스케치를 실행하고 윗면을 선택하여 다음과 같이 스케치를 한다.

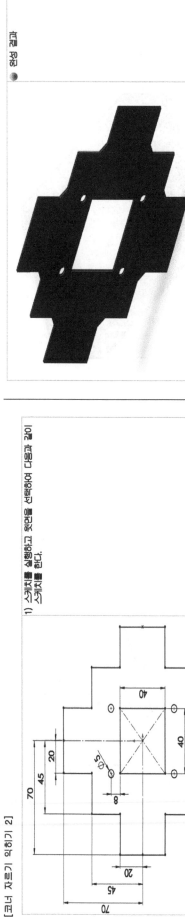

2) 베이스 플랜지를 실행하고 두께 : 1mm로 플랜지를 생성한다.

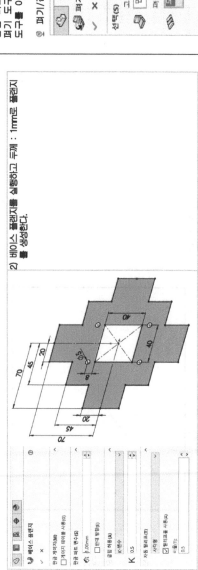

3) 코너 자르기( )1을 실행하고 모든 코너 모서리 버튼을 선택, 필렛 반경 : 5mm를 지정한다.

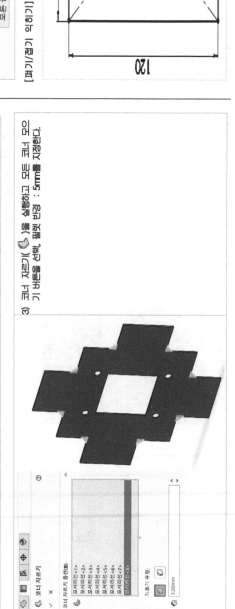

● 완성 결과

9) 펴기(Fold)/접기(UnFold)

판금 파트의 모든 굽힘을 펴거나 굽힐 수 있다. 이 도구는 굽힘을 가로지르는 컷을 추가할 때 유용하게 사용된다. 펴기 도구를 이용하여 굽힘을 편 다음 컷을 추가한다. 접기 도구를 이용하여 굽힘을 편 다음 컷을 추가한다. 접기 도구를 이용하여 굽힘을 접힌 상태로 되돌린다.

◎ 펴기/접기 PropertyManager의 옵션

■ 선택
  - 고정면 : 펴기/접기 할 때 이동하지 않는 기존 면을 지정한다.
  - 펴기/접기 할 굽힘 : 굽힘 되어 있는 굽힘 선을 선택한다.
  - 모든 굽힘 보기 : 모든 굽힘 보기를 클릭하여 패턴에서 모든 굽힘을 선택한다.

[펴기/접기 익히기]

1) 스케치를 실행하고 윗면을 선택하여 다음과 같이 스케치를 한다.

5) 플랫을 실행하고 반경 : 15mm로 플랫을 한다.

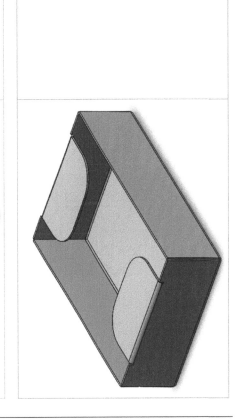

6) 대칭 복사를 실행하고 정면을 기준으로 상단의 모서리 플랜지를 대칭복사 한다. 코너 지르기는 대칭복사 되지 않는다.

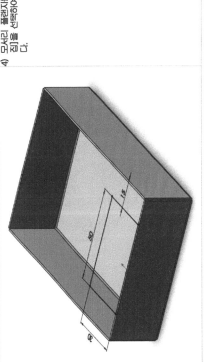

2) 베이스 플랜지를 실행하고 두께 : 1mm로 플랜지를 생성한다.

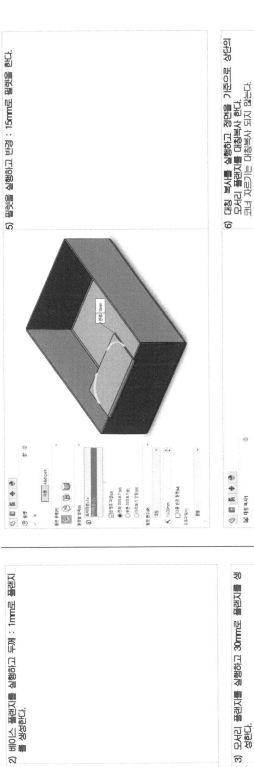

3) 모서리 플랜지를 실행하고 30mm로 플랜지를 생성한다.

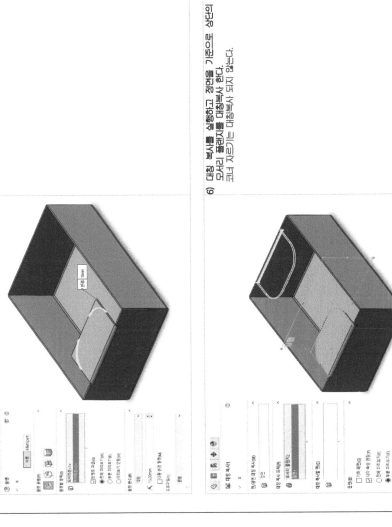

4) 모서리 플랜지를 실행하고 [플랜지 프로파일] 편집을 선택하여 다음과 같이 편집하고 미리을 한다.

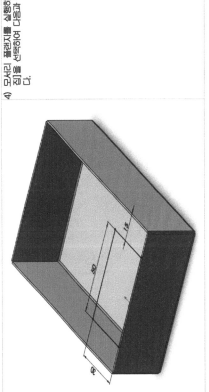

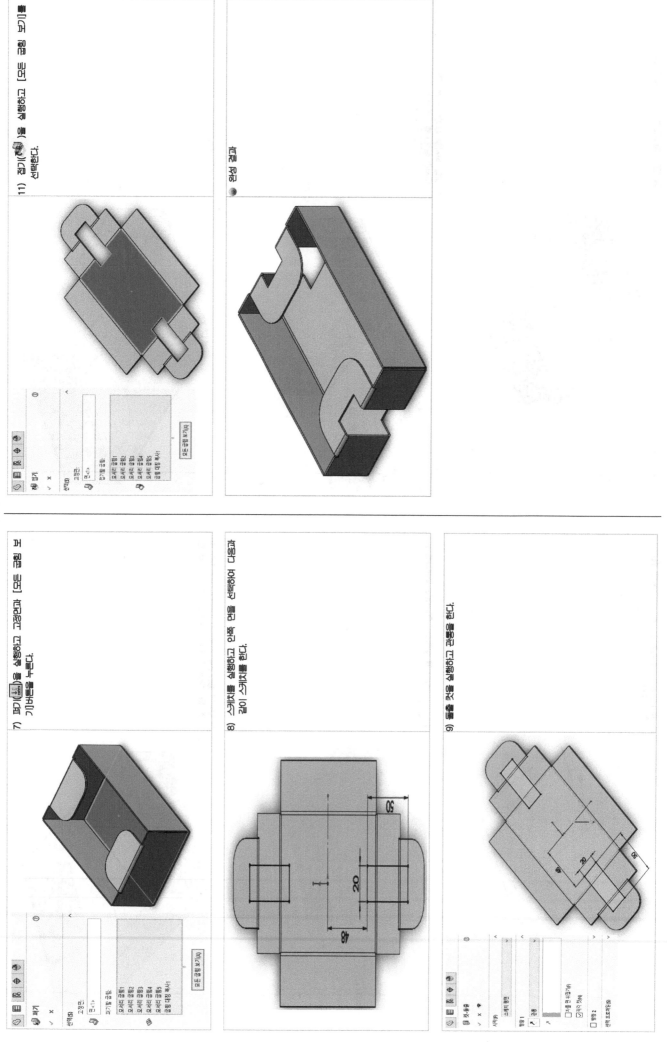

11) 잠기기( )를 실행하고 [모든 모서리]를 선택한다.

연산 결과

7) 빼기( )를 실행하고 [모든 모서리]를 선택한 후 키보드를 누른다.

8) 스케치를 실행하고 안쪽 면을 선택하여 다음과 같이 스케치를 한다.

9) 돌출 컷을 실행하고 관통을 한다.

4. 판금 전개도 작성하기

완성된 판금 파트를 접히고 펼쳐진 판금 파트를 나타낸다.

1) 전개도 PropertyManager 변수 수정하기

　1> FeatureManager 디자인 트리에서 전개도1을 클릭하고 마우스 우측 버튼-피처 편집을 클릭하면 PropertyManager 창을 볼 수가 있다.

　2> 파라미터

　- 고정면 : 판금을 펼칠 때 고정시킬 면을 선택한다.

　- 연 합치기 : 전개도에서 평면과 일치 조건인 면을 합쳐서 표현한다.

연 합치기 해제 시	연 합치기 선택 시
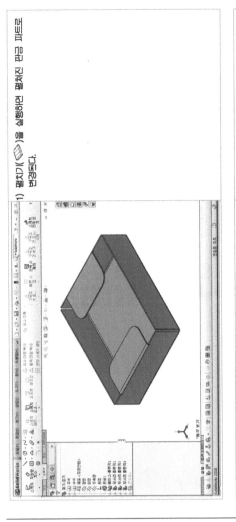	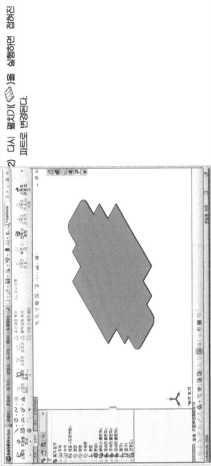

　- 곡률 단순화 : 선택하면 복잡한 곡선을 직선으로 단순화 시켜 표현한다.

곡률 단순화 해제 시	곡률 단순화 선택 시
	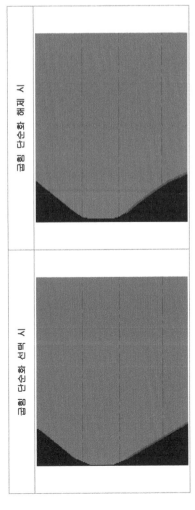

　3> 코너 용접 : 코너 처리를 선택하여 전개도에서 모서리 선을 매끄럽게 처리한다.

2) 전개도 표현하기

1) 펼치기( )를 실행하면 펼쳐진 판금 파트로 변경된다.

2) 다시 펼치기( )를 실행하면 접혀진 판금 파트로 변경된다.

■ 전개도 DXF 파일로 변환하기

모델을 전개하거나 도면을 작성하지 않고도 판금 파트 문서에서 직접 판금 전개도 파일을 *.dxf 파일을 작성할 수 있다. 이는 펀치 프레스나 레이저 절삭 소프트웨어와 같은 다른 프로그램 파일로 전개도를 내보내기를 선택할 수 있도록 해준다.

■ DXF 파일로 저장하는 방법

1. 메뉴 바에서 파일-다른 이름으로 저장을 클릭하고 파일 형식을 DXF(*.dxf)로 선택하고 파일을 저장한다.

2. FeatureManager 디자인 트리에서 전개도1을 클릭하고 마우스 우측버튼 - DXF/DWG로 전개도 내보내기를 선택한다. 다른 이름으로 저장 대화상자가 나타나면 파일 형식을 DXF(*.dxf)로 설정하고 저장하고 이름 앞에 전개도라는 단어를 붙는다.),하고 저장 버튼을 클릭하면 DXF 파일로 저장한다. 만약 곡률선 없이 DXF 파일을 작성하려면 대화상자에서 곡률선 제거를 선택한다. 아래 그림은 곡률선 없이 저장된 DXF 파일 AutoCAD에서 불러온 그림이다.

5. 채우기 패턴

채우기 패턴 기능은 동일 평면에 있는 면이나 스케치로 지정한 영역을 선택할 수 있도록 한다. 이 기능은 피처 패턴이나 지정한 첫 모양으로 지정한 영역을 채운다.

스케치를 경계로 사용할 때는, 패턴 방향을 선택해 줄 필요가 있다.

변수는 패턴 레이아웃을 지정한다. 판금 절취선 유형 패턴이나 동심형 모양 패턴을 작성한다.

※ 일반적으로 포함하는 옵션

- 중량 감소
- 통풍 구멍
- 그립 표면

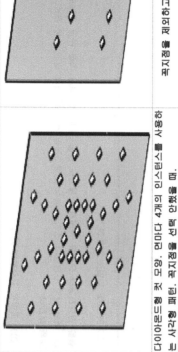

▪ 채우기 패턴 유형

절취선	원형	사각형	다각형

※ 사용 예

판금 절취선 유형 패턴이 연의 가 패턴이 연의 가

목지점을 선택했을 때. 패턴이 연의 가 운데에 채워진다.

씨드 피처로부터 루프나 행이 중심 사이의 거리를 지정한다.

목지점을 선택했을 때. 목지점에서부터 패 턴이 시작된다.

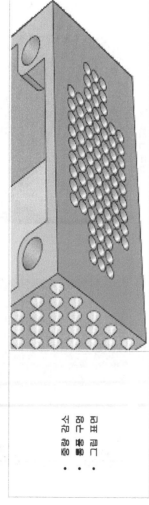

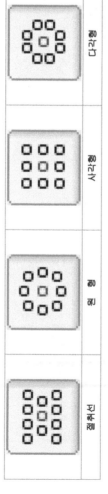

※ 미리 지정한 첫 모양

사용할 수 있는 미리 지정한 첫 모양은 원형 ◯, 사각형 ☐, 다이아몬드형 ◇, 다각형 ⬠ 이다. 모양별로 나 지정한 첫 모양으로 지정할 수 있다.

목지점을 지정하면, 모양 씨드 피처가 목지점에 위치한다. 목지점을 선택하지 않으면, 씨드 피처가 채우기 경계의 가 운데에 배치된다.

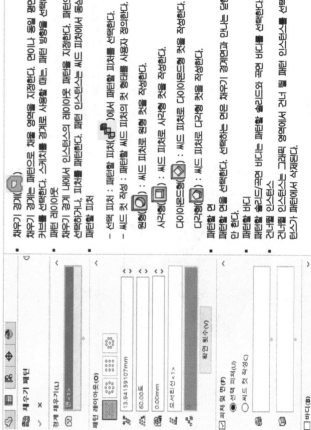

다이아몬드형 첫 모양. 면마다 4개의 인스턴스를 사용함 | 다이아몬드형 패턴. 목지점을 선택 안했을 때.

는 사각형 첫 모양. 목지점을 제외하고 같은 변수를 선택했을 때

≣ PropertyManager 옵션

채우기 경계(L)

채우기 경계는 패턴으로 채울 영역을 지정한다. 면이나 동일 평면상의 스케치, 평면 커브를 선택한다. 스케치를 경계로 사용할 때는, 패턴 방향을 선택해 줄 필요가 있다.

패턴 레이아웃

채우기 경계 내에서 인스턴스의 레이아웃 패턴을 지정한다. 패턴으로 사용할 모양을 선택하거나, 패턴을 채운다. 패턴 인스턴스는 씨드 피처에서 동심원으로 배치된다.

패턴할 피처

- 선택 피처 : 패턴할 피처를 선택한다.
- 씨드 첫 작성 : 패턴할 씨드 피처의 첫 모양을 사용자 정의한다. 패턴 첫 형태를 작성한다.

◯ 원형(◯) : 씨드 피처로 원형 첫을 작성한다.

☐ 사각형(☐) : 씨드 피처로 사각형 첫을 작성한다.

◇ 다이아몬드형(◇) : 씨드 피처로 다이아몬드형 첫을 작성한다.

⬠ 다각형(⬠) : 씨드 피처로 다각형 첫을 작성한다.

패턴할 면

패턴할 면은 패턴할 인스턴스가 경계면과 만나는 단힌 바디를 형성해야 한다.

패턴할 바디

패턴할 솔리드/곡면 바디는 패턴할 솔리드와 곡면 바디를 선택한다.

건너뛸 인스턴스

건너뛸 인스턴스는 그래픽 영역에서 건너뛸 패턴 인스턴스를 선택한다. 선택한 인스 턴스가 패턴에서 삭제된다.

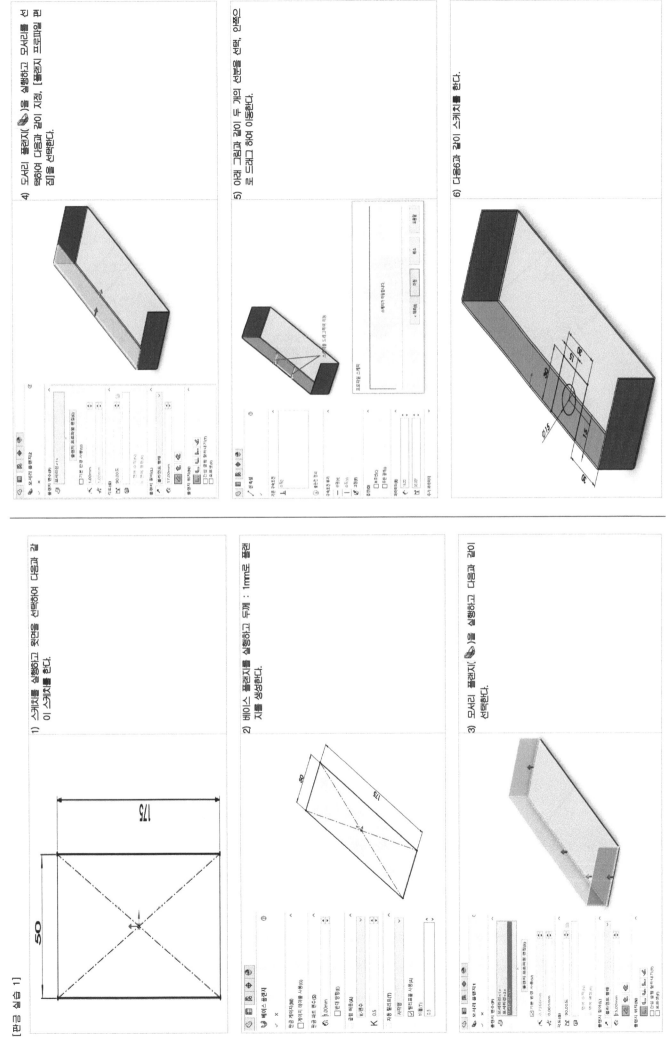

[판금 실습 1]

1) 스케치를 실행하고 윗면을 선택하여 다음과 같이 스케치를 한다.

2) 베이스 플랜지를 실행하고 두께 : 1mm로 플랜지를 생성한다.

3) 모서리 플랜지( )를 실행하고 다음과 같이 선택한다.

4) 모서리 플랜지( )를 실행하고 모서리를 선택하여 다음과 같이 지정. [플랜지 프로파일의 편집]을 선택한다.

5) 아래 그림과 같이 두 개의 선분을 선택, 안쪽으로 드래그 하여 이동한다.

6) 다음6과 같이 스케치를 한다.

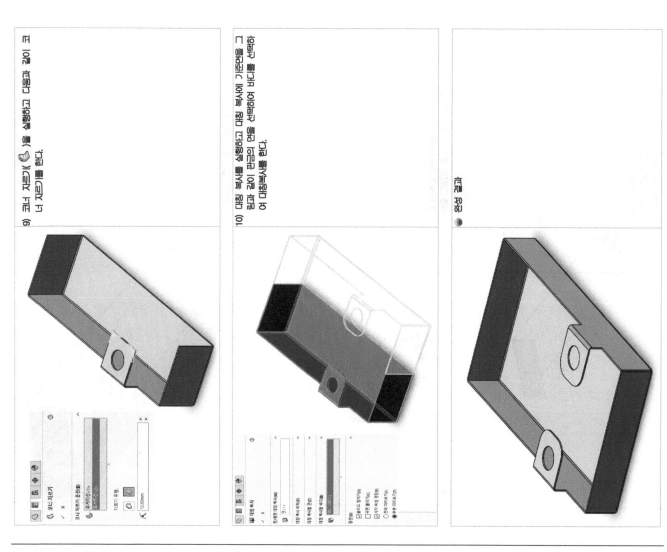

9) 코너 자르기( )를 실행하고 다음과 같이 코너 자르기를 한다.

10) 대칭 복사를 실행하고 대칭 복사에 기준면을 그림과 같이 편집의 면을 선택하여 바디를 선택하여 대칭복사를 한다.

완성 결과

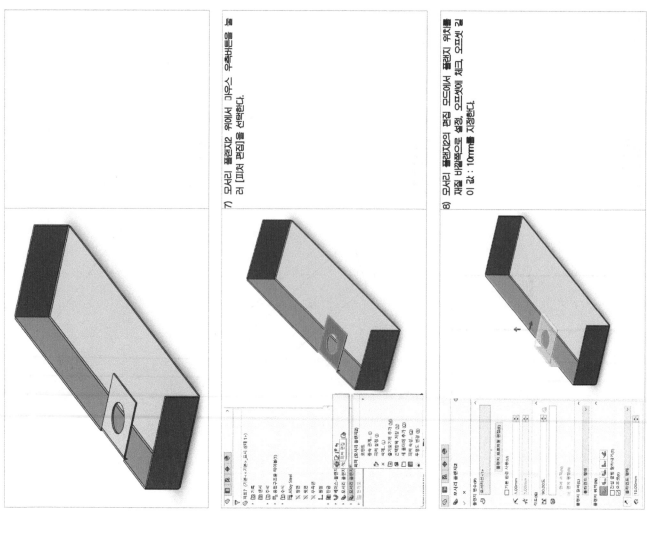

7) 모서리 플랜지2 위에서 마우스 우측버튼을 눌러 [피처 편집]을 선택한다.

8) 모서리 플랜지2의 편집 모드에서 플랜지 위치를 재질 바깥쪽으로 설정, 오프셋에 체크, 오프셋 값: 10mm를 지정한다.

6. 판금 파트의 도면 작성하기

판금 파트의 도면을 작성할 때 자동으로 전개도가 작성된다.

[도면 작성하기]

1) [파일]-[파트에서 도면 작성]을 실행한다.

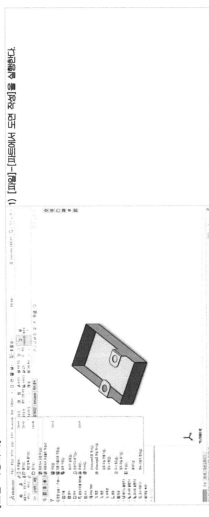

2) 시트 형식/크기 대화상자에서 도면의 시트 형식 (A3 – 가로)를 선택한다.

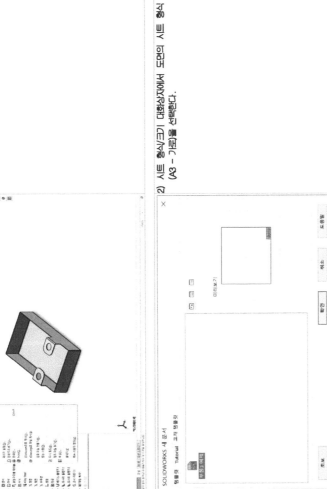

3) 도면이 표시되면 작업창에서 뷰 팔레트를 선택한다.

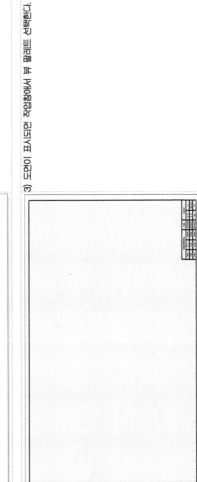

4) 시트에 작성할 도면 뷰(전개도)를 시트에 드래그 하면 된다.
PropertyManager창에 사용자 정의 배율을 조정한다.
(1 : 1)

5) 정면 뷰를 드래그하고 계속해서 마우스를 위로 이동하면 평면도가 작성되고 우측으로 이동하면 우측면도가 작성된다.

[판금 굴힘선 노트 표시 전환하기]

1) 전개도를 선택하고 마우스 우측버튼을 눌러 [속성]을 선택한다.

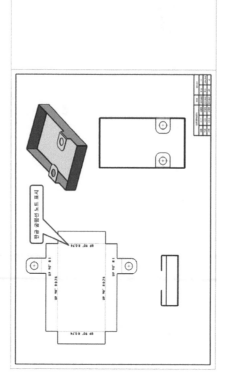

7. 표면 찢기[Rip : 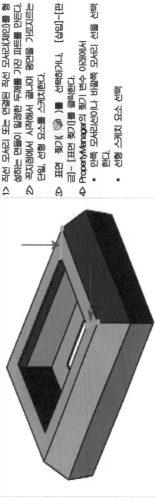]

찢기 PropertyManager 옵션

표면 찢기 피처를 다음과 같이 만든다.
- 선택한 내부나 외부 모델 모서리를 따라서
- 선형 스케치 요소로부터
- 모델 모서리선과 단일 선형 선형 스케치 요소를 합침으로서

표면 찢기 피처는 판금 파트에 주로 사용되나 모든 파트에 추가할 수 있다.

표면 찢기 피처 만들기

1) 직선 모서리 또는 연결된 직선 모서리(체인)를 형성하는 면들이 일정한 두께를 가진 피처를 만든다. 모서지에서 시작해서 끝나며 평면을 가로지르는 단일, 선형 요소를 스케치한다.

2) 표면 찢기(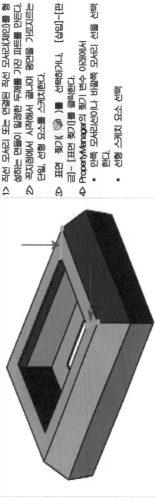)를 클릭한다.
끼-[표면 찢기] 또는 선택하거나, [삽입]-[판 금]-[표면 찢기(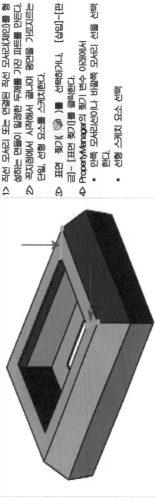)를 클릭한다.

3) PropertyManager의 찢기 변수 아래에서
- 안쪽 모서리선이나 바깥쪽 모서리 선을 선택 한다.
- 선형 스케치 요소 선택

선형 스케치선

내부 모서리선

외부 모서리선

5) 한 방향으로만 찢기를 생성하려면, 찢기별 모서리 아래에 나열된 모서리선 이름을 클릭하고, 방향 변경을 클릭한다.
- 또는 -
화살표를 클릭한다.

6) 틈 거리를 변경하려면, 틈 찢기의 값을 입력한 다.

완성 결과

---

2) [속성] 창에서 [편금 굽힘 노트표시]를 체크하면 편금 굽힘선 노트가 표시된다.

편금 굽힘선 노트 표시

[판금 찾기 실습 1]

1) 스케치를 실행하고 정면을 선택하여 다음과 같이 스케치를 한다.

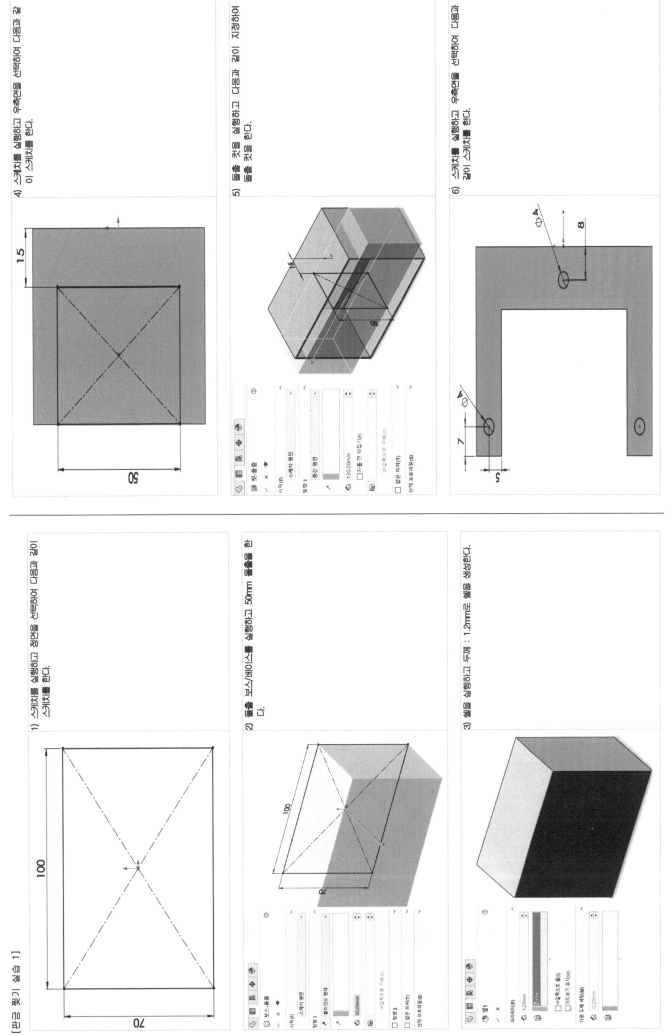

2) 돌출 보스/베이스를 실행하고 50mm 돌출을 한 다.

3) 쉘을 실행하고 두께 : 1.2mm로 쉘을 생성한다.

4) 스케치를 실행하고 우측면을 선택하여 다음과 같이 스케치를 한다.

5) 돌출 컷을 실행하고 다음과 같이 지정하여 돌출 컷을 한다.

6) 스케치를 실행하고 우측면을 선택하여 다음과 같이 스케치를 한다.

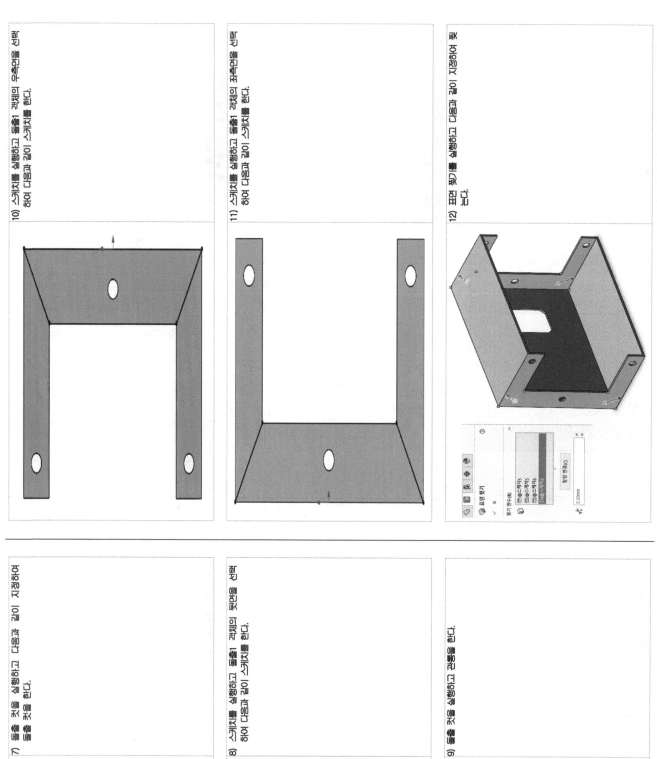

10) 스케치를 실행하고 돌출1 객체의 우측면을 선택
하여 다음과 같이 스케치를 한다.

11) 스케치를 실행하고 돌출1 객체의 좌측면을 선택
하여 다음과 같이 스케치를 한다.

12) 표면 찾기를 실행하고 다음과 같이 지정하여 찾
는다.

7) 돌출 컷을 실행하고 다음과 같이 지정하여
돌출 컷을 한다.

8) 스케치를 실행하고 돌출1 객체의 뒷면을 선택
하여 다음과 같이 스케치를 한다.

9) 돌출 컷을 실행하고 관통을 한다.

굽힘 PropertyManager로 파트를 판금으로 변환하는 방법

1> 굽힘 삽입()을 선택하거나 [삽입]-[판금]-[굽힘]을 클릭한다.

2> 굽힘 변수 아래에서 다음과 같이 한다.
- 고정면 또는 모서리()를 선택한다.
- 굽힘 반경을 지정한다.
- 경사진 면 무시를 선택하여 모깎기가 판금 굽힘으로 변환되는 것을 제외한다.

3> 굽힘 허용 아래의 다음 옵션 중에서 선택한다. 굽힘 테이블, K-변수, 굽힘 허용, 굽힘 차감, 또는 굽힘 계산

4> K-변수, 굽힘 허용 또는 굽힘 차감을 선택한 경우에는 값을 입력한다.

5> 릴리프 컷을 자동으로 추가하려면 자동 릴리프 확인란을 선택하고 릴리프 컷 유형을 선택한다. 사각형 또는 둥근 사각형을 선택한 경우에는 반드시 릴리프 비율을 지정해야 한다.

6> 원하면, 찾기 변수 아래에서 찾기를 선택하고 다음과 같이 한다.
- 찾기 방향을 반대로 바꾸려면, 방향 반전을 클릭한다.
- 틈 거리를 조정하려면 찾기 간격 상자에서 값을 지정한다.

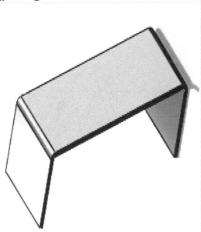

1) 스케치를 실행하고 정면을 선택하여 다음과 같이 이 스케치를 작도한다.

[판금 굽힘 삽입 실습 1]

70
50
60°
50

완성 결과

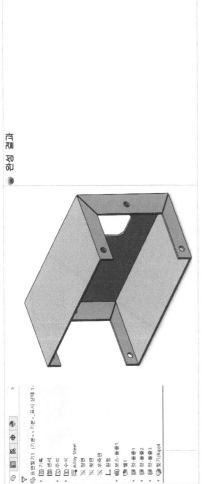

8. 굽힘 삽입(Insert Bending :)

판금 PropertyManager 옵션

판금은 판금 파트를 만들고 수정하는데 유용하다.

판금은 판금 파트에 대한 정의가 포함되어 있다. 이 피처에는 전체 파트에 대한 디폴트 굽힘 변수를 저장한다.
정보(예: 두께, 굽힘 반경, 굽힘 허용, 자동 릴리프 비율, 고정 요소)를 저장한다.

굽힘 전개(➕) : 펼친-굽힘은 굽힘을 펼친 파트를 포함하고 있다. 이 피처에는 펼친 파트에 대한 정의가 포함되어 있다. 이 피처에는 전체 파트에 대한 디폴트 굽힘 변수로 변환하는 것과 관련된 정보를 포함하고 있다. 이 피처에는 독립된 피처로 나열된다. 펼쳐진 모서리, 원통형 연, 원추형 연이서 생성된 굽힘은 둥근 굽힘으로 나열되고 각진 모서리에서 생성된 굽힘은 사각 굽힘으로 나열된다. 굽힘 전개 아래에 표시된 사각 굽힘-스케치는 시스템이 작성한 모든 굽힘의 굽힘선이 포함된 스케치이다. 이 스케치는 편집할 수 있지만 숨기거나 표시할 수 있다.

프로세스-굽힘(➕) : 프로세스-굽힘은 평평한 판트를 연성된 형성된 파트로 변환한 것을 나타낸다.
평면에서 지정한 굽힘선으로 작성된 굽힘은 이 피처 아래 나타낸다. 프로세스-굽힘 아래 나열된 전개-스케치는 이러한 굽힘으로 작성된 굽힘은 둥근이다. 이 스케치를 편집하거나 숨기거나 표시할 수 있다. 프로세스-굽힘 아래 나열된 피처는 파트의 굽힘 부위에 나타나지 않는다.

굽힘 PropertyManager를 사용하여 판금 파트로 쉘링한 파트를 전환할 수 있다.

다른 방법으로, 베이스-플랜지를 사용하거나 판금으로 변환을 사용해서 판금에서 직접 파트를 만들 수 있다.

[판금 종합 실습 1]

1) 스케치를 실행하고 정면을 선택하여 다음과 같이 스케치를 한다.

2) 베이스 플랜지를 실행하고 150mm, 두께 : 1mm, 반경 : 1mm를 지정한다.

3) 뒤 회전으로 아랫부분 윗바닥 밑부분을 선택하고 스케치를 실행하여 다음과 같이 스케치를 한다.

2) 돌출 보스/베이스를 실행하고 다음과 같이 길이 지정 하여 돌출을 한다.

3) 선형 금형을 다음과 같이 길이 지정하여 다음과 같이 지정한다.

● 완성 결과

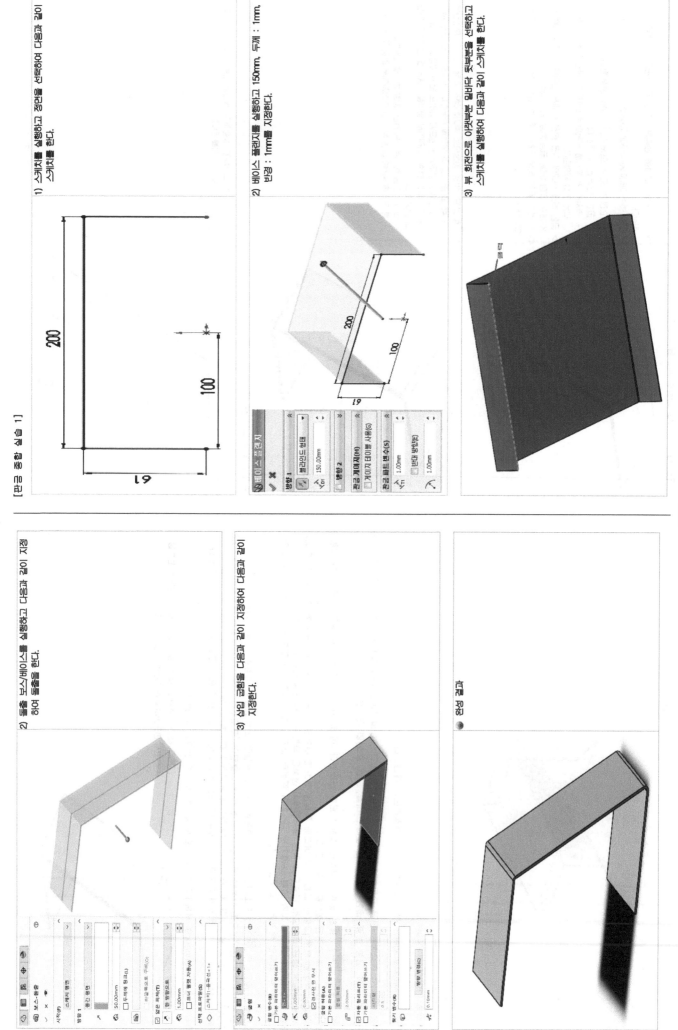

6) 모서리 플랜지를 실행하고 다음과 같이 모서리 플랜지를 선택한다.

7) [플랜지 프로파일 편집]을 선택하여 다음과 같이 이 면들을 하고 [마침]을 한다.

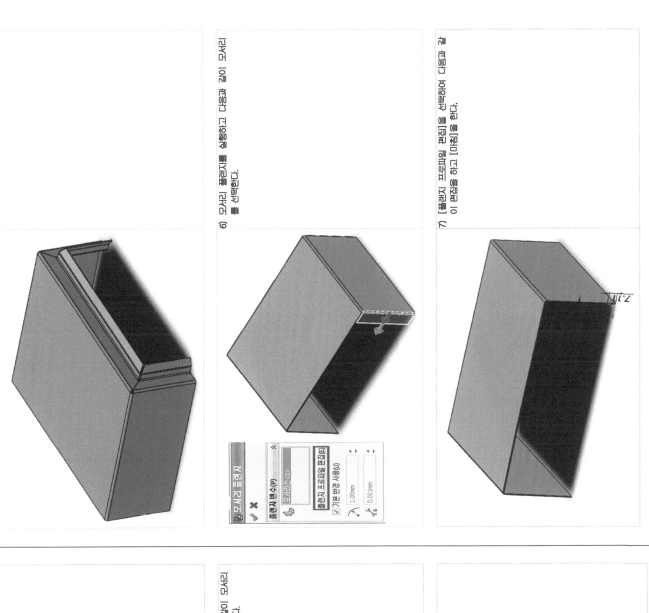

4) 다음과 같이 스케치를 한다.

5) 미이터 플랜지를 실행하고 다음과 같이 모서리 플랜지를 생성한다.

5) 모서리를 선택한다.

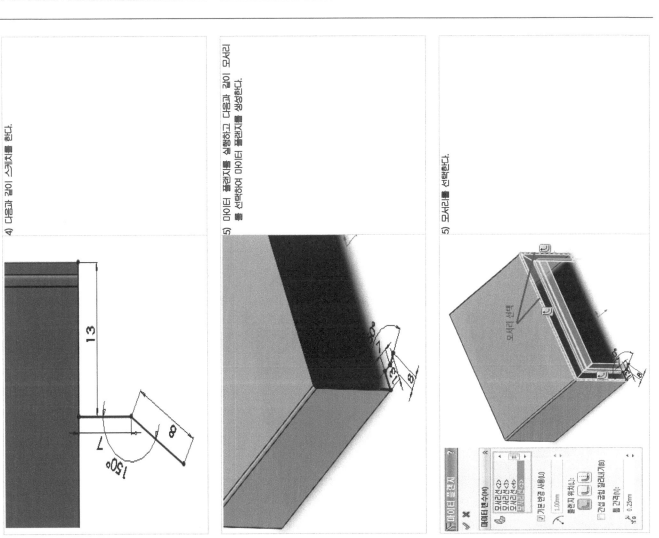

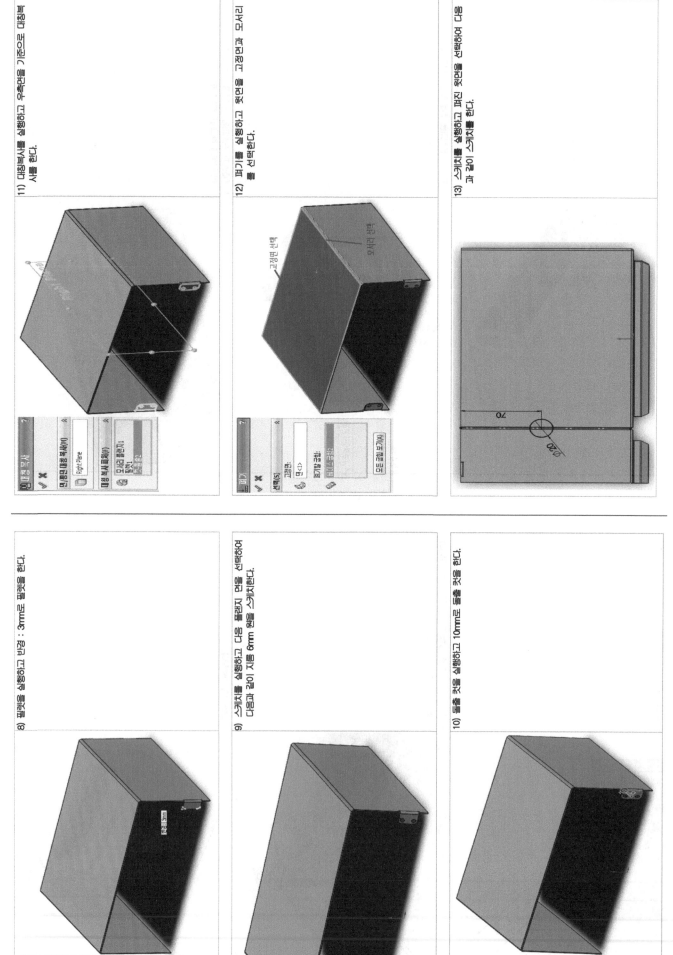

11) 대칭복사를 실행하고 우측면을 기준으로 대칭복
사를 한다.

12) 피기를 실행하고 윗면을 고정연과 모서리
를 선택한다.

13) 스케치를 실행하고 면적 윗면을 선택하여 다음
과 같이 스케치를 한다.

8) 필렛을 실행하고 반경 : 3mm로 필렛을 한다.

9) 스케치를 실행하고 다음 플랜지 면을 선택하여
다음과 같이 지름 6mm 원을 스케치한다.

10) 돌출 컷을 실행하고 10mm로 돌출 컷을 한다.

16) 펼치기를 실행한다.

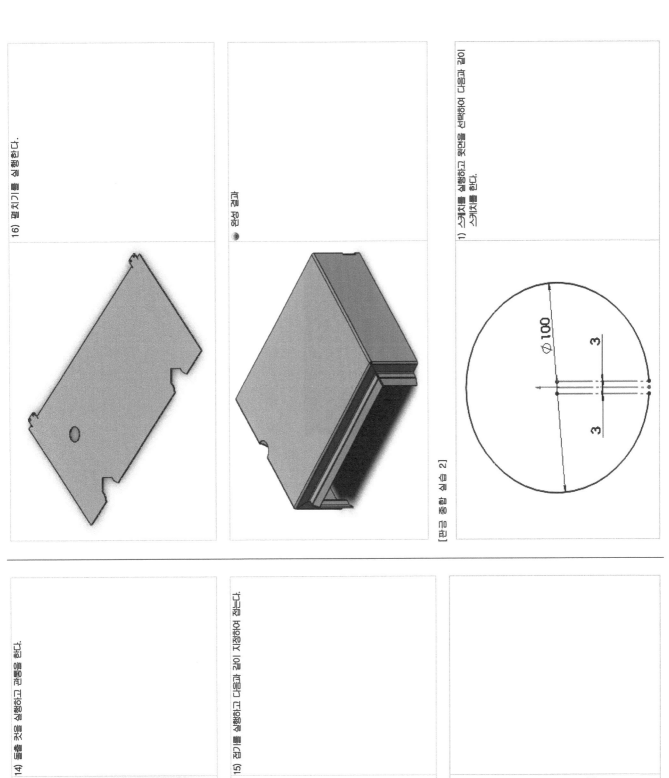

완성 결과

●

[판금 종합 실습 2]

1) 스케치를 실행하고 윗면을 선택하여 다음과 길이
스케치를 한다.

⌀100

3

3

14) 돌출 컷을 실행하고 관통을 한다.

돌출 컷
✓ ✕ ʘ

시작(F)
스케치 평면 ▼

방향 1
↗ ▶

☐ 두께로 링크(L)
☐ 자를 면 뒤집기(F)
☑ 직각 컷(N)

70
⌀20

15) 접기를 실행하고 다음과 같이 지정하여 접는다.

접기
✓ ✕

선택(S)
고정면:
☐ 모서리

접기할 모서리:
☐ 선택한 모서리

모든 굽힘 보기(A)

고정면 선택

모서리 선택

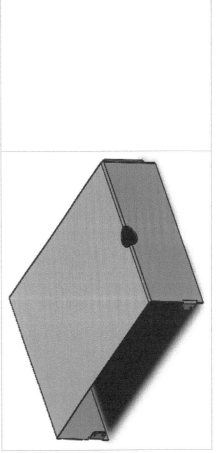

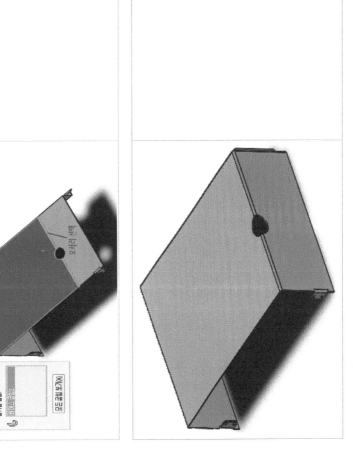

5) 돌출 컷을 실행하고 10mm로 돌출 컷을 한다.

6) 채우기 패턴을 실행하고 경계 채우기 : 편급 베이스 연결, 패턴 간격 : 20mm, 여백 : 8mm, 패턴 방향 : 우측 모서리 선택, 패턴할 피처 : 돌출을 선택한다.

7) 접기를 실행하고 편급 베이스를 선택한다.

2) 베이스 플랜지/탭을 실행하고 150mm, 두께 : 1mm로 플랜지를 생성한다.

3) 펴기를 실행하고 모서리를 선택한다. 객체가 펴진다.

4) 스케치를 실행하고 펴진 연결 면을 선택하여 중심에 다음과 같이 스케치를 한다.

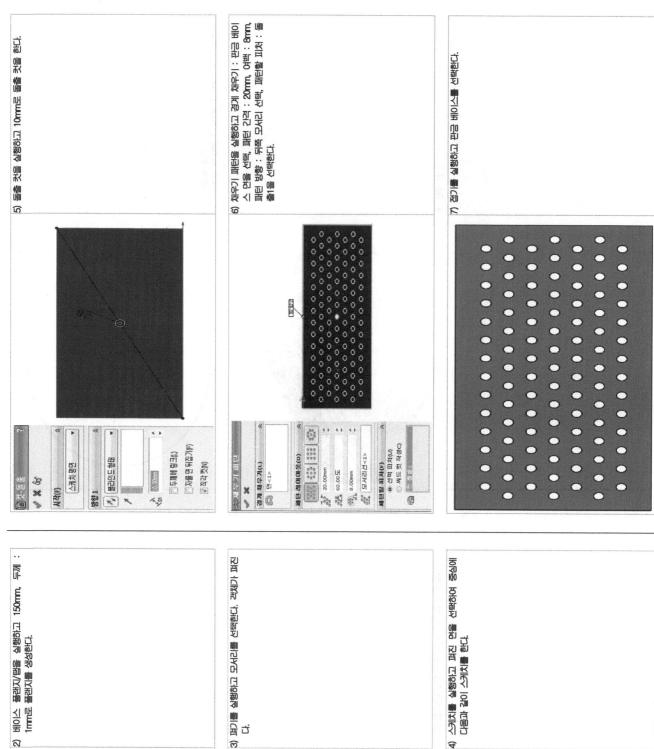
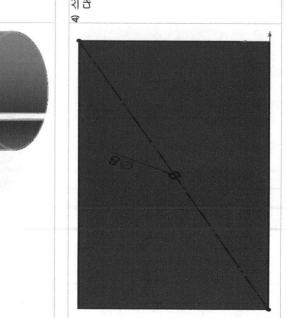

3) 모서리 플랜지를 실행하고 다음과 같이 길이 지정하여 플랜지를 생성한다.

4) 미이터 플랜지를 실행하고 다음 모서리를 선택한다.

5) 다음과 같이 직선을 사용하여 스케치를 한다.

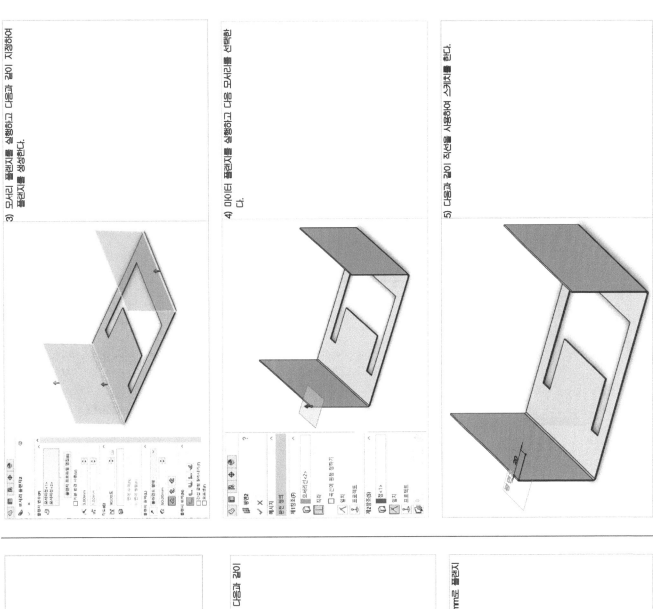

● 완성 결과

[판금 종합 실습 3]

1) 스케치를 실행하고 윗면을 선택하여 다음과 같이 스케치를 한다.

2) 베이스 플랜지를 실행하고 두께 : 1mm로 플랜지를 생성한다.

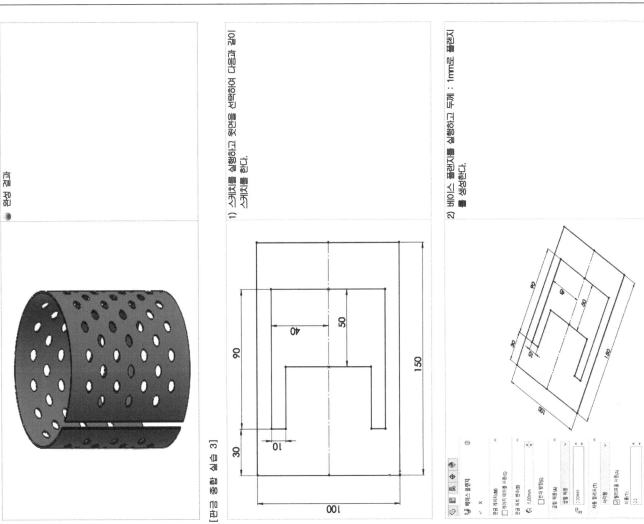

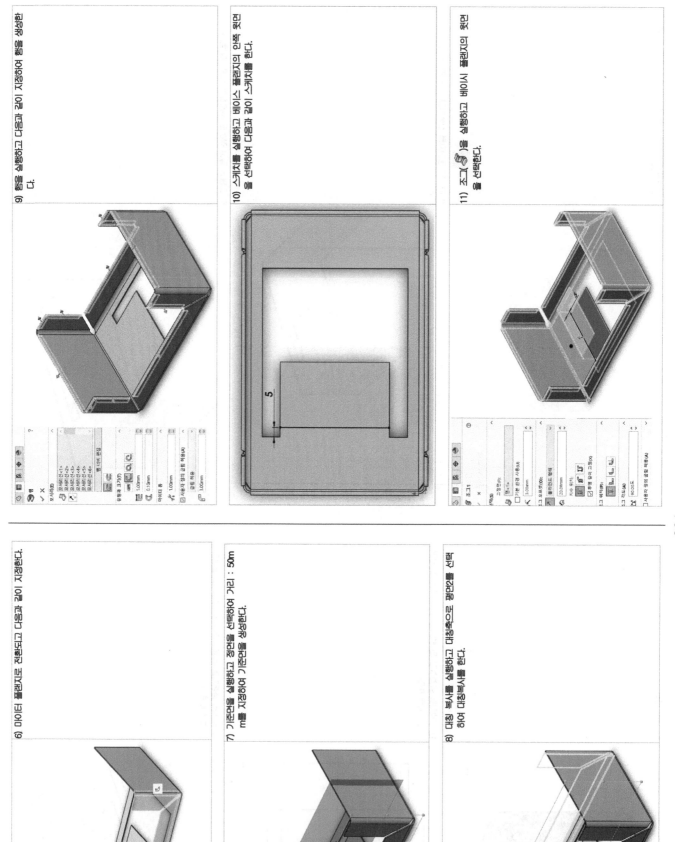

9) 힘을 실행하고 다음과 같이 지정하여 힘을 생성한다.

10) 스케치를 실행하고 베이스 플랜지의 안쪽 윗면을 선택하여 다음과 같이 스케치를 한다.

11) 조그( )를 실행하고 베이스 윗면을 선택한다.

6) 미터 플랜지로 전개되고 다음과 같이 지정한다.

7) 기준면을 실행하고 정면을 선택하여 거리 : 50mm를 지정하여 기준면을 생성한다.

8) 대칭 복사를 실행하고 대칭축으로 평면2를 선택하여 대칭복사를 한다.

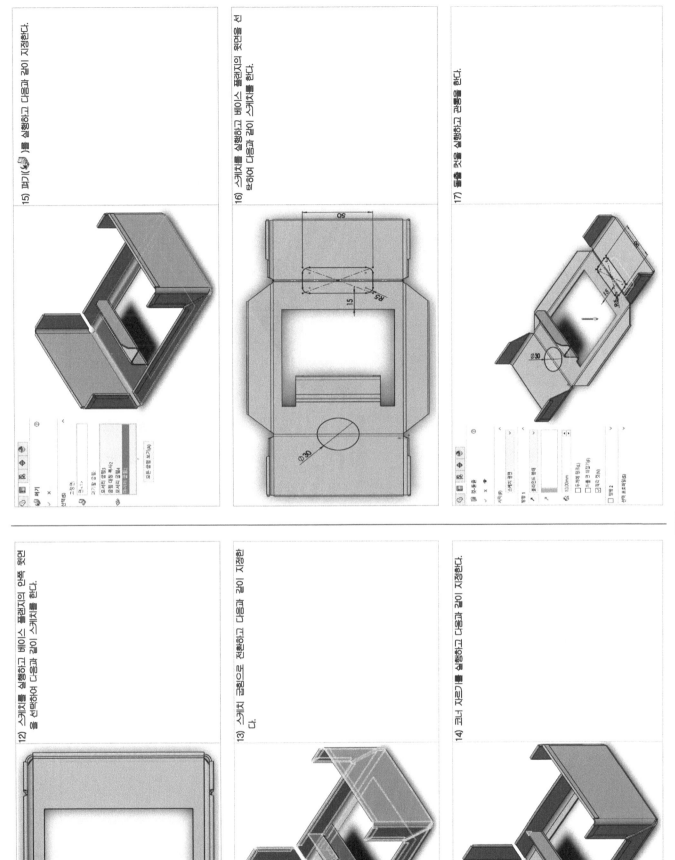

15) 펴기(🔗)를 실행하고 다음과 같이 지정한다.

16) 스케치를 실행하고 베이스 플랜지의 윗면을 선 택하여 다음과 같이 스케치를 한다.

17) 돌출 컷을 실행하고 컷을 한다.

12) 스케치를 실행하고 베이스 플랜지의 안쪽 윗면 을 선택하여 다음과 같이 스케치를 한다.

13) 스케치 곡률으로 전환하고 다음과 같이 지정한다.

14) 코너 자르기를 실행하고 다음과 같이 지정한다.

[판금 종합 실습 4]

2) 돌출을 보스/베이스를 실행하고 40mm로 돌출을 한다.

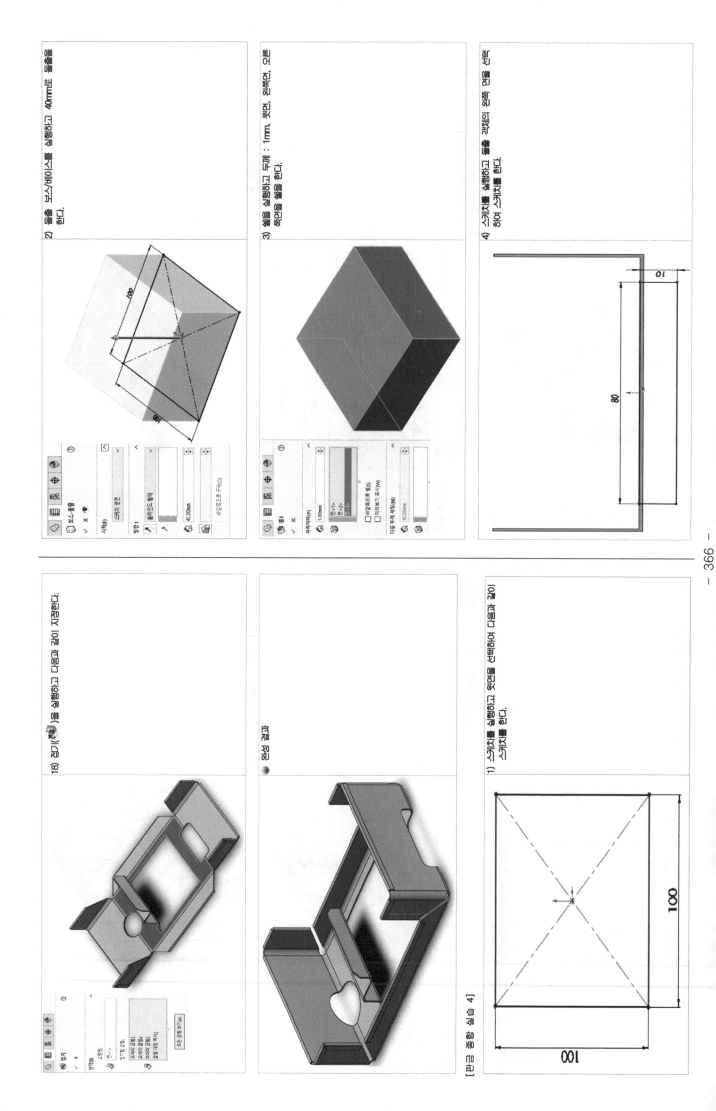

3) 쉘을 실행하고 두께 : 1mm, 윗면, 왼쪽면, 오른쪽면을 쉘을 한다.

4) 스케치를 실행하고 돌출 객체의 왼쪽 면을 연결 선택하여 스케치를 한다.

18) 절기( )을 실행하고 다음과 같이 지정한다.

완성 결과

1) 스케치를 실행하고 윗면을 선택하여 다음과 같이 길이 스케치를 한다.

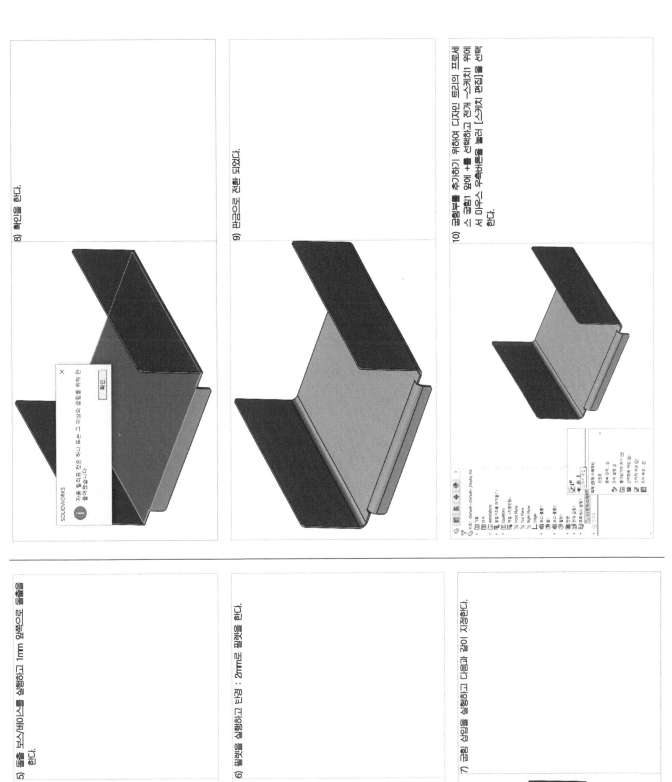

8) 확인을 한다.

SOLIDWORKS

자동 필리프 컷은 하나 또는 그 이상의 굽힘을 위하여 만들어졌습니다.

확인

×

9) 편금으로 전환 되었다.

10) 균열부를 추가하기 위하여 디자인 트리의 프로세스 굽힘1 앞에 +를 선택하고 전개 스케치1 위에서 마우스 우측버튼을 눌러 [스케치 편집]을 선택한다.

5) 돌출 보스/베이스를 실행하고 1mm 앞쪽으로 돌출을 한다.

10

80

6) 필렛을 실행하고 반경 : 2mm로 필렛을 한다.

2mm
반경

7) 균열 삽입을 실행하고 다음과 같이 지정한다.

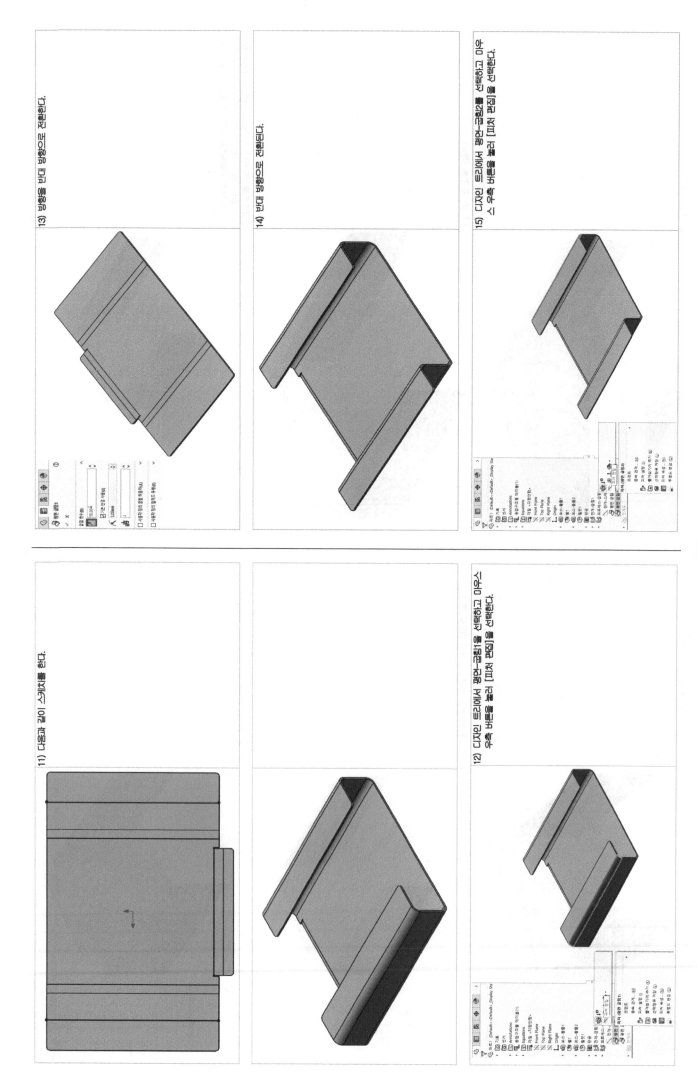

11) 다음과 같이 스케치를 한다.

12) 디자인 트리에서 평면-곡면1을 선택하고 마우스 우측 버튼을 눌러 [피처 편집]을 선택한다.

13) 방향을 반대 방향으로 전환한다.

14) 반대 방향으로 전환된다.

15) 디자인 트리에서 평면-곡면2를 선택하고 마우스 우측 버튼을 눌러 [피처 편집]을 선택한다.

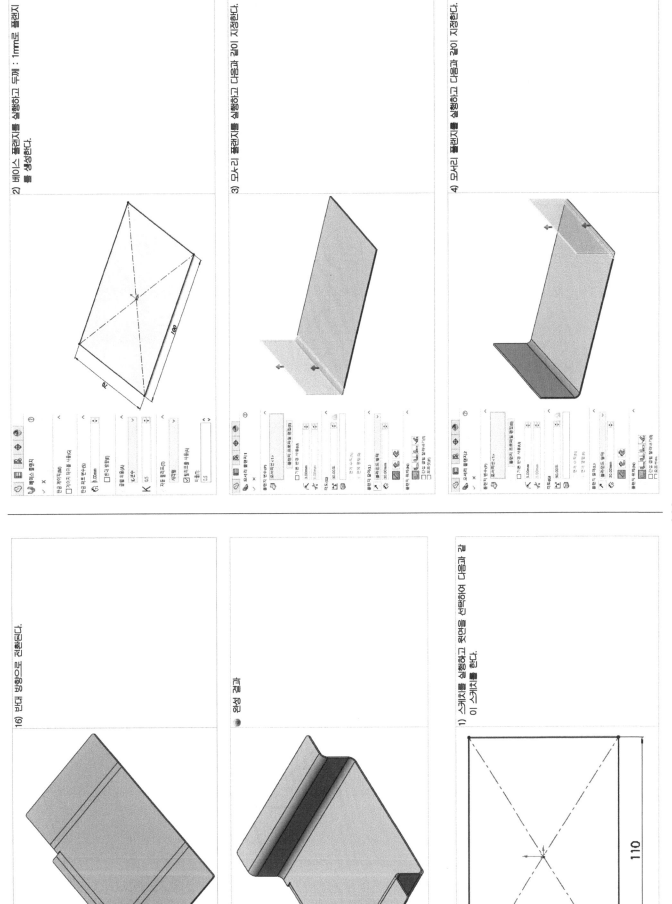

2) 베이스 플랜지를 실행하고 두께 : 1mm로 플랜지
를 생성한다.

3) 모서리 플랜지를 실행하고 다음과 같이 지정한다.

4) 모서리 플랜지를 실행하고 다음과 같이 지정한다.

16) 반대 방향으로 전환된다.

● 완성 결과

[판금 종합 실습 5]

1) 스케치를 실행하고 윗면을 선택하여 다음과 같
이 스케치를 한다.

8) 대칭 복사를 실행하고 정면을 기준으로 대칭복사를 한다.

9) 스케치를 실행하고 판금 객체의 윗면을 선택하여 다음과 같이 길이 스케치를 한다.

10) 돌출 컷을 실행하고 관통을 한다.

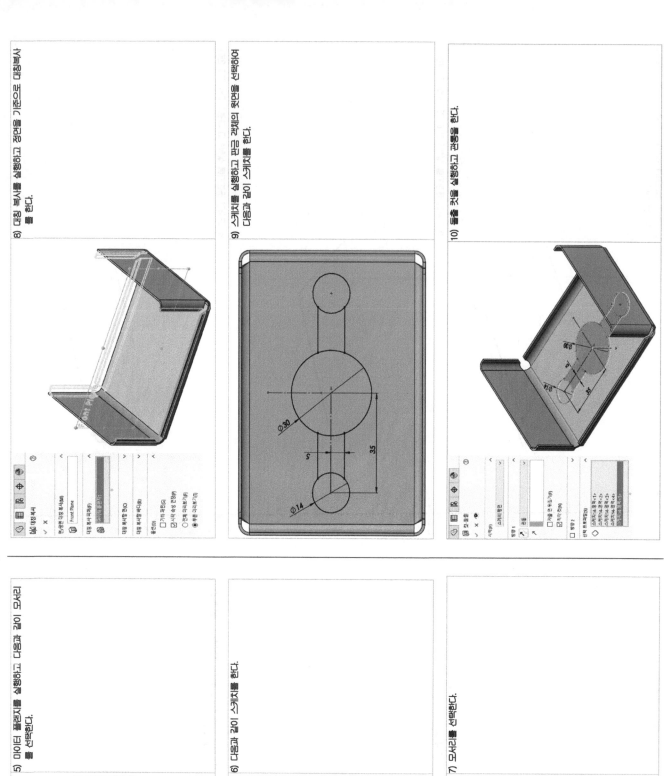

5) 마이터 플랜지를 실행하고 다음과 같이 길이 모서리를 선택한다.

6) 다음과 같이 스케치를 한다.

7) 모서리를 선택한다.

모서리 선택

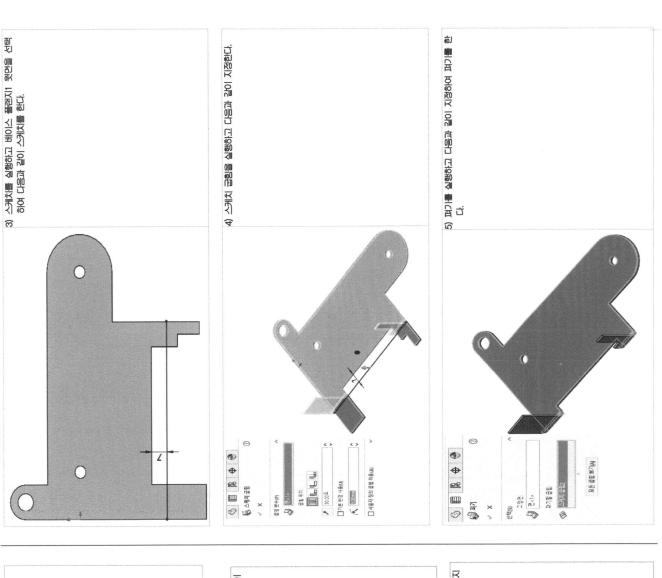

3) 스케치를 실행하고 베이스 플랜지를 윗면을 선택하여 다음과 같이 스케치를 한다.

4) 스케치 굽힘을 실행하고 다음과 같이 길이 지정한다.

5) 펴기를 실행하고 다음과 같이 지정하여 펴기를 한다.

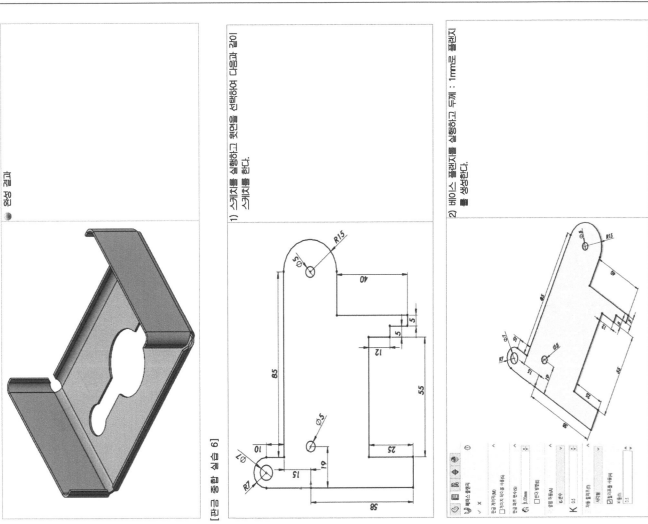

● 완성 결과

[판금 종합 실습 6]

1) 스케치를 실행하고 윗면을 선택하여 다음과 같이 스케치를 한다.

2) 베이스 플랜지를 실행하고 두께 : 1mm로 플랜지를 생성한다.

완성 결과

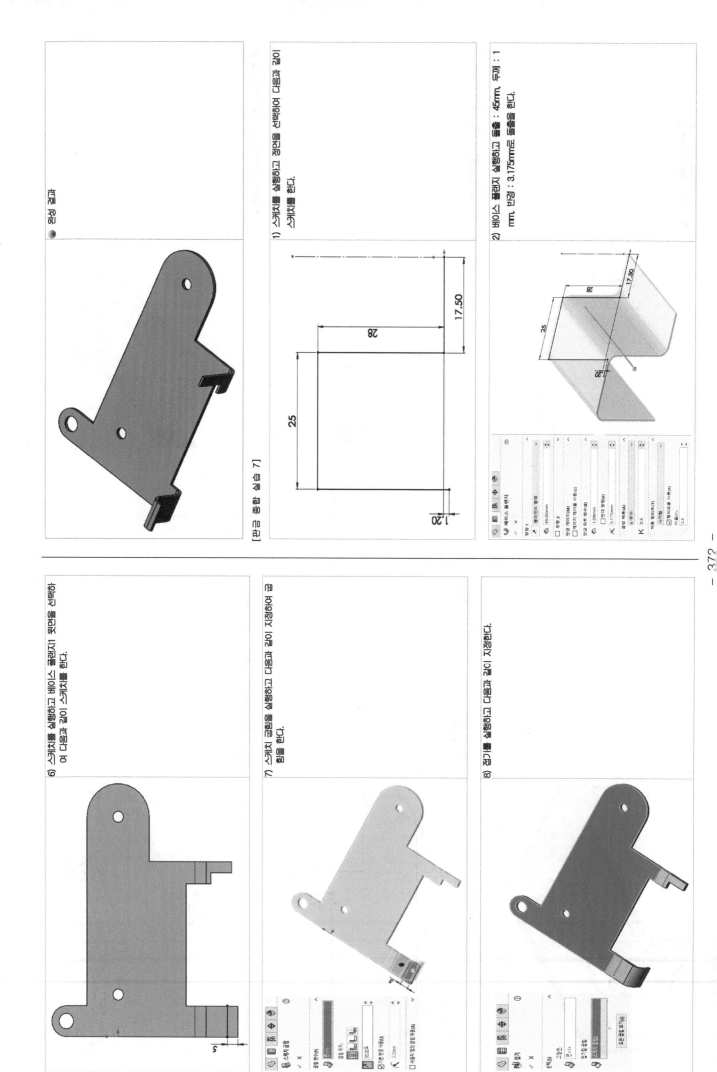

[판금 종합 실습 7]

1) 스케치를 실행하고 정면을 선택하여 다음과 같이 스케치를 한다.

17.50

28

25

1.20

2) 베이스 플랜지 실행하고 돌출 : 45mm, 두께 : 1 mm, 반경 : 3.175mm로 돌출을 한다.

베이스 플랜지

방향 1
45.00mm
방향 2
□케이지 정의 사용(G)
용지 피쳐 변수(K)
1.00mm
□반대 방향(R)
3.175mm
K 0.5
자동 릴리프(A)
사각형
립리프 크기(T)
0.5

6) 스케치를 실행하고 베이스 플랜지 윗면을 선택하여 다음과 같이 스케치를 한다.

5

7) 스케치 곡률을 실행하고 다음과 같이 지정하여 굽힘을 한다.

5

스케치 곡률
굽힘 변수(P)
공동 위치
90.00도
□기본 반경 사용(U)
3.00mm
□사용자 정의 굽힘(A)

8) 접기를 실행하고 다음과 같이 지정한다.

접기
선택(S)
고정면
접기할 모서리
모든접기 접기(A)

- 372 -

6) 다음 창이 열려 있는 상태로 다음과 같이 치수를
기입하고 [마침]을 한다.

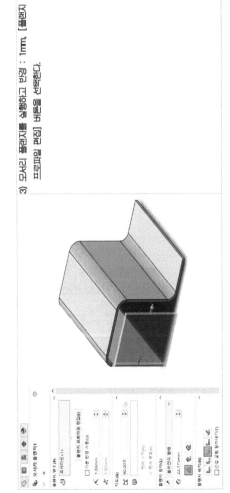

7) 모서리 플랜지를 실행하고 반경 : 3.175mm, [플
랜지 프로파일 편집] 버튼을 누른다.

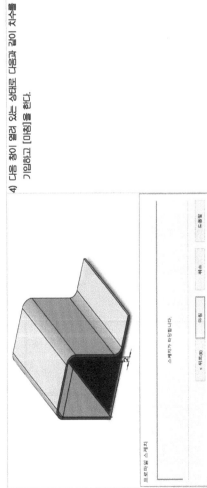

8) 다음 창이 열려 있는 상태로 다음과 같이 치수
를 기입하고 [마침]을 한다.

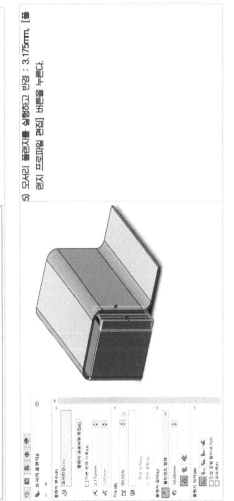

3) 모서리 플랜지를 실행하고 반경 : 1mm, [플랜지
프로파일 편집] 버튼을 선택한다.

4) 다음 창이 열려 있는 상태로 다음과 같이 치수를
기입하고 [마침]을 한다.

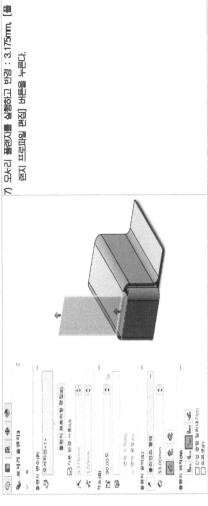

5) 모서리 플랜지를 실행하고 반경 : 3.175mm, [플
랜지 프로파일 편집] 버튼을 누른다.

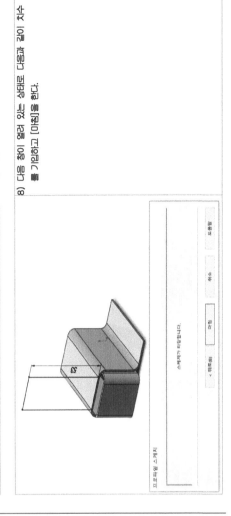

12) 파기를 실행하고 다음 면들을 선택하여 펼친다.

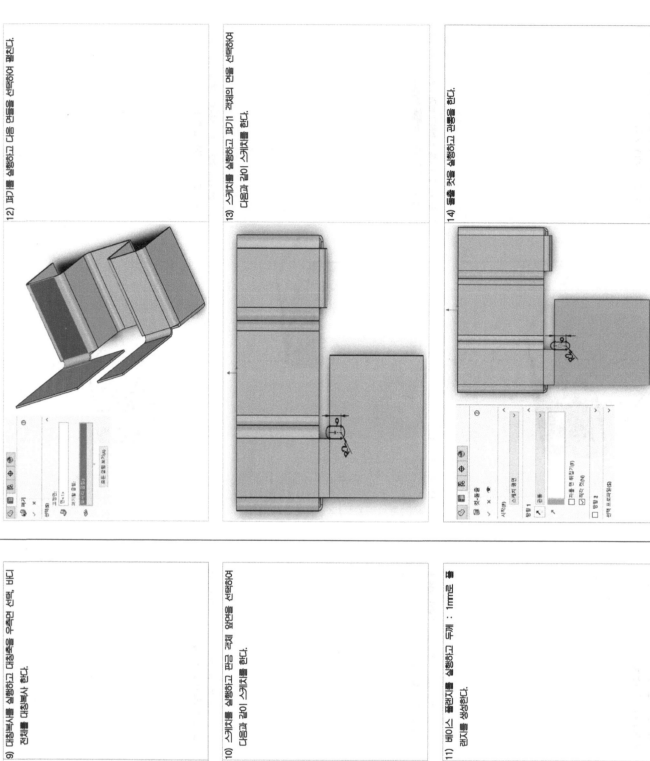

13) 스케치를 실행하고 파기가 꺼체의 면을 선택하여
다음과 같이 스케치를 한다.

14) 돌출 컷을 실행하고 관통을 한다.

9) 대칭복사를 실행하고 대칭축을 우측면 선택, 바디
전체를 대칭복사 한다.

10) 스케치를 실행하고 편급 꺼체 앞면을 선택하여
다음과 같이 스케치를 한다.

4.5

11) 베이스 플랜지를 실행하고 두께 : 1mm로 플
랜지를 생성한다.

18) 조그(Jog)를 실행하고 길이 : 0.5mm, 각도 : 35도를 지정한다.

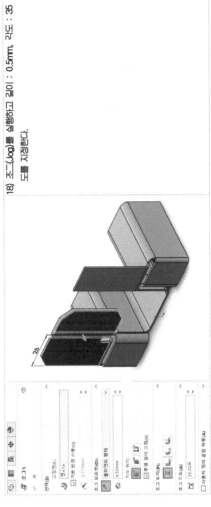

19) 스케치를 실행하고 플랜지의 우측의 앞면을 선택하여 다음과 같이 길이 스케치를 한다.

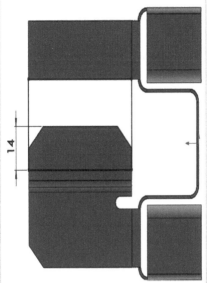

20) 베이스 플랜지를 실행하고 두께 : 1mm로 플랜지를 생성한다.

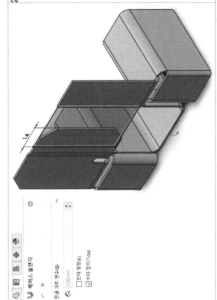

15) 접기를 실행하고 다음 면을 선택하여 접는다.

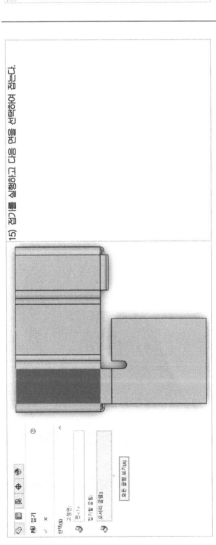

16) 코너 자르기를 실행하고 7mm로 모따기를 한다.

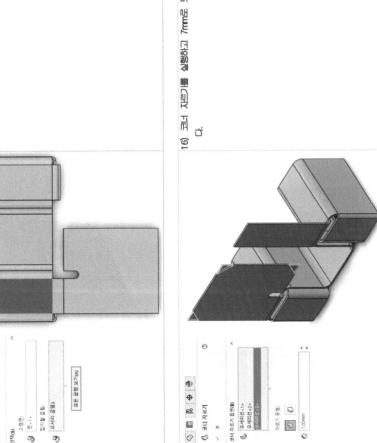
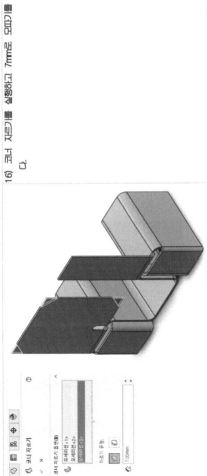

17) 스케치를 실행하고 플랜지의 앞면을 선택하여 다음과 같이 길이 스케치를 한다.

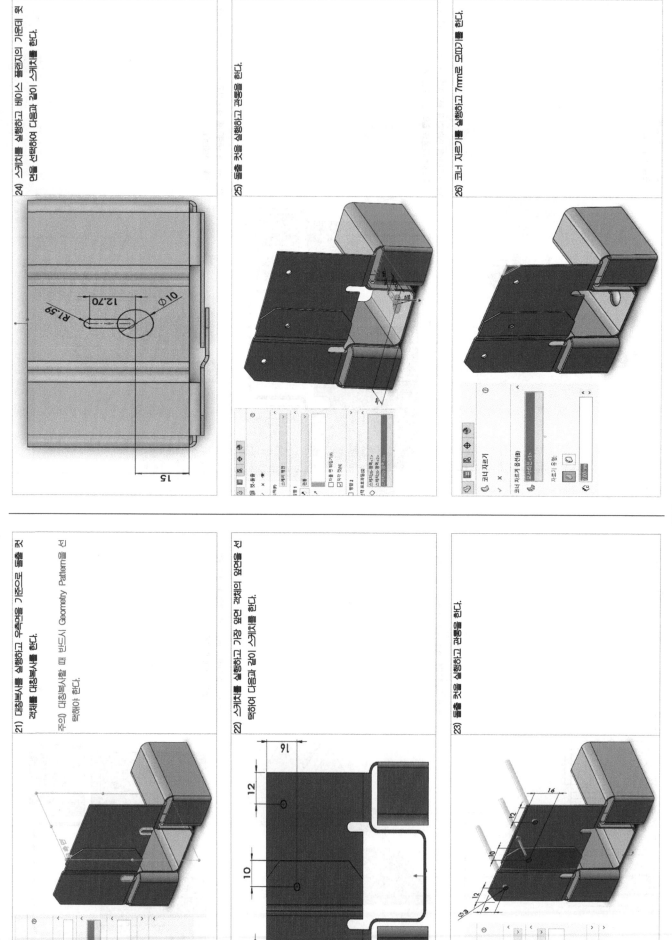

24) 스케치를 실행하고 베이스 플랜지의 기준면 윗 면을 선택하여 다음과 같이 스케치를 한다.

25) 돌출 컷을 실행하고 관통을 한다.

26) 코너 자르기를 실행하고 7mm로 모따기를 한다.

21) 대칭복사를 실행하고 우측면을 기준으로 돌출 컷 객체를 대칭복사를 한다.

주의) 대칭복사할 때 반드시 Geometry Pattern을 선 택해야 한다.

22) 스케치를 실행하고 가장 윗면 객체의 윗면을 선 택하여 다음과 같이 스케치를 한다.

23) 돌출 컷을 실행하고 관통을 한다.

2) 베이스 플랜지를 실행하고 두께 : 1mm로 플랜지 를 생성한다.

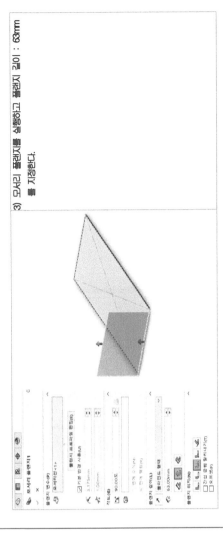

3) 모서리 플랜지를 실행하고 플랜지 길이 : 63mm 를 지정한다.

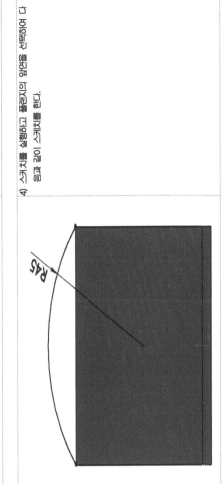

4) 스케치를 실행하고 플랜지의 윗면을 선택하여 다음과 같이 스케치를 한다.

27) 대칭복사를 실행하고 뒤쪽 연을 대칭축으로 바디 전체를 선택하여 대칭복사를 한다.

완성 결과

1) 스케치를 실행하고 윗면을 선택하여 다음과 같이 스케치를 한다.

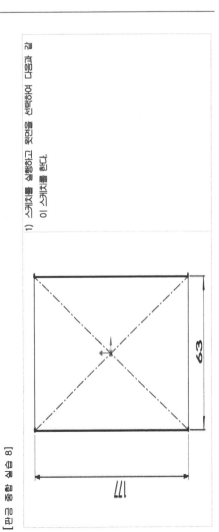

[판금 종합 실습 8]

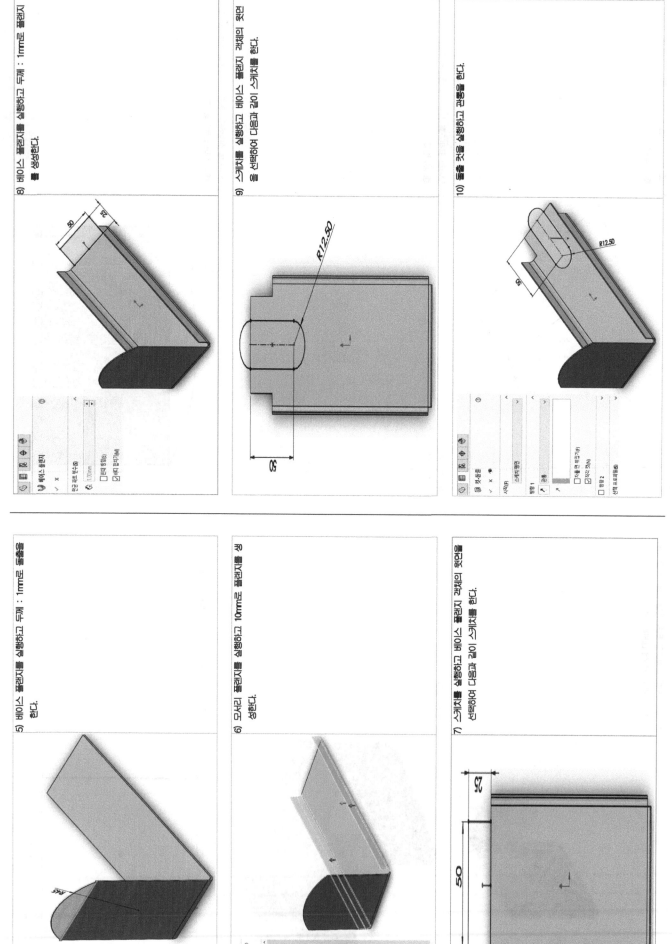

8) 베이스 플랜지를 실행하고 두께 : 1mm로 플랜지를 생성한다.

9) 스케치를 실행하고 베이스 플랜지 객체의 윗면을 선택하여 다음과 같이 스케치를 한다.

10) 돌출 컷을 실행하고 컷을 한다.

5) 베이스 플랜지를 실행하고 두께 : 1mm로 돌출을 한다.

6) 모서리 플랜지를 실행하고 10mm로 플랜지를 선택한다.

7) 스케치를 실행하고 베이스 플랜지 객체의 윗면을 선택하여 다음과 같이 스케치를 한다.

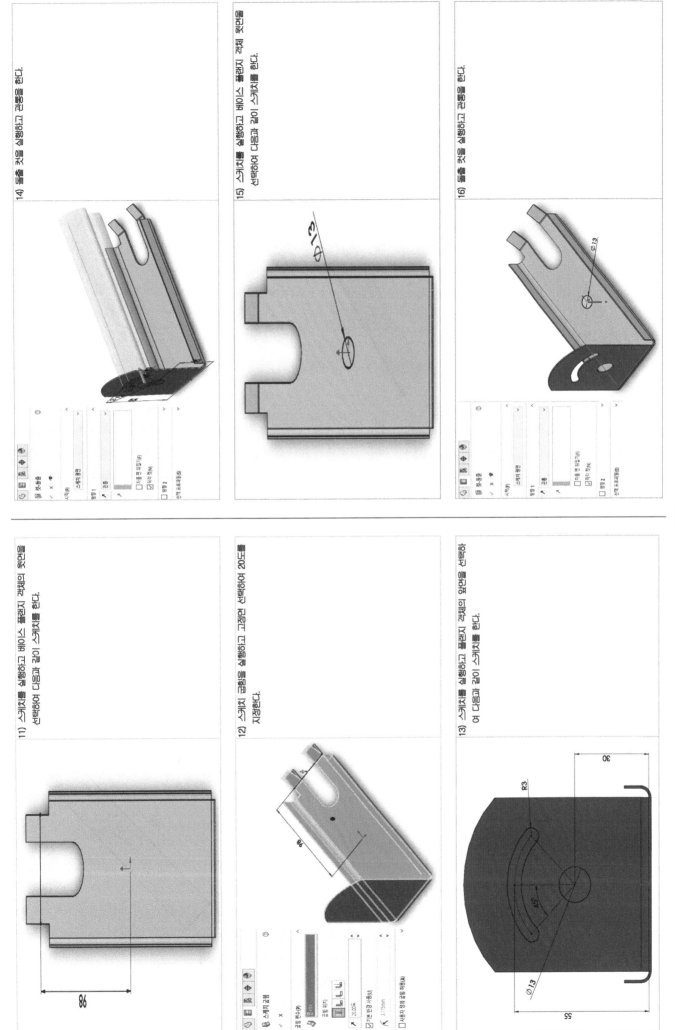

14) 돌출 컷을 실행하고 관통을 한다.

15) 스케치를 실행하고 베이스 플랜지 객체의 윗면을 선택하여 다음과 같이 스케치를 한다.

16) 돌출 컷을 실행하고 관통을 한다.

11) 스케치를 실행하고 베이스 플랜지 객체의 윗면을 선택하여 다음과 같이 스케치를 한다.

12) 스케치 균등을 실행하고 고정면 선택하여 20도를 지정한다.

13) 스케치를 실행하고 플랜지 객체의 윗면을 선택하여 다음과 같이 스케치를 한다.

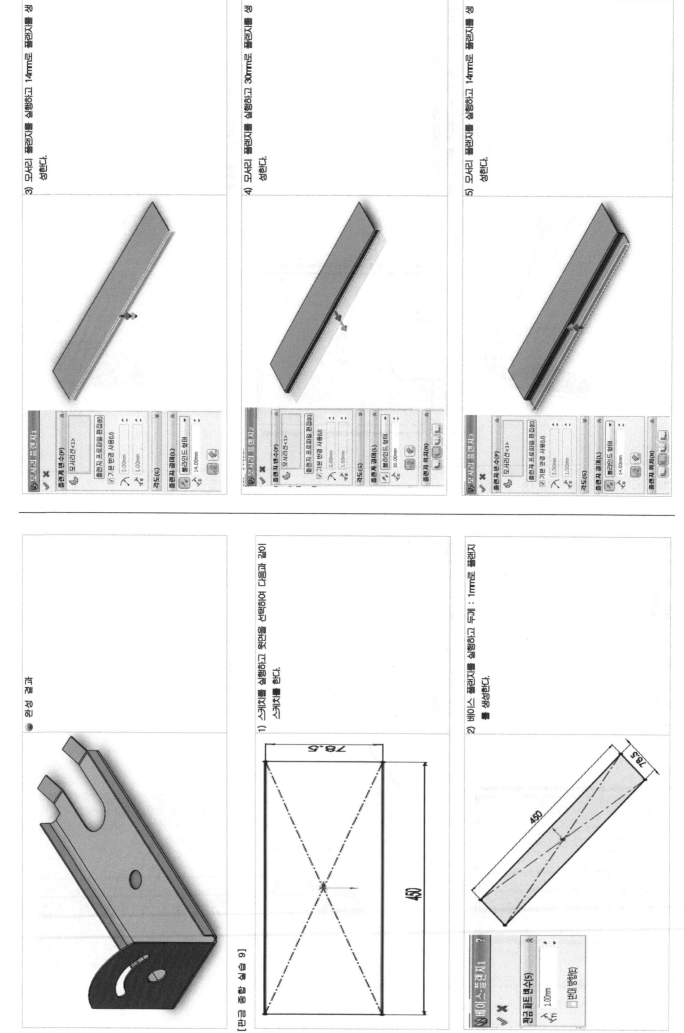

3) 모서리 플랜지를 실행하고 14mm로 플랜지를 생성한다.

4) 모서리 플랜지를 실행하고 30mm로 플랜지를 생성한다.

5) 모서리 플랜지를 실행하고 14mm로 플랜지를 생성한다.

완성

[판금 종합 실습 9]

1) 스케치를 실행하고 윗면을 선택하여 다음과 같이 스케치를 한다.

2) 베이스 플랜지를 실행하고 두께 : 1mm로 플랜지를 생성한다.

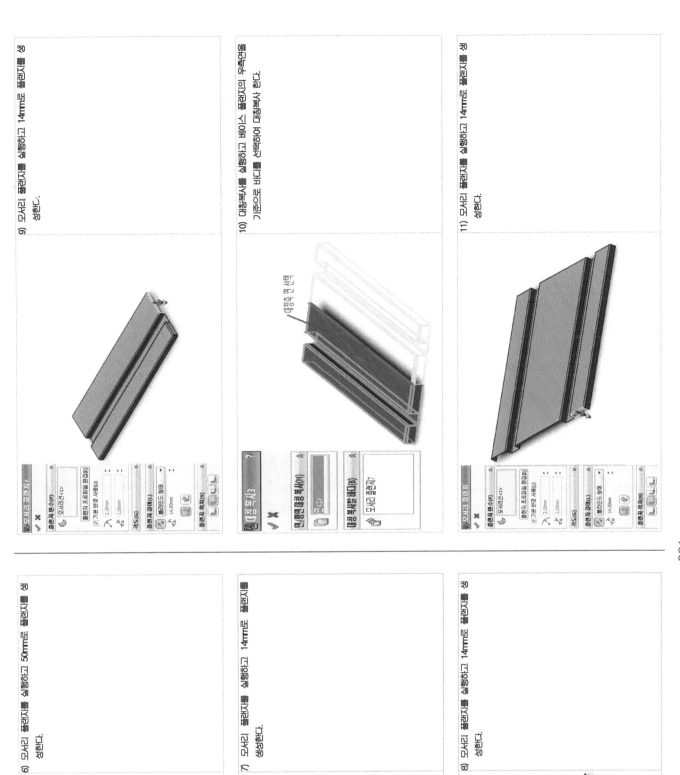

9) 모서리 플랜지를 실행하고 14mm로 플랜지를 생성한다.

10) 대칭복사를 실행하고 베이스 플랜지의 우측면을 기준으로 바디를 선택하여 대칭복사 한다.

11) 모서리 플랜지를 실행하고 14mm로 플랜지를 생성한다.

6) 모서리 플랜지를 실행하고 50mm로 플랜지를 생성한다.

7) 모서리 플랜지를 실행하고 14mm로 플랜지를 생성한다.

8) 모서리 플랜지를 실행하고 14mm로 플랜지를 생성한다.

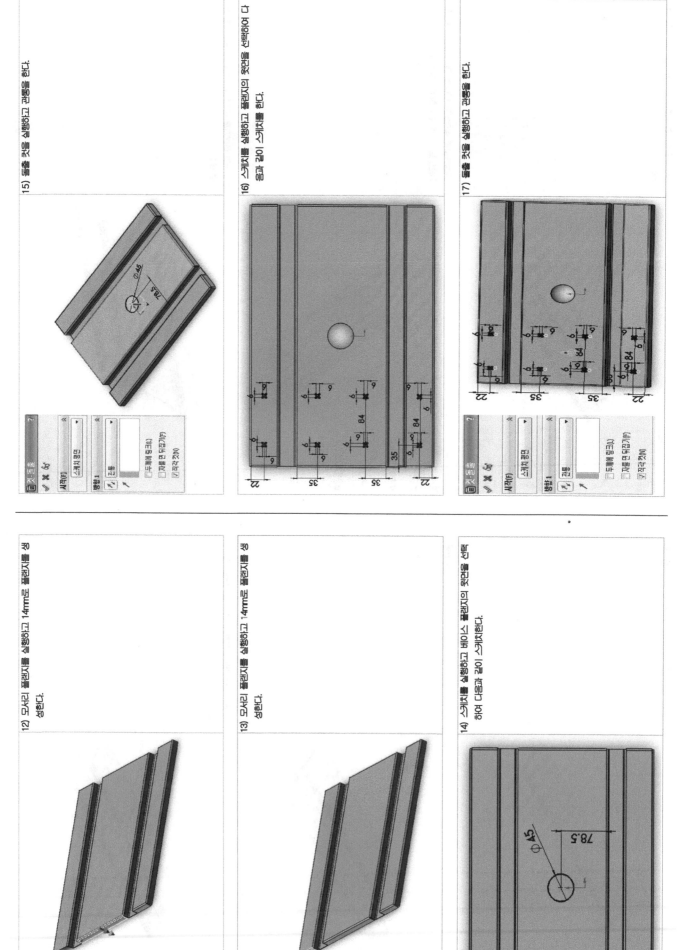

12) 모서리 플랜지를 실행하고 14mm로 플랜지를 생성한다.

13) 모서리 플랜지를 실행하고 14mm로 플랜지를 생성한다.

14) 스케치를 실행하고 베이스 플랜지의 윗면을 선택하여 다음과 같이 스케치한다.

15) 돌출 컷을 실행하고 관통을 한다.

16) 스케치를 실행하고 플랜지의 윗면을 선택하여 다음과 같이 스케치를 한다.

17) 돌출 컷을 실행하고 관통을 한다.

20) 스케치를 실행하고 우측 안쪽면을 선택하여 다음과 같이 스케치를 한다.

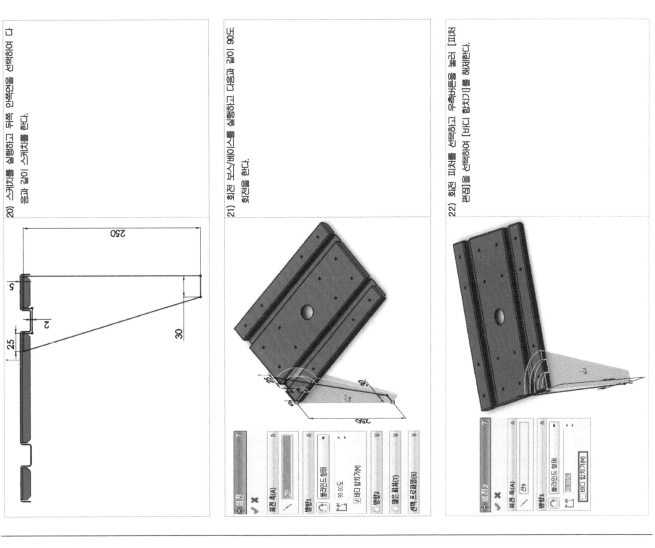

21) 회전 보스/베이스를 실행하고 다음과 같이 90도 회전을 한다.

22) 회전 피처를 선택하고 우측버튼을 눌러 [피처 편집]을 선택하여 [바디 합치기]를 해제한다.

18) 대칭복사를 실행하고 둥좀 컷을 선택하여 우측 면을 대칭축으로 대칭복사 한다.

19) 코너 자르기를 실행하고 모든 모서리를 5mm로 모따기를 한다.

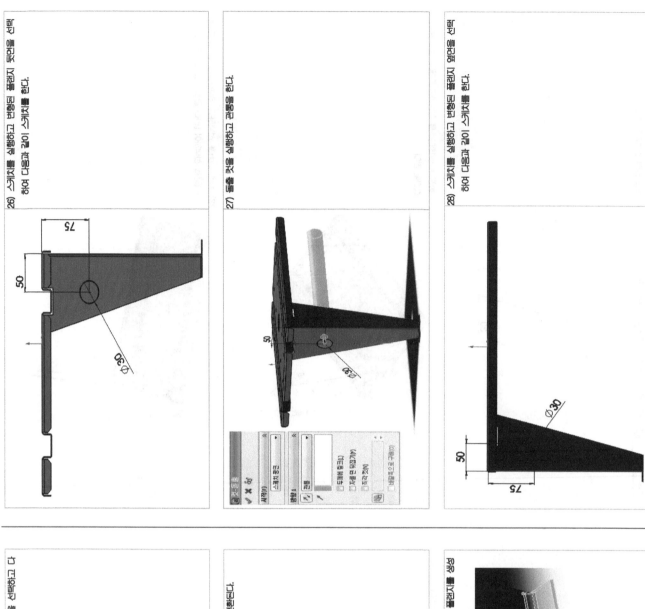

26) 스케치를 실행하고 변형된 플랜지 뒷면을 선택
하여 다음과 같이 스케치를 한다.

27) 돌출 컷을 실행하고 관통을 한다.

28) 스케치를 실행하고 변형된 플랜지 옆면을 선택
하여 다음과 같이 스케치를 한다.

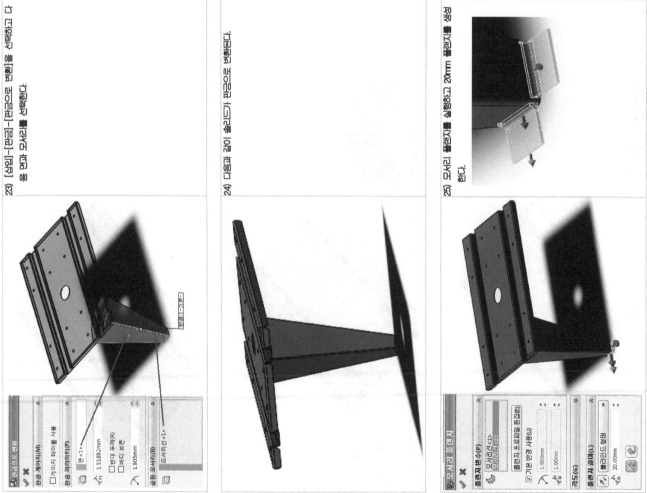

23) [삽입]-[편금]-[편금으로 변환]을 선택하고 다
음과 모서리를 선택한다.

24) 다음과 같이 솔리드가 편금으로 변환된다.

25) 모서리 플랜지를 실행하고 20mm 플랜지를 생성
한다.

32) 돌출 컷을 실행하고 관통을 한다.

33) 스케치를 실행하고 변형된 플랜지 안쪽을 선택
하여 다음과 같이 스케치를 한다.

34) 돌출 컷을 실행하고 관통을 한다.

29) 돌출 컷을 실행하고 관통을 한다.

30) 코너 자르기를 실행하고 3mm로 다음과 같이 코
너를 자른다.

31) 스케치를 실행하고 변형된 플랜지 안쪽을 선택
하여 다음과 같이 스케치를 한다.

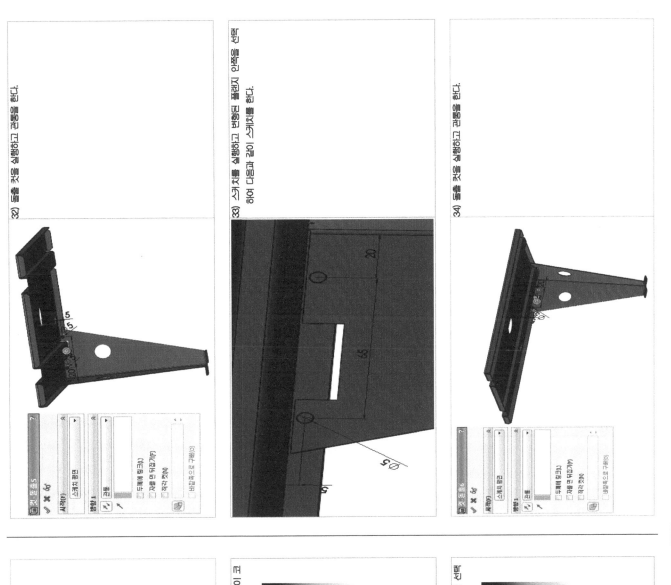

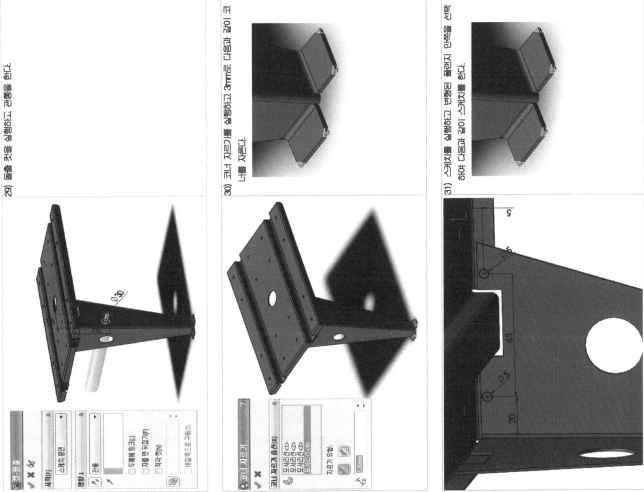

[판금 종합 실습 10]

1) 스케치를 실행하고 정면을 선택하여 다음과 같이 스케치를 한다.

2) 베이스 플랜지를 실행하고 다음과 같이 길이 지정하여 플랜지를 생성한다.

3) 모서리 플랜지를 실행하고 지료를 프로파일 편집[프로파일] 길이 : 12mm 를 지정하여 [플랜지 길이]으로 모서리 플랜지를 한다.

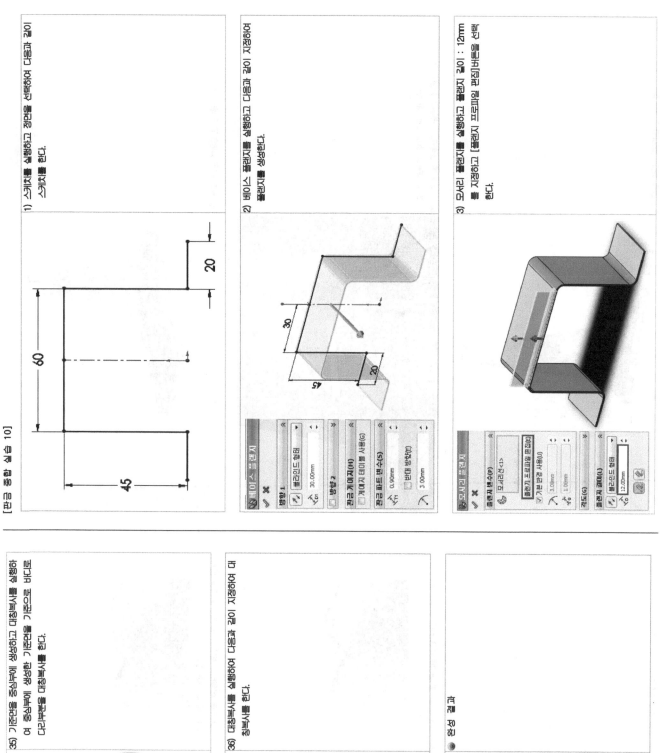

35) 기준면을 중심부에 생성하고 대칭복사를 실행하여 중심부에 생성한 기준면을 기준으로 바닥으로 다리부분을 대칭복사를 한다.

36) 대칭복사를 실행하여 다음과 같이 지정하여 대칭복사를 한다.

완료 된 모습

6) 스케치를 실행하고 플랜지의 윗면을 선택하여 지름 10mm 원을 스케치한다.

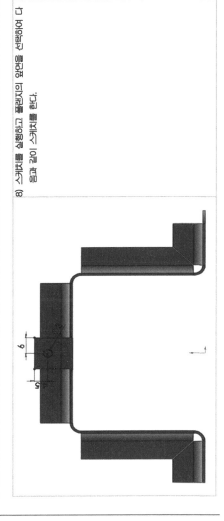

7) 베이스 플랜지를 실행하고 0.9mm로 플랜지를 생성한다.

베이스 플랜지
플랜지 게이지(H)
□ 게이지 테이블 사용(G)
플랜지 파트 변수(S)
0.90mm
□ 반대 방향(E)
☑ 바디 합치기(M)
굽힘 허용(A)
K 계수
K 0.5
자동 릴리프(T)
사각형
☑ 릴리프 사용(A)
비율(O):
0.5

8) 스케치를 실행하고 플랜지의 앞면을 선택하여 다음과 같이 스케치를 한다.

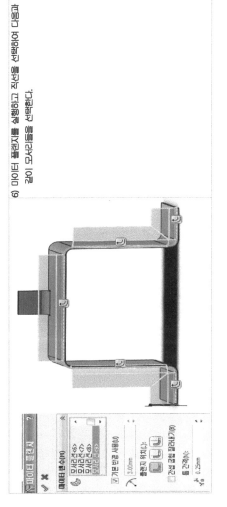

4) 다음과 같이 스케치를 수정하고 [마침]을 누른다.

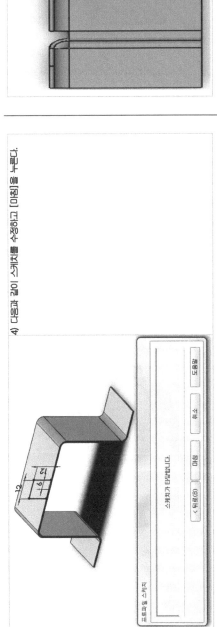

프로파일 스케처
스케치가 타당합니다.
평면도
정면
우측
마침
< 뒤로(B)

5) 스케치를 실행하고 우측면을 선택하여 다음과 같이 스케치를 한다.

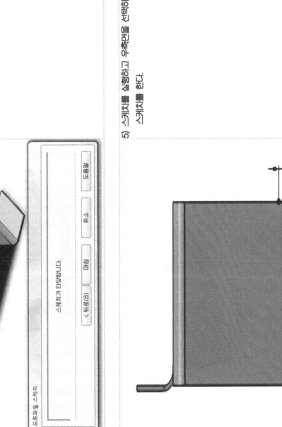

6) 마이터 플랜지를 실행하고 직선들을 선택하여 다음과 같이 모서리들을 선택한다.

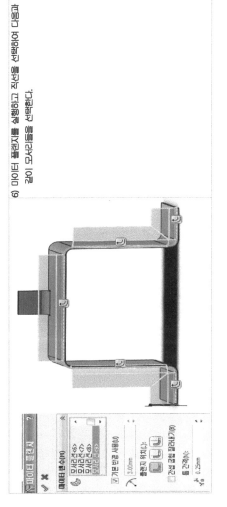

마이터 플랜지
마이터 변수(M)
모서리<6>
모서리<7>
모서리<8>
모서리<5>
☑ 기본 반경 사용(U)
3.00mm
플랜지 위치(A):
□ 간섭 굽힘 잘라내기(B)
틈 간격(N): 0.25mm

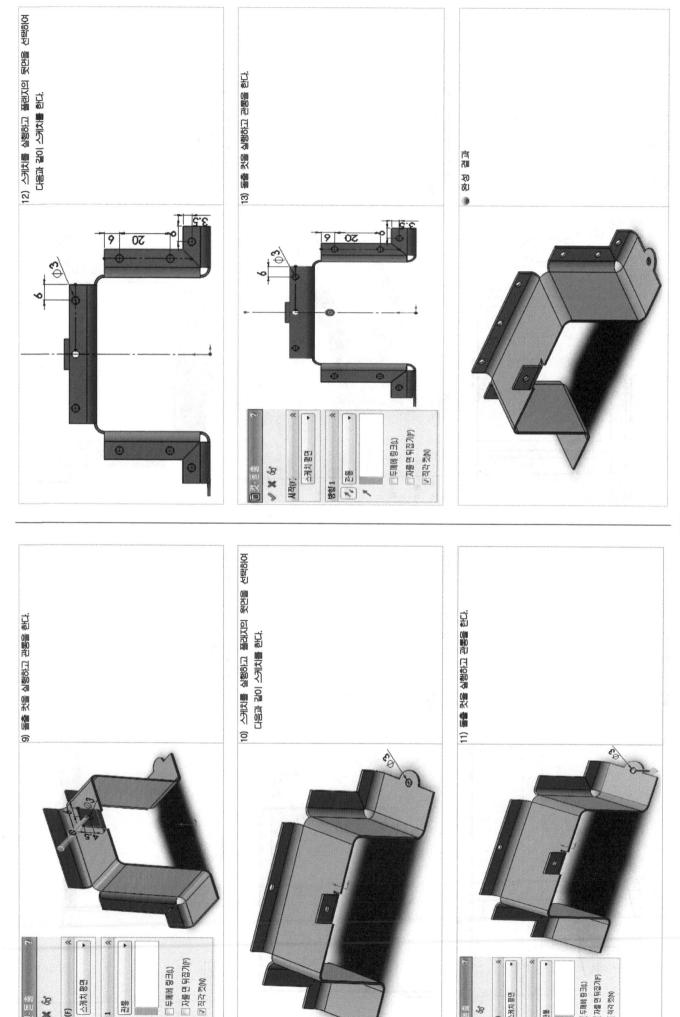

9) 돌출 컷을 실행하고 관통을 한다.

10) 스케치를 실행하고 플랜지의 윗면을 선택하여 다음과 같이 스케치를 한다.

11) 돌출 컷을 실행하고 관통을 한다.

12) 스케치를 실행하고 플랜지의 윗면을 선택하여 다음과 같이 스케치를 한다.

13) 돌출 컷을 실행하고 관통을 한다.

완 성 된 모 델

3) 모서리 플랜지를 실행하고 다음과 같이 지정하여 플랜지를 생성한다.

4) 스케치를 실행하고 플랜지의 우측면을 선택하여 다음과 같이 스케치를 한다.

5) 돌출 컷을 실행하고 컷팅을 한다.

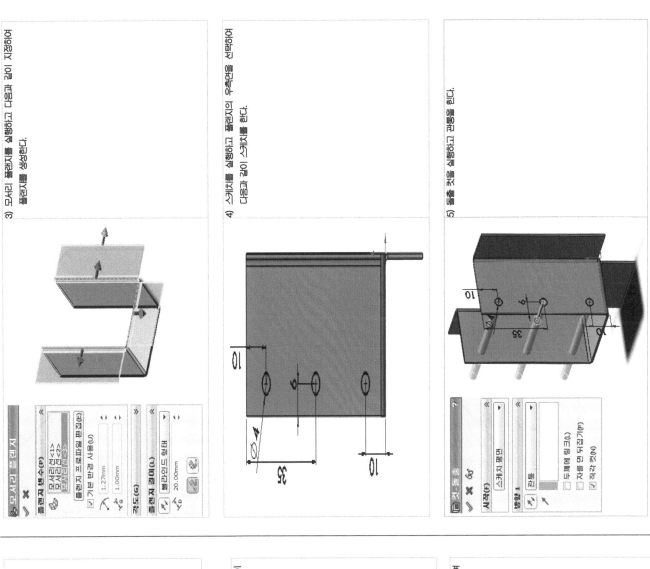

[판금 종합 실습 11]

전개도

1) 스케치를 실행하고 정면을 선택하여 다음과 같이 스케치를 한다.

2) 베이스 플랜지를 실행하고 다음과 같이 지정하여 플랜지를 생성한다.

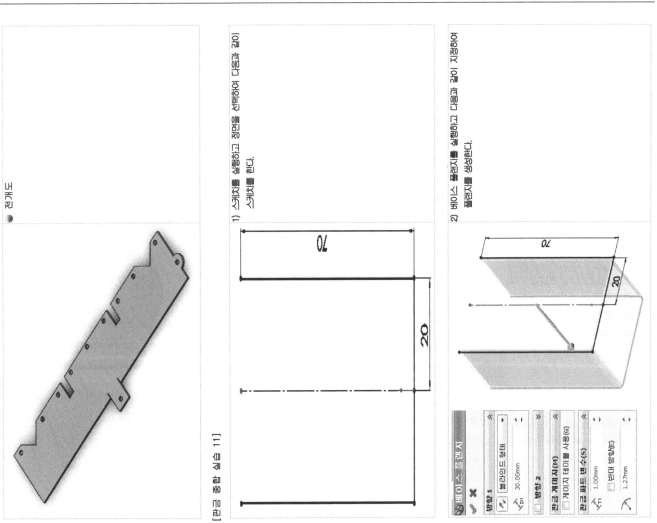

[판금 종합 실습 12]

1) 스케치를 실행하고 정면을 선택하여 다음과 같이 스케치를 한다.

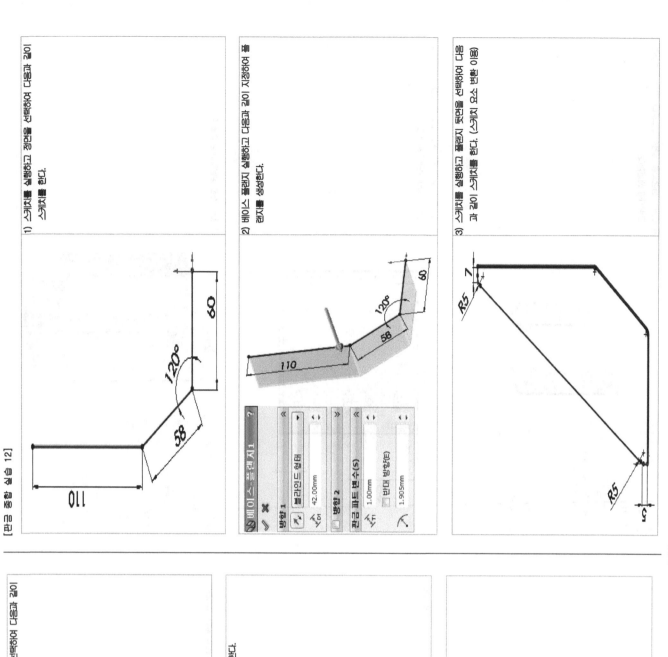

110 58 120° 60

2) 베이스 플랜지를 실행하고 다음과 같이 길이 지정하여 플랜지를 생성한다.

베이스-스플랜지1

방향1
블라인드 형태
42.00mm

방향2

판금 파트 변수(S)
1.00mm
반대 방향(E)
1.905mm

110 58 120° 60

3) 스케치를 실행하고 뒷면을 선택하여 다음과 같이 길이 스케치를 한다. (스케치 요소 변환 이용)

R5 R5 7 5

6) 스케치를 실행하고 뒷면을 선택하여 다음과 같이 스케치를 한다.

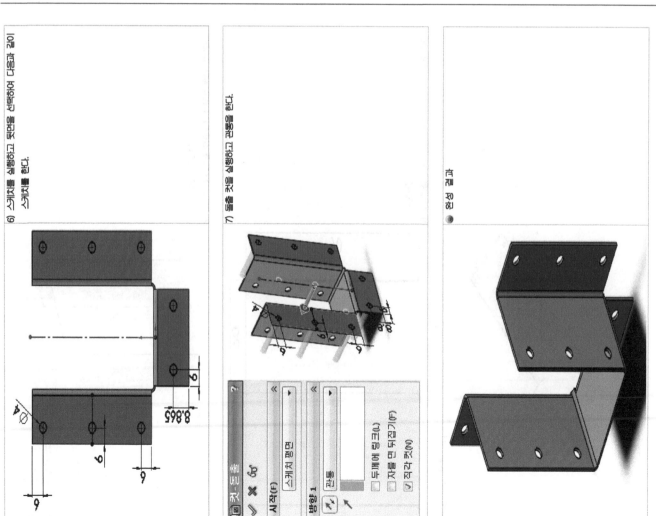

8.865 6 6 9 9 4-Ø

7) 돌출 컷을 실행하고 관통을 한다.

컷-돌출

시작(F)
스케치 평면

방향1
관통

두께에 링크(L)
자를 면 뒤집기(F)
직각 컷(N)

8 6 6 9

완료 상태

7) 스케치를 실행하고 플랜지 밑바닥 윗면을 선택하여 다음과 같이 스케치를 한다.

∅13

15.5

8) [삽입]-[곡선]-[분할선]을 실행하고 선택 : 스케치를 선택, 분할선 생성 면으로 윗면, 홈의 옆면, 밑바닥면까지 선택하여 분할선을 생성한다.

스케치8

면 <1>
면 <2>
면 <3>
면 <4>

한 방향(D)
반대 방향(R)

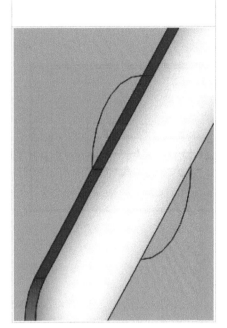

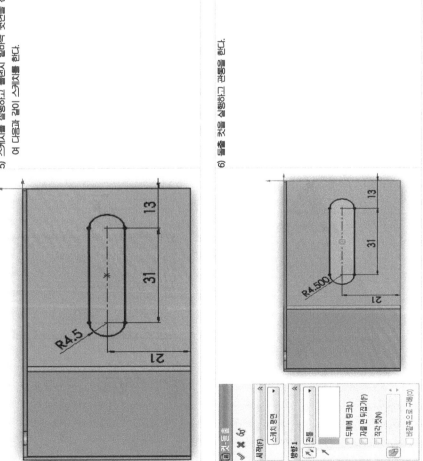

4) 베이스 플랜지를 실행하고 두께 : 1mm로 플랜지를 생성한다.

베이스-플랜지

판금 게이지(H)
게이지 테이블 사용(G)

판금 판수(S)
1.00mm
반대 방향(R)
바디 합치기(M)

굽힘 허용(A)

자동 릴리프(T)
사각형
필리프를 사용(A)
비율(T):
0.5

R5

7 R5

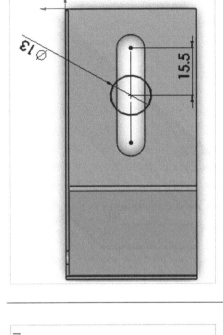

5) 스케치를 실행하고 플랜지 밑바닥 윗면을 선택하여 다음과 같이 스케치를 한다.

13

31

R4.5

21

6) 돌출 컷을 실행하고 컷을 한다.

컷-돌출

시작(F)
스케치 평면

방향1
관통

두께에 링크(L)
자료 면 뒤집기(F)
자리 컷(N)
바깥쪽으로 구배(O)

13

31

R4.500

21

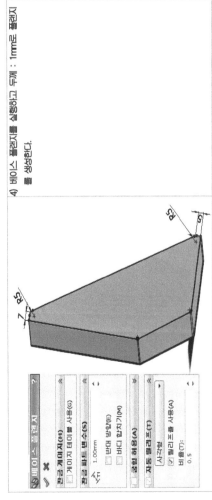

11) 스케치를 실행하고 플랜지 좌측면을 선택하여 다음과 같이 스케치를 한다.

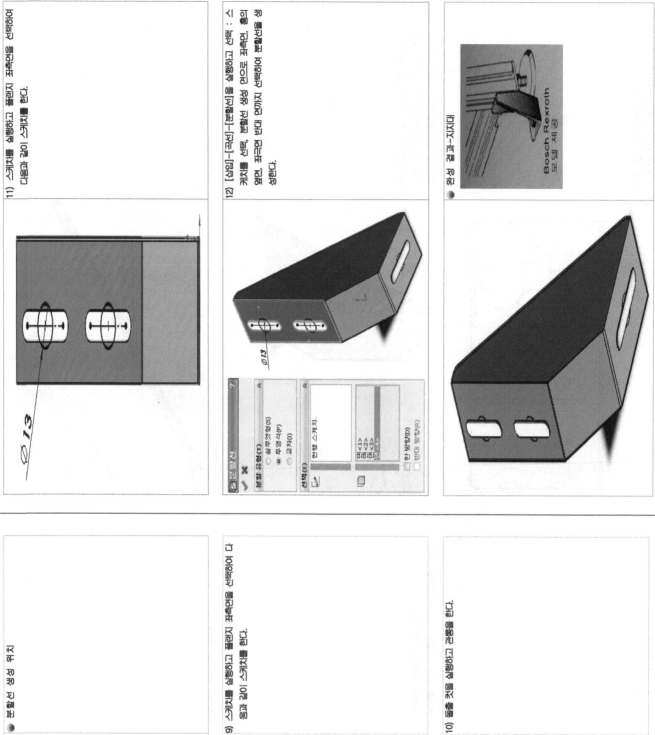

Ø13

12) [삽입]-[곡면]-[분할선]을 실행하고 선택 : 스 케치를 선택, 분할될 면으로 좌측면, 홀의 양면, 좌측면 면끄러 면까지 선택하여 분할선을 생 성한다.

Ø13

● 완성 결과-지지대

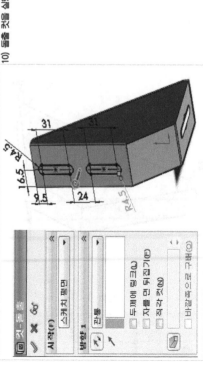

Bosch Rexroth 모델 제공

● 분할선 생성 위치

9) 스케치를 실행하고 플랜지 좌측면을 선택하여 다 음과 같이 스케치를 한다.

31 31
16.5
9.5 24
R4.5
R4.5

10) 돌출 컷을 실행하고 관통을 한다.

31 31
16.5
9.5 24
R4.5
R4.5

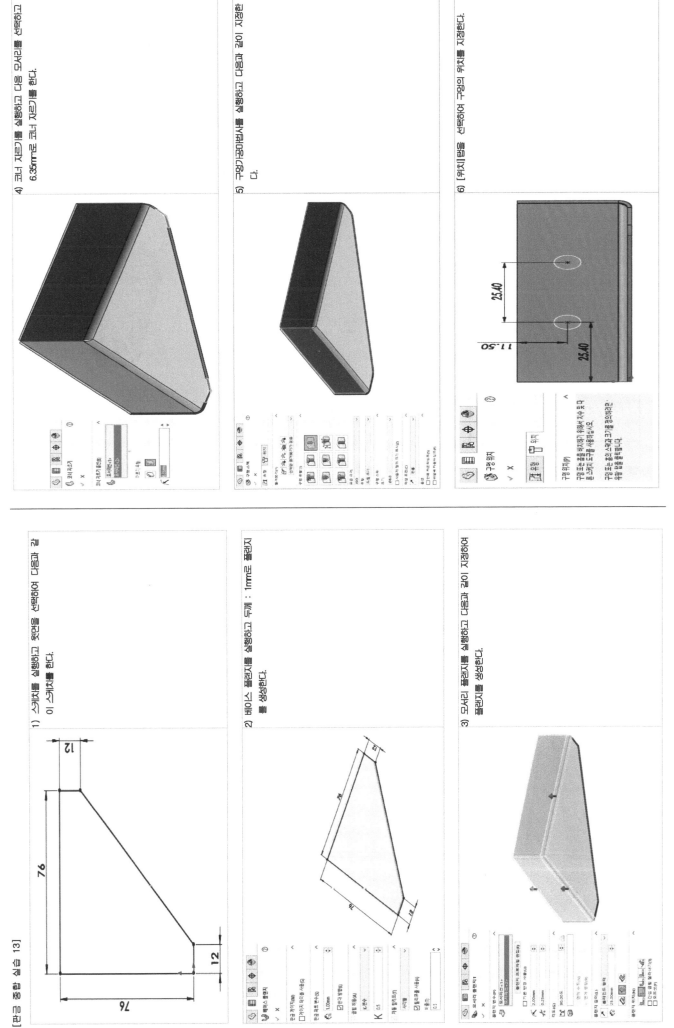

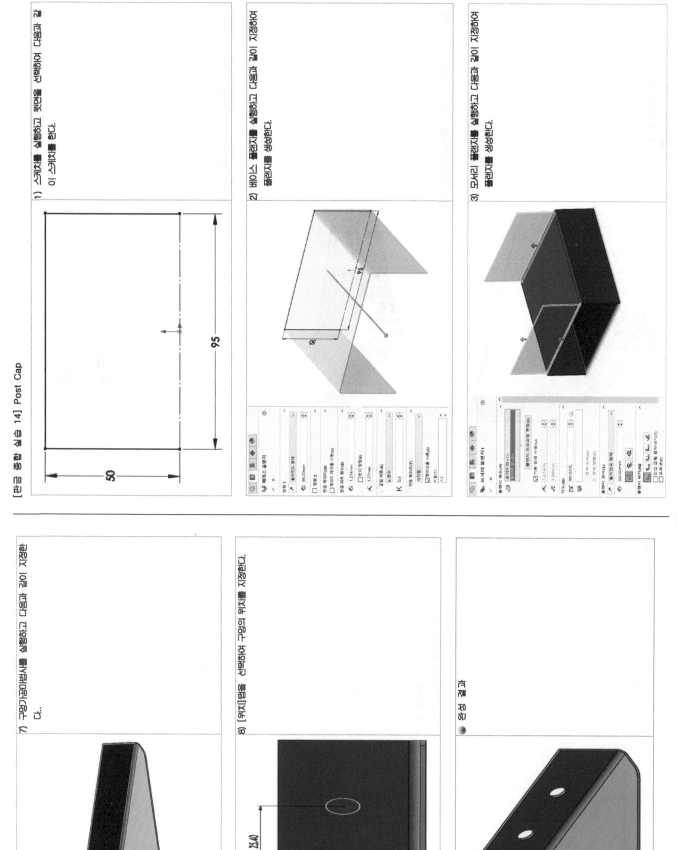

[판금 종합 실습 14] Post Cap

1) 스케치를 실행하고 윗면을 선택하여 다음과 같이 스케치를 한다.

2) 베이스 플랜지를 실행하고 다음과 같이 길이 지정하여 플랜지를 생성한다.

3) 윗면을 선택하고 모서리 플랜지를 다음과 같이 길이 지정하여 플랜지를 생성한다.

7) 구멍가공마법사를 실행하고 다음과 같이 길이 지정한다.

8) [위치]탭을 선택하여 구멍의 위치를 지정한다.

완성 모델

7) 구멍의 위치는 다음과 같이 기입하여 구멍 위치를 정한다.

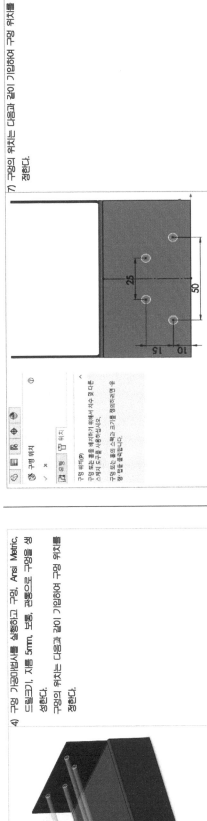

8) 스케치를 실행하고 아래면을 선택하여 다음과 같이 스케치를 한다.
이 스케치를 한다.

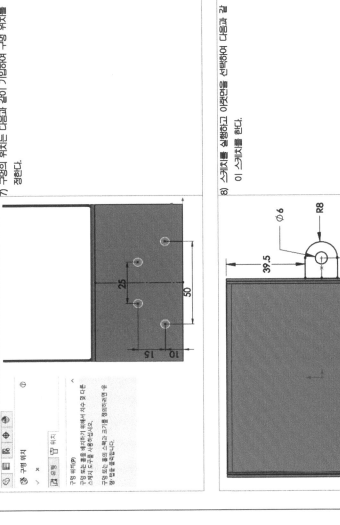

9) 베이스 플랜지를 실행하고 두께 : 1mm로 플랜지를 생성한다.

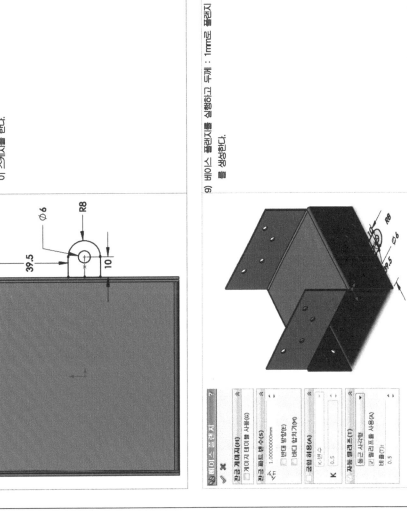

4) 구멍 가공방식을 실행하고 구멍, Ansi Metric, 드릴크기, 지름 5mm, 보통, 관통으로 구멍을 생성한다.
구멍의 위치는 다음과 같이 기입하여 구멍 위치를 정한다.

5) 구멍의 위치는 다음과 같이 기입하여 구멍 위치를 정한다.

6) 구멍 가공방식을 실행하고 구멍, Ansi Metric, 드릴크기, 지름 5mm, 보통, 관통으로 구멍을 생성한다.

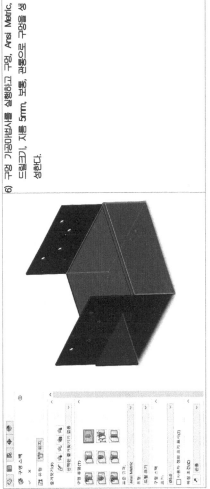

[판금 종합 실습 15]

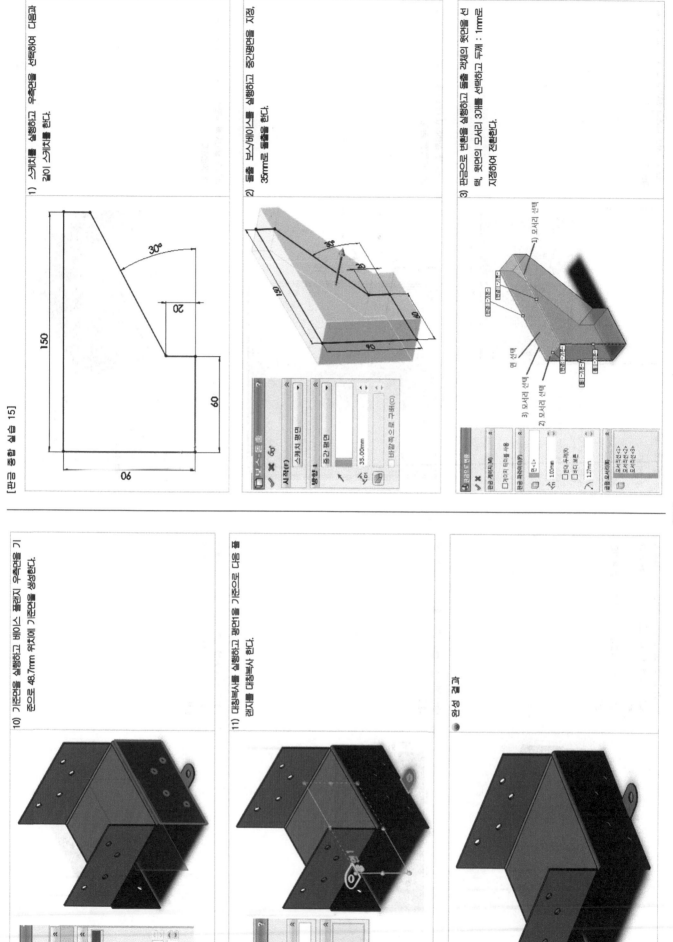

1) 스케치를 실행하고 우측면을 선택하여 다음과 같이 스케치를 한다.

2) 돌출 보스/베이스를 실행하고 중간평면을 지정, 35mm로 돌출을 한다.

3) 판금으로 변환을 실행하고 돌출 객체의 윗면을 선택, 윗면의 모서리 3개를 선택하고 두께 : 1mm로 지정하여 판금으로 전환한다.

10) 기준면을 실행하고 베이스 플랜지 우측면을 기준으로 48.7mm 위치에 기준면을 생성한다.

11) 대칭복사를 실행하고 평면1을 기준으로 다음 플랜지를 대칭복사 한다.

● 완성 모습

6) 스케치를 실행하고 모서리 플랜지 윗면을 선택하여 다음과 같이 스케치를 한다.

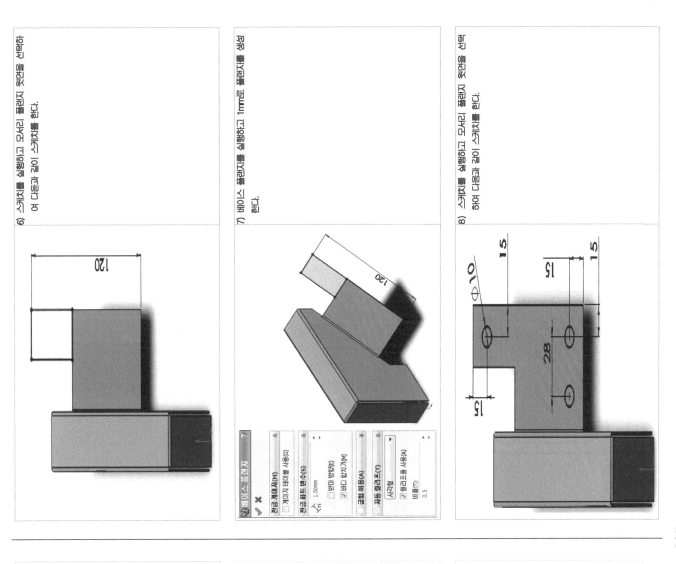

120

7) 베이스 플랜지를 실행하고 1mm로 플랜지를 생성한다.

120

베이스 플랜지 ?

근금 개체(M)
□ 게이지 테이블 사용(G)

근금 매트 변수(S)
1.00mm
□ 반대 방향(R)
☑ 재료 대마(M)

굽힘 허용(A)
자동 릴리프(T)
자동 릴리프 사용(A)
직각(Y)
☑ 릴리프를 사용(A)
비율(O):
0.5

8) 스케치를 실행하고 모서리 플랜지 윗면을 선택하여 다음과 같이 스케치를 한다.

⌀10

15

15

28

15

15

4) 모서리 플랜지를 실행하고 다음과 같이 모서리를 선택하여 [플랜지 프로파일을 편집] 버튼을 누른다.

모서리 플랜지(P)

플랜지 변수(P)
모서리선<1>
플랜지 프로파일을 편집(E)
☑ 기본 반경 사용(U)
1.27mm
1.00mm

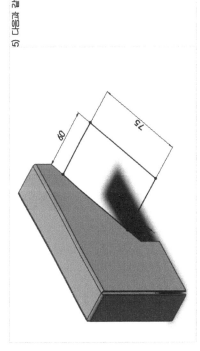

5) 다음과 같이 편집을 한다.

80

75

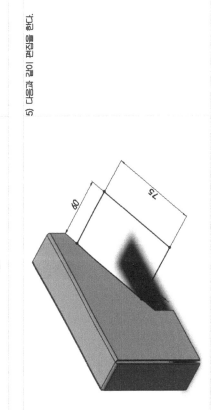

[판금 종합 실습 16]

1) 스케치를 실행하고 정면을 선택하여 다음과 같이 스케치를 한다.

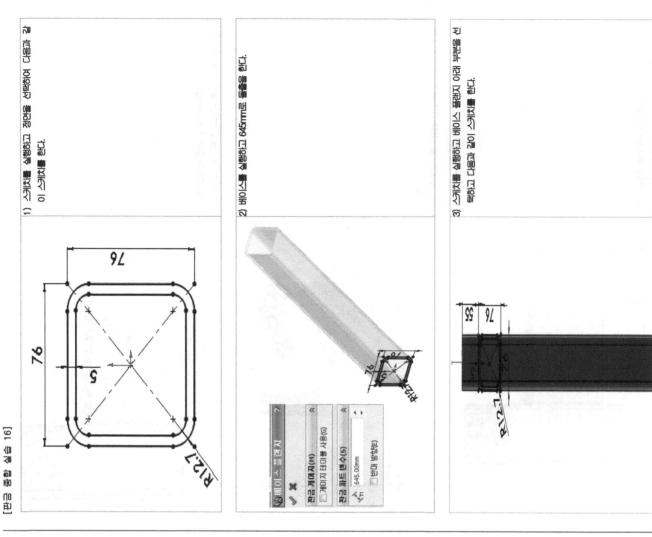

2) 베이스를 실행하고 645mm로 돌출을 한다.

3) 스케치를 실행하고 베이스 플랜지 아래 부분 표면을 선택하고 다음과 같이 스케치를 한다.

첫 번째 부분

9) 돌출 컷을 실행하고 관통을 한다.

10) 대칭복사를 실행하고 우측면을 기준으로 우측 객체를 바디로 대칭복사 한다.

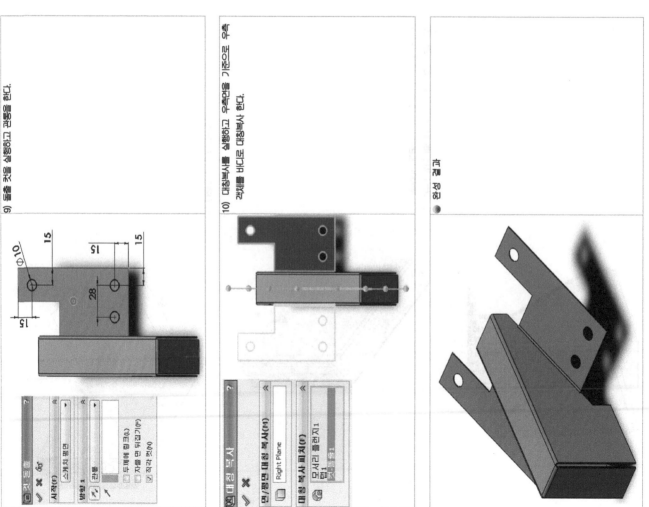

최종 완성

－ 398 －

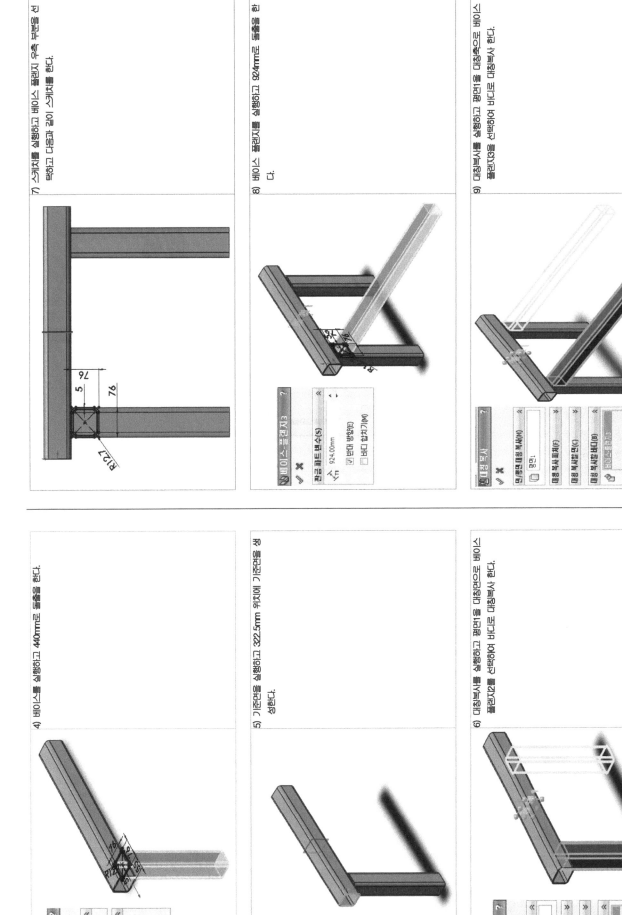

7) 스케치를 실행하고 베이스 플랜지 우측 부분을 선
택하고 다음과 같이 스케치를 한다.

8) 베이스 플랜지를 실행하고 924mm로 돌출을 한
다.

9) 대칭복사를 실행하고 평면1을 대칭축으로 베이스
플랜지3을 선택하여 반대로 대칭복사 한다.

4) 베이스를 실행하고 440mm로 돌출을 한다.

5) 기준면을 실행하고 322.5mm 위치에 기준면을 설
정한다.

6) 대칭복사를 실행하고 평면1을 대칭면으로 베이스
플랜지2를 선택하여 반대로 대칭복사 한다.

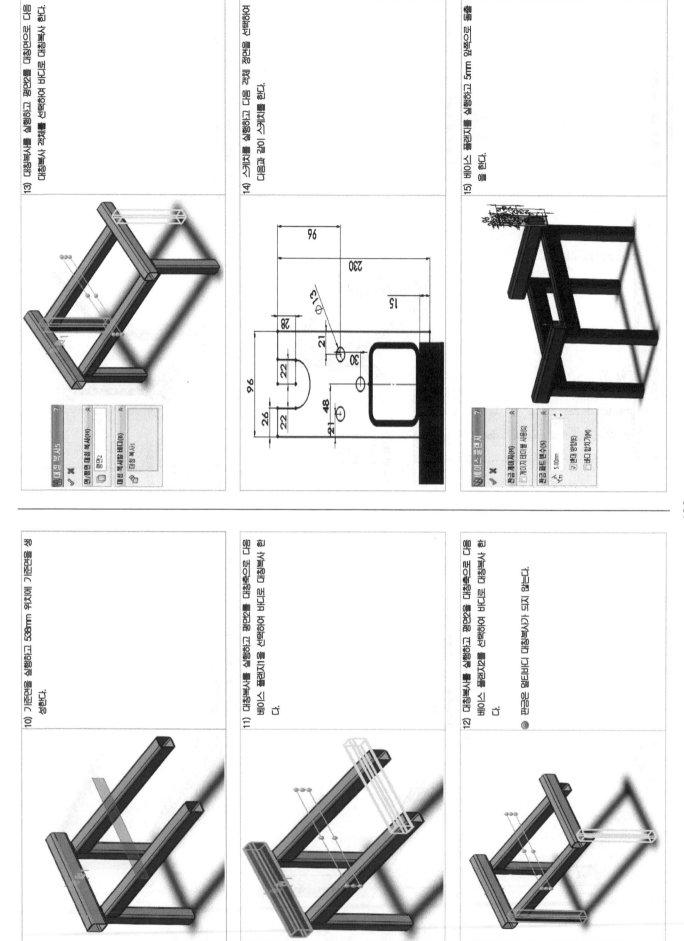

13) 대칭복사를 실행하고 평면을 대칭면으로 다음 대칭복사 객체를 선택하여 바디로 대칭복사 한다.

14) 스케치를 실행하고 다음 객체 평면을 선택하여 다음과 같이 스케치를 한다.

15) 베이스 플랜지를 실행하고 5mm 윗쪽으로 돌출을 한다.

10) 기준면을 실행하고 538mm 위치에 기준면을 설정한다.

11) 대칭복사를 실행하고 평면2를 대칭축으로 다음 베이스 플랜지를 선택하여 바디로 대칭복사 한다.

12) 대칭복사를 실행하고 평면2를 대칭축으로 다음 베이스 플랜지를 선택하여 바디로 대칭복사가 한다.
 판금은 멀티바디 대칭복사가 되지 않는다.

16) 대칭 복사를 실행하고 평면1을 기준으로 다음 객체를 대칭 복사한다.

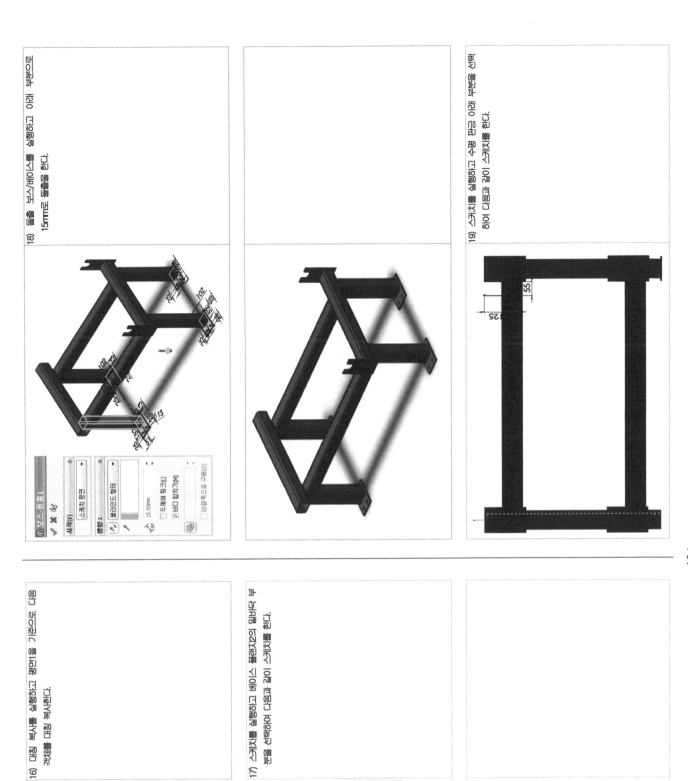

17) 스케치를 실행하고 베이스 폴랜지의 밑바닥 부분을 선택하여 다음과 같이 스케치를 한다.

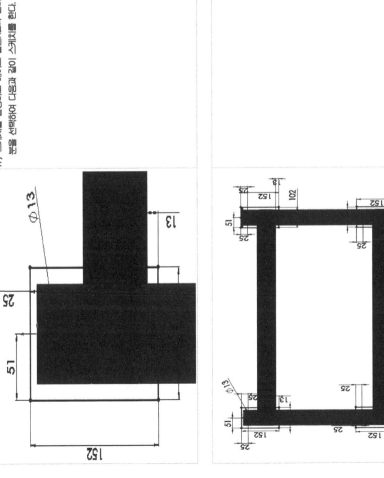

18) 돌출 보스/베이스를 실행하고 아래 부분으로 15mm로 돌출을 한다.

19) 스케치를 실행하고 수평 편 슴 아래 부분을 선택하여 다음과 같이 스케치를 한다.

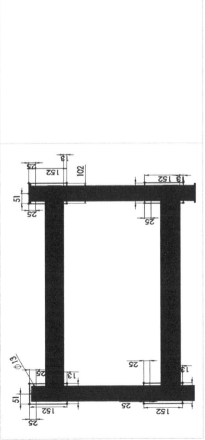

23) 필릿을 실행하고 30mm로 필렛을 한다.

24) 스케치를 실행하고 베이스 플랜지 윗면을 선택 하여 원을 스케치 한다.

25) 돌출 컷을 실행하고 다음까지 돌출 컷을 한다.

20) 베이스 플랜지를 실행하고 60mm로 돌출을 한다.

21) 20)에서 생성한 베이스 플랜지 윗면을 선택하고 수직선을 스케치 한다.

22) 베이스 플랜지를 실행하고 60mm로 돌출을 한다.

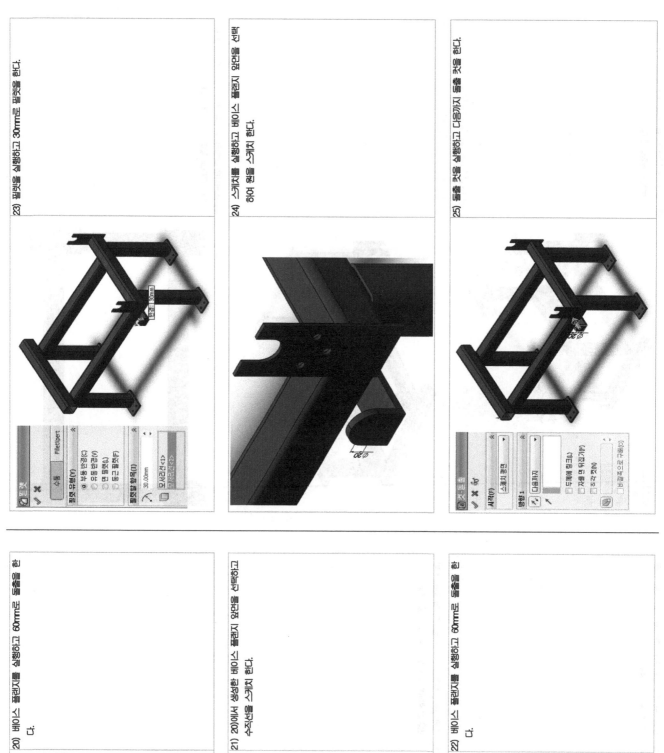
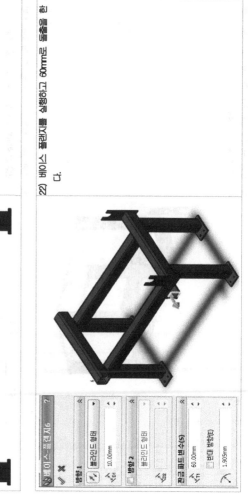
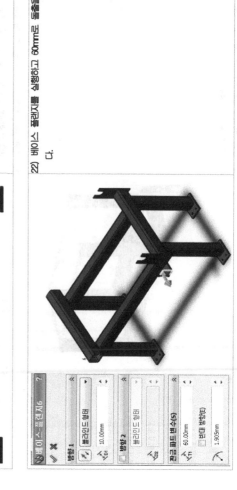

3) 모서리 플랜지를 실행하고 플랜지 길이 : 30mm 를 지정하여 생성한다.

4) 모서리 플랜지를 실행하고 플랜지 길이 : 20mm 를 지정하여 생성한다.

5) [설계 라이브러리]-[Design Library]-[forming tools]-[embosses]를 선택하고 다음 항목을 클릭한다.

완성 결과

[판금 종합 실습 17]

1) 스케치를 실행하고 윗면을 선택하여 다음과 같이 스케치를 한다.

2) 베이스 플랜지를 실행하고 두께 : 2mm로 생성한다.

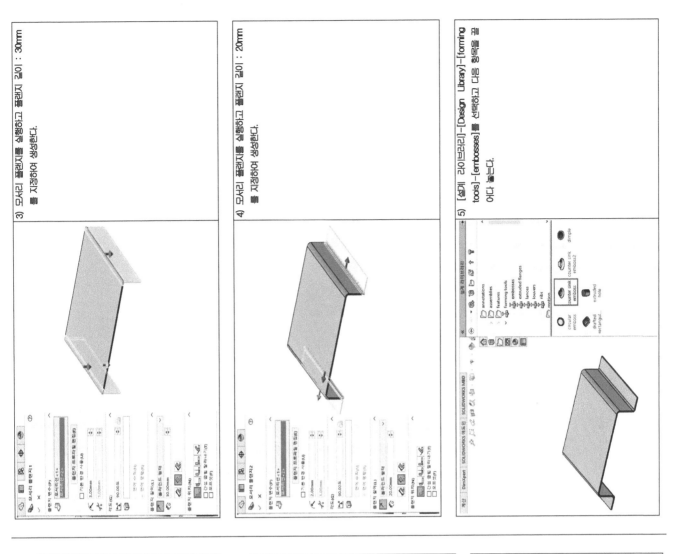

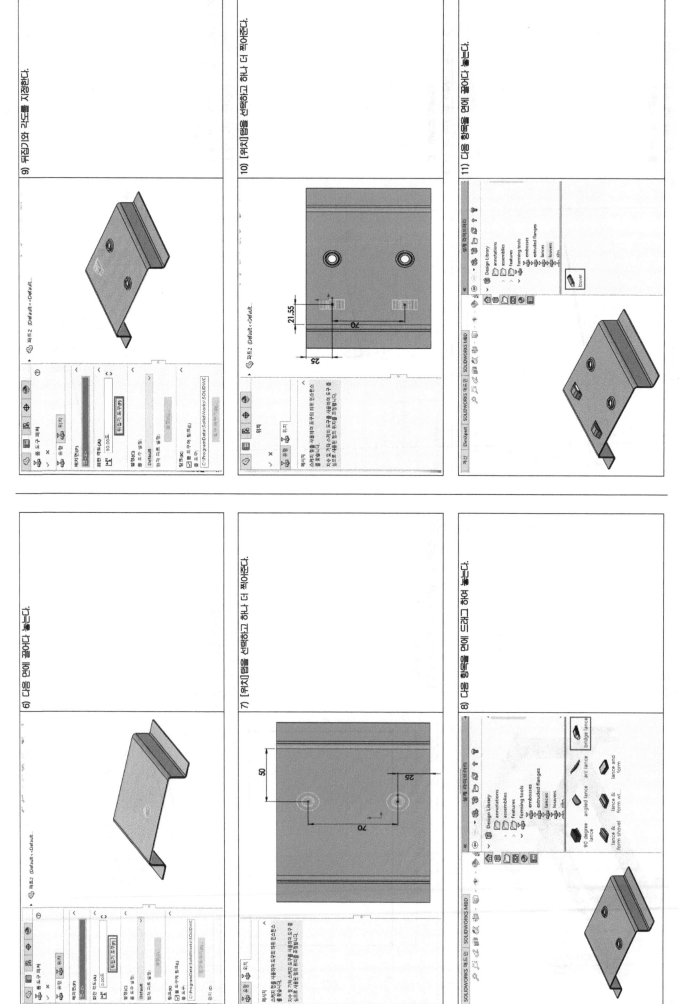

9) 위치기와 각도를 지정한다.

10) [위치]탭을 선택하고 하나 더 찍어준다.

11) 다음 항목을 끌어다 놓는다.

6) 다음 면에 끌어다 놓는다.

7) [위치]탭을 선택하고 하나 더 찍어준다.

8) 다음 항목을 면에 드래그 하여 놓는다.

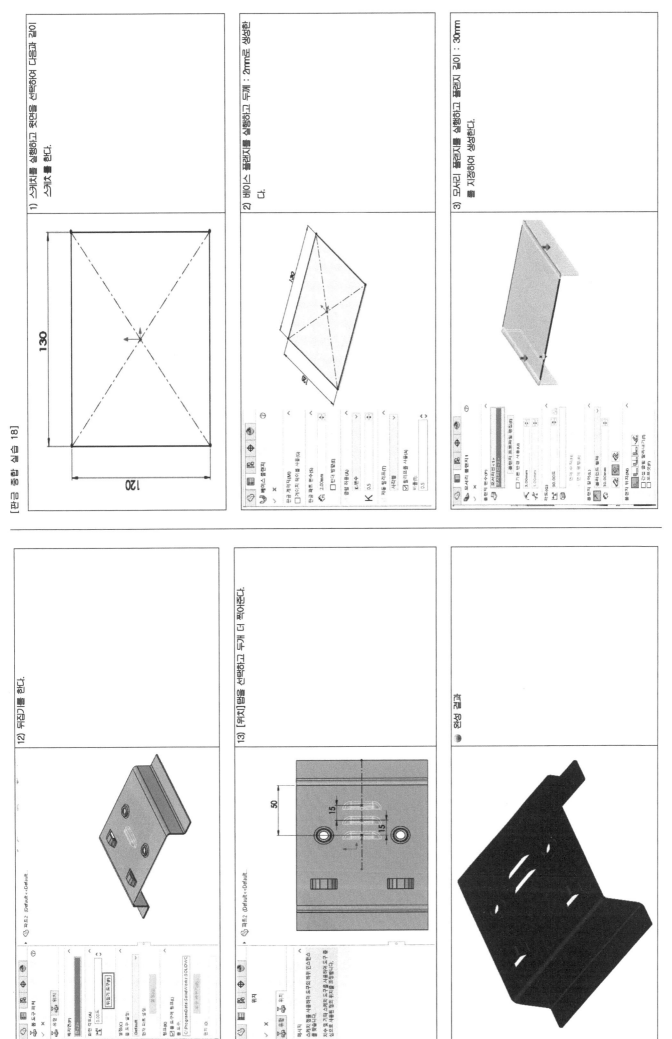

[판금 종합 실습 18]

1) 스케치를 실행하고 윗면을 선택하여 다음과 같이 스케치를 作도 한다.

2) 베이스 플랜지를 실행하고 두께 : 2mm로 생성한다.

3) 모서리 플랜지를 실행하고 플랜지 길이 : 30mm 를 지정하여 생성한다.

12) 뒤집기를 한다.

13) [위치]탭을 선택하고 두께 더 찍어준다.

● 완성 결과

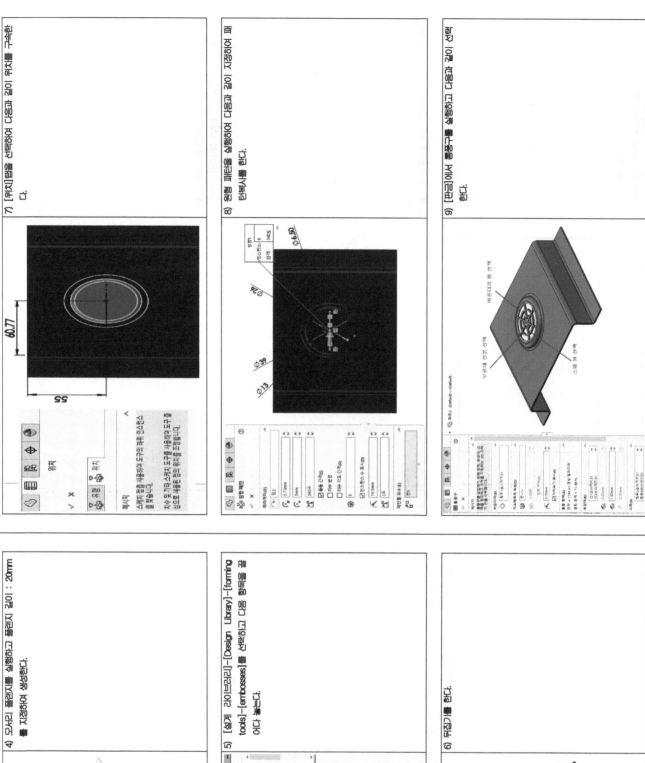

7) [위치]탭을 선택하여 다음과 같이 위치를 구속한다.

8) 원형 패턴을 실행하여 다음과 같이 지정하여 패턴복사를 한다.

9) [편금]에서 통풍구를 실행하고 다음과 같이 선택한다.

4) 모서리 플랜지를 실행하고 플랜지 길이 : 20mm를 지정하여 를 생성한다.

5) [설계 라이브러리]-[Design Library]-[forming tools]-[embosses]를 선택하고 다음 항목을 끌어다 놓는다.

6) 뒤집기를 한다.

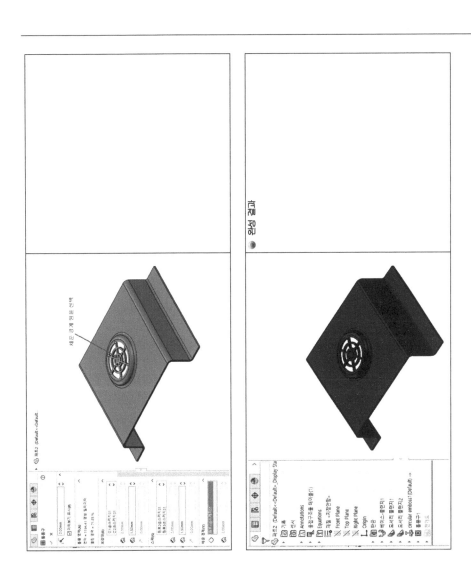

기초부터 실무까지 완벽하게 잡아주는 SolidWorks 2016

1판 1쇄 인쇄 2019년 09월 16일
1판 1쇄 발행 2019년 09월 25일

저   자 강연이
발 행 인 이범만
발 행 처 **21세기사** (제406-00015호)

경기도 파주시 산남로 72-16 (10882)
Tel. 031-942-7861   Fax. 031-942-7864
E-mail : 21cbook@naver.com
Home-page : www.21cbook.co.kr
ISBN 978-89-8468-846-9

정가 30,000원